로마서에서 우리가 반드시
감격, 감동해야 할
100가지

로마서에서 우리가 반드시
감격, 감동해야 할
100가지

초판1쇄 2019년 7월 31일

지은이_ 김동환(3thsu@hanmail.net/010.8846.9629)

펴낸이_ 채주희

펴낸곳_ 엘맨출판사
　　　　서울특별시 마포구 신수동 448-6
　　　　TEL : 02-323-4060, 02-6401-7004
　　　　FAX : 02-323-6416
　　　　E-mail : elman1985@hanmail.net
　　　　www.elman.kr

출판등록 제 10호-1562(1985.10.29.)

값 16,800원

ISBN 978-89-656-0(03230)

로마서에서 우리가 반드시
감격, 감동해야 할
100가지

김동환 지음

엘맨
하나님의 사람을 만들어가는 ELMAN

예수님을 메시야로 믿는 종교를 기독교라 합니다. 기독교의 위대한 가르침 중에 하나는 '나를 따라 오라', '와서 보라' 입니다. 기독교의 진리에 알면 구원을 받고 의의 생활을 하면서 '나를 따라 오라', '와서 보라' 고 할 수 있습니다. 기독교가 진리가 무엇인지 잘 알 수 있는 성경 중에 하나는 로마서입니다.

로이드 존스 목사님은 "성경이 다이아몬드 반지라면 로마서는 다이아몬드와 같다"고 하시면서 로마서의 중요성을 역설하였습니다. 종교 개혁자 루터는 "로마서는 신약의 중심부요 순수한 복음"이 라고 했고 또 "가장 명료한 복음"이다 라고도 했습니다. 또한 "로마서는 그 자체 안에 성서의 전체 의도를 내포하고 있으며, 신약 혹은 복음의 가장 완벽한 개요이다"라고 로마서를 칭송을 하기도 하였습니다.

캘벵은 "성경은 로마서에 비추어 볼 때 비로소 완전한 이해에 이른다"고 하였습니다. 일본의 크리스천 우치무라 간조는 로마서는 "역사를 바꾸는 책이다"라고 하였습니다. 복음의 진수와 깊이를 깨닫고 올바른 복음생활을 하려면 로마서를 반드시 공부하거나 배워야 합니다. 예수를 믿는 사람은 누구든지 로마서를 중히 여기는데 이의를 제기할 사람은 아무도 없을 것입니다.

중세기의 깊은 암흑에서 잠을 깨워 개혁과 부흥으로 새 역사를 일으킨 것은 마르틴 루터의 로마서강해 때문입니다. 영국 청교도혁명의 불을 지핀 것도 오리버 크롬웰의 로마서강해서 때문입니다. 누구든지 로마서를 통해 복음과 하나님의 의를 알게 되면 삶에서 혁명이 일어나며 예수님에게 매혹되고 예수 그리스도의 종으로 사는 것을 가장 큰 기쁨과 영광으로 알게 됩니다.

복음은 베드로의 告白처럼 "주는 그리스도시요 살아 계신 하나님의 아들이시니이다"를 믿고 고백하고 알고 행하는 것입니다. 즉 예수가 그리스도임을 알기 위해서는 사 복음서를 먼저 읽고 알아도 좋지만 좀 더 깊이 은혜의 복음과 의의 생활을 알기 위해서는 자신이 왜 죄인인지 어떻게 의인이 되는지 그리고 율법은 죄와 어떤 연관성이 있으며 어떻게 해야 율법에서 벗어나며 영으로 사는지를 알아야 하는데 그 점에서 확실하고 분명하게 배우고 깨달을 수 있는 성경이 바로 로마서입니다.

나는 로마서가 너무 좋아서 1장 5장 6장 7장 8장을 암송하고 묵상합니다. 나의 작은 꿈 중에 하나는 로마서 전체를 암송하며 묵상하며 누리는 것입니다. 나는 로마서를 통해 은혜의 복음을 알고 성령님에 의한 의의 생활을 하게 된 후 날마다 행복하게 삽니다. 그리고 이제는 예수님처럼

'나를 따라 오라', '와서 보라' 고 할 자심감이 생겼습니다.

이 책을 통하여 은혜의 복음을 깨닫고 8장 14절 "무릇 하나님의 영으로 인도함을 받는 사람은 곧 하나님의 아들이라" 선언한 사도 바울의 말씀이 여러분의 체험이 되어 여러분도 나처럼 항상 기뻐하고 범사에 감사하며 '나를 따라 오라', '와서 보라'고 하는 성도가 되기를 기도합니다.

마지막으로 이 책을 쓰는데 옆에서 교정해 주고 열심히 기도해 준 아내 한 경혜에게 고마움을 표현합니다. 그리고 이 책 출판을 위해 수고해 주신 엘멘 출판사 직원들과 이 규홍 장로님에게 감사를 드립니다.

2019년 5월 25일 충주에서 김동환 목사

목 차

예수(롬1: 1)
모든 이름 위에 뛰어난 이름

마태복음 1장 20-21절에는 "주의 사자가 현몽하여 이르되 다윗의 자손 요셉아 네 아내 마리아 데려오기를 무서워하지 말라 그에게 잉태된 자는 성령으로 된 것이라 아들을 낳으리니 이름을 예수라 하라 이는 그가 자기 백성을 그들의 죄에서 구원할 자이심이라" 라고 기록되었습니다. 예수의 이름은 사람이 지은 것이 아니고 하나님이 천사를 통하여(마1: 20) 요셉에게 지어준 이름입니다. 그렇다면 그 이름에는 특별한 메시지(message)가 있습니다.

예수님은 "무엇이든지 내 이름으로 구한 것은 받은 줄로 믿으라. 그리하면 그대로 되리라."(막11: 24)라고 말씀하셨습니다. 예수님의 이름으로 구하면 천지의 주재이신 하나님께서 구하는 대로 주신다고 하십니다. 도대체 예수님의 이름에 어떤 대단한 권세가 있기에 이렇게 천지의 주재이신 하나님이 구하는 대로 주시며 그리고 예수님은 내 이름으로 구했으면 당당하게 받은 것을 믿으라고 할 정도로 권위가 있고 자신만만하게 약속하시는 것입니까?

예수님은 부활하신 후 마리아에게 "내 아버지 곧 너희 아버지. 내 하나님 곧 너희 하나님"(요20: 17)께로 올라간다고 하셨습니다. 이 말씀에 의하면 예수님을 믿으면(믿은 자는) 천지의 주재이신 분이 나의 아버지, 내 하나님이 된다는 것입니다. 도대체 예수님이 누구시길래 이런 엄청난 능력의 이름이 되는 것입니까? 그분을 사기꾼으로 역사의 현장에 고발을 하든지 아니면 그분의 말씀에 순종하여 창조주 하나님이 내 하나님 내 아버지가 되는 말씀에 순종하여 복되게 살든지 결단해야 합니다. 정말로 하나님이 내 하나님 그리고 내 아버지가 된다면 그 이름의 메시지(message)를 정확히 알고 그분의 가르침에 절대적으로 순종할 필요가 있습니다.

바울 사도는 예수님의 이름의 뜻을 알고 빌립보서 2장 9절에 "모든 이름 위에 뛰어난 이름"이라고 했으며 이어서 10절에 "하늘에 있는 자들과 땅에 있는 자들과 땅 아래에 있는 자들로 모든 무릎을 예수의 이름에 꿇게 하신다."고 합니다. 참으로 대단한 권세의 이름이라고 하지 않을 수 없습니다. 그 권세의 이름을 알고 순종합시다. 또한 이렇게 주장하는 바울 사도도 사기꾼으로 매도를 하든지 아니면 그분의 가르침에 순종하며 살든지 결단해야 합니다. 인생은 결단할 때 결단하지 않으면 고생과 가난과 후회뿐입니다.

또한 사도 바울은 로마서 8장 37절에 "이 모든 일에 우리를 사랑하시는 이로 말미암아 우리가 넉넉히 이긴다" 라고 하십시다. 우리는 죄에 지고 사망의 권세에 지면서 날마다 곤고하고 가난하게 사는데 그분의 이름의 의미를 알고 이 말씀처럼 '이 모든 일에 넉넉히 이긴다면' 더욱 더 연구하고 살펴서 그 분의 이름의 의미를 알고 그분의 가르침 안으로 반드시 들어가야 합니다.

히브리서 기자는 "그가 천사보다 훨씬 뛰어남은 그들보다 더욱 아름다운 이름을 기업으로 얻으심이니"(히1: 4)라고 하면서 그 이름이 천사보다 뛰어나다고 단언합니다. 그 이름이 천사보다 뛰어나다는 것은 권세와 능력이 천사보다 뛰어난다는 것입니다. 놀랍지 않으십니까?

정말로 예수의 이름의 의미가 '하늘에 있는 자들과 땅에 있는 자들과 땅 아래에 있는 자들'이 모두 무릎을 꿇는 이름이며 천사보다 더욱 뛰어난 아름다운 이름으로 기업을 얻는 이름인지요? 이제부터 그런지 안 그런지 알아보려 합니다. 예수님을 주(主)로 믿는 자는 무엇보다도 먼저 예수의 이름의 뜻을 제대로 알고 믿고 그분의 가르침 안으로 들어가야 합니다.

'예'는 '예호바'(יהוה)의 준말입니다. 우리 성경에는 보통 '여호와'(יהוה 3068 스토롱번호)로 번역되어 있습니다. 개혁 한글과 개혁 개정 그리고 우리말 성경은 '여호와' 로 번역했으며 공동번역은 '야웨' 로 표준 새 번역은 '주' 로 번역했습니다. 철자대로 읽으면 '예호바흐' 입니다. 단어의 끝에 오는 헤이(ה)는 숨구멍 '흐' 이므로 발음상으로는 표현이 되지만 발음에서는 생략합니다. 그래서 이스라엘이나 미국 사람들은 하나님의 이름을 원음을 살려 '예호바'라고 기록합니다.

히브리어는 처음에 자음만 있고 모음은 없었으므로 ' (요드, 음가 10)는

'예'로 읽어도 되고 '여'로 읽어도 되고 '야'로 읽어도 되고 '요'로 읽어도 됩니다. 그러므로 '예수'의 '예'는 '예호바'(우리나라 말로 하나님)의 첫 글자 준말임을 알아야 합니다.

'이사야'에서 '야'는 '예호바' 즉 하나님을 의미하고 '이샤'는 '구출하다' 입니다. 그래서 '이사야'의 뜻은 '여호와께서 구출하셨다'라는 뜻이 됩니다. '요엘'에서 '요'는 '예호바'(우리나라 말로 하나님)를 의미하고 '엘' 전능자, 능력자, 뜻으로 하나님을 의미합니다. 그래서 '요엘'의 뜻은 '여호와는 그의 하나님이다', 혹은 '하나님은 전능자다' 란 의미가 되는 것입니다.

'수'는 구약의 모세의 후계자 '여호수아'(יהושע)에서 '수아'의 줄임말로 '구원'이란 의미입니다. '여호'는 '예호바'에서 두 글자를 따 온 것입니다. 그래서 '여호수아'나 '예수'나 같은 의미의 뜻이 되는 것입니다.

오늘날 유대인들은 영화나 그들의 대화를 보면 '예수'라고 하지 않고 '예슈아' 라고 부르는 것을 볼 수 있습니다. '구원'이란 원어 '수아'를 의미를 살리기 위해서 '예슈아' 라고 하는 것입니다. 우리나라 사람들은 예수라고 하지만 본래 발음상 표기 이름은 '예슈아'입니다. 이스라엘에서 유학한 목사나 이스라엘에서 공부한 사람들은 '예수' 라 하지 않고 '예슈아' 라고 부릅니다. 발음상 더 정확하다고 볼 수 있습니다. 그러나 하나님은 영이신 분이시라 '예수'라고 해도 되고 '예슈아'라고 해도 다 알아듣습니다. 미국인들은 '지저스'라고 해도 하나님을 다 알아 듣습니다.

'예수' 그 이름의 뜻은 '하나님의(예) 구원'(수아)이란 의미입니다. 또 '하나님께서 구원하신다.' 란 의미로 이해해도 됩니다. 하나님께서 무엇에서 구원하시려고 그분의 아들 이름을 '예수' 라고 지으라고 한 것일까요? 우리를 영원한 죽음에서 구원하시려고 그렇게 이름을 지은 것입니다. 죽음이 도대체 무엇입니까? 하나님의 금령을 어긴 죄로 영이 죽은 것입니다. 영이 죽으면 혼도 죽고 나중에는 몸도 죽습니다. 그리고 혼생명이 있을 때는 혼과 몸은 죽은 영의 종으로 살게 됩니다. 자신의 존재의 핵심인 영(靈)이 죽었다는 것을 아는 사람은 그리고 영이 어떻게 하면 살아날 수 있을까 하고 고민하고 생명의 길, 영생의 길을 찾는 자들에게는 '예수' 라는 이름이 아주 반가운 능력의 이름, 권세의 이름, 구원의 이름 소망의 이름이 됩니다.

이름 자체에 구원의 메시지가 담겨 있다고 생각하지 않으십니까? 예수라는 이름 자체의 뜻 만 알아도 하나님의 사랑이 느껴지지 않습니까? 예수라는 이름 자체에서 하나님이 인간을 구원하시려는 큰 사랑에 감동이 되지 않습니까? 중간에 '자기 백성을 죄에서 용서해 주는' 형용사절을 넣으면 모든 성도들이 좋아하고 기억하고 있는 마태복음 1장 21절이 됩니다.

"아들을 낳으리니 이름을 예수라 하라 이는 그가 자기 백성을 그들의 죄에서 구원할 자이심이라 하니라"(마1: 21)

이 말씀처럼 '예수'의 의미는 우리를 죄에서 구원하는 능력의 이름입니다. 로마서 1장에 의하면 복음은 그의 아들(2절)에 관하여 약속하신 것이고 그의 아들 예수는 죽은 자 가운데서 부활하셨고(4절) 그 아들의 복음 안에(9절) 들어가면 영으로 하나님을 섬기게 된다고 가르쳐 주고 있습니다. 결론으로 16절에는 이 복음은 모든 믿는 자에게 구원을 주시는 하나님의 능력이 된다고 선포하고 있습니다.

또한 로마서 10장 9절에서 "네가 만일 네 입으로 예수를 주로 시인하며 또 하나님께서 그를 죽은 자 가운데서 살리신 것을 네 마음에 믿으면 구원을 받으리라" 하셨고 10절에 "사람이 마음으로 믿어 의에 이르고 입으로 시인하여 구원에 이르느니라"라고 기록되어 있습니다. 12-13절에 "유대인이나 헬라인이나 차별이 없음이라 한 분이신 주께서 모든 사람의 주가 되사 그를 부르는 모든 사람에게 부요하시도다. <u>누구든지 주의 이름을 부르는 자는 구원을 받으리라</u>" 고 기록되었습니다. 예수님을 믿으려면 예수님이 주가 되심을 인정해야 합니다. 인정하고 고백하는 것이 곧 부르는 것입니다.

예수님도 요한복음 5장 24절에서 "내가 진실로 진실로 너희에게 이르노니 내 말을 듣고 또 나 보내신 이를 믿는 자는 영생을 얻었고 심판에 이르지 아니하나니 사망에서 생명으로 옮겼느니라" 약속하고 있습니다. '진실로 진실로' 두 번 말씀하신 이유는 강조용법의 표현입니다. 예수님의 말씀은 곧 약속이므로 그 약속을 믿고 영생을 얻고 심판을 받지 맙시다.

기독교에서 가르치는 구원받는 방법은 의외로 간단합니다. 나는 죄인이며 예수가 나의 죄를 대신 지고 죽은 것과 또한 나의 죄가 영원히 용서받은 것을 믿고 예수가 주(主)이심을 고백하면 되는 것입니다. 진심으로 하나님이 백성을 구원시키기 위해 보낸 분이라고 믿으면 되는 것입니다. 고백은 말로 인정하는 것입니다. 행위는 다음 다음 문제입니다. 십자가 우편 강도처럼 말로 주(主)로 인정하고 시인하면 구원을 받는 것입니다. 감사가 되지 않습니까? 감동이 되지 않습니까? 그렇게 구원의 길을 쉽게 열어 놓으신 성자 예수님이 세상에 오신 것이 고맙지 않습니까? 참으로 고맙습니다. 예수님을 진짜 만난 사람은 예수님을 만난 것이 너무 좋아 춤을 덩실덩실 추면서 사는 사람입니다.

천하에 주어진 유일한 구원의 이름이 '예수' 임에 틀림없습니다. 사도행전4장 12절에는 "다른 이로서는 구원을 얻을 수 없나니 천하 인간에 구원을 얻을 만한 다른 이름을 우리에게 주신 일이 없음이니라" 고 기록되어 있습니다. 정말 이 말씀이 믿어지십니까? 믿어지고 믿는다면 당신은 행복한 사람입니다. 당신의 존재가 구원을 받았기 때문입니다. 영생은 은혜로 선물로 받은 것입니다. 감사가 넘치지요?

그리고 주 예수님을 믿는 성도라면 이 감격에 머물러 있어서는 안 되고 죄 문제와 구원의 문제와 영생의 문제에 대하여 묻는 자가 있다면 '이 소망에 대하여 대답할 것을 항상 준비'(벧전3: 15) 하고 있어야 합니다. 그래서 언제든지 누가 '예수님에 대해 설명해 주고 구원받는 방법을 가르쳐 주세요?' 라고 한다면 즐겁고 신나서 가르칠 수 있어야 합니다. 전도하는데 있어서 반드시 배우고 알고 있어야 할 것 중에 하나가 예수님을 주님으로 영접시키는 것입니다. 다음 문장은 구원 받는(시키는) 대표적인 문장입니다. 밑에 예를 든 문장을 기본으로 삼아 마음속에 기억해 두어 누군가가 만일 '어떻게 하면 주 예수님을 믿을 수 있습니까?' 라고 묻는 자가 있다면 예수님을 영접하도록 가르칠 수 있어야 진정한 복음 안에 있는 성도, 예수님을 진짜로 믿는 사람, 그리고 성숙한 성도 라고 할 수 있습니다.

> 주 예수님!
> 나는 죄인입니다.
> 예수님께서 나의 죄를 대신하여 십자가에서 죽으시고
> 3일 만에 부활하신 것을 믿습니다.
> 나는 예수님을 대속 제물로 믿으며 예수님의 보혈로
> 나의 죄가 영원히 용서받았다는 것을 믿습니다.
> 이제 나의 마음에 들어오셔서 나를 구원하시고
> 성령님이 나의 주인이 되어 주십시오.
> 예수님 이름으로 기도합니다. 아멘

요한복음 1장 12절에는 깜짝 놀라는 하나님의 약속의 말씀이 있습니다. "영접하는 자 곧 그 이름을 믿는 자들에게는 하나님의 자녀가 되는 권세를 주셨으니" 라는 약속입니다. 주저하지 말고 머뭇거리지 말고 우물쭈물하지 말고 예수님을 구세주로 영접해서 하나님의 자녀가 되어 권세있게 삽시다. 예수님을 구주로 영접해서 하나님의 자녀가 되었고 '하나님의 자녀가 되는 방법'을 알려주고 가르쳐 줄 수 있는 성도가 진정으로 행복한 자요 부요한 자입니다. 성경에 통해 특별히 로마서를 통해 예수님에 대해 더 알면 알수록 우리는 더 행복을 누리고 더 부요한 자임을 알게 됩니다.

그리스도(롬1: 1)
구원자

     그리스도는 히브리어로는 '메시야'(משיח)이고 헬라어로 '그리스토'(Χριστω)로 입니다. 뜻은 '기름 부어진 자' 입니다. 우리나라 말로는 '구원자', '해방자' 란 뜻입니다. 우리나라 성경은 음역을 해서 '그리스도'로 번역을 했습니다. 그리스도는 원래 인명(人名)이 아니라 직명(職名)이었습니다. 구약 시대에는 하나님의 선한 뜻을 수행할 수 있도록 하나님이 친히 선택하시고 기름 부어 구별하여 세운 자들 곧 '제사장', '선지자', '왕'의 직을 수행하는 자들에게 적용된 용어였습니다. 그래서 명사로 사용되지 않고 수식어인 형용사인 '기름부음을 받은', '기름 부은' 등의 수식어로만 사용되었습니다.

    이스라엘이 바벨론에 포로되어 있을 때 다니엘 선지자가 기도하는 가운데 환상 중에 가브리엘 천사가 나타나서 하나님의 계시를 설명하는 말씀하는 중에 처음으로 명사로 사용된 것을 볼 수 있습니다. 다니엘 9장 26절에 "예순 두 이레 후에 '기름 부음을 받은 자'(משיח)가 끊어져 없어질 것이며 장차 한 왕의 백성이 와서 그 성읍과 성소를 무너뜨리려니와"에서 보듯이 '메시야'란 단어가 처음으로 명사로 사용되었습니다. 포로상태에 있는 이스라엘인들은 바벨론 포로에서 다니엘의 소망의 메시지를 듣고 포로에서 해방시키는 메시야를 고대하게 되었습니다. 이 메시야 소망은 바벨론 포로 때부터 시작하여 예수님이 오시는 그 때까지 유대인들에게 간절한 소망이었습니다.

바벨론 포로에서 돌아와서 암흑기 400년 동안 뿐 만 아니라 초림으로 오신 예수님 시대에 이르기까지 유대인들은 이 메시야를 학수고대 했습니다. 요한복음 4장을 보면 시골 우물물을 길러 다니는 한 여인도 오직 메시야가 오기를 간절히 바랐습니다. "여자가 이르되 메시야 곧 그리스도라 하는 이가 오실 줄을 내가 아노니 그가 오시면 모든 것을 우리에게 알려 줄 것입니다" 라고 하니까 예수님이 "네게 말하는 내가 바로 그라"고 대답을 해 주십니다. 그 후 그 여인은 너무 기뻐서 물동이를 버려두고 동네로 들어가서 사람들에게 '와서 보라'로 "이는 그리스도(메시야)가 아니냐"(요4: 29)고 외쳤습니다.

예수님께서도 구약성경이 예언하고 이스라엘 백성이 간절히 소망하던 메시야가 바로 당신이심을 직접 분명하게 선포하셨습니다.(마16: 16, 막 10:32-45; 요 4:25-26) 마태복음 16장 13절부터 보면 예수님께서 제자들에게 '사람들이 인자를 누구라 하느냐?'고 물으신 후 '너희는 나를 누구라 하느냐?' 라고 물으셨을 때 시몬 베드로가 '주는 그리스도(메시야)요 살아 계신 하나님의 아들입니다' 라고 대답하니까 시몬아 '네가 복이 있도다. 이를 알게 한 이는 혈육이 아니라 하늘에 계신 내 아버지'라고 하셨습니다. 그리고 네가 고백한 이 반석 위에 내 교회가 세워질 것이라고 약속하셨습니다. 예수님을 그리스도로 아는 것 자체만도 복이라고 하십니다.

에베소서 1장 23절에 의하면 교회는 그리스도의 몸이 되는데 바로 그 몸의 지체의 시작이 예수님을 그리스도로 인정하는 자들만이 된다는 것입니다. 놀랍지 않습니까? 여러분이 예수님을 그리스도로 믿는 즉시 그분의 지체가 되어 혹은 형제가 되어 보호를 받는다는 사실에 감동이 되지 않습니까?

사도 바울은 바리새인으로써 예수가 메시야인 것도 모르고 스스로 생각하기를 하나님을 위하여 열심히 신앙을 가진 자라고 생각하고 예수 믿는 자들을 옥에 가두고 죽이기 위해 다메섹으로 가는 중이었습니다. 도중에 홀연히 하늘로부터 빛이 그를 둘러 비추고 "사울아 사울아 네가 어찌하여 나를 박해하느냐 하시거늘 대답하되 주여 누구시니이까 이르시되 나는 네가 박해하는 예수라"(행9:4-5)라는 음성을 듣고 180도 달라져 각 회당으로 가서 예수가 하나님의 아들(행 9: 20)임과 예수를 그리스도라 증언(행9: 22)하게 됩니다.

가말리엘 수제자였던 사울이 하루 아침에 그것도 체포 영장을 들고 가던 사람이 방향을 바꾸어 예수는 하나님의 아들이요 그리스도(메시야)라고 증거하니 다메섹에 사는 유대인들이 당황했다는 사도행전의 기록이 당연한 것입니다. 그 후 사울(후에 바울로 이름이 바뀜)의 삶을 보면 수가성 여인이 물동이를 버려두고 동네에 들어가서 '와서 보세요. 여기에 그리스도라는 분이 있어요' 라고 외쳤던 그 여인처럼 아니 그 여인 이상으로 오직 예수가 그리스도임을 전하는 일에 일생의 전부를 바쳤습니다. 누구든지 예수가 그리스도임을 안다면 그 분에 미치거나 그 복음의 길을 가거나 그 길을 가는 자들을 돕는 인생이 가장 보람찬 삶이라고 여깁니다. 누구든지 그리스도를 더 알면 알수록 아는 것 만큼 그분에게 매혹됩니다. 참으로 예수님이 그리스도임을 안다면 사도 바울의 고백처럼 모든 것을 배설물로 여기고 그리스도를 아는 지식이 가장 고상함을 알아 잡고 있는 쟁기를 던져 버리고 새언약의 사역자가 되어 복음의 일꾼으로 살 것입니다.

사도 바울은 처음에는 예수 그리스도라는 표현을 즐겨 사용하다가 어느 시점인지는 모르는데 중간에 가서는 그리스도 예수라는 표현을 즐겨 사용하는 것을 볼 수 있습니다. 그리고 후반부에 가서는 아주 예수 라는 말도 빼고 그리스도 칭호만 사용하는 것을 볼 수 있습니다. 로마서에서는 1장부터 5장까지는 예수 그리스도라는 표현을 주로 사용하고 6장부터 8장까지는 그리스도 예수라는 표현을 주로 즐겨 쓰고 그 후에는 그리스도라는 표현을 주로 씁니다. 왜 그럴까요? 이 사람들아! 당신은 인생의 구원자를 찾고 있지요, 인생의 죄 문제를 해결한 해방자를 찾고 있지요, 영생의 길을 찾고 있지요 바로 그 구원자(그리스도)가, 그 영생을 주는 자가 바로 예수님이라는 것을 외치고 싶었던 것입니다. 그리고 후반부에서는 율법의 문제, 죄의 문제, 인생의 문제, 죽음의 문제 등 모든 문제를 해결하는 구원자(그리스도)가 바로 그분임을 강조에 강조를 하기 위해 예수 그리스도도 아니고 그리스도 예수도 아니고 '그리스도' 만 고유명사로 사용하는 것을 볼 수 있습니다. 그리스도가 인칭이 된다는 것은 충격 중에 충격입니다. 어떻게 직명이 인칭으로 사용할 수 있다는 말입니까? 그만큼 예수가 그리스도라는 것이 분명하다는 것입니다.

성경을 연구하고 묵상하면서 또는 복음 전도를 더 하면서 성경을 더 가르치면서 예수가 그리스도임이 너무 분명하니까 제발 망설이지도 말고 주저하지도 말고 제발 믿고 구원을 받으라, 영생을 얻으라는 의미일 것입니다.

예수 믿는 사람들을 우리는 기독교인이라고 부릅니다. 왜 그럴까요? 알아봅시다.

그리스도를 중국어로 번역된 단어가 '기독(基督)'입니다.

> 耶穌基督的僕人保羅(중국어 성경, 로마서 1장 1절 상)
> 耶穌基督的啓示(중국어 성경, 계시록 1장 1절 상)

우리나라는 처음 성경을 번역할 때 중국어 성경을 이용했고 중국어 성경에는 그리스도를 '기독'이라고 번역했습니다. 한국어 성경은 중국어 성경을 참조해서 번역을 했습니다. 그래서 종교의 이름을 그리스도의 중국어 표현인 기독을 차용해서 기독교가 된 것입니다. 참으로 멋진 이름이요 이름 자체에 은혜가 가득담긴 이름이라 아니할 수 없습니다.

그래서 기독교는 예수가 그리스도(메시아)라고 고백하는 종교입니다. 기독교인들의 생활 태도가 때로는 사회의 지탄이 될 때 '나는 예수는 믿지만 기독교인은 아니다' 라고 하는 말은 아주 잘못된 표현입니다. 그런 사람은 기독교를 많은 종교 중에 하나의 종교라고 생각하는 사람들입니다. 아직 기독이란 의미에 감동이 덜 된 성도입니다. 기독이란 그리스도란 의미입니다. 구원자란 뜻입니다. 믿는 우리는 '기독'이란 단어를 소중히 여겨야 하고 자랑스러워해야 합니다. '기독'이란 의미가 감동이 되지 않습니까? 기독이란 우리나라 말로 구세주란 의미입니다. '기독' 자체에 복음이 실려 있으니 얼마나 좋은 이름인가요? 한국 기독교는 이름 자체부터 은혜를 입은 민족입니다. 나는 '기독' 이란 이름에 감동이 되고 감격이 됩니다.

예수는 그리스도입니다. 메시야입니다. 기독입니다. 바울은 고린도전서 2장 2절에서 "내가 너희 중에서 예수 그리스도와 그가 십자가에 못 박히신 것 외에는 아무 것도 알지 아니하기로 작정하였음이라" 선언하고 있습니다. 왜 그랬을까요? 율법의 행위로 구원받지 않고 예수를 메시야 라고, 그리스도라고, 기독이라고 인정하고 고백하면 영생을 얻는다는 것을 깨달았기 때문입니다. 기독교인 것이 자랑스럽지 않습니까?

기독교인이라는 것이 감격스럽지 않습니까? 기독교인이 됨에 감사하고 찬양을 합니다. 장로교회 감리교회 성결교회 침례교회 등이 다닐지라도 교단을 자랑하기 전에 기독교인임을 먼저 자랑하고 그리스도인이 됨에 감사합시다. 교단 자랑은 두번째로 합시다. 이제 왜 내가 기독교인인지 왜 내가 그리스도인인지 자랑하며 선전하며 사는 우리 믿는 성도는 진정한 행복한 자들입니다. 이제 누구를 만나든지 당당하게 왜 내가 기독교인이 되었는지 설명 설득 할 수 있을 것입니다.

하나님의 복음을 위하여 택정함을 입었으니
이 복음은 하나님이 선지자들을 통하여
그의 아들에 관하여 성경에 미리 약속하신 것이라(롬1: 1-2)

　　　　하나님의 복음에서 '의'는 소유격 '의' 가 아닙니다. 목적격의 '의'
도 아닙니다. 주격의 소유를 나타내는 주격의 소유의 '의' 입니다. '의'라
고 해서 무조건 소유격의 의만 알고 읽는다면 국어 실력이 약한 것입니
다. 그래서 하나님의 복음은 주격의 소유로 알아 하나님으로부터 온 복
음 즉 하나님께서 주신 복음이라는 의미입니다. 하나님께서 주신 복음이
라 사도 바울은 다른 표현으로 '은혜의 복음'(행 20: 24)이라고도 합니다.
'은혜의 복음'(행 20: 24)을 줄여서 '은혜'라고 합니다. 그래서 성경에는
'은혜' 라는 말이 많이 나오는 것입니다.

　복음이란 글자 그대로 복된 소식입니다. 복된 선언입니다. 복된 선포
입니다. 영어로는 Good news 또는 Godspel 이라고 합니다. 헬라어로
'유앙겔리온'(ευαγγελιον)입니다. '유'는 '기쁨', '좋은'이란 의미 입니다.
'알겔로스'는 '천사', '사자', '전령'이라는 의미입니다. 그래서 '유앙겔리
온'은 좋은 소식을 전하는 사람, 천사, 전령이라는 의미입니다. 고대에는

전쟁에서 승리하면 전령(앙겔로이)을 보내 승리했다는 소식을 전했습니다. 즉 전령이 가져오는 소식을, 선언을, 선포를 '유앙겔리온'이라고 불렀습니다.

그래서 복음이란 사탄의 세력에서 사로 잡혔던 우리 인간들을 위하여 예수님이 골고다의 십자가에서 죽고 죽음을 이기고 부활했다는 것을 전하는 좋은 소식의 선물을 의미합니다. 죽음을 이기고 부활했다는 것은 영생의 길이 열렸다는 선포입니다. 우리 죄악의 댓가를 온전히 완벽하게 지불(히10:16)하고 죽음에서 건져내어 영생의 길을 열어 놓았다는 특종 중에 특종의 뉴스입니다. 이 뉴스를 믿고 받아들이고 기뻐뛰며 즐거워하며 춤을 춥시다. 죽음의 문제가 해결되었다는 이 복음의 소식을 받아 들이지 않는다면 당신은 바보요 미련한 자요 어리석은 자입니다.

예수님은 사마리아 수가성 여인과 대화에서 "네가 만일 하나님의 선물과 또 네게 물을 달라 하는 이가 누구인 줄 알았더라면 네가 그에게 구하였을 것이요 그가 생수를 네게 주었으리라"(요4: 10) 말씀을 통해 예수님 자신이 하나님의 선물로 오신분임을 즉 복음임을 분명하게 계시해 주셨습니다. 복음은 하나님의 선물입니다. 두 손을 내 밀고 무조건 받고 봅시다. 받고 열어 보면(그 의미를 알면) 감동하고 감격할 것입니다.

복음서를 보면 예수께서는 갈릴리에서 복음 전파를 시작하셨습니다. 복음의 핵심 내용은 "하나님의 복음을 전파하여 이르시되 때가 찼고 하나님의 나라가 가까이 왔으니 회개하고 복음을 믿으라."(막1:14-15)는 것이었습니다. 자신이 하나님의 복음으로 오셨고 복음은 하나님의 시간표에 맞는 때(카이로스)가 차서 왔으니 율법으로 구원을 받으려는 행위를 중단하고 나를 믿고 구원을 받으라는 것이었습니다. 오직 천국은 자신이 율법의 요구의 행위를 함으로 갈 수 있다고 생각하는 그들에게는 율법의 배반자요 율법을 모르는 자요 하나님을 참람하게 하는 자였던 것입니다. 그러나 복음을 믿는 자에게는 구원을 주시는 하나님의 능력입니다.

　여러분! 예수님을 믿으면서 예수님이 하나님의 구원의 선물이라고 생각하여 감격하고 감동해 본 적이 있으십니까? '하나님의 복음'이라는 말씀에 너무 감격스러워 뛰어 본 적이 있습니까? 너무 좋아서 대굴대굴 굴러 본 적이 있습니까? 예수님을 믿는 동안에 한 두 번을 구원의 길을 열어 놓으신 것에 대하여 감동 감격해서 대굴대굴 굴러 보고 방방 떠 보고 소리쳐 외쳐 본 경험이 있어야 합니다.

　에베소서 2장 28절에 의하면 "너희는 그 은혜에 의하여 믿음으로 말미암아 구원을 받았으니 이것은 너희에게서 난 것이 아니요 하나님의 선물이라"고 합니다. 여러분! 선물을 어떻게 받습니까? '그냥 감사합니다. 이렇게 큰 선물을 주시다니 기쁨이 넘칩니다' 라고 하면서 손을 내 밀어 덥석 받으면서 '감사합니다. 고맙습니다' 하면 되는 것 아닙니까? '뭐 잘났다구, 저는 받을 자격이 못됩니다.' '좋은 것인지 알지만 아직 준비가 안 돼 사양하겠습니다' 라고 하면서 왜 받지 않으십니까? 뭐 당신이 대단한 사람이라고 하나님이 주시는 선물을 거절합니까? 아니 세상에 하나님이 그냥 공짜로 엄청난 선물을 주시는데 거절하는 바보도 있습니까? 당신은 정말 바보로 살려고 하십니까? 지옥은 바보들이 가는 곳입니다.

교만도 하지 말고 자기 비하도 하지 맙시다. 주시는 분이 사랑하시어 주시는 것이니까 감사하면서 그냥 받고 봅시다. 받고서 그 내용을 보면 정말 깜짝 놀랄 것입니다. 정말 감동하고 감격할 것입니다.

구원을 행위의 댓가가 아니라 믿음으로 말미암아 받은 것이라고 생각한다면 하나님의 선물을 받은 것이 확실하며 하나님께서 주시는 복음을 받은 것임에 틀림이 없습니다. 구원을 행위가 아니라 은혜로 받은 것임을 확실히 알면 예수님의 성육신 사건을 깨달은 것이며 하나님의 복음을 안 것입니다. 그런데 그 복음을 알고 이제 어떻게 사십니까? 그 복음으로 기뻐하며 이제는 나의 육신의 정욕을 이기고 세상 크로노스의 가치를 극복하며 사십니까?

산다면 정말 잘하는 것입니다. 그러나 육신의 정욕을 이기고 땅의 가치를 극복하고 사는 것은 거의 불가능합니다. 왜 그럴까요? 로마서를 보면 그것은 우리의 자신의 분투로 구원을 행위로 받는 것이 불가능한 것처럼 성화되는 것도 또한 자신의 종교적인 율법의 행위로는 불가능하기 때문입니다.

그러면 어떻게 하면 구원을 은혜로(공짜로) 선물로 받아 기뻐하듯이 존재의 변화(혼의 구원, 의의 생활)도 어떻게 하면 가능할 것일까요? 혹시 그것도 하나님의 선물 안에 포함 되지 않았을까요? 그렇습니다. 포함됩니다. 사도행전 2장 28절에 "베드로가 이르되 너희가 회개하여 각각 예수 그리스도의 이름으로 세례를 받고 죄 사함을 받으라 그리하면 성령의 선물을 받으리니" 라는 말씀을 통해 구원의 구체성인 죄사함을 받고 성령님을 선물로 받아야 한다는 것입니다. 성령님의 존재를 알고 성령님의 인도하심을 받고 살 때 온전한 선물을 받았다고 할 수 있습니다. 이 책을 읽으면서 성령님에 초점을 맞추어서 읽는다면 복음의 진수를 더 알고 복음 안으로 들어갈 수 있습니다.

사도행전 3장 19절에 "그러므로 너희가 회개하고 돌이켜 너희 죄 없이 함을 받으라 이같이 하면 새롭게 되는 날이 주 앞으로부터 이를 것이요"라고 합니다. 구원을 받았다는 것은 죄 용서함을 받았다는 것을 의미하며 죄 용서함을 받았다는 것은 죄없이 함을 받았다는 것을 의미합니다. 이제 죄 용서함을 받았으면 즉 죄가 없으면 성령님이 오십니다. 성령님이 오시면 죽었던 내 영을 살리십니다. 그것이 구속 곧 죄사함(엡1: 7)입니다.

여기에서 한 가지를 정리해서 분명히 알고 넘어갈 것이 있습니다. 예수님을 믿으면 우리는 구원을 받은 것입니다. 내가 한 약속이 아니라 약속을 꼭 지키는 하나님이 약속하셨기 때문입니다. 구원의 개념에는 구속의 개념도 있다는 것을 알아야 합니다. 구속의 개념은 원어로 '아폴뤼트로스' 이고 영어로는 redemption입니다. 주로 '영이 다시 살아남'이란 '영이 사탄의 지배하에 있었던 존재가 다시 하나님의 지배하에 회복됨'을 의미합니다. 구원은 원어로 '소테리아'로 영어로는 salvation 입니다. 구원은 영의 구속과 혼과 몸의 구원까지를 포함합니다. 믿음의 시각에서 보면 우리가 예수님을 믿을 때 영과 혼과 몸이 구원을 받습니다. 그러나 존재에 있어서는 영은 구속을 받았고 그 영의 능력으로 혼의 변화와 몸의 변형을 사모하면서 누리면서 정복해 가면서 사는 것이 신앙생활입니다. 그래서 죄용서함을 받았다는 것을 죄없는 존재가 되어 성령님이 거할 수 있는 거처가 되었다는 것입니다. 이것은 기독교 교리에 있어서 중요한 진리입니다.

요한복음 3장 5절에서 "예수께서 대답하시되 진실로 진실로 네게 이르노니 사람이 물과 성령으로 나지 아니하면 하나님의 나라에 들어갈 수 없느니라" 는 말씀에서 물로 깨끗히 씻겨진 사람은 죄가 없어서 하나님의 영인 성령님이 오실 수 있습니다. 성령님이 내 존재 안에 오셔서 죽었던 내 영을 살리시고 함께 동거하면서 내 혼 존재를 조금씩 새 사람으로 변화(정복)시켜 갑니다.

죽은 자들 가운데 부활하사

사도 바울은 부활장인 고린도전서 15장 16-17절에서 "만일 죽은 자가 다시 살아나는 일이 없으면 그리스도도 다시 살아나신 일이 없었을 터이요 그리스도께서 다시 살아나신 일이 없으면 너희의 믿음도 헛되고 너희가 여전히 죄 가운데 있을 것이요" 또한 19절에서 "만일 그리스도 안에서 우리가 바라는 것이 다만 이 세상의 삶뿐이면 모든 사람 가운데 우리가 더욱 불쌍한 자이리라"라고 하십니다. 정말로 그렇습니다. 불쌍할 뿐만 아니라 어리석은 자 중에 어리석은 자입니다. 정말 부활이 없다면 참으로 몸의 부활이 없다면 예수를 그리스도라 믿는 자들은 바보 중에 상 바보입니다. 없는 부활을 있다고 믿고서 세상에서 사는 쾌락과 부와 권력의 재미를 조금도 보지 못할 뿐만 아니라 바울처럼 매 맞고 돌 맞고 살지는 않지만 가족들과 세상 친구들에게 왕따 비슷한 것을 당하면서 살 필요가 있겠습니까?

몸의 부활은 믿음의 있어서 중요한 교리이며 진리입니다. 또한 믿음 생활하다가 흔들릴 때나 방향이 보이지 않을 때 그리고 앞서가는 믿음의 사람들이 타락해서 옆길로 갔을 때 유혹당하지 않고 달려갈 길을 흔들림 없이 줄곧 전진할 수 있는 유일한 소망은 몸의 부활을 믿기 때문입니다. 또한 세상 사람들이 땅의 가치와 세상의 매혹적인 것으로 자랑하면서 부활을 믿는 우리를 어리석은 자라고 멸시할 때 유혹당하지 않고 도리어 더 당당하게 너희들은 성경에 기록된 대로 하나님이 없다고 하는 어리석은 자들이라고 선포할 수 있는 담대함은 몸의 부활을 믿는 믿음입니다.

예수님의 가르침 중에 핵심 중에 하나는 몸의 부활입니다. 예수님 자신이 직접 부활할 것을 세 번씩이나 기록되어 있습니다. 첫째는 빌립보 가이사랴 지방에서 주님이 "너희는 나를 누구라 하느냐" 물으실 때 베드로가 "주는 그리스도요 살아계신 하나님의 아들"이라고 대답한 후 이 고백 후에 교회를 세우고 천국열쇠를 준다고 하시면서 하신 말씀입니다.

"이 때로부터 예수 그리스도께서 자기가 예루살렘에 올라가 장로들과 대제사장들과 서기관들에게 많은 고난을 받고 죽임을 당하고 제3일에 살아나야 할 것을 제자들에게 비로소 가르치시니"(마16:21)

두 번째는 변화산 사건 이후 귀신들린 아이를 고친 후에 말씀하셨습니다.
"갈릴리에 모일 때에 예수께서 제자들에게 이르시되 인자가 장차 사람들의 손에 넘기워 죽임을 당하고 제3일에 살아나리라 하시니 제자들이 심히 근심하더라."(마17:22~23)

세 번째는 마지막으로 예루살렘에 올라가는 길에서 말씀하셨습니다.
"예수께서 예루살렘으로 올라가려 하실 때에 열 두 제자를 따로 데리시고 길에서 이르시되 보라 우리가 예루살렘으로 올라가노니 인자가 대제사장들과 서기관들에게 넘기우매 저희가 죽이기로 결안하고 이방인들에게 넘겨주어 그를 능욕하며 채찍질하며 십자가에 못 박게 하리니 제3일에 살아나리라"(마20:17~19)

우리가 예수를 믿는다고 할 때 그 믿음에는 참으로 여러 가지가 포함됩니다. 대표적인 것에는 동정녀 탄생, 십자가의 대속, 영의 거듭남, 몸의 부활 등입니다. 몸의 부활을 믿지 않는다면 모든 믿음은 헛된 것입니다. 그러나 만약 부활이 있다면 그리고 그 부활에 참여한 자가 되었다면 세상에 두려운 것이 무엇이며 세상에 이 보다 더 큰 행복이 있을 수 있을까요? 죽음 문제가 해결됐고 죽어도 몸의 부활을 확신하고 사는데 얼마나 좋습니까?

죽음을 이기고 부활한 사람이 역사상 누가 있습니까? 오직 나사렛 예수 뿐입니다. 부활이 사실이라면 예수님의 말씀이 다 사실이고 구속 곧 죄 사함(엡1: 7), 거듭남((요3: 3) 영생, 영사(死), 성령, 심판, 천국, 지옥, 등 다 사실입니다. 예수님을 믿고 부활이 확실히 믿어지고 부활을 소망하면서 산다면 항상 감사하며 감격해야 합니다. 기쁨이 이기지 못하며 살아야 합니다.

하나님은 영이라 육신의 눈에는 보이지 않습니다. 그래서 육신에 있는 사람들은 한 평생 하나님이 계시느냐 없느냐 가지고 논쟁 합니다. 성경에서는 그런 사람들을 어리석은 자들이라고 합니다. 지혜로운 자는 건물마다 지은이가 있듯이 이 온 우주를 지은이가 있다(히3: 4)고 당연히 믿습니다.

 그러나 예수님이 역사적으로 부활했느냐 안 했느냐는 역사적 사건이기 때문에 끝장 논쟁을 하거나 조사와 연구를 거듭하면 분명히 알 수 있습니다. 가족모두 함께 본 영화 중에 하나가 '예수는 역사다'(The Case for Christ)입니다. 꼭 한번 보기를 권합니다. 그 영화의 주인공인 신문 기자는 아내가 예수 믿는 것에 대해 황당해서 역사적 예수를 부정하려면 역사적 부활사건만 허구임을 증명하면 되기 때문에 고고학자 역사학자 전문가 등을 만나고 연구하고 조사해 보니 부정을 커녕 '아니! 틀림없이 부활했네.' 부정할 수 없는 역사적 사실임을 알게 되고 그 후 예수님을 부활을 증언하는 하나님의 일꾼이 되는 것을 볼 수 있었습니다.

 얄팍한 지식과 좁은 식견으로 부정할 논거도 없이 단순하게 '부활은 말도 안 돼!' '2000년 전에 유대 땅에서 일어난 일을 어떻게 믿어', '네가 봤어!' '아니 어느 이 과학의 세상에 어리석게 몸의 부활을 믿어' 라고 하지 말고 부활을 부정할 능력이 없으면 겸손하게 몸의 부활을 가르치는 기독교를 믿어 구원 받기를 바랍니다.

 믿는 성도들은 몸의 부활을 분명히 믿고 믿음의 경주를 달려가기를 바랍니다. 혹시 몸의 부활을 믿는 믿음 생활을 하다가 내가 속한 그리고 기독교의 어느 한 지도자(목사, 장로)가 타락했다는 뉴스를 보고 실망해서 '기독교는 썩었어!' '지도자(목사, 장로)가 타락한 것을 보니 몸의 부활은 없다보다'하고 미혹 당하지 말고 그만큼 부활신앙으로 사는 것이 좁은 길임을 알고 자신을 돌아보아 흔들리지 말고 믿음의 길을 달려가야 합니다. 이 길은 생명의 길입니다.

하나님의 아들의 복음 안에서 내 영으로 섬기는 하나님이 내 증인이시다(우리말 성경 롬1: 9)

　　　우리 개역성경에는 '퓨뉴마"를 '심령'으로 번역을 했습니다. '심령'하면 '마음과 영'을 합한 개념이라 겉 사람의 어떤 부분인지 속사람의 어떤 부분인지를 의미하는지 개념이해가 분명하지 않습니다. 신앙이나 학문이나 개념의 분명하고 정확한 이해는 너무나도 중요한 것입니다. '마음'을 나타내는 '디아노이아' 가 있어 바른 번역은 우리말 성경 번역본대로 '영'이 좋습니다. 잘 번역됐다는 킹제임스 흠정역도 '영'으로 번역을 해 놓았습니다. 사도 바울은 '내 영으로 섬기는 하나님'이라고 표현을 하고 있습니다.

　기독교에서는 하나님과 예수 그리스도 그리고 성령님에 대해 바르게 알기 위해서는 우리의 존재가 태어날 때부터 죄인이라는 것과 왜 죄인인 것을 아는 것이 참으로 중요합니다. 우리가 태어날 때부터 죄인이 아니라고 하면 기독교 진리를 이해하기가 어렵고 불가능합니다. '내가 왜 태어날 때부터 죄인이야 정말 기분 나쁜 말이야!' '기독교는 이상한 종교야' 하면서 거부하지 말고 겸손하게 배워보기를 권합니다.

우리가 죄인인 것을 알기 위해서는 우리의 존재 구성이 영 혼 몸(살전 5: 23) 으로 되어 있음을 믿어야 합니다. 그리고 그 영(靈)이 아담의 범죄로 말미암아 죽었다고 것도 믿어야 합니다. 그래서 예수님도 "죽은 자들로 자기의 죽은 자들을 장사하게 하라"(눅9: 60) 하셨습니다, 사도 바울도 "죽은 자가 죄에서 벗어나 의롭다 하심을 얻었음이라"(롬6: 7)라고 기록했습니다.

예수님의 대속 사역을 믿으면 죄가 용서 되고 죄가 없어지고 죽었던 영이 다시 살아납니다. 이것은 신비입니다. 이것을 설명하려면 많은 지면이 필요합니다. 차차 읽어가면 알게 될 것입니다. 그래서 이제는 죽었던 영이 살아난 자는 영으로 하나님을 섬기는 것이라고 사도 바울은 가르쳐 주고 있습니다. 영으로 섬긴다는 바울의 고백은 기독교 진리에 있어서 참으로 중요합니다.

'율법으로 섬기는 것'으로 알고 있는 믿는 유대인들에게는 '영으로 섬기는' 하나님은 도무지 이해가 되지 않았습니다. 나도 로마서 1장 9절을 이해하고 생명이 되기까지 많은 기간이 걸렸습니다. 초대 예루살렘 교회가 그런 모습이었습니다. 사도행전 15장 5절에는 "바리새파 중에 어떤 믿는 사람들이 일어나 말하되 이방인에게 할례를 행하고 모세의 율법을 지키라 명하는 것이 마땅하다" 고 주장하는 것을 볼 수 있습니다. 심지어 사도들과 장로들이 모여서 결론을 내린 것이 무엇입니까? 20절에 나옵니다. "우상의 더러운 것과 음행과 목매어 죽인 것과 피를 멀리하라" 라고 결정하면서 위 4가지 율법 조항을 지켜야 한다고 편지를 써서 보내지 않았습니까? '영으로 섬긴다'는 것을 모를 수도 있고 아직 속 사람이 덜 자라 이해가 안 되어 그럴 수 밖에 없었던 것입니다.

'율법으로 산다'는 것은 몸으로 표현되고 확인이 되는 것이지만 '영으로 섬긴다' 는 것은 마음(생각)의 세계(영적 세계)이므로 이해도 어렵고 더구나 영으로 사는 것은 납득이 잘 되지 않을 것입니다. 어린이들이 어른의 세계를 알려고 많은 독서를 하고 연구하고 세미나를 참석하더라도 그들의 이해에는 한계가 있을 수 밖에 없듯이 '율법을 지키는 것'이 하나님을 섬기는 것으로 아는 믿는 이들은 '영으로 섬긴다'는 말에 거부감을 갖거나 믿음생활을 모르는 자들이라고 도리어 핀잔을 들을 수도 있습니다.

율법으로 사는 사람은 율법으로 살지 말고 그리스도(갈2: 20)로 살아야 한다고 말해 주면 겸손하게 '아하! 그래요, 어떻게 하면 됩니까?' 라고 겸손하게 묻기 보다는 '율법도 지키지 않으면서 뭔 그리스도로 산다는 소리야!' 하면서 거만하게 거부할 것입니다. 오직 알 수 있는 방법은 한 가지 뿐입니다. 속 사람의 생명이 자라 내 속에 성령님이 있는 것을 알고 성령님으로 인도함을 받는 경험을 해 봐야 그 때 '아 그렇구나!' 알게 됩니다. 누구든지 열심히 성경을 옆에 놓고 함께 이 글을 읽어 간다면 조만간 그리스도의 영이 있다는 것을 알게 되고 예수님으로 인해 영이 다시 살아났고 전에는 육으로 살았지만 이제는 영으로 사는 것을 알고 감격하며 믿음 생활을 하게 될 것입니다.

이스라엘 백성이 애급에서 나와 광야를 지나 가나안으로 빨리 가고 싶었듯이 나도 빨리 로마서 8장으로 달려 가고 싶습니다. 8장은 전부 영으로 사는 생활에 관한 말씀입니다. 성도라면 누구나 이 세상에서 가장 바라고 원하는 것은 성령중심으로 사는 생활일 것입니다. 성령중심으로 사는 생활은 곧 의의 생활입니다. 죄를 이기는 생활입니다.

로마서 6장의 죄의 광야 즉 14-15절에 '죄가 너희를 주장하지 못하리니 이는 너희가 법 아래에 있지 아니하고 은혜아래에 있음이라'와 7장의 법의 광야 즉 6절에 '우리가 영의 새로운 것으로 섬길 것이요 율법 조문의 묵은 것으로 아니할지니라'를 통과하기가 어렵다는 것을 모르는 바는 아니지만 8장에 가서 '그리스도 예수 안에는 결코 정죄함이 없다' 는 고봉에 올라가 죄와 사망의 법에서 해방을 받고 생명의 성령의 법으로 안식을 누리며 영으로 하나님을 섬기며 교통하며 자유를 누리며 살고 싶습니다. 그리고 8장 37절에 "이 모든 일에 우리를 사랑하시는 이로 말미암아 우리가 넉넉히 이긴다"는 말씀에 아멘하고 죄의 광야와 법의 광야를 통과하게 하신 성령님의 능력을 찬송하며 사도 바울과 동일하게 '우리가 넉넉히 이긴다'를 기쁨으로 선포하는 영광에 동참하고 싶습니다.

신앙생활은 갈라디아서 5장 16절에 기록된 바와 같이 "너희는 성령을 따라 행하는" 것입니다. 성령으로 행하려면 먼저 성령으로 태어난 것을 알아야 합니다. 그래서 예수님께서 "진실로 진실로 네게 이르노니 사람이 물과 성령으로 나지 아니하면 하나님의 나라에 들어갈 수 없느니라" (마3: 5)고 말씀하셨습니다. 구속 곧 거듭남(엡 1: 7)입니다. 정말로 율법으로 구원(거듭남)을 논하는 것은 가당치도 않습니다. 위로부터 다시 생명으로 태어나거나 영이 다시 살아나지도 않았는데 어떻게 살 수 있다는 말입니까? 율법으로 구원을 논하는 사람들은 구원의 개념을 성경적인 것으로 모르는 사람입니다. 구원은 변화의 개념 이전에 '다시 살아남',

다시 태어남'입니다. 출생의 개념입니다. 출생 후에는 구원의 개념이 변화 즉 성장의 개념으로 바뀌는 것입니다.

혼의 생명으로 율법 조항을 만개 억 개를 지킨다고 한들 죽었던 영이 살아날 수 있습니까? 죽은 영은 누군가가 와서 부활시켜 주어야 다시 생명이 회복할 수 있는 것입니다.

사도 바울은 로마서를 쓰면서 8장을 빨리 쓰고 싶었을 것입니다. 더 정확히 표현하면 하나님이 선물로 주신 성령님에 대해 빨리 말해 주고 싶었을 것입니다. '성령으로 섬기는 하나님'에 대해 진실하게 체험적인 고백을 설명해 주고 싶었을 것입니다. 예수님을 믿고 영생을 얻고 율법으로 사는 것도 은혜지만 영으로 사는 것은 더 큰 은혜임을 가르쳐 주고 싶었을 것입니다. 우리도 바울의 가르침을 받아 하나님을 율법으로 섬기지 말고 성령으로 섬겨 봅시다. 율법은 보호와 생명으로 인도하는 기능으로 서는 영원히 있는 것입니다. 그리고 영으로 살면 율법의 요구가 자연스럽게 이루어지는 것입니다.

자신이 거듭났는가에 대해 잘 모르면 영의 구속에 관한 말씀 즉 은혜의 말씀만을 먹고 누리고 자고 또 먹고 누리고 자는 것을 반복하다 보면 어느 새 말씀이 생명이 되어 있는 즉 거듭난 생명이 있는 것을 발견하게 될 것입니다. 말씀을 사랑하십시오. 말씀 사랑은 암송이요 묵상입니다. 묵상을 지속하다 보면 말씀을 신뢰하게 되고 말씀을 신뢰하다 보면 성령님에 의해 거듭난 존재를 발견하게 됩니다. 이때는 은혜의 말씀(행 20: 32)만을 먹고 누려야지 의의 말씀(히 5: 12)을 먹고 누리면 안 됩니다. 의의 말씀(히 5: 12)은 어느 정도 자란 후에 먹고 누리는 것입니다.

성령님은 말씀은 아니지만 말씀 안에 거합니다. 그래서 말씀이 마음에 거하면 성령님이 거한다고 믿으면 됩니다. 성령의 표현과 충만은 속생명이 어느 정도 자랄 때 표현됨으로 말씀을 계속 먹고 누리다 보면 성령님의 인도하심을 알게 됩니다. 성령님의 인도하심을 따라 살게 되면 '아하 내가 진정으로 거듭났구나.' 하고 믿게 됩니다. 거듭남의 확신만 있으면 내 속에 착한 일을 하신 그분이(빌1: 6) 예수의 날까지 이루실 것을 확신합니다.

성령을 따라 사는 것이 무엇일까요. 말씀 안에 있는 생활입니다. 말씀 안에 있으려면 묵상 안에 있으면 됩니다. 날마다 말씀을 묵상하며 그 말씀 안으로 누리며 사십시오. 그러면 때가 되면 열매로서 긍휼(관용)과 사랑의 존재로 변합니다. 정욕(세상가치)으로 사느냐 사랑(영)으로 사느냐가 각각의 열매입니다. 예수님께서 "내가 긍휼을 원하고 제사(희생제물제사)를 원하지 아니하노라 하신 뜻이 무엇인지 배우라"(마9: 13)하셨습니다. 긍휼의 존재가 되는 것이 최고의 열매 중에 하나임을 기억하며 이 글을 읽어가기를 바랍니다.

예수님과 수가성 여인의 대화에서 핵심내용이 무엇입니까? 한번 대화 내용을 봅시다. "우리 조상들은 이 산에서 예배하였는데 당신들의 말은 예배할 곳이 예루살렘에 있다 하더이다. 예수께서 이르시되 여자여 내 말을 믿으라 이 산에서도 말고 예루살렘에서도 말고 너희가 아버지께 예배할 때가 이르리라 너희는 알지 못하는 것을 예배하고 우리는 아는 것을 예배하노니 이는 구원이 유대인에게서 남이라 아버지께 참되게 예배하는 자들은 영과 진리로 예배할 때가 오나니 곧 이 때라 아버지께서는 자기에게 이렇게 예배하는 자들을 찾으시느니라 하나님은 영이시니 예배하는 자가 영과 진리로 예배할지니라(행4: 20-24)

이 글을 통해 하나님께 영과 진리로 예배하는 자가 되기를 기도합니다. 하나님은 영과 진리로 예배하는 자를 찾는다고 하지 않으십니까? 그리스도 안에서 영과 진리로 예배하는 자가 됩시다. 성령으로 섬기는(예배하는) 하나님에 대해 사도 바울처럼 살고 우리도 증인이 됩시다.

복음에는 하나님의 의가
나타났습니다.(롬1: 17)

　　나는 5일장이 되면 아내와 함께 십자가를 들고 전도를 나갑니다. 전도할 때마다 기쁨과 감사와 행복이 밀려옵니다. 처음에는 어색하고 쑥스러웠지만 이제는 전도하는 나의 모습이 기쁘고 행복합니다. 가로에는 '하나님의 선물 나사렛 예수' 세로에는 '복음에는 하나님의 의가 나타났어요'라고 쓴 십자가를 들고 다니면서 '복음에는 하나님의 의가 나타났어요'라고 선포하면서 반응을 보이는 사람에게 전도지를 나누어 줍니다. 몇 번의 시행착오를 겪으면서 이 전도 문구가 제일 마음에 감동이 되고 듣는 사람들에게도 생각할 수 있는 문구라고 생각해서 수정하고 또 수정해서 만든 결과입니다. 처음에는 '예수 천당 불신 지옥'으로 했었습니다. 간단명료하고 메시지가 분명해서 지금도 좋아합니다. 그러나 '너무 강하다', '시대에 맞지 않는다'고 주위에서 반대가 심해 부드럽게 바꾸었습니다. 그리고 전도받는 사람들도 '너무 무식하게 전도한다' 고 해서 부득불 바꾸었지만 전도메시지로는 '예수 천당 불신 지옥' 이 분명한 전달이 되어 아주 딱입니다.

로마서에는 참으로 많은 감격과 감동을 넘어 삶의 활력이 넘치게 되는 말씀이 많은 데 그 중에 하나가 '복음에는 하나님의 의가 나타났어요' 라는 말씀입니다. 나는 이 말씀을 종종 묵상하면서 누립니다. 행복에 들어갑니다. 선포할 때마다 기쁨이 샘솟고 구원의 감격을 누리고 하나님의 자녀됨에 대하여 감사가 넘칩니다. 흥분이 됩니다. 엔돌핀이 팍팍 나옵니다. 복음에 나타난 하나님의 의는 나를 칭의의 의를 알게 하고 성화의 의를 누리게 하며 영화의 의 안으로 인도하실 것을 바라보니 감사와 기쁨은 기본이고 행복이 넘쳐 흐릅니다. 몇 년 전에 감격했어도 또 다시 읽을 때마다 선포할 때마다 동일한 감격과 감사가 밀려옵니다. 어제 했어도 오늘 또 선포하면 또 마음 속 깊은 곳으로부터 감사와 찬양이 나옵니다. 독자들도 한번 해 보시면 동감이 될 것입니다. 복음을 안 것에 감사하고 하나님의 의를 확실히 알고 믿게 된 것에 감사하고 천국에 갈 생각을 하니 기쁨이 넘칩니다.

어떤 때는 '복음에는 하나님의 의가 나타났어요' 가 너무 좋고 고맙고 감사해서 영어로 묵상하기도 하고 때로는 헬라어로 선포하기도 합니다. 내가 왜 묵상과 선포를 번갈아 사용하는 줄 아십니까? 유대인의 사고개념으로는 묵상은 속으로 생각하는 것이 아니고 읊조리고 선포하는 개념이기 때문에 강조하고 싶어서 그런 것입니다. 묵상을 하지 않고는 그리스도 생명 안으로 들어가기가 어렵기 때문입니다. 나는 체험상 이 묵상 습관을 소홀히 하고 그리스도 생명 안으로 쑤욱 들어가기가 힘들다고 주장하는 사람입니다. 이 책의 가장 큰 설득이기도 합니다. 대다수 믿는 이들이 이 거룩한 습관을 습관으로 만들지 않는 것을 무척 안타깝게 생각합니다. 그리스도의 장성한 분량에 이르려면 반드시 묵상 습관이 형성되어야 합니다.

　종교개혁자 마루틴 루터는 '하나님의 의'라는 개념을 의로우신 하나님이 불의한 자들을 공평하게 심판하신다는 뜻으로 오해하고 있다가 로마서 강해 준비를 하면서 다시 읽고 살펴보니까 하나님이 우리에게 헤세드(자비, 긍휼, 사랑)를 베푸셔서 하나님이 요구하시는 의의 수준을 예수님으로 만족하셨다는 것을 알게 되었습니다. 그래서 '하나님의 의' 개념을 새롭게 이해하고 즉 바울이 설명하는 의미를 제대로 깨닫고는 너무 기뻐 이제는 천국에 갈 확신이 생겨서 무척 기뻐했다고 합니다. 당연합니다. 중세 종교 개혁의 출발은 마르틴 루터의 의의 개념의 전환으로부터 입니다. 여러분도 개인적인 종교 개혁이 일어나려면 '하나님의 의' 개념의 전환이 있어야 합니다. 로마서에 나타난 '하나님의 의' 개념을 바르게 이해하면 종교개혁이 일어나서 진정한 행복자가 될 것입니다.

　누구든지 '복음에는 하나님의 의가 나타났어요'를 깨닫기만 하면 행복이 가득히 밀려 올 것입니다. '복음에는 하나님의 의가 나타났어요' 라는 말씀에 감동 감격이 없다면 이 책도 읽을 필요가 없습니다. 다른 성경 공부도 할 필요가 없습니다. '나는 예수님을 믿는다' 는 말도 해야 허공에 뜬 말이 될 수도 있습니다. 로마서에 나타난 '하나님의 의' 의 개념 앞에 루터처럼 이 책의 저자 김동환 목사처럼 기쁨이 충만하고 감동 감격이 넘치도록 분명히 깨닫기를 바랍니다. 감동 감격이 되지 않으면 기도하세요. 철야기도를 하세요.

나는 죽을 때 유언을 무슨 말로 할까 고민하다가 '복음에는 하나님의 의가 나타났어요' 라는 말씀이 감동이 너무 커서 '복음에는 하나님의 의가 나타났어요' 라고 하면서 육신의 몸의 벗고 하나님 앞으로 갈 것입니다. 사람이란 갑자가 죽을수도 있으니까 나를 아는 사람들과 내 자녀들은 이제 김 동환 목사, 우리 아버지 유언을 분명히 알았으므로 철저하게 믿고 순종하기를 바랍니다.

마르틴 루터는 깨닫기 전에는 '하나님의 의' 라는 표현이 싫었지만 깨달은 후에는 '하나님의 의' 라는 표현이 소중하고 위안이 되는 말이 되었답니다. 고백의 표현은 각각 달라도 '하나님의 의' 라는 단어의 의미를 알게 되면 감동이 되고 감격이 되고 아! 이제는 진정으로 그리스도 예수를 인격적으로 만났구나 하며 감탄하고 수고하고 무거운 짐들을 다 내려놓고 안식하게 됩니다.

007

오직 의인은 믿음으로 말미암아 살리라(롬1: 17)

　　믿는 이라면 누구든지 '의인은 믿음으로 말미암아 살리라'라는 말씀을 다 좋아합니다. 그러나 정말로 일상생활 속에서 믿음으로 사느냐 하면 거의 다 믿음으로 살지 않고 법으로 살거나 스스로 만든 법인 원칙으로 살거나 육체의 정욕으로 살거나 형식으로 살거나 혹은 돈으로 사는 것을 볼 수 있습니다.

　심지어 오랫동안 믿는 성도라도 예수님을 믿는다고 하면서도 하나님의 영의 인도를 받지 아니하고 정욕으로 살고 조그만한 권력의 위치에 있으면 믿음으로 사는 것을 망각하고 권력의 존재로 사는 것을 볼 수 있습니다. 돈이 좀 있으면 믿음으로 사는 것을 잊어버리고 돈 존재가 됩니다. 그래서 믿는 자나 믿지 않는 자나 별로 존재적으로 인격의 차이가 없는 것을 볼 수도 있습니다. 물론 권력이나 금력이 있는데도 아주 겸손한 목사님들과 장로님들과 성도들도 있겠지요. 참으로 그런 분들은 귀하고 소중합니다.

복음에는 하나님의 의가 나타나서 믿음으로 믿음에 이르게 한다고 17절 전반부에 기록되어 있습니다. 전자의 믿음은 구원의 믿음이고 후자의 믿음은 행위의 믿음, 존재의 믿음, 의의 생활의 믿음입니다. 행위의 믿음이 충만히 표현되려면 믿음으로 말미암는 구원의 믿음이 확실해야 합니다. 구원도 말씀의 믿음으로 이루어지고 의의 생활도 말씀의 믿음으로 이루지는 것입니다. 영의 구원은 은혜의 말씀(행20: 24)을 믿음으로 이루어집니다. 또한 존재의 구원(혼의 구원, 의의 생활)도 의의 말씀(히6: 13)을 믿고 먹고 누림으로 이루어집니다.

구원의 믿음이 말씀으로 완전하게 깨닫고 정리되지 않으면 율법 행위 구원으로 흘러 법 안에서 율법의 행위를 소중한 가치로 여기며 살게 됩니다. 법 안에 살게 되면 의의 구원을 모르게 되어 율법으로 신앙생활을 하게 됩니다. 즉 구속 곧 죄사함(엡1: 7)의 믿음이 불확실하면 율법의 행위로 보충하려는 경향이 있습니다. 그래서 믿음으로 믿음에 이르게 한다는 말씀이 감동, 감격이 되지 않을 뿐만 아니라 존재에 있어서 믿음으로 살지 않게 됩니다.

오직 구원은 믿음으로 받습니다. 그 믿음은 예수님의 대한 믿음입니다. 예수님에 대한 믿음이란 표현을 더 풀면 예수님께서 이루신 대속 사역을 믿는다는 것입니다. 은혜의 말씀을 믿는 것입니다. 세상 죄를 지고 가신 어린양(요1: 29)과 영원한 제사(히 9: 12, 10: 14)의 사역과 화목제물(요일2: 2)등으로 믿는다는 것입니다.

내가 강조하는 것 중에 하나가 구원받은 날은 몰라도 구원에 관한 말씀들 즉 은혜의 말씀들은 분명히 기억되어 있어야 합니다. 구원에 관한 말씀을 최소한 3개 이상은 의미를 깨닫고 기억되어져 있어야 합니다. 그래서 그 말씀들로 인하여 '내 죄를 용서되었구나' 하는 것과 '그 말씀들로 인하여 내 영이 살아났구나', '그 말씀으로 인하여 내가 하나님의 자녀가 되었구나' 하는 믿음이 있어야 구원받는 것입니다. 그리고 누군가가 구원에 관하여 묻는다면 그 말씀을 근거로 해서 구원받는 방법을 설명해 줄 수 있어야 합니다. 설명하고 가르쳐 줄 수 없으면 말씀신앙이라고 할 수 없습니다. 기독교는 성경 말씀에 대한 믿음의 신앙입니다.

믿음으로 구원을 받았고 의의 말씀을 먹고 누려서 생명이 자라 생활태도가 만사에 믿음(사랑)으로 한다면 '오직 의인은 믿음으로 말미암아 살리라'라는 말씀이 감동이 되고 감격이 될 것입니다. 왜냐하면 법으로 사는 것보다 믿음으로 사는 것이 더 기쁘고 더 행복하고 더 자유롭기 때문입니다.

그리고 나는 분명히 예수님을 믿고 구원을 받은 것 같은데 왜 믿음의 행위가 나오지 않을까 걱정하는 성도들은 행위의 걱정보다 말씀을 꾸준히 먹지 않음을 걱정해야 합니다. 즉 자라지 않음을 걱정해야 합니다. 은혜로 말미암은 구원이 확실한 사람은 만일 누군가가 '왜 당신은 믿음의 행위가 나오지 않느냐?'고 질문하거나 힐난을 하면 '아직 속 사람이 어려서 그렇습니다. 누에가 뽕잎을 먹으면 고치를 만들듯이 나도 계속 말씀을 먹고 있기 때문에 좀 있으면 거룩한 행위가 나올 것입니다'라고 당당하게 말 할 수 있어야 합니다. 그리고 '나의 행위를 보고 예수님을 구주로 믿으면 좋지만 나는 아직 어린아이입니다. 당신의 영혼을 위해 예수님을 믿어야 합니다' 라고 자신있게 전도한다면 신앙생활에서 보다 더 즐거운 생활이 될 것입니다. 행위에 자신이 있는 사람은 소수입니다. 그런 사람은 의의 말씀을 많이 묵상하고 누려야만 가능합니다. 장성한 분량(엡4: 13)까지 이르는 사람은 극소수입니다. 장성한 분량까지 자라는 것과 구원을 받은 것은 다른 문제입니다. 먼저 구속 곧 죄사함(엡 1: 7)이 가장 중요한 것입니다. 십자가 우편 강도는 성장하고는 전혀 상관이 없었습니다.

그리스도의 장성한 분량(엡4: 13)까지 이르려면 내 존재 안에 말씀이 풍성히 거해야만 됩니다.(골3: 16) 로마서 6장 7장을 의의 말씀으로 먹고 누려 죄와 법에서 해방을 받아야 도달할 수 있습니다. 그 부분은 계속 읽어보시면 이해가 될 것이고 깨달아질 것입니다. 오직 의인은 믿음으로 삽니다. 법으로 살지 않습니다. 돈이나 권력으로도 살지 않습니다. 오직 의인은 믿음에서 믿음에 이르게 합니다. 오직 의인은 믿음으로 시작해서 율법의 행위로 떨어지지 않습니다.

008

오직 율법을 행하는 자라야
의롭다 하심을 얻으리니 (롬2: 13)

　　예수님을 구주로 믿고 반드시 교회 공동체 생활을 해야 합니다.
교회생활을 할 때 기독교라고 해도 교단을 잘 선택하고 교단 중에서도
복음주의 교단을 선택하고 다니는 것이 안전합니다. 신앙생활은 진보 보
다 보수가 더 안전합니다. 복음주의 교단 안에 있어야 하나님의 의와 의
의 말씀에 대하여 잘 배우고 바르게 성장할 수 있습니다. 또한 복음주의
목회자를 잘 선택하고 만나야 '행위의 의'에 대하여 혼돈이 없고 기쁘고
즐겁게 믿음 생활을 할 수 있습니다.

　　성경은 복음이야기이므로 복음을 잘 가르쳐 주고 복음으로 인해 생활
이 되도록 가르쳐 주는 교회를 다녀야 합니다. 즉 '하나님의 의'를 제대
로 깨닫고 가르쳐 주는 교회이여야 합니다. 거듭 말하지만 '하나님의 의'
에 의한 감동 감격만이 구원의 감격을 누린 후에 그 누림의 2차로 성화
의 의 즉 의의 생활을 이룰 수 있기 때문입니다.

　　구속 곧 죄사함(엡 1: 7)의 진리가 분명하지 않으면 로마서 2장 13절만

딱 띄어서 '율법을 행하는 자라야 의롭다 하심을 얻는다' 하면 말문이 막혀 율법주의자들의 주장에 설득되어 나도 모르게 율법주의자가 되어갑니다. 나는 CCC에서 순수한 복음을 안다고 자부했었고 바울 같이 열심히 전도하는 순장이었고 박용기 목사님 밑에서 칼벵주의 신학 중심으로 배워 복음을 안다고 자부했음에도 불구하고 성경을 문자대로 믿는 것이 중요한 것으로 알고 제칠일 안식일 재림교회에 가서 율법 중심 문자 중심으로 만 5년간 생활하다가 나왔습니다. 부끄러운 과거지만 나는 율법주의 문자주의에 대해 누구보다 경험이 있기에 당당하게 말할 수 있습니다. 절대 아닙니다. 예수님이 '살리는 것은 영이니 내가 너희에게 이르는 말이 영이요 생명이라고' 말씀하셨습니다. 내가 너희에게 이르는 말이 문자요 율법이라고 하지 않았습니다. 열심히 믿는다고 하면서도 우리는 여차하면 율법 안으로 들어갈 수 있음을 알고 경계해야 합니다. 율법으로 사는 것과 의의 생활은 다른 것입니다.

이 말씀의 대응은 두 가지를 알아야 감격이 되고 감동이 됩니다. 하나는 로마서 3장 21절 '율법 외에 한 의가 나타났습니다' 와 연결해서 율법을 행해서 의롭게 되는 방법(길)도 있고 율법 외에 나타난 의를 믿고 그 의로 인해 의롭다하심을 얻는 길이 있습니다. 항상 성경에는 넓은 길과 좁은 길이 있습니다. 타종교와 기독교를 비교하면 타종교는 넓은 길이요 기독교는 좁은 길입니다. 기독교 안에서 다원주의는 넓은 길이요 복음주의는 좁은 길입니다.

율법을 행함으로 의롭다 하심을 얻는다는 말씀에는 조금도 잘못이 없습니다. 그런데 정직한 사람이라면 안 되는 것을 알기 때문에 그 길을 포기하고 예수님의 의를 은혜로 덧입는 것입니다. 이제 우리는 율법을 행함으로 의롭다 하심을 얻는 것을 포기하고 이제는 복음에 나타난 믿음의 의를 믿고 의롭다하심을 받아 영과 진리로 사는 것입니다.

이제는 로마서 2장 7절 말씀과 같은 '율법을 행함으로 의롭다 하심을 얻는다'는 말씀으로 인해 설득 당해 율법으로 다시 돌아가지 마십시오. 사도 바울이 갈라디아교회들에게 간절히 부탁한 권면입니다. '율법을 행함으로 의롭다 하심을 얻는다'고 가르치면 소경된 인도자임을 알고 거기서 빠져 나오십시오. 또한 자기들에게 돈 바치는 종으로 만들려고 하는 비열한 수단이니 즉시 탈출하십시오.

이제는 '율법을 행하는 자라야 의롭다 하심을 얻으리니' 라는 말씀 앞에 움츠러들거나 당황하지 말고 '그래 난 그 길로 안 간다', '나는 율법의 행위의 길로 가지 않고 은혜로운 길로 간다' 라고 선포하면서 율법으로 의를 이루려는 데서 해방된 신앙생활을 하십시오. 이제는 '율법을 행하는 자라야 의롭다 하심을 얻으리니' 말씀으로 인해 움츠려들지 말고 오히려 당당하게 해방을 받으며 감격하며 감동하며 사십시오.

이제는 율법을 행해서 의롭다 하심을 얻는 길로 가지 않고 예수님을 믿는 믿음으로 의롭다하심을 얻는 길(롬5: 1)을 가게 된 것을 찬양하며 감사합시다. 율법은 구원 받기 전에는 죄인임을 깨닫게 해서 예수님을 만나게 하고 영의 구원 후에는 혼의 생명이 표현되는지 사망이 표현되는지 살피기 위해 율법은 꼭 필요한 것입니다. 율법 안에 산다고 해서 구원이 더 확실하게 되는 것도 아니고 의롭게 되는 것도 아니며 성화가 더 잘 이루어지는 것도 아닙니다. 성화가 더 잘 이루어지려면 의의 말씀(히5: 13)을 맛있게 먹고 누려야 합니다. 성화 즉 거룩은 말씀을 몇 개 더 지키느냐고 문제가 아니라 내 안에 은혜의 말씀과 의의 말씀이 얼마나 운동력 있게 역사하느냐의 문제입니다. 성화는 심비에 얼마나 많은 말씀이 심겨져 있느냐(히8: 10)의 문제입니다.

009
이런 이들은 그 양심이 증거가 되어(롬2: 15)

      사도 바울은 사도행전 23장에 온 공회 앞에서 "오늘날까지 나는 범사에 양심을 따라 하나님을 섬겼다"고 증언하는 것을 볼 수 있습니다. 양심은 성령은 아니지만 성령은 양심을 통해 표현되는 것을 볼 수 있습니다. 나는 양심은 죽은 영의 연약한 존재의 표현이라고 생각합니다. 우리는 범사에 양심에 따라 살아야 합니다. 아주 잠깐 양심에 벗어난 일을 할 수 있어도 양심(율법)에 어긋나는 것을 두 번 연속적으로 한다면 아주 어린 자든지 의의 생활의 행복을 모르는 성도입니다. 양심은 성격이 있어 화를 내거나 말을 심하게 하는 것과는 다릅니다. 양심은 의의 길을 벗어나면 그것은 죄라고 판단해 줍니다. 성도는 범사에 양심에 따라 살아야 합니다. 그 길이 평안하고 안전하고 가치 있고 하나님이 기뻐하시는 길입니다.

      그러나 양심에 따라 살아야 하는 동시에 먼저 명심해야 할 것이 있습니다. 아무리 양심에 추호도 거리낌 없이 산다하더라도(살 수도 없지만 산다고 하는 자들은 자기 스스로 자기를 속이는 자입니다.) 영생을 얻는 것은 아님을 알아야 합니다. 아무리 부와 명예가 있더라도 건강을 잃으면 모두 소용이 없듯이 아무리 '행동하는 양심'으로 양심껏 산다하더라도 죄를 해결할 수는 없습니다. 죄의 해결은 오직 예수님을 통해 구속 곧 죄사함(엡 1: 7/골1:14)을 받지 못하면 천국에 못 갑니다.

사도 바울은 양심을 로마서 2장 15절에서는 다른 기능이 있음을 설명합니다. 로마서 2장은 모든 사람은 하나님의 심판아래 있다고 합니다. 심판은 왜 있느냐 하면 죄를 지었기 때문입니다. 유대인은 율법을 통하여 죄인인 것을 알 수 있고 이방인은 본성 안에 양심이 있어 양심이 죄를 고발하거나 죄에 대한 변호를 한다는 것입니다. 그러므로 우리 마음에 있는 양심이 죄가 있음을 고발하니까 틀림없이 죄인이 아니라고 할 사람은 한 사람도 없다는 것입니다.

요한복음 8장에 서기관 바리새인들이 음행 중에 잡힌 여인을 끌고 와서 모세는 "율법에 이러한 여자를 돌로 치라고 명했는데 선생님은 어떻게 말하겠습니까" 라고 하니까 예수님이 "너희 중에 죄없는 자가 먼저 돌로 치라 하니까" 양심에 가책을 느껴 어른으로 시작하여 하나씩 하나씩 가는 것을 볼 수 있습니다. 한 사람도 남지 않은 것을 볼 때 양심은 자기 스스로 죄가 있는지 없는지 알게 해 주는 것임에는 틀림이 없습니다.

죄를 가지고는 천국에 갈 수 없습니다. 죄가 있는 그 죄인은 지옥에 갈수 밖에 없다는 결론이 내려질 때 '아이쿠! 큰일 났네,' '어떻게 하면 지옥을 안 가고 천국을 갈 수 있을까?' 라고 심한 고민을 하고 구원자를 찾으려는 열망이 있는 사람만이 모든 죄를 용서해 주는 그리스도 예수님을 인격적으로 만날 수 있습니다.

기독교(성경)에서는 '하나님의 의'를 통해 구원을 선물로 받기 위하여 자신이 죄인이라는 것을 아는 것이 무척 중요합니다. 그래서 예수님도 "나는 의인을 부르러 온 것이 아니요 죄인을 부르러 왔노라"(마9: 13) 말씀하셨습니다.

또 예수님께서 "건강한 자에게는 의사가 쓸 데 없고 병든 자에게라야 쓸 데 있나니 내가 의인을 부르러 온 것이 아니요 죄인을 불러 회개시키러 왔노라"(눅5: 31-32) 말씀하셨습니다. '나는 죄인이야, 나는 큰 죄인이야, 나는 대역 죄인이야, 나는 죄 중에 태어난 존재야 등등 자신의 존재의 근원이 죄라는 것을 깨닫게 될 때 예수님의 구원의 목소리가 들리기 시작합니다. 물론 구원을 받고 내가 죄인이라는 것을 아는 경우도 있습니다. 특별히 모태 신앙인이나 어릴 때부터 예수님을 믿고 교회에 다닌 사람은 말씀을 배우고 공부하면서 알게 됩니다.

사도 바울은 디모데 전서 1장 15절에서 "미쁘다 모든 사람이 받을 만한 이 말이여 그리스도 예수께서 죄인을 구원하시려고 세상에 임하셨다 하였도다" 말씀하고 있습니다. 자신이 죄인이라고 아는 것은 기독교에서는 너무나 중요한 교리이며 진리입니다. 어떤 면에서 자신이 죄인이라고 아는 것은 행복의 문, 천국의 문을 여는 문을 찾았다고도 볼 수 있습니다.

나는 양심을 통해 죄인임을 알고 그 죄의 댓가로 예수님이 십자가에서 죽으신 것을 믿고 구원받은 것을 믿습니다. 이제는 죄 아래로 떨어지지 않기 위해 사도 바울의 고백처럼 범사에 양심에 따라 삽니다. 때로는 양심이 '너! 이거 죄라고' 할 때 바로 인정하고 '한 번의 제사로 영원히 온전하게 (히10: 14) 이루신 예수님의 죽으심의 제사를 찬양하고 감사를 드립니다. 그리고 바로 회개하고 정신을 번쩍 차리고 양심 앞에 순종하며 삽니다.

> 맹인의 길을 인도하는 자요 어둠에 있는 자의 빛이요
> 율법에 있는 지식과 진리의 모본을 가진 자로서
> 어리석은 자의 교사요 어린 아이의 선생이다(롬2: 19-20)

위의 말씀은 참으로 멋진 교훈들입니다. 정말로 그럴까요? 아닙니다. 생명에 속한 말이 아니라 율법 아래의 말들이며 율법 아래에 있는 사람들의 말들입니다. 율법으로 가르침을 받아서 옳고 그른 것을 분간할 줄 안다고 자부하는 사람들을 스스로 자신을 무엇이라고 자랑한다구요? 맹인의 길을 인도하는 자요 어둠 속에 있는 사람의 빛이라고 생각합니다.

율법에서 모든 지식과 진리의 근본을 터득하였다고 하는 사람들은 스스로 어떤 사람이라고 생각하는지 아십니까? 어리석은 사람의 교사요 <u>어린 아이의 선생</u>으로 확신하고 산다는 것입니다.

큰 틀에서 보면 위 말씀은 유대인들에게(17절) 하는 말입니다. 오늘날 종교인들이라고 볼 수 있습니다. 달리 표현하면 율법을 의지(17절)하며 하나님을 자랑하는 자들에게 하는 말입니다. 율법을 의지하는 자들의 특

징은 자기들은 율법의 교훈을 잘 알고 지극히 선한 것을 분별을 잘 할 줄 알아 자기들이 빛이요 교사요 선생이라고 자부하며 산다는 것입니다. 예수님께서 무어라고 말씀하셨습니까? "너희는 랍비라 칭함을 받지 말라"(마23: 8)하셨습니다. 왜요? 율법 아래에 사는 사람들은 랍비가 되기를 바라고 랍비라 칭함 받는 것을 좋아한답니다. 자기가 자꾸 선생이 되려고 하는 사람은 율법 아래에 있다는 표시로 알면 틀림이 없습니다. 놀랍지 않습니까?

율법이 무엇입니까? 갈라디아서 3장 24절을 기억하십시오. "율법이 우리를 그리스도에게로 인도하는 몽학선생이 되어 우리로 하여금 믿음으로 말미암아 의롭다 함을 얻게 하려 함이니라" 또한 히브리서 10장 1절에는 "율법은 장차 올 좋은 일의 그림자일 뿐이요"라고 기록되어 있습니다. 그런데 율법이 맹인을 인도하는 것이요 어둠속에서 빛으로 살게 하는 것이라고 말하는 것은 아직 율법의 그늘 아래 있는 것으로 성령님을 따라 사는 방법을 온전히 아는 성도라고 할 수 없습니다.

새 언약의 일꾼은 믿음의 행위를 보이기 위해 무엇 무엇을 하라고 가르치기 전에 진리의 말씀(고후6: 7)안에서 은혜의 말씀(행 20: 32)과 의의 말씀(히5: 13)을 나누어서 먹고 누리도록 도와주어야 합니다. 율법의 행위를 강조하고 종교적인 예배의 중요성을 지나치게 강조하면 율법 아래에 떨어져 아주 오랫동안 율법이라는 광야에서 살게 됩니다. 율법의 지식을 가르치려고 하지 마십시오. 율법의 계명과 율례를 가르친다는 것은 내가 아직 율법에 속했다는 것을 스스로 인정하는 것입니다. 예수 그리스도의 말씀 안에 잠긴 진리의 양식을 공급하는 자가 되십시오. "율법을 자랑하는 네가 율법을 범함으로 하나님을 욕되게 하느냐"(23절)고 사도 바울은 일갈하고 있습니다. 율법을 자랑한다는 것은 나는 율법의 어떤 계명을 자랑스럽게 지킨다는 것입니다.

사도 바울은 그의 참 아들 디도에게 "율법에 대한 다툼은 피하라 이것은 무익한 것이요 헛된 것이다"(딛3: 9)라고 말했습니다. 그래도 '어떤 율법 조항은 반드시 지켜야 구원을 받은 표시다' 라고 주장하는 자들이 있으면 '당신은 그렇게 하세요. 저는 성령님의 인도하심에 따라 살겠습니다' 라고 다툼을 피해야 합니다. 왜냐하면 히브리서 7장 19절에 기록된 대로 "율법은 아무 것도 온전하게 못하기" 때문입니다.

또한 사도 바울이 참 아들 디모데에게 보낸 편지에서 디모데 전서1장 8절의 "율법은 사람이 그것을 적법하게만 쓰면 선한 것임" 을 잘 알고 있고 실천하고 있다고 말해 주어야 합니다. 실제로 율법은 보호의 중요한 기능이 있는데 이 기능은 육신이 몸을 벗을 때까지 유효합니다. 율법은 죄를 깨닫게 하는 기능과 보호와 안전의 기능과 하늘 양식으로 먹고 누림으로 생명이 되는 기능이 있습니다. 복음주의 자들은 율법을 절대로 무시하지 않으며 율법의 보호를 받고 안내를 받으면서 사는 존재들입니다. 내가 나를 보호하는 것은 내 의지가 아니라 율법입니다. 그래서 율법을 사랑합니다. 소중한 영생을 잘 보호하고 자라게 하기 위해서 믿는 후에도 율법이 꼭 필요한 것입니다. 복음주의자들은 절대로 율법폐기론자가 아닙니다. 율법은 하나님이 주신 법으로 신령합니다.

그러나 명심해야 합니다. 율법이 하나님 주신 법이고 거룩하고 의로우며 선하다(롬7: 12)해서 영생의 구원을 이룰 수 없는 것처럼 혼의 구원 즉 혼의 변화도 율법으로 말미암아 이루어지는 것이 아닙니다. 은혜의 말씀 (행 20: 32)을 믿고 먹고 누려서 영의 구속이 이루어진 것처럼 혼의 구원 도 의의 말씀(히5: 13)을 믿고 먹고 누려서 속 사람이 자랄 때만 가능한 것 입니다.

  이제는 '율법에 있는 지식과 진리의 모본을 가진 자로서' 라는 말씀으 로 인해 반면교사로 삼아 도리어 감격하며 감사하십시오. 전에는 율법의 조항으로 살았으나 이제는 성령의 인도하심으로 살게 됨을 기뻐하며 찬 양하며 삽시다. 전에는 율법으로 사는 성도들을 어리석은 자라고 생각했 으나 이제는 나는 성령으로 살지만 율법으로 사는 성도들을 비난하거나 비판하지 않고 긍휼로 바라보며 기도합니다. 누구든지 그 과정을 거치면 서 자라기 때문입니다.

011

율법으로는
죄를 깨달음이니라 (롬3: 20)

The law we become conscious of sin

예수를 그리스도로 고백하고 교회 공동체에 함께하는 모든 성도들은 '율법으로는 죄를 깨달음이니라' 말씀을 다 외우고 알고 있을 것입니다. 그러나 알고 있는 정도의 차이는 아마도 천차만별일 것입니다. 항상 죄와 더불어 사는 우리는 '율법으로는 죄를 깨달음이다'라는 말씀에 감격이 되고 감동이 되었다면 율법을 바르게 이해했다고 볼 수 있습니다.

'율법으로는 죄를 깨달음이다'라는 말씀이 메시야 예수 그리스도를 만나는데서 끝나지 않고 때때로 이 말씀이 레마로 역사하여 생활 속에서 생명으로 인도하는 계명으로 체험하고 누린다면 '율법으로는 죄를 깨달음이다'라는 말씀을 바르게 생명으로 누리고 있다고 볼 수 있습니다.

율법을 무엇이라고 생각합니까? 그리스도께로 인도하는 몽학선생입니다. 갈라디아서 3장 24절에 기록되어 있습니다. 그리스도께 가려면 어떻게 갈 수 있습니까? 율법을 통해 내가 죄인인 것을 인정해야 합니다. 그래서 로마서 3장 19절에 "우리가 알거니와 무릇 율법이 말하는 바는 율법 아래에 있는 자들에게 말하는 것이니 이는 모든 입을 막고 온 세상으로 하나님의 심판 아래에 있게 하려 함이라" 는 말씀을 통해 '아! 내가 율법에 비추어보니까 죄인이 맞네, 죄인은 죄를 해결해야 의인이 되는데 죄를 해결하려면 화목제물이신 예수님을 믿어야 하지, 아하 그렇구나, 예수님을 믿어야 죄가 해결되고 죄가 없어야 주님의 영이 선물로 들어오셔서 내 죽은 영을 살려 영생으로 살게 하는구나' 라고 인도해 간다면 갈라디아서 3장 24절이 생명의 말씀이 된 것입니다.

율법이 그리스도 예수를 믿게 하는 몽학선생으로써 역할이 다 끝나는 것입니까? 아닙니다. 또 다른 기능이 있습니다. 차차 알게 됩니다. 그러나 지금 여기서 영생을 누리려면 위 말씀을 각론적으로 들어가 한 단계 더 깊이 알아야 날마다 승리하는 생활이 가능합니다.

죄는 어디서 옵니까? 법에서 옵니다. 고린도전서 15장 55- 56절 말씀은 율법이 무엇인지 분명하게 깨닫게 하는 구절 중에 하나입니다. "죽음아, 너의 승리가 어디에 있느냐? 죽음아, 너의 독침이 어디에 있느냐? 죽음의 독침은 죄요, 죄의 권세는 율법입니다." 무슨 뜻입니까? 죽음이 왜 옵니까? 죄 때문입니다. 죄는 왜 생깁니까? 법 때문입니다. 율법을 해결해야만 사망을 이길 수 있습니다. 57절에 "우리 주 예수 그리스도로 말미암아 우리에게 주시는 하나님께 감사하노니" 말씀처럼 율법의 모든 계명들을 지키고 죽음을 이기고 부활하신 분이 바로 나사렛 예수님입니다. 예수님 때문에 율법의 문제를 이기고 죽음도 이기고 천국에 갈 수 있습니다. 그러나 일상생활에서 왜 기쁨 충만, 감사 충만, 행복 충만이 끊깁니까? 죄를 짓기 때문입니다. 죄는 어디서 옵니까? 정욕과 법에서 온다고 기록되어 있지 않습니까? 이 때 이 말씀 '율법으로는 죄를 깨달음이라' 는 말씀이 레마가 되어 죄와 사망의 법에서 해방시켜 생명의 성령의 법으로 인도하게 합니다.

갈라디아서 3장 10절에는 무서운 말씀이 있습니다. "무릇 율법 행위에 속한 자들은 저주 아래에 있습니다." 인격(생명)에 있어서 법(법 대신 원칙이라도 해도 됨) 아래에 들어가면 곧 그 자체가 저주 아래에 들어가 있다는 것입니다. 율법에서 해방되어 생명의 성령의 법 안으로 들어가십시오. 죄와 사망의 법아래 있으면 저주 아래 있는 것입니다. 죄를 짓지 마십시오. 그러나 죄를 안 지을 수가 없습니다. 사망의 존재로 태어나서 법의 존재로 살기 때문입니다. 즉시 '법으로는 죄를 깨닫는다.' 라는 말씀을 힘입어 그리스도께로 가면 됩니다. 죄를 지을 때 즉시 내가 법 속으로 들어 갔구나 하고 깨닫고 도피성인 생명의 성령의 법 속으로 들어가십시오. 속히 생명의 성령의 법 안으로 들어가 저주에서 해방을 받기를 바랍니다. 이 때 저주는 지옥 가는 저주가 아니라 죄 안에 갇히는 사망 안에 있는 고통, 슬픔, 분노, 절망, 좌절 등입니다.

그러므로 "율법으로는 죄를 깨달음이니라" 말씀은 예수님께로 인도하는 말씀일 뿐만 아니라 생활 속에서 영생으로 인도하는 말씀으로 누리게 된다면 이 말씀이 얼마나 엄청난 감동이 되는지 알게 될 것입니다.

이제는 율법 외에 하나님의
한 의가 나타났다(롬3: 21)

Now the righteousness of God without the law is manifested,

νυνι δε χωρις νομου δικαιοσυνη θεου πεφανερωται

　나의 신앙의 열정의 출발점은 CCC에서 4영리를 만나고 부터 입니다. 왜냐하면 4가지 영적 원리를 안 후 사상적으로 예수님을 영접하고 그 후에 윤철 간사님과 10단계 성경 교재로 공부하면서 내 마음 속에 영생이라는 두 글자가 새겨지고 구원이라는 확신이 들면서 성경을 너무 알고 싶은 갈망이 불일듯 일어났습니다. 지금까지 그 불은 꺼지지 않고 계속 활활 타고 있습니다.

　일반적으로 4영리를 알고 그 다음 성경 10단계 성경 공부를 합니다. 그렇게 즐겁게 1년을 보내면 다음 학년이 올라가 후배들을 가르치는 순장이 자연스럽게 됩니다. 성경도 좀 배웠고 4영리의 원리를 알고 주님을 사랑하는 마음이 생겨 주님을 기쁘게 하기 위해 전도에 열정을 내기 시작합니다. 전도의 열정을 내면 낼수록 성경을 더 알고 싶은 마음이 강렬했습니다. 간혹 간사님이 설교할 때나 겨울방학 때 금식기도 기간에 성경 한 권을 택해 가르쳐 주곤 하였습니다. 배울 때는 좋았지만 혼자 있을 때는 성경을 더 알고 싶었습니다. 다니는 교회 목사님 서적들을 빌려보면서 공부해 갔지만 그것도 만족이 안 되어 사경회, 부흥집회를 열심히 다녔습니다. 그것도 부족하여 집에 있을 때는 기독교 라디오 방송을 좋은 말씀들을 기록하면서 들었습니다. 작은 형님은 '너 그런 열정이면 고시시험도 합격하겠다'고 할 정도로 성경을 아는 것이 좋았고 즐거워서 열심 그 자체였습니다.

3학년 2학기에 나는 기독교 학생회 초청으로 기독교 학생회가 주최하는 성경공부를 참가했습니다. 그 때 강사님이 전 세환 전도사였는데 성경 한 절 한 절 풀어 가르쳐 설명해 주는데 '아 내가 바로 알고 싶어하는 가르침이었어' 하면서 나는 무척 기뻤습니다. 말씀 풀이가 좋아서 계속 배웠습니다. 몇몇의 친구들을 데리고 가서 배우게 했고 그것이 문제가 되어 CCC를 나오게 되었습니다. 그 후 '존재의 의의 생활의 실존'을 찾아 35년을 각 기독교 종교 단체를 여행했습니다. 그 후 가나안 성도로 있다가 박효진 장로 그리고 이덕진 목사님 간증을 듣고 다시 불이 타 올라 한기총 소속 대한 예수교 장로회 합동 개혁측에서 신대원에서 신학을 하고 목사가 되어 복음 전도자, 저술가로 살고 있습니다.

생계를 위해 학원을 했고 학원을 하면서 나는 왜 명문대에 가지 못했을까 라는 고민 끝에 공부방법에 문제가 있다고 결론을 내리고 공부방법 훈련원을 했습니다. 학생들을 가르치면서 그리고 동시에 공부방법 관련책을 보고 세미나를 참석하면서 공부방법 원리를 정리해 갔습니다. 공부 방법 원리의 핵심 중에 하나는 우등생은 교과서 위주로 공부하고 목차 중심으로 개념과 원리를 정리하여 정리한 것을 외운다는 것이었습니다. 보통학생은 여러 책 즉 자습서 문제집위주로 공부해서 아는 것은 많은 것 같으나 정리된 지식이 아니라 많이 보고 들은 지식이라 들으면 알 것 같은데 막상 설명해 보라고 하면 '알기는 아는데 설명을 못하겠네요'라고 하는 얇은 지식, 산만한 지식이 되어 노력 시간에 비해 성적이 나오지 않는 것을 알게 되었습니다.

그 후 '공부의 신'(웅진출판사) '서울대를 꿈꾸려면 공부방법과 습관을 정복하라'(서교출판사) 등을 책을 출판하면서 돈도 벌고 방학을 이용하여 공부방법 캠프도 하고 강의도 1년에 100여곳 이상에서 특강을 하면서 유명해졌습니다. 그러나 나는 그것으로 만족이 안 되었습니다. 오직 성경을 더 깊이 더 잘 아는 것이 소원 중에 소원이었습니다.

나의 신앙생활을 돌아보아도 또 다른 믿는 이들을 관찰해 보아도 오랫동안 열심히 했다고 해서 구원의 확신은 있는 것 같은데 거룩한 생활 즉 성령의 인도하심을 받는 생활을 하는 것은 아니었습니다. 구원의 확신 등을 비롯하여 율법과의 관계 등을 말씀을 근거로 해서 정리되어 있지 않으면 때때로 나처럼 존재의 의가 지속적으로 표현되지 않아 구속의 불확실성의 혼돈 속까지 들어가는 것을 볼 수 있었습니다. 그리고 구원의 확신은 분명히 있는데 의의 생활이 표현되지 않아서 방법을 몰라 괴로웠습니다.

나는 35년 이상 이리 저리 실존의 진리를 찾아 옮기는 가운데 신앙생활을 하면서 로마서를 통해 실존의 진리 안으로 쑥 들어가게 되었습니다. 그래서 로마서야 말로 신앙정립을 하는 가장 좋은 성경이라는 판단에 이르게 되었습니다. 로마서를 등한시 하고 복음서나 계시록 중심으로 공부하는 것은 학생들이 교과서를 등한시 하고 참고서나 문제집 위주로 공부하는 것과 같지 않을까 생각을 하게 되었습니다. 그래서 교과서가 공부의 기본서 이듯이 로마서는 성경의 교과서, 기독교의 교과서라고 생각하게 되었습니다.

그 후 나는 로마서를 무척 사랑하게 되었습니다. 신대원 논문도 '로마서 서문 인사말에 나타난 복음의 실존적 연구'로 썼습니다. 그 논문이 출발점이 되어 이렇게 로마서를 더욱 사랑하게 되고 그것으로 인해 이 책을 쓰게 되었습니다. 로마서를 통해 먼저 신앙의 틀을 세우고 믿음 생활을 정리해 간다면 예수 믿는 생활이 훨씬 더 쉽고 즐겁고 신나는 것임을 알게 될 것입니다.

시편 1편은 누구나 다 좋아합니다. 나도 무척 좋아합니다. "복 있는 사람은 오직 여호와의 율법을 즐거워하고 그의 율법을 주야로 묵상하는도다" 라는 구절을 특별히 좋아합니다. 그 중에서도 묵상이란 단어를 좋아합니다. 묵상이 무엇입니까? 원어로 '하가'입니다. 읊조리는 것입니다. 타인에게는 방해가 안 되고 내 소리가 내 귀에 들리도록 작은 소리로 읊조리는 것입니다. 이것은 공부방법의 비밀 중에 하나인 복습의 개념에서 배운 내용의 원리를 내 것으로 만드는 방법 중에 하나가 입으로 연습하는 습관인데 이 복습의 원리가 또 성경에서 말하는 행복한 사람이 되는 묵상의 원리와 똑 같습니다.

나는 이 묵상의 습관을 알고 습관이 된 후 날마다 성경에서 감동되는 말씀을 묵상하는 습관이 되다 보니 점차 육체의 소욕에서 벗어나는 것을 느끼기 시작했고 속 생명의 성장을 감지하기 시작했습니다. 예수 믿는 생활이 더 이상 무거운 짐이 아니라 행복해지기 시작했습니다. 영의 생활이 지속되는 것을 바라볼 수 있었습니다.

나는 종종 "이제는 율법 외에 하나님의 한 의가 나타났다" 말씀을 묵상함으로 하나님이 선물로 준 의에 들어갑니다. 때로는 큰 소리로 외쳐 스스로 감동하고 감격하기도 합니다. "율법 외에 하나님의 한 의가 나타났다"는 말씀 앞에 감격하지 않으면 감동하지 않으면 믿음생활의 출발점이 잘못된 것입니다. 그리고 "율법 외에 하나님의 한 의가 나타났다" 말씀으로 인해 날마다 감사하며 살아야 합니다. 평생 감사해도 부족한 말씀이며 진리입니다.

나는 때때로 율법, 외에!, 외에!, 외에! 라고 선포하면서 즐거워합니다. 때로는 영어로 위다웉!, 위다웉!, 위다웉! 하면서 누립니다. 때로는 헬라어로 코리스! 코리스! 코코리리스스! 라며 읊조리면서 기뻐하고 즐거워합니다.

이 예수를 하나님이 그의 피로써
믿음으로 말미암는 화목제물로 세우셨다(롬3: 25)

　　사도 바울은 참 아들인 디모데에게 "경건에 이르도록 네 자신을 연습하라"(딤전4: 7)고 권면하고 있습니다. 경건이 무엇입니까? 헬라어로는 '유세베이아' 영어로는 godliness 입니다. 접두어 '유'는 형용사로는 '좋은' 이고 부사로는 '잘'이란 의미입니다. '세보'는 '섬기다'라는 의미입니다. 단어의 뜻을 종합하면 '잘 섬기다'입니다. 경건의 의미가 마음에 와 닿습니까? 좀 안 닿을 것입니다. 그래서 '경건' 보다는 '경건생활'로 번역하면 더 좋았을 것입니다. '경건생활'하면 의미가 확 다가올 것입니다. 즉 거룩한 생활입니다. 거룩한 생활을 위하여 무엇을 연습한 적이 있습니까? 그리고 매일 연습하는 무엇이 있습니까? 그리고 연습에 연습을 해서 이제는 습관이 된 것이 무엇이 있습니까?

　거룩한 생활 즉 생명의 충만한 표현은 매일 성경 읽는 습관, 주일마다 예배에 참석하는 습관, 급할 때마다 기도하는 습관 정도만 가지고는 불가능합니다. 그 정도 해서 거룩한 생활이 되어집니까? 의의 생활 즉 생활 중에서 생명이 표현됩니까? 안 될 것입니다. 보다 더 높은 경건생활에 이르도록 내 자신이 스스로 연습해야만 됩니다. 제 자신 스스로 훈련해야 한다고 사도 바울이 권면하지 않습니까?

'연습하라'는 헬라어 '귐나조'입니다. 영어로는 exercise 입니다. '귐나조' 하면 생각나는 것이 없습니까? '김나지움(gymnasium)이 생각날 것입니다. 우리나라 말로 체육관입니다. 체육관은 운동 선수가 훈련하는 곳입니다. 크로노스의 생활은 경건을 연습하는 체육관이요 연습장입니다. 당신은 경건생활을 위해 무엇을 훈련해 왔고 무엇을 훈련해야 보다 더 하나님을 경배하고 자신이 더 즐겁고 기뻐하고 만족하는 경건생활이 되겠습니까? 성도님은 연습해서 자랑할 만한 습관이 된 것이 무엇이 있습니까?

경건생활을 위해 연습한 것 중에 첫번째는 무엇이라고 생각하십니까? 나는 구속 곧 죄사함(엡1: 7)이라고 생각합니다. 로마서 중간 중간에 구속 곧 죄사함에 관한 말씀이 그렇게 많이 자주 있는 이유를 알겠습니까? 생명이 다시 태어남 즉 거듭남이 그렇게 중요하기 때문입니다. 구속 곧 죄사함을 배워서 설명할 수 있도록 연습해야 경건생활의 기본이 세워진 것입니다. 구속 곧 죄사함(엡1: 7)만 분명히 깨닫고 믿고 알고 설명할 수 있다면 우리 안에 계셔서 착한 일을 시작하신 성령님이 예수의 날(빌1: 6)까지 온전히 이루실 줄을 확신합니다.

<예수님의 피> 하면 무엇을 알아야 하고 무엇을 연습해야 경건생활이 되겠습니까? 구속 곧 죄사함(엡1: 7/골1:14) 받는 방법을 알고 연습해서 누군가가 죄 때문에 고민하면 예수님의 피를 가지고 영원한 제사와 속죄를

설명해 줄 수 있어야 합니다. 몇 번 말하지만 설명 설득 시킬 수 있어야 완전히 내 것이 된 것입니다. 그래서 가르침을 받는 자 보다 가르치는 자가 더 복된 것입니다. 가르치면 가르칠수록 더 완전히 내 것이 되기 때문입니다. 그래서 사도 바울은 때를 얻든지 못 얻든지 전도하라고 하였습니다. 듣는 사람은 까 먹어도 전하는 사람은 더 확실한 지식에 이르게 됩니다. 교육학에 유명한 명제가 있습니다. 가르침을 받는 자는 잊어버려도 가르치는 자는 잊어버리지 않는다.

구속 곧 죄사함(엡 1: 7, 골1:14)을 설명하려면 먼저 로마서 6장 23절 '죄의 삯은 사망이요' 라는 말씀부터 출발하면 좋을 것입니다. 레위기 4장을 보면 죄를 지으면 흠없는 염소나 양을 가지고 와서 내 죄를 양 머리에 안수하고 그 양을 직접 칼로 죽입니다. 내 대신 죽는 것입니다. 죄가 얼마나 무섭고 끔찍한 지 내가 직접 죽이면서 알게 되는 것입니다. 내가 제물을 죽여 주면 제사장은 제물(양이나 염소)의 피를 번제단 뿔들에 바르고 제단위에서 불태웁니다. 그러면 죄가 용서된 것으로 제사장이 '테텔레스타이'(완료되었습니다)라고 선포함으로 죄에서 해방을 받습니다.

또 일 년에 한번씩 7월 10일(레16장) 대 속죄일에 대제사장이 성소에 들어가 제사를 지냅니다. 그러면 모든 백성의 죄를 용서해 주십니다. 히브리서 10장 4절에 보면 구약 제사는 죄를 덮어 주기만 하지 죄를 없애주지는 못합니다.

그러나 예수님의 제사는 차원이 다릅니다. 신약은 예수님이 요한복음 1장 29절에 기록된 대로 "세상 죄를 지고 가는 어린양"으로 오셨습니다.

마태복음 20장 28절에는 "내가 온 것은 자기 목숨을 대속물로 주려함"이라고 기록되어 있습니다. 예수님은 세상 사람들의 죄를 다 지고 가신 어린양으로 자기 목숨을 대속제물로 주려고 오신 것입니다. 이것을 믿는 것이 속죄 제사의 믿음의 시작입니다.

히브리서 10장 12절에는 "오직 그리스도는 죄를 위하여 영원한 제사를 드리셨다."고 기록되어 있고 10장 14절에는 "한 번의 제사로 영원히 온전하게 하셨다." 라고 기록되어 있습니다. "한 번의 제사로 영원히 온전하게 하셨다". 놀라운 복음이지 않습니까? 나는 읽을 때마다 선포할 때마다 감사와 행복이 밀려옵니다. 영원히 온전하게! 춤추고 싶습니다. 당연히 춤을 추어야지요. 기독교 영성 중에 첫번째는 주 예수님을 주님으로 영접시키는 능력을 연습해서 만드는 것이요 두번째는 구속 곧 죄사함(엡 1; 7)의 진리를 연습해서 누구에게든지 죄 때문에 그리고 죽음 문제 때문에 고민하는 자에게 죄에서 해방받는 방법을 가르쳐 설명해 줄 수 있는 능력을 갖추는 것입니다.

히브리서10장 17절에는 "그들의 죄와 그들의 불법을 내가 다시 기억하지 아니하리라 하셨다" 라고 기록되어 있습니다. 얼마나 복된 말씀입니까? 위 말씀들이 믿어지십니까? 믿어야 합니다. 믿어지지 않으면 믿게 해 달라고 기도해야 합니다. 기도하면 다 이루어집니다. 주 예수님의 약속입니다. 요한복음 1장 12절, 1장 29절, 로마서 10장 10절, 히브리서 10장 12절, 14절, 17절을 구원의 절로 반드시 외우기를 바랍니다. 그리고 그 의미를 설명할 수 있도록 연습하기를 바랍니다. 이 여섯 구절을 가지고 기도를 해서 그 생명 안으로 들어가기를 간절히 바랍니다.

구속 곧 죄사함(엡 1: 7, 골1:14)은 예수님의 피를 믿는 것입니다. 나의 죄의 상태를 보는 것이 아닙니다. 말씀을 믿는 것입니다. 요한일서 3장 5절에 "그가 우리 죄를 없애려고 나타나신 것을 너희가 아나니" 라고 기록되어 있습니다. 그분은 우리 죄를 없애려고 오셨습니다. 예수님이 죄를 없애 준 것을 믿는다면 이제 죄가 있습니까? 없습니까? 죄인입니까? 의인입니까? 말씀을 믿는 근거로 의인이 된 것입니다. 할렐루야. 예수님을 믿고도 계속 죄인 죄인하면 안 됩니다. 로마서 8장 33절에 '의롭다 하시는 이는 하나님이시니'라는데 왜 당당하게 의인이라고 못 합니까? 재판장 되시는 하나님이 의롭다고 하시는데 왜 믿지 못하고 죄인이라고 계속 주장합니까? 믿음은 나의 존재 상태를 보는 것이 아니라 말씀을 믿는 것입니다. 말씀하신 하나님의 권위를 믿는 것입니다. 말씀은 곧 하나님입니다.(요1: 1-3) 말씀에서 그렇다고 하면 그렇게 믿고 해방을 받고 의에 이룸에 확신을 가져도 됩니다.

그런데 표현상 아주 조심해야 할 단어가 의인, 죄인이라는 어휘입니다. 우리는 속 사람의 기준으로는 의인이지만 겉 사람의 기준으로 보면 영원한 죄인입니다. 서로 예수님을 믿는 사이에서는 나는 이러이러해서 죄인에서 의인이 되었다고 당당하게 말해도 되지만 아직 의인 죄인의 개념을 정리하지 않은 초신자들이나 믿지 않는 자들에게는 다짜고짜 '나는 의인이다 당신들은 죄인이다' 하면 오해를 하고 이상하게 믿는 이들이구나 하고 판단하게 됨으로 조심스럽게 사용해야 합니다.

이해되고 믿어지십니까? 믿어진다면 믿기를 바란다면 영접기도를 하면 됩니다. 영접기도를 한 후 교회생활을 하면서 하나님 말씀을 읽고 그

가운데 감동되는 말씀을 양식으로 먹는 습관이 지속되면 구원이 확실해지고 죄된 생활에서 점점 벗어나 의의 생활이 되기 시작할 것입니다.

다시 강조합니다. 경건생활의 시작은 구속 곧 죄사함(엡 1: 7, 골1:14)을 믿고 아는 것에서 출발합니다. 알고 믿을 수도 있습니다. 구속 곧 죄사함(엡 1: 7, 골1:14)의 감동 감격이 우리를 경건생활 안으로 들어가게 하고 의의 표현이 되도록 인도합니다.

구속 곧 죄사함의 진리에서 '피'와 '화목제물'의 단어가 마음 속 깊이 새겨져 있어야 합니다. 그리고 구속 곧 죄사함을 성경 말씀 근거로 설명할 수 있도록 '귐나조'해야 합니다. '귐나조'할 때 '피'와 '화목제물'의 단어가 중심어임을 잊어서는 안 됩니다. '피'와 '화목제물'의 단어를 주어로 해서 문장을 만들고 목적어해서 문장을 만들어서 '귐나조'하십시오. 하루종일 외쳐도 평생을 외쳐도 부족한 단어가 '피'와 '화목제물'입니다. 지금은 잘 몰라도 생명이 자라면 자랄수록 '어! 김동환 목사 말이 맞네' 하고 아멘, 아멘할 것입니다.

그리고 그것을 때를 얻든지 못 얻든지 전해야 합니다. 즉 연습해야 합니다. 그러면 성경을 읽을 때 '예수님의 피', '화목제물'이라는 단어만 나오면 감동이 되고 감격이 되고 행복이 밀려 올 것입니다.

고린도후서 6장 2절에 무엇이 기록되어 있는지 아십니까? "보라 지금은 은혜 받을 만한 때요 보라 지금은 구원의 날이로다." 제발 예수님의 십자가에서 흘리신 피를 보십시오. 나를 구원하려고 흘리신 대속제물의 피입니다. 나의 죽음을 대신 죽은 죽음입니다. 죄의 댓가인 죽음을 대신 죽음으로써 우리의 죄의 형벌인 죽음의 문제가 해결 된 것입니다. 할렐루야.

예수님의 십자가에서 대신 죽으신 화목제물을 믿고 죄에서 해방을 받고 하나님의 자녀로 당당하게 사십시오. 그것이 하나님의 아버지(히12:9) 소원입니다. 하나님께서 이렇게 큰 구원을 베푸신 것을 알고 예수님을 구주로 영접하십시오. 영접하셨다면 '큄나조' 하기를 바랍니다. '큄나조' 안 하고 세상 속에 묻혀 살다 보면 죄를 지을 때마다 구원이 흔들리고 의롭다 하심에 불신이 생기고 내가 '뭐 의인이야 죄인이지' 하고 스스로 믿음을 저버리고 죄의 종으로 살게 됩니다. 비록 의의 생활을 못하더라도 구원의 확신이 흔들려서는 안 됩니다. 구원의 확신만 확실히 연습해서 분명하다면 그 후 생활은 비록 방황하거나 혹은 세상에 빠질지라도 또는 기간이 길 수 있어도 내 마음 안에 계시는 성령님께서 거룩한 존재로 인도해 가십니다.

아브라함이 하나님을 믿으매 그것이
그에게 의로 여겨진바 되었느니라(롬4: 3)

    로마서 4장은 구원(의롭게 되는 것)은 율법의 행위에 있지 않고 믿음에 있다는 것을 설명하기 위해 아브라함과 다윗을 예로 들어 서술하고 있습니다. 증명하고 있다고 해도 됩니다. 아브라함은 율법이 있기 전 사람이구요 다윗은 율법이후의 사람입니다. 사도 바울은 율법이 있기 전 아브라함도 믿음으로 구원을 받았고 다윗은 율법이 주어진 이후의 사람으로 구원 받은 것은 율법의 행위가 아니라 은혜라고 설명하고 있습니다.

    로마서 4장이 쉽게 이해가 됩니까? '아브라함의 의'에 대하여 저는 많이 어려웠습니다. 특별히 누가 속 시원히 설명해 달라고 하면 좀 겁이 났습니다. 모르는 것은 아니어서 대충 설명하면 할 수는 있지만 명확하고 분명하게 설명해 줄 수는 없었습니다. 아는 것 같은데 설명해 달라고 하면 상대방의 마음을 속 시원히 설명 해 줄 수 없는 것을 내 양심이 증언하기 때문입니다.

성경에 이런 구절이 상당히 많습니다. 어떤 난해 구절은 때가 되면 알게 되고 정 모르는 난해 말씀은 천국 가서 알면 됩니다. 그러나 로마서 4장 아브라함의 의로 여겨진 바에 대해서는 구원하고 상관이 있고 구원은 율법의 행위가 아니라 믿음이라는 것을 설명하는 가장 큰 확증이 되는 말씀이므로 반드시 분명히 알고 정리해야만 하는 것입니다.

정말로 잘 이해하셔야 합니다. 모르면 인터넷에 가서 찾아보고 알 때까지 질문 하고 하나님께 뜻을 알게 해 달라고 기도도 하면서 분명히 깨닫고 정리한 후 넘어가기를 바랍니다. 물론 생명이 어느 정도 자라야만 깨달아지는 말씀도 있습니다. 크로노스 시대에도 적당한 때가 있듯이 카이로스 시대에도 적당한 때가 있습니다. 성급하면 실수하고 실패하고 고생합니다. 기다리는 인격이 있어야 합니다. 특히 카이로스 시대는 기다리는 영성이 절대로 필요합니다. 요셉을 보십시오. 그는 지하 감옥에서 때를 기다렸습니다.

창세기 15장 1절을 보면 "이 후에 여호와의 말씀이 환상 중에 아브람에게 임하여 이르시되 아브람아 두려워하지 말라 나는 네 방패요 너의 지극히 큰 상급이니라" 하시니까 2-3절에 "아브람이 이르되 주 여호와여 무엇을 내게 주시려 하나이까 나는 자식이 없사오니 나의 상속자는 이 다메섹 사람 엘리에셀이니이다. 아브람이 또 이르되 주께서 내게 씨를 주지 아니하셨으니 내 집에서 길린 자가 내 상속자가 될 것입니다"라고 대답하니까 4-5절에 "여호와의 말씀이 그에게 임하여 이르시되 그 사람이 네 상속자가 아니라 네 몸에서 날 자가 네 상속자가 되리라 하시고 그를 이끌고 밖으로 나가 이르시되 하늘을 우러러 뭇별을 셀 수 있나 보라 또 그에게 이르시되 네 자손이 이와 같으리라" 하시니까 6절에 "아브람이 여호와를 믿으니 여호와께서 이를 그의 의로 여기시고"라는 말씀이 나옵니다.

일단은 여기서 말하는 의는 서로 말(대화)로 가지고 하는 것이지 행위하고는 상관이 없지요. 그리고 위엄있게 나타나셨는지 친근하게 나타나셨는지는 몰라도 하나님이란 분이 나타나셔서 권위를 가지고 말씀하시는 것을 볼 수 있습니다.

잠깐, 구원은 어려운가 쉬운가에 대하여 나는 쉽다는 결론을 내리고 귀납법적으로 증명하겠습니다. 그리고 그들의 믿음의 의식 수준에서 아담 이후 죽었던 영 다시 산다는 것을 논외로 합시다. 영의 문제를 터치하는 것은 구원 이후 상당한 기간이 지나야만 알 수 있는 것입니다. 삭개오에게 예수님이 무엇이라 말씀하셨습니까? 예수님께서"오늘 구원이 이 집에 이르렀으니 이 사람도 아브라함의 자손임이로다"(눅19: 9)하셨습니다. 또한 십자가 우편 강도에게 오늘 네가 나와 함께 낙원에 있으리라(눅23: 43) 말씀하셨습니다. 정말 쉽고 간단합니다. 다만 그것이 내 마음 속에 확인이 되는 과정이 좀 믿음의 정도에 따라 기간이 다르고 마음에 확증이 되기까지 죄와 법의 문제에 혼란이 있어 혼돈이 정리되는데 기간이 걸려서 그렇지 구원 자체는 간단한 것입니다.

구원은 누구든지 예수님을 영접하기만 하면 하나님의 자녀가 됩니다.(요1; 12) 구원받는 길이 예수님을 믿는 것 외에 다른 길이 있다면 즉 행위라면 어렵고 힘들수도 있지만 구원은 선물이기 때문에(엡2: 28)절대로 어려울 수가 없습니다. 거듭 말하지만 내가 내 마음에 확증을 갖는데 시간이 걸린다는 것이 문제일 뿐입니다. 즉 개인의 믿음에 따라 확증하는 기간의 차이가 많이 다를 뿐입니다.

예수는 믿지만 아직 구원의 확신이 없거나 구원의 길이 어렵다고 하는 사람들은 아직 구원과 죄와 법의 문제가 분명하게 정리되지 않은 것입니다. 확신이 없어도 말씀을 믿고 있다면 구원은 받은 것입니다. 말씀은 하나님에게서 온 것이고 확신은 내 마음에 정착의 문제이므로 말씀을 암송하면서 사모하면서 기다리면 됩니다. 어떤 씨앗이라도 땅에 심어도 금방 싹이 나오는 것이 아닙니다. 교회생활을 하면서 기다리면 됩니다.

창세기 15장 6절에서 '의롭다 여기심'을 받은 것은 아브라함의 나이가 84세 때 입니다. 그런데 로마서 4장 22절에도 또 '의로 여겼다'라고 나옵니다. 이때는 100세 때입니다. 여기에서 혼돈이 오는 것입니다. 더 혼돈시켜 볼까요? 행위를 강조하는 야고보서 2장 21-22절에도 또 '의'에 대해서 나옵니다. "우리 조상 아브라함이 그 아들 이삭을 제단에 드릴 때에 행함으로 의롭다 하심을 받은 것이 아니냐 네가 보거니와 믿음이 그의 행함과 함께 일하고 행함으로 믿음이 온전케 되었느니라" 이때는 약 135세 전후입니다.

도대체 어느 장단에 맞추어 '의'가 이루어지는 것입니까? 마지막 야고보서에서 말하는 이삭을 바치는 사건에서 말하는 '의'가 진짜 의이고 나머지는 '의'는 가짜입니까? 행동으로 나타나는 '의'만이 참 '의'입니까? 아닙니다. 두번째 세번째 의는 처음의 '의' 발전이고 성숙일 뿐입니다. 오직 구원은 하나님의 약속을 믿는 믿음의 의뿐입니다.

처음 '의'를 신학적으로 '믿음의 의', '법리적인 의', 또는 '법정적인 의'라고 하고 간단히 '칭의' 라고 합니다. 나는 이것을 '흔들리는 의' 이라고 표현해 봅니다. 머리로는 알고 믿겠는데 내 속으로 죄가 자꾸 나와 죄론이 정리 안 된 상태의 수준의 의 입니다.

두번째 '의'는 '유기적인 의', '성취된 의' 또는 '성화 된 의'라고 합니다. 내 마음에서 아는 의입니다. 구원의 확신이 흔들리지 않는 상태가 된 것입니다. 비록 행위는 영의 지배를 간혹 받지만 예수님이 우리를 위해 죽으시고 부활하신 것이 확실히 믿어지고 죄사함 거듭남만은 분명하게 스스로 아는 것입니다. 로마서 6장 7장에 머무르고 있다고 해서 구원을 못받은 것이 아닙니다. 구원 받은 후의 성화 즉 거룩함에 이르는 과정에서 진리의 정리가 확실하게 이루어지지 않은 것 뿐입니다.

세번째 야고보서 '의'는 '인정받은 의' 라고 합니다. 행동으로 나타나는 의입니다. 혼자 있을 때 TV나 인터넷 뉴스 보는 것 보다 기도하고 찬송하고 말씀 읽는 것이 더 행복해서 누리는 수준입니다. 행동으로 나타나지 않으면 의가 아닙니까? 네 그렇습니다. 오랫동안 믿어 왔는데 거짓말, 간음 같은 죄를 습관적으로 한다면 처음으로 돌아가 정말 죄사함 거듭났는지 시험해 봐야 합니다. 무슨 씨든지 땅에 떨어져 죽으면 반드시 싹이 나오게 되어있습니다. 하나님의 영이 들어왔는데 30-40년이 지났는데도 변화가 없다면 둘 중에 하나입니다. 처음 믿음이 참 믿음이 아니었든지 생명은 있는데 하나님의 말씀을 먹는 법을 몰라 자라지 못한 경우입니다. 제가 차차 이 점에 유의하여 설명할 것입니다.

첫번째 의가 확실하다면 반드시 두번째, 세번째 의의 길로 나아갑니다. 세번째 의에 이르면 정기적으로, 또는 습관적으로 전도해야 기쁘지 전도하지 않으면 내 마음이 괴롭습니다. 어떤 사람이든지 만나면 복음을 전해야 기쁘지 복음을 전하지 않으면 괴롭습니다. 이 좋은 복음을 혼자만 알고 있다는 것이 너무 죄송스러워서 그렇습니다. 그 사람이 믿고 안 믿는 것과는 상관이 없습니다. 복음을 전해야 자유로움을 느낍니다. 이런 상태가 세번째 의의 수준이라고 보면 됩니다. 다만 행동으로 나타나지 않는다고 해서 행동을 강조하면 위선이 되고 여차하면 다시 율법의 행위로 돌아갈 수 있습니다. 먹고 누리고 자고 먹고 누리고 자고를 반복하다 보면 둘째 의로 나아가게 되고 결국 세번째 의에 이르게 됩니다.

이제 아브라함의 의에 대하여 정리가 되었습니까? 칭의의 의, 변화의 의, 행동의 의, 꼭 기억하고 정리하기를 바랍니다. 칭의의 의를 알고 감동하고 감사하는 가운데 말씀을 먹고 누리다 보면 행동의 의로 나타나게 됩니다.

그리고 야고보의 글을 가지고 바울의 논증을 보충하는 것은 약간 무리가 있기는 한 것 같지만 너무 겁 먹지 말기를 바랍니다. 첫번째 의만 확실하면 우리 속에 계시는 성령님이 행동의 의로 인도해 가십니다. 나의 의지나 결단을 믿지 말고 하나님의 약속의 말씀들을 믿으십시오. 모든 것이 합력하여 성화에 이르게 합니다. 겉 사람은 후패하나 속 사람은 날로 새로워집니다. 아브라함의 의가 우리에게 선물로 주어진 의와 똑같다는 것으로 인해 감사하고 감격합시다.

아브라함이
하나님을 믿으매(롬4: 3)

'아브라함이 하나님을 믿으매' 라는 말씀 앞에 정말로 감동
이 되고 감격이 됩니까?

예수님을 믿지 않고 하나님을 믿었는데 '의'로 인정해 주었다는 말씀이
아멘이 됩니까? 신약을 사는 우리는 오직 예수님만 믿으면 구원을 받는
칭의가 이루어지는 줄 알고 있지 않습니까? 왜 아브라함은 하나님을 믿
었는데 그것이 의로 여겨진 바가 되었습니까? 예수님을 믿었다는 구절
은 한절도 없는데 말입니다.

아브라함의 의는 무엇입니까? 의로운 행위를 해서 얻어진 의입니까?
아닙니다. 사도 바울이 무척 강조한 것입니다. 누구든지 행위로는 하나
님 아버지가 원하는 의에 도달한 사람이 아무도 없기 때문입니다. 아브
라함 생애를 보면 고개를 갸우뚱 할 때가 많습니다. 인간적으로 의인의
모습이 안 보이기 때문입니다. 생명이 어릴 적에는 믿음의 조상 아브라
함이 '뭐 이렇게 시시하게 비열하게 살아' 하면서 비난하지만 좀 생명이

자라면 아브라함의 생활이 이해가 되고 도리어 아브라함의 실수가 위로가 됩니다.

성경은 아브라함이 말씀 그대로 하나님을 믿은 것이 의로 여겨진 바 되었다고 합니다. 하나님만을 믿었는데 의인으로 여겼습니다. 신약을 사는 우리는 예수님을 믿고 죄용서함을 받아야 의인이 되는 줄 아는데 좀 이상하지 않습니까?

결론부터 말합니다. 예수님을 믿는 것은 곧 하나님을 믿는 것입니다. 그래서 아브라함이 의로 여김을 받는 것이나 우리가 예수님을 믿고 의로 여김을 받는 것은 똑 같은 것입니다. 예수님을 왜 믿습니까? 우리의 죄의 값을 지시고 대신 죽으신 것을 믿기 때문입니다. 우리는 누구에게 죄를 지었습니까? 하나님에게 죄를 지은 것입니다. 예수님이 죄를 용서해 주신 것만 믿고 기뻐하고 하나님이 기뻐하시는 삶을 살지 않는다면 그 믿음은 하나님을 향한 믿음입니까? 자기 필요에 의한 믿음입니까? 하나님은 행위의 결과를 보시기도 하지만 마음의 동기를 아시는 분입니다. 정말 하나님의 존재를 믿어 그분하고 틀어진 관계를 회복하기 위해 예수님을 믿은 것입니까? 아니면 죄의 고통 때문에, 혹은 삶의 무게가 무거워서, 혹은 생활이 고통스러워서, 혹은 병을 고치기 위해 믿었다면 아브라함의 자손이 될 수는 없습니다. 물론 이런 이유를 통해 예수님을 만나 구원을 받는 경우도 혹 있을 수도 있습니다. 예수님께서 삭게오에게 "오늘 구원이 이 집에 이르렀으니 이 사람도 아브라함의 자손임이로다"라는 말씀의 의미를 아시겠습니까? (눅19: 9)

유대인의 죄가 무엇입니까? 마태복음 22장 32절에 무엇이 기록되어 있습니까? "하나님은 죽은 자의 하나님이 아니요 살아 있는 자의 하나님 이시니라" 라고 기록되어 있습니다. 무슨 뜻입니까? 하나님! 하나님! 하지만 죽은 자의 하나님을 믿는 자가 있다는 것입니다. 정말 살아있는 하나님을 믿는다면 외식을 할 수 없습니다. 거짓말을 습관적으로 할 수는 없습니다.

바리새인 서기관들의 죄가 한 마디로 무엇입니까? 살인입니까? 간음 입니까? 도둑질입니까? 아닙니다. 외식입니다. 3년 반 동안 그들을 향해 외친 말씀이 무엇입니까? 외식하는 자들아! 외식하는 자들아! 하신 것입니다. 너희들은 하나님의 이름을 부르지만 왜 하나님을 믿지 않느냐는 것입니다. "하나님은 죽은 자의 하나님이 아니요 살아 있는 자의 하나님 이시니라" 말씀의 의미를 아시겠습니까? 외식이 왜 큰 문제가 됩니까? 진정으로 살아있는 하나님을 믿지 않는 표시이기 때문입니다.

예수님이 그들을 향해 무엇이라고 말했습니까? "속으로 아브라함이 우리 조상이라 말하지 말라"고 하셨습니다. 너희들 열매를 보니 아브라함이 우리 조상이라고 하지만 실상은 그렇게 믿지 않고 산다는 것입니다. 아브라함의 시대에도 하나님의 이름은 부르지만 아브람처럼 하나님을 실제로 살아있는 분으로 믿은 사람은 아브라함이 처음이라는 것입니다. 그래서 아브라함이 믿음의 조상이 된 것입니다.

그런데 왜 아브람이 하나님을 믿었습니까? 하나님이 먼저 나타나셔서 '갈대아 우르를 떠나라', '하란을 떠나라' 등 관계를 맺으려고 먼저 찾아

오신 것입니다. 이것을 신학적으로 택하심이라고 합니다. 여기서 신학적으로 논쟁의 장으로 끌고 갈 마음은 없습니다. 너무나 신비롭고 우리 인간의 이해로는 알 수 없는 영역이기 때문입니다.

최종적으로 아브라함이 의인이 된 것은 하나님을 살아계신 분으로 믿은 것입니다. 오늘날도 예수님을 화목제물로 믿을 뿐만 아니라 살아계신 하나님으로 믿어야 한다는 것입니다. 예수님의 대속 사역만 믿고 돈의 노예가 되고 간음하고 권력을 사모한다면 그 사람은 예수님을 믿는다고 하고 교회를 다닌다고 할지라도 진정으로 하나님을 믿은 사람이라고 할 수 없습니다. 그렇지 않겠습니까?

이제 "아브라함이 하나님을 믿으매 그것이 그에게 의로 여겨진바 되었다" 라는 말씀의 의미가 아멘이 될 것입니다. 성도의 생활은 코람 데오 (Coram Deo) 입니다.

"그 불법을 사하심을 받고 그 죄를 가리우심을 받는 자는
복이 있고, 주께서 그 죄를 인정치 아니하실 사람은
복이 있도다 함과 같으니라" (롬4: 7-8)

　　예수님은 마태복은 12장 37절에 "네 말로 의롭다 함을 받고 네 말로 정죄함을 받으리라"고 말씀하셨습니다. 세상 철학자를 들먹여서 죄송하지만 부득불 말의 중요성과 가치를 설득하는데 가장 좋은 명언이기 때문에 인용합니다. 하이데거가 '언어는 존재의 집이다'라고 했습니다. 말투를 보면 그 사람의 존재양식을 단번에 파악할 수 있습니다. 어떤 사람의 인격과 삶의 가치도를 알려면 고의적으로 침묵을 하지 않는 이상, 마음의 생각을 보는 투시 은사가 없어도 그 사람과 이삼일만 대화해 보면 거의 알 수 있습니다. 세상을 보는 삶의 태도와 가치와 이상 그리고 하나님에 대한 열심과 그 마음 안에 이루어진 말씀의 실존을 100%는 몰라도 그 사람의 됨됨이와 성향 그리고 신앙의 성장 정도는 거의 짐작할 수 있습니다.

　다윗이 언제 구원을 받았는지는 모릅니다. 그러나 그의 말(글)을 보면 구원을 어떻게 받은 것인지에 대한 것은 명백히 알 수 있습니다. 그의 구

원은 행위가 아니라는 것만은 분명합니다. 행위가 아니라면 무엇으로 구원을 받을 수 있습니까? 사도 바울은 다윗의 고백을 인용하면서 보라! 다윗도 율법을 지켜서 구원을 받은 것이 아니지 않은가 라고 논증하고 있습니다.

이 고백은 언제 나온 것입니까? 다윗은 충신 우리야 장군이 나라를 위해서 싸우려고 전쟁터에 있을 때에 옥상에 올라갔다가 목욕하는 그의 아내 밧세바의 모습에 빠져 그만 간음하는 죄를 범했습니다. 그리고 그 죄를 숨기려고 아무 죄도 없는 그녀의 남편 우리야를 전쟁터로 몰아서 죽게 했습니다. 엄청난 죄를 지은 것입니다. 세상에 이런 죄인이 있을 수 있습니까? 간음죄와 살인죄는 십계명에 큰 글씨로 써 있는 죄입니다. 하나님 말씀을 무시한 큰 죄에 해당합니다. 율법에 의하면 고의로 간음과 살인죄를 지은 사람은 사형에 해당합니다. 돌로 쳐 죽여야 마땅한 죄입니다. 죄를 짓고 죄책감은 있었겠지만 상황을 보면 그는 태연했습니다.

하나님은 선지자 나단을 보내서 그의 죄를 책망했습니다. 그는 하나님의 책망을 듣고 자기의 모든 죄를 진심으로 자백하고 하나님의 자비를 구했습니다. 나단 선지자는 여호와께서 다윗의 죄를 용서하여 죽이지는 않지만(삼하12: 13) 원수들에게 비방거리가 되게 했으니 칼이 네 집에서 영원히 떠나지 않고 네 집에 재앙을 일으키겠다고 했습니다. 죄를 지은 후 하나님 앞에 진심으로 회개하면 언제든지 용서가 되지만 죄 지은 댓가는 엄청나다는 것을 반드시 기억해야 합니다. 구원 받은 자의 가장 큰 특성 중에 하나는 죄 짓는 것을 무척 두려워한다는 것입니다. 그리고 누군가가 책망하면 바로 인정하고 회개를 합니다. 변명과 핑계는 없습니다.

그러나 꼭 알아야 할 것이 있습니다. 하나님은 아무리 큰 죄라도, 아무리 죄가 많아도 다 용서해 주십니다. 회개하여도 용서 해 주지 않을 것이란 죄가 가장 큰 죄입니다. 히브리서 6장 4-6절 내용입니다. 타락의 극치는 죄를 많이 짓는 것이 아니라 회개해도 용서해 주지 않는다는 자기의 고집스런 생각이 타락의 극치입니다. 언제든지 잘못했다고 손들고 나오면 우리 하나님은 달려 나와 안아 주시고 용서해주십니다.

다윗은 죄의 댓가가 큰 것도 알았지만 용서해 주시는 하나님도 알게 되었습니다. 그래서 그 은혜가 너무 커서 그 은혜를 백성들도 알기를 바라는 마음에서 쓴 글이 시편 32편이고 그 중에 일부를 인용한 말씀이 바로 오늘 우리를 감동시키고 감격시키는 말씀입니다. "그 불법을 사하심을 받고 그 죄를 가리우심을 받는 자는 복이 있다. 주께서 그 죄를 인정치 아니하실 사람은 복이 있다." 사도 바울은 이 말씀을 구원은 행위가 아니라 은혜라는 것의 근거로 설명하고 있습니다. 바울의 논거가 잘못된 것입니까? 아닙니다. 불법을 사하심을 받고 죄를 가리움을 받는 복보다 더 큰 복이 어디 있습니까? 나는 단언코 죄 용서 받고 천국가는 것보다 더 큰 복은 없다고 확신하며 날마다 생명을 누리며 삽니다. 나의 가장 큰 (행)복도 속량 곧 죄 용서함(엡1: 7)을 받은 것입니다. 그 다음 복은 법이 아닌 사랑으로 사는 것을 배우고 깨닫고 표현하며 사는 것입니다. 또한 날마다 나의 죄성이 죽는 것을 바라 보며 사도 바울의 고백처럼 날마다 죽는 연습을 하며 사는 것입니다.

017

믿음으로 이 은혜에 들어감을 얻었으니
하나님의 영광을 바라고 즐거워하자(롬5: 2)

　'은혜'의 원어 '카리스'는 '호의(好意)'의 의미입니다. '카리스'는 '선물'이라는 의미도 있습니다. 그래서 '카리스'는 무엇을 주려고 하는 자가 호의적으로 즉 기쁨 마음으로 원하는 자들에게 주려고 하는 선물을 의미합니다. 은혜는 한자어이고 한글로 하면 공짜입니다. 물론 오직 상대방을 신뢰하고 믿는다는 조건이 있기는 하지만 하여간 공짜입니다. 영이 다시 산 것을 믿고 아는 자들이 이 은혜에 들어감을 얻은 것입니다. 이 은혜는 몇 가지로 나누어 이해해야 바르게 은혜 안에 들어감을 얻을 수 있습니다.

　첫째는 이 은혜에 들어가려면 절대적으로 들어가려고 하는 열망이 강해야 합니다. 이 은혜에 꼭 절대적으로 들어가야만 한다는 것을 아는 자는 성경에서는 '가난한 자'(눅4: 18) 라고 합니다. 내 영이 허물과 죄로 죽었고(엡2: 1) 지금의 죄의 종 아래에 살고 죄종적으로 사망의 종이 되어 어둠의 세력 앞으로 갈 운명이라고 자기 정체성을 분명히 아는 자가 '가난한 자'(마5: 3)입니다. 그래서 성경용법에서는 영이 죽은 것을 아는 자를 가난한 자라고 합니다. 그리고 영이 다시 산자를 부요한자라고 합니다. 예수님이 이 세상에 우리를 구원하려 오신 목적 중에 하나는 바로 이 가난한 자들을 부요한 자들이 되게 하려고 오셨습니다. "우리 주 예수 그리스도의 은혜를 너희가 알거니와 부요하신 이로서 너희를 위하여 가난하게 되심은 그의 가난함으로 말미암아 너희를 부요하게 하려 하심이라"(고후 8: 9) 하신 것입니다. 이 말씀에서 가난함은 예수님이 이 세상에 오신 것을 의미합니다.

둘째는 영이 다시 산 것을 나의 율법의 노력의 행위가 아니라 하나님이 선물로 주신 것을 아는 것을 은혜라고 합니다. "너희는 그 은혜에 의하여 믿음으로 말미암아 구원을 받았으니 이것은 너희에게서 난 것이 아니요 하나님의 선물이라"(엡2: 8) 위 문장의 말씀의 귀결절에서 '하나님의 영광을 바라고 즐거워하자' 안으로 들어가 누리려면 이 은혜가 하나님의 선물임을 알아야 합니다.

셋째는 속량 곧 죄 사함(엡1: 7)을 아는 것이 이 은혜에 들어간 것입니다. 우리는 예수님을 믿기 전이나 믿은 후에도 범죄 때문에 괴롭고 고통스럽습니다. 이 죄가 영원히 용서받고 없어지기를 바랍니다. 그런데 하나님은 죄와 불법들을 다시 기억하지 않으신다고 하십니다. (히10: 17) 이얼마나 큰 은혜입니까? 에베소서 1장 7절에도 약속이 있습니다. "우리는 그리스도 안에서 그의 은혜의 풍성함을 따라 그의 피로 말미암아 속량 곧 죄 사함을 받았느니라"

네째는 하나님 앞에 당당하게 나갈 수 있는 것이 이 은혜 안에 들어감을 얻은 것입니다. 히브리서 4장 16절에 "그러므로 우리는 긍휼하심을 받고 때를 따라 돕는 은혜를 얻기 위하여 은혜의 보좌 앞에 담대히 나아 갈 것이니라" 라는 약속처럼 이 은혜로 말미암아 보좌 앞에 담대히 나아 갈 수 있게 되었습니다. 하나님의 영광은 하나님이 계신 천국을 의미합니다. 죄가 있는 사람은 하나님의 보좌 앞에 나갈 수 없습니다. 이제 예수님의 대속 사역을 믿는 우리는 담대히 나갈 수 있습니다. 이제 믿음으로 구원을 받았으니 그 천성을 바라보며 즐거워하자고 사도 바울은 권면합니다.

'즐거워하자'가 2절, 3절, 11절에 세 번 나옵니다. 원어로는 '카우카오마이' 인데 그 의미가 '뽐내다', '자랑하다' 입니다. 정말로 믿음으로 구원받은 하나님의 선물을 뽐내며 자랑하며 삽시다. 믿음으로 은혜에 들어감을 앎으로 마음 깊은 곳에 샘솟는 기쁨과 자랑이 있습니까? 있어야 합니다. 왜 뽐내며 자랑해야 합니까? 물론 천국에 가기 때문에 그렇고 여기서는 천국을 갈 소망을 생각하며 현재는 성령님의 인도를 받으며 의의 생활을 하며 그리고 환난 중에 고난의 의미를 알며 그 고난이 인내를 인내가 연단을 연단은 소망을 이루는 줄 알기 때문입니다.

예수님이 칠십 인을 택해 전도하러 보냈을 때 그들이 돌아와서 '귀신들도 항복합니다.' 라고 보고를 하니까 예수님이 뭐라고 말씀하셨습니까? "귀신들이 너희에게 항복하는 것으로 기뻐하지 말고 너희 이름이 하늘에 기록된 것으로 기뻐하라"(눅10:20) 하시지 않았습니까? 하늘에 이름이 기록되었다면 이 보다 더 큰 감격과 감동과 황홀경이 어디 있겠습니까? 정말로 기뻐하고 즐거워합시다.

비록 물질적인 부자가 아니라도 권력이 없더라도 몸이 아프더라도 장애가 있더라도 자식 중에 장애(아픈)가 있더라도 비록 빚이 좀 있더라도 직장 상사가 힘들게 하더라도 생활의 염려 근심하는 것들이 있더라도 말씀으로 인해 구원이 확실하다면 기뻐하고 즐거워합시다.

율법의 행위로 얻는 의가 아니라 믿음으로 얻는 의로 인해 날마다 즐거워하며 삽시다. 그 즐거움을 잃어버리지 않기 위해 모이기를 즐거워하고(히10: 25) 성도의 사귐(요일1: 3)을 확대해 가고 한 면으로 말씀을 사랑하여 묵상하며 누려가기를 바랍니다.

또한 이 세상에서 영의 구속받음과 혼의 구원을 누리고 지속하는 방법 중에 최고는 말씀을 가지고 즐거워하는 것이라고 생각합니다. 말씀을 가지고 즐거워하는 방법은 말씀을 암송하면서 누리는 것입니다. 말씀 중에 복음이 가득한 로마서를 추천하며 로마서 전체를 암송하며 누리는 것은 어려움으로 로마서 5장을 적극적으로 추천합니다. 5장은 신생아에게 가장 좋은 양식으로 엄마의 모유같습니다. 6장 7장은 의의 말씀이므로 천천히 먹고 누리기를 바랍니다.

나는 건강하고 튼튼한 성도가 되기를 바라는 믿는 이라면 로마서 5장부터 8장까지 나처럼 전부 외우기를 강력히 권합니다. 기독교 신앙은 말씀 신앙이고 말씀 신앙은 말씀 사랑인데 말씀 사랑은 말씀 암송이라고 생각합니다. 5장부터 외워도 좋고 8장부터 외워 7장을 외우고 6장을 외우고 5장을 외워도 상관은 없습니다. 로마서 8장은 모든 믿는 이들이 좋아하는 장입니다. 나도 8장이 너무 좋아서 8장을 외웠는데 말씀이 충만해지고 성령이 충만해지는 것을 느꼈습니다. 그래서 말씀 암송이 실제 해보니 너무 너무 좋아서 7장도 외우게 되었고 그 후 6장도 외웠습니다. 6장까지 완벽하게 외우고 눈 떠서 기억해 보고 낮에 자투리 시간에 외워 보고 혹시 틀린 것이 있으면 반복해 보고 저녁에 잠잘 때 외우다가 잠을 자니까 좋은 것이 한 두 가지가 아닙니다. 그래서 5장도 외우게 되었습니다. 5장을 외워보니 5장도 6장, 7장 8장 못지않게 너무 좋습니다. 우리 자녀들도 8장을 암송하게 하니까 좀 변화되는 것을 볼 수 있습니다. 8장 10절 까지 외우다가 중단하고 5장부터 외우라고 했습니다. 5장은 의롭 다하심에 대해 분명한 정리가 있어 5장을 외우고 누리면 '카우카오마이' 안으로 들어 갈 수 있습니다.

히브리서 기자는 누구인지를 모르지만 '의롭다 하심'을 받은 성도들은 로마서 못지 않게 히브리서를 좋아합니다. 히브리서 2장 1절에는 우리 가 받은 큰 구원을 '흘러 떠내려가지 않도록 유의하라'고 권면합니다. 어 떻게 하면 흘러 떠내려가지 않을까요? 나는 가장 좋은 방법은 말씀을 암 송하는 것이고 말씀 중에 로마서 5-8장을 적극적으로 추천합니다. 말씀 을 암송하면 말씀이 마음에 새겨지고 새겨지면 영의 구속과 혼의 구원을 더욱 더 누리게 되어 세상 풍조에 밀려 떠내려가지 않습니다. 누구든지 로마서 5장부터 8장까지 외우고 누린다면 세상 풍조를 이길 힘이 분명 히 생길 것을 확신합니다.

사도행전 20장 18절 부터 38절에는 사도 바울이 에베소 장로들과 고 별 설교를 하는 내용이 나옵니다. 설교하는 말씀 중에 여러분을 '은혜의 말씀'에 부탁한다는 내용이 나옵니다. 이제부터 여러분과 헤어지는데 여러분을 '은혜의 말씀'이 능히 든든히 세우사 거룩하게 해 주신다는 것입니다. '은혜의 말씀'이 여러분을 든든히 세워 줄 것이므로 말씀 안으로 들어가라고 하십니다. 말씀 안으로 들어가는 것 중에 하나는 암송입니다. 묵상입니다. 성도 여러분 이 악한 세상에서 능히 든든히 세워주는 것이 무엇이라고 생각하십니까? 오직 말씀입니다.

018

우리에게 주신 성령으로 말미암아
하나님의 사랑이 우리 마음에 부은 바 됨이니(롬5: 5)

　　사도 바울은 '영'에 대해 1장 9절에서 '영으로 섬기는 하나님'이 나의 증인이시다 라고 언급할 때 사용한 후에 오랜만에 5장 5절에 와서 성령이란 단어를 보니 무척 반갑습니다. 신앙생활은 구속 곧 죄사함(엡1: 7, 골1:14)에서 시작됩니다. 구속 곧 죄사함의 말씀을 은혜의 말씀이라고 합니다. 영이 구속 받는 말씀입니다. 영이 다시 산다는 진리의 말씀입니다.

　　구속 곧 죄사함(엡1: 7)이 확실해야 의의 말씀(히5: 13) 잘 이해되고 깨달아져서 혼의 구원을 누리며 살게 됩니다. 건강한 씨가 땅 속에 들어가면 습도와 온도만 맞으면 싹은 무조건 나오게 되어 있습니다. 앞 어디에서 언급한 구원의 말씀 여섯 구절 중에 몇 구절이라도 믿고 이해하고 암송해 두었다면 건강한 씨가 심겨진 것입니다. 최소한 세 구절을 반드시 이해하고 암송하고 있어야 한다고 했습니다.

　　거듭 나기 위해 니고데모 말처럼 어머니 배 속에 다시 들어가야 되는 것이 아니라 "육으로 난 것은 육이요 영으로 난 것은 영이니 내가 네게 거듭나야 하겠다 하는 말을 놀랍게 여기지 말라"(요3: 6-7) 말씀처럼 영으로 나려면 영이 있어야 합니다. 영이 다시 태어나는 말씀, 영이 거듭나는 말씀을 은혜의 복음이라고 합니다.

그래서 거듭났다는 소망이 부끄럽지 않은 이유는 내 노력이나 행위에 의해 이루어진 그 무엇이 아니라 '성령으로 말미암아 하나님의 사랑이 우리 마음에 부은 바 되었다'고 하면서 하나님의 영이 죽어 있었던 나의 영을 부활시키기 위해 내 마음 안에 들어오셔서 내 영을 향해 '달리다굼'(막5: 41)해서 내 영을 살게 했다는 것입니다. 할렐루야, 아멘

성령으로 말미암아 사는 생활이 곧 의의 말씀으로 사는 생활입니다. 로마서 8장에 가면 '성령님'에 대해 자세히 구체적으로 알 수 있을 것입니다. 성령으로 말미암아 의의 생활을 할 줄 모르면 율법적 행위에 의한 종교생활, 율법생활이 될 수 밖에 없습니다. 그런 생활은 힘들고 고달픕니다. 수고하고 무거운 짐이 많아 교회를 다닌다고 하면서도 안식과 평안이 있다가 없다가 반복됩니다. 그래서 우리는 성령님에 대해 필사적으로 알아야 하고 필사적으로 인격과 인격으로 만날 준비를 해야 합니다. 만남 이후에는 떨어지지 않기 위해 또 필사적으로 겸손하고 마음의 중심을 항상 내 드려야 합니다.

성령님을 인격적으로 더 풍성하게 만나려면 즉 의의 말씀을 경험하면서 살려면(히5: 13) 6장의 죄의 관한 의의 말씀과 7장의 법의 관한 의의 말씀을 알고 믿고 누리고 경험해야만 통과할 수 있습니다. 통과하기 전

에 꼭 알아야 할 것이 있습니다. 5장은 1장 2장 3장 4장의 결론장입니다. 만일 누가 목사님! 성경 전체에서 한 장만 외우려면 어느 장을 추천하겠습니까 하면 8장일까 5장일까 고민하다가 또 고민하다가 5장을 추천할 것입니다. 먼저 예수님의 사랑을 아는 것이 더 중요하고 그 사랑의 감동 감격에 의해 살아야 하는 것이 성도의 생활이기 때문입니다. 우리의 행위는 예수님의 큰 사랑에 감탄되어 나오는 것이어야 아름답습니다.

그러나 5장을 외우고 누린 사람은 6장 7장 8장을 반드시 외우고 누리게 되어 있습니다. 또한 8장을 외우고 누린 사람은 반드시 7장 6장 5장을 외우고 누리게 되어 있습니다. 외우고 누릴수록 말씀의 맛과 생명의 성숙을 누려 더 즐겁고 신나고 행복하기 때문입니다. 예를 들면 세상에서 돈을 1억 모으면 반드시 2억을 모으고 싶습니다. 2억을 모으면 만족하는 것이 아니라 10억을 더 모우고 싶습니다. 전세를 살면 나의 집을 사고 싶고 집을 사면 상가가 있는 집을 사고 싶고 상가가 있는 집을 사면 빌딩을 사고 싶습니다.

권력에서도 마찬가지입니다. 시의원 하면 시 의원에 만족하지 않고 시의회 의장이 되려고 하고 또는 도의원이 되려고 하고 도의원이 되면 국회의원이 되려고 하고 국회의원이 되면 대통령이 되려고 몸부림칩니다. 회사에서도 대리가 되면 과장이 되고 싶고 과정이 되면 만족하는 것이 아니라 부장이 되고 싶고 부장이 되면 국장이 되고 싶고 국장이 되면 더 위 직책을 바라봅니다. 이것이 생명의 속성입니다. 당연합니다. 하물며 크로노스에서도 그러는데 카이로스에서도 구원이 확실하면 성경 말씀을 알고 싶고 그 의미를 알면 외우고 싶은 것이 당연한 것 아닙니까?

나이가 많다고 혹은 바쁘다고 또는 나는 암기를 잘못한다고 하지 말고 하루 혹은 이삼 일에 한 절을 그것도 안 되면 한 절(節)을 그것도 안 되면 한 구(句)를 묵상하고 기도하며 누리기를 바랍니다. 믿음생활을 한다는 것은 도대체 무엇입니까? 말씀 사랑입니다. 말씀 사랑은 말씀의 뜻을 알려고 부지런히 살피고 그 말씀을 마음에 새기는 것입니다. 말씀을 마음에 어떻게 각인해서 새깁니까? 묵상뿐입니다. (히8: 10)

그분은 우리가 연약할 때, 죄인 되었을 때, 원수 되었을 때 우리를 위해 죽으심으로 하나님의 사랑을 확증하셨다고 합니다. 성령님의 체험이 무엇인가요? 입신이나 환상을 봐야 성령님을 체험한 것입니까? 방언을 하고 병고침의 능력의 현장을 본 것이 성령님의 체험입니까? 그것이 정말 사랑의 확증인가요. 개인적인 체험에 의하여 그럴 수도 있겠습니다. 그러나 의의 말씀을 먹고 누려서 사랑의 존재가 되는 것이 성령님의 가장 크고 아름다운 체험입니다. 왜냐하면 하나님의 사랑이시기 때문에 내가, 나의 존재가 사랑의 존재가 되어지는 것 보다 더 큰 아름다운 건축은 세상에 없습니다. 아버지가 사랑의 본체시니 그분의 자녀들의 사랑의 존재가 되어지는 것은 당연한 것입니다.

또한 성령의 체험은 나의 죽은 영이 살아났다는 것을 체험하는 것입니다. 그분은 우리가 연약할 때, 죄인 되었을 때, 원수 되었을 때 그의 아들을 대신 죽게 함으로 사랑한다는 것을 확증한 것입니다. 이것을 알고 믿거나 믿고 알았거나 하여간 알았다면 성령님에 의한 것이고 성령님이 마음에 부어진 것이랍니다. 하나님의 큰 사랑이 느껴지십니까? 내 영을 살리기 위해 예수님이 오셨고 죽으심으로 죄의 댓가와 형벌을 치르시고 성령님을 선물로 보내 주셔서 영을 살리셨습니다. 영이 살아 난 것이 바로 하나님의 큰 사랑이라는 것입니다. 믿음으로 알았든지 말씀을 신뢰함으로 알았든지 영의 인식은 하나님의 큰 사랑을 받은 증거입니다.

갈라디아서 기록대로 영이 다시 산 것이 율법의 행위입니까? 영으로 난 사람이 영으로 사는 것이지 영으로 난 사람이 율법으로 살겠습니까? 하나님의 큰 사랑, 참 사랑을 알면 '성령으로 말미암아'를 알면 율법의 행위의 구원은 말도 못합니다. 내 혼의 열심으로 율법 조항을 온전히 다 지킨다고 한들 죽어 있는 영을 살릴 수 있습니까? 구원은 무엇보다도 먼저 죽었던 영이 다시 살아나는 것입니다. 혼의 구원은 다음의 문제입니다.

하나님의 참 사랑에 감격이 되지 않습니까? 바로 십자가 상에서 우리의 모든 연약과 무능과 죄의 종의 상태를 다 짊어지고 죽으셨습니다. 이사야 53장 4-6절의 약속을 지키신 것입니다. "그는 실로 우리의 질고를 지고 우리의 슬픔을 당하였거늘 우리는 생각하기를 그는 징벌을 받아 하나님께 맞으며 고난을 당한다 하였노라 그가 찔림은 우리의 허물 때문이요 그가 상함은 우리의 죄악 때문이라 그가 징계를 받으므로 우리는 평화를 누리고 그가 채찍에 맞으므로 우리는 나음을 받았도다 우리는 다 양 같아서 그릇 행하여 각기 제 길로 갔거늘 여호와께서는 우리 모두의 죄악을 그에게 담당시키셨도다"

하나님의 사랑을 알려면 예수님의 십자가상의 죽음을 알고 받아들여야 합니다. 그 죽음은 죄의 댓가로 형벌로 죽은 것입니다. 이 죽음을 내 죄의 댓가로 고난을 당하고 대신 죽었다는 것을 알고 내가 믿는다고 고백을 할 때 성령님은 도와 주시고 내 마음 안에 들어오십니다. 죄의 댓가로 죽으셨기 때문에 나는 이제 죄가 영원히 사라진 것입니다. 깨끗해진 것입니다. 죄가 없어야만 성령님이 들어오실 수 있습니다. 내 안에 들어오셔서 죽어 있던 나의 영을 살리시고 그 영이 살아 난 나의 영과 함께 내 혼을 인도해 가며 사는 생활이 믿음생활입니다. 십자가에서 예수님의 죽음으로 하나님의 사랑이 참으로 느껴지고 감격된다면 성령님이 우리 마음에 부어진 징표입니다. 요한 복음 3장 16절 "하나님이 세상을 이처럼 사랑하사 독생자를 주셨으니 이는 그를 믿는 자마다 멸망하지 않고 영생을 얻게 하려 하심이라"는 말씀을 통해 하나님의 사랑에 감동되었다면 성령님이 우리 마음에 부은 바 된 것입니다.

019

우리가 아직 죄인 되었을 때에 그리스도께서

우리를 위하여 죽으심으로 하나님께서

우리에 대한 자기의 사랑을 확증하셨느니라(롬5: 8)

사도 바울은 자신을 복음을 알기 전에는 "나는 죄인 중에 괴수다"(딤전1; 15)라고 고백을 합니다. 동의가 됩니까? 나는 한 동안 동의가 되지 않았습니다. 죄인 중에 괴수가 되려면 도둑질, 사기는 기본이고 강간, 살인은 몇 번 해서 전과 20번 이상은 되어야 괴수라고 해야 마땅할 것입니다.

사도 바울은 빌립보서 3장 5절에는 "율법의 의로는 흠이 없다" 하였습니다. 어떻게 율법의 의로는 흠이 없다고 하는 사람이 죄인 중에 괴수가 될 수 있습니까? 역사적으로 100% 확인된 것은 아니지만 바울은 스데반 집사가 순교할 때 감독관이었다고 합니다. 바울의 지은 죄는 강간, 살인은 없고 심지어 도둑질 사기도 없습니다. 기껏해야 스데반 집사 순교할 때 지켜본 것 가지고 죄인 중에 괴수라고 하는 것은 지나친 과장입니다. 그 정도는 죄인은 될 수 있어도 괴수라고 하는 것은 그의 생활방식과는 맞지 않습니다. 그렇지 않습니까?

죄가 무엇입니까? 원어로 '하마르티아'라고 많이 들어봤을 것입니다. 표적에서 빗나감이란 뜻이잖아요? 무슨 표적에서 빗나갔습니까? 첫째는 창조 목적에서 빗나가서 사탄의 종, 죄의 종이 된 것입니다. 그것을 설명하려면 너무 깊어지니까 생략하고 율법과 관계된 면에서만 살펴봅시다.

죄는 왜 생깁니까? 율법에서 생깁니다. 율법을 나에게 적용해서 죄인임을 깨닫게 해서 그리스도에게 가도록 하게 하는 것입니다. 타인에게 적용해서 정죄하고 비판하면 율법을 잘못 사용하는 것입니다. 그리스도인이 되면 반드시 기록하고 있을 말씀 중에 하나가 디모데 전서 1장 8절입니다. "율법은 사람이 그것을 적법하게만 쓰면 선한 것이 됩니다"

율법을 준 목적이 무엇입니까? 내가 죄인이라는 것을 깨달으라고 준 것입니다. 이것이 율법의 표적입니다. 그런데 율법으로 의를 이루고 이룰 수 있다고 가르친 사람이 바울입니다. 율법을 가지고는 죄를 깨닫고 하나님이 선물로 주신 의를 입으라는 것인데 바울은 반대로 죄를 깨닫게 하기는 커녕 율법의 행위로 의를 이룰 수 있다고 믿고 가르친 바리새인 중에 바리새인이고 하나님이 선물로 주신 메시야 그리스도를 모르고 도리어 그를 믿는 자들을 죽이려고 혈안이 되었던 사람이니 표적의 반대방향으로 가고 그 길로 가는 것이 하나님을 옳게 섬기는 것이라고 가르쳤으니 죄인 중에 죄인이요 괴수가 맞는 말입니다.

바울은 "나는 정말로 하나님께 열심이 있었다. 그러나 복음을 알고 보니 올바른 지식에 따른 것이 아니었다"(롬10: 2)고 고백을 합니다. 여기서 지식은 율법에 대한 지식입니다. 앞으로 몇 번 언급하겠지만 성숙한 기독교인이 되려면 율법을 바르게 이해하고 율법 안으로 들어가야 합니다. 양심에 비추어 볼 때 자기의 의를 세우려고 했다고 고백한 것입니다. 그러면서 하나님을 위한다고 했으니 위선자 중에 위선자였던 것입니다.

'우리가 아직 죄인 되었을 때에'는 그냥 단순한 표현이 아닙니다. 바울의 실존적인 고백이요 증언입니다. 죄인의 운명은 어떻게 되는지 아십니까? 구약 에스겔 18장 4, 20절에 보면 "범죄하는 그 영혼은 죽을지라" 기록되어 있습니다. 신약 로마서 6장 23절에 "죄의 삯은 사망이요" 여기서 구약 죽음의 원어는 '무트'입니다. 무트하면 생각나는 것이 있습니까? 창세기 1장에서 여호와 하나님이 아담에게 선악을 알게 하는 나무를 먹으면 반드시 죽는다고 할 때 바로 그 죽음이 원어로 '무트'입니다. 무트는 하나님은 영이신 분이라 영이 죽어 하나님과 교제가 끊어지는 것이고 그 결과 지옥에 가야만 할 운명(히9:27)인 것입니다. 그 운명을 바꾸어 주신 분이 바로 예수님입니다. 그것도 죽으심으로 해방시켜준 것입니다.

이제 "그리스도께서 우리를 위하여 죽으심으로 하나님께서 우리에 대한 자기의 사랑을 확증하셨다" 라는 말씀 앞에 감격이 되고 감동이 되지 않습니까? 하나님의 사랑이 느껴지지 않습니까? 어디에서 하나님의 사랑을 발견하시렵니까? 아직도 성경에서 하나님의 사랑을 발견하지 못했습니까? 하나님의 사랑에 감동되어 사는 삶이 가장 아름다운 삶입니다. 그것도 전능자 하나님의 사랑에 감동되어 산다는 것은 영광 중에 영광입니다. 하나님의 경륜의 목적 중에 하나는 아마도 사랑에 감동되어 살도록 섭리하신 것인지도 모릅니다. 로마서 5장 8절에서 사도 바울은 하나님의 사랑을 발견하고 감동하고 감격해야 한다고 말씀합니다.

곧 우리가 원수 되었을 때에 그의 아들의 죽으심으로 말미암아
하나님과 화목하게 되었은즉 화목하게 된 자로서는
더욱 그의 살아나심으로 말미암아 구원을 받을 것이니라(롬5: 10)

　　　'우리가 원수 되었을 때'가 상징일까요, 비유일까요, 메타포일까
요 아니면 실제상황일까요. 하나님과 실제 상황으로 원수라고 하면 놀랄
일 입니다. 왜냐하면 영원한 죽음밖에 없기 때문입니다. 죽음이 흙으로
돌아가는 죽음이라면 원수라는 표현을 쓸 수는 없습니다. 원수는 적대자
를 가리키는 말입니다. 그렇다면 죽음은 적대자 원수 사탄 앞으로 가서
영원한 형벌을 받는 것을 의미합니다.

　죽음의 세력을 잡은 자가 누구입니까? 마귀입니다.(히2: 14) 죄인들은
마귀의 자녀가 되는 것입니다. 마귀의 자녀는 하나님과 원수 된 상태에
있는 것이 맞습니다. 예수님은 당신의 가르침을 알아들을 줄 모르고 깨
닫지 못하는 바리새인들을 향해 무엇이라고 했지요? "너희는 너희 아비
마귀에게서 났음으로 진리가 그 속에 없어서 믿지 않는다."(요8: 44-45)고
말씀했습니다.

아담 이후 태어난 모든 사람은 하나님과 원수 상태에 있습니다. 그리고 아비 마귀에게서 태어난 본질상 진노의 상태에 있는 것입니다. 그리고 삶의 방식은 마귀의 권세 아래에 있습니다. 마귀의 권세를 음부의 권세(마16: 18)라고도 합니다. 음부의 권세 아래에 있는 자들은 죽으면 지옥행이기 때문에 죽기를 무서워(히2: 15)합니다. 당신은 솔직히 죽음이 무섭지 않습니까? 예수님을 믿고 무섭지 않다고 한다면 은혜이고 예수님을 믿지 않으면서도 무섭지 않다고 하면 생명의 감각이 제로이든지 정직하지 않은 것입니다. 예수님을 믿으면서도 죽음이 무섭다면 아직 죄 문제가 해결되지 않은 사람입니다. 즉 구원의 확신이 없는 것입니다.

어떻게 하면 원수의 상태에서 벗어날 수 있습니까? 어떻게 죽음의 권세에서 벗어날 수 있습니까? 어떻게 하면 지옥행에서 벗어나 천국행 열차를 타고 하나님과 화목한 상태로 회복할 수가 있을까요?

마태복음 16장에 해결책이 있습니다. 예수님께서 제자들을 향해 "너희는 나를 누구라 하느냐" 라고 물으실 때 베드로가 "주는 그리스도요 살아계신 하나님의 아들입니다"라고 대답을 했습니다. 그 때 주님께서 베드로의 대답에 죽음을 이기는 말씀을 해 주었습니다. "너는 반석이다. 이 반석 위에 내 교회를 세우리니 음부의 권세가 이기지 못하리라" 말씀하셨습니다. 이 흔들림 없는 반석같은 그 고백이 죽음의 권세를 이긴다는 것입니다. 즉 예수님을 메시야로, 살아계신 하나님의 아들로 믿으면(고백하면) 죄에서 벗어나고 죽음의 권세에서 해방되고 하나님과 화목한 상태가 된다는 것입니다. 참으로 감사가 넘칩니다.

예수님은 누구입니까? 하나님의 아들이신데 인간의 몸을 입고 오신 분입니다. 그래서 요일 3장 5절에 사도 요한은 "그에게는 죄가 없다"고 증언했습니다. 히브리 기자도 4장 15절에 "모든 일에 우리와 똑 같이 시험을 받으신 이로되 죄는 없으시다" 고 기록했습니다.

예수님을 하나님의 아들로 그리고 그리스도(히브리어로 메시야, 우리나라 말로 구원자)로 알고 믿으면 된다는 것입니다. 하나님께서 자기 아들을 우리 죄값 대신 죽게(사망) 함으로 인간들에게 죽음에서 해방되고 하나님과 화목하게 되는 길을 열어 놓으신 것입니다.

예수가 그리스도라는 믿음만 있어도 영의 구원을 분명히 받은 것입니다. 그런데 예수님의 피의 의미를 알면 구원에 대하여 더욱 더 믿음이 분명해 진다는 것입니다. '더욱'이라는 말에도 감동을 하기를 바랍니다. 예수님은 누구입니까? 하나님의 아들입니다. 하나님의 아들은 곧 하나님입니다. 하나님은 어떤 분이십니까? 영원히 사시는 분입니다. 그러므로 예수님의 죽으심의 효능도 영원한 것입니다. 그래서 예수님의 십자가의 죽음을 화목제물의 피의 제사로 믿는 우리는 과거 현재 미래의 죄가 다 용서 된 것입니다. 천연적인 생각으로는 과거의 죄가 용서된 것은 믿는데 현재와 미래의 죄가 용서된 것을 못 믿고 용서가 안 된 것으로 믿는 성도가 많습니다. 그렇지 않습니다. 예수님이 십자가에 죽으셨을 때 우리는 다 미래에 있었습니다. 그러므로 미래의 죄는 그 때 가서 회개해야만 용서받는다는 가르침이나 주장은 다 잘못된 것입니다. 우리가 볼 때는 과거 현재 미래가 있지만 하나님의 용서는 영원한 속죄 제사이기 때문에 다 용서된 것입니다. 할렐루야, 무한대 이제 "우리가 원수 되었을 때에 그의 아들의 죽으심으로 말미암아 하나님과 화목하게 되었은즉"의 말씀이 우리에게 큰 위로가 되고 감격과 감동이 될 것입니다. 이제 '그의 아들의 죽으심으로 말미암아' 창조주 하나님을 아바 아버지라 부르고 화목하게 된 것이 너무나 감사합니다. 요한일서의 표현대로 기쁨이 충만합니다.

그러므로 한 사람으로 말미암아 죄가 세상에 들어오고(롬5: 12)

로마서 5장 12절 '한 사람으로 말미암아 죄가 세상에 들어오고' 를 바르게 깨닫기 위하여 다음 몇 가지를 알아야 합니다. .

첫째는 내가 죄를 지어야 죄인도 되지만 본래 죄인으로 태어났다는 것을 깨달아야 합니다. 그래서 성선설이 아니고 성악설이 맞습니다. 예레미야 17장 9절 즉 "만물보다 거짓되고 심히 부패한 것은 마음이라 누가 능히 이를 알리요마는"이 말씀이 내 마음의 세계임을 정직하게 인정해야 합니다. 다른 사람은 몰라도 나는 내 자신의 마음의 상태가 얼마나 거짓되고 부패한 상태임을 알기 때문에 솔직하게 날 때부터 죄인임을 인정해야 합니다. 그래서 범죄를 한 사람은 들어난 죄인이고 범죄하지 않은 사람은 감추어져 있는 죄인이어서 하나님이 보실 때는 동일한 죄인이라는 것을 동의해야 합니다.

둘째는 사망의 원인은 죄요 죄의 근본은 아담의 범죄 때문이라는 것을 깨달아야 합니다. 아담의 범죄 때문에 영이 죽었습니다. 육체가 죽지 않왔다고 해서 성경이 틀리다고 한다면 어리석은 생각임을 깨달아야 합니다. 영의 인식이 부족하면 부족할수록 신앙세계 입문은 점점 멀어집니다. 영의 사망의 문제를 해결하려면 죄의 문제를 해결해야 하고 죄의 문제가 해결되면 죽음의 문제도 해결된다는 것을 깨달아야 합니다. 죽음의 문제가 해결되는 것은 영이 살아나는 것이고 영이 살아나면 우리 몸은 흙이 되어 땅으로 가고 영은 하늘나라로 갑니다. 죽기 전에 주님이 오시면 흙으로 돌아갈 죽을 몸도 영원히 사는 몸이 됩니다.

셋째는 죄가 한 사람의 불순종으로 부터 시작되어 사망이 왕노릇한 것처럼 생명도 한 사람 예수님이 순종하심으로 많은 사람이 의인이 되는 것임을 깨닫고 믿어야 합니다.(롬5 :19) 아담의 범죄로 우리의 영이 하나님과 단절되고 악한 자의 종이 되었습니다. 그래서 죄의 열매를 맺고 사망이 왕노릇하는 실존입니다. 그러나 예수님을 믿으면 하나님과 단절됐던 영이 다시 살아나고 그 영은 의의 종이 되어 생명이 왕노릇하는 실존이 된다는 것이다 즉 의의 생활이 된다는 것입니다.

넷째는 의롭다 하심이 한 사람 예수님이 순종하심으로 의의 선물이 왔다는 것을 깨달았다면 절대로 행위 구원론에 빠져 율법으로 다시 들어가지 말기를 바랍니다. 구속 곧 죄사함(엡1: 7, 골1:14)이 은혜라면 거룩하게 되는 것도 로고스의 말씀이 레마의 말씀으로 이루어지는 감동과 감격으로 된다는 것을 알기를 바랍니다. 거룩하게 되기 위하여 다시 율법으로 돌아가는 어리석은 모습을 보여서는 안 됩니다. 거룩은 영의 표현으로 시작되고 완성되는 것입니다. 그러므로 영이 표현되도록 의의 말씀을 경험하면서(히5: 13) 속 생명을 자라게 하는 것이 중요한 것입니다.

그러나 율법은 생명보호를 위해 지켜야 합니다. 몇 번 말하지만 보호와 생명 성장은 다른 것입니다. 율법은 죄인임을 깨닫게 하여 예수님을 만나게 하고 만난 후에는 영생을 얻은 후에는 영생을 누리기 위해서 율법으로 보호받아야 하는 것입니다. 율법 즉 진리의 말씀(고후6: 7)에는 은혜의 말씀(행 20: 32)과 의의 말씀(히5: 13)도 있고 생명을 성장시키고 보호받기 위해 지켜야 할 말씀도 있는 것입니다.

그러므로 죄인이 된 것은 나의 범죄가 원인도 되지만 근본은 죄 안에서 태어난 것 처럼 의인이 되는 것도 나의 율법적인 의로운 행위나 수양, 봉사 등으로 되지 않는다는 것을 분명히 깨닫기를 바랍니다. 하나님이 만족하시는 의는 예수님의 대속 사역의 의를 받아들이고 우리 주 예수 그리스도로 말미암아 영생에 이르도록 생명의 길을 열어 놓은 것을 알고 믿어야 합니다.

한 사람 예수 그리스도의 은혜로 말미암은 선물은 많은 사람에게 넘쳤느니라 (롬5: 15)

예수님은 수가성 사마리아 여인에게 "네가 만일 하나님의 선물과 또 네게 물 좀 달라 하는 이가 누구인 줄 알았더라면 네가 그에게 구하였을 것이요 그가 생수를 네게 주었으리라"(요4: 10)라고 말씀하셨습니다. 예수님 자신이 하나님의 선물임을 밝히셨습니다.

사도 바울은 에베소서 2장 8절에서 "너희는 그 은혜에 의하여 믿음으로 말미암아 구원을 받았으니 이것은 너희에게서 난 것이 아니요 하나님의 선물이라"(엡2: 8) 하였습니다. 우리가 받은 구원은 하나님의 선물입니다. 구원받기 위하여 행위를 강조하는 사람은 '교란하여 그리스도의 복음을 변하게 하려는 사람'(갈1:7)입니다. 선물은 그냥 단순하게 감사하면서 받으면 되는 것입니다.

나는 하나님의 선물인 예수님을 잘 포장해서 전달하는 가장 좋은 책이 로마서라고 생각합니다. 나의 글을 읽으면서 로마서의 중요성과 가치를 더 알뿐만 아니라 더 잘 이해해서 하나님의 선물을 온전히 받아 누리기를 바랍니다. 나는 하나님의 선물 전달자로서 즐거움에 동참하는 자가 되기를 원합니다. 다음은 내가 전도할 때 사용하려고 만든 로마서 전도 내용입니다.

교과서가 공부의 기본서 이듯이 로마서는 성경의 교과서입니다.

⑴ 로마서는 율법과 복음의 관계를 쉽게 설명합니다. 로마서를 알면 복음과 율법의 의미의 차이가 분명하게 정리됩니다.

⑵ 공동번역, 새 번역, 현대인의 성경 등을 함께 읽으면 이해되고 깨달아집니다.

⑶ 로마서를 배우면 참 행복해집니다. 영이 살았다는 것을 알므로 죽음의 문제 삶의 근본 목적의 문제가 해결되어 기쁨과 감사가 넘칩니다.

⑷ 로마서를 알면 오직 구원은 예수님에게만 있고 구원의 확신을 분명하게 알게 됩니다.

⑸ 로마서를 알면 은혜의 복음을 통하여 기쁨과 감사가 넘치고 의의 말씀을 알아 성령님의 의한 의의 생활이 되어집니다.

⑹ 로마서를 알면 삶의 의미와 방향을 알아 카이로스(영적시간의 때)와 크로노스를 알아 조급하거나 성급하지 않습니다.

⑺ 로마서를 알지 못하면 구원의 확신이 흔들려 믿음과 율법을 왕래하면서 힘들고 어려운 믿음생활을 합니다.

⑻ 로마서를 배우고 알면 이단(종교인)에서 돌아오게 되고 하나님의 자녀로 자유를 누리며 즐겁게 삽니다.

⑼ 로마서를 알면 각종 이단에서 주장하는 재림예수, 십사만 사천 주장은 다 거짓이요 사기임을 알게 됩니다.

⑽ 로마서를 모르고 복음서나 계시록을 먼저 공부하면(배우면) 이단에 빠

질 수 있고 성경이 전체적으로 어렵다고 느끼게 됩니다.

⑾ 로마서를 알면 성경전체를 알 수 있고 성경 전체를 알려면 로마서부터 알아야 합니다.

⑿ 로마서를 알기 위하여 갈라디아서 히브리서를 함께 공부하면 더 쉽게 이해할 수 있습니다.

⒀ 로마서를 통하여 죄, 사망, 영, 은혜, 속량, 선물, 의, 구원 등을 구체적으로 알게 됩니다.

⒁ 교과서 등한시하고 우등생 없듯이 로마서 설명능력 없이 좋은 믿는 자가 될 가능성이 적습니다.

⒂ 로마서를 모르면 성령을 따라 살지 않고 율법의 행위를 따라 살게 됩니다.

⒃ 로마서를 알면 율법 외에 하나님의 한 의가 나타난 것을 알게 됩니다.(롬3: 21)

⒄ 5, 6, 7, 8장을 외우고 묵상하고 누리면 하나님의 사랑을 알고 의, 거룩, 긍휼의 존재 됩니다.

⒅ 로마서는 하나님의 사랑을 알게 해 줍니다. 하나님의 사랑을 알아야 사랑의 존재가 됩니다. 사랑의 존재가 되어야 하나님의 자녀의 실존이 됩니다.

⒆ 로마서를 알면 죄의 종(법존재)에서 해방되어 의의 종(영, 사랑의 존재)로 변화되어 갑니다.

⒇ 로마서를 알면 하나님을 닮게 되어 하나님의 형상과 모양이 나타납니다.

죄가 더한 곳에 은혜가
더욱 넘쳤나니(롬5: 20)

　　'죄가 더한 곳에 은혜가 더욱 넘쳤나니'라는 말씀은 성경에 있어서
는 안 될 말씀 같습니다. 표면적으로 이해하면 죄를 더 많이 지으면 은혜
가 더욱 넘치니 죄를 많이 짓는 것을 조장할 수 있도록 오해하기가 참으
로 쉬운 말씀입니다. 오죽하면 사도 바울은 "은혜를 더 하게 하려고 죄
에 거하겠느냐"(롬6: 1)라고 반문하는 사람이 있을 수 있다고 합니다. 사
도 바울은 "그럴 수 없다"고 단언합니다.

　여기서 '은혜'의 의미는 '죄의 용서의 기쁨, 감격입니다. 쉽게 말하면
죄를 엄청나게 많이 지었는데 그것을 다 용서해 주었다면 죄를 조금 짓
고 용서를 받은 사람보다 더욱 더 용서의 기쁨과 감격이 넘친다는 것입
니다.

　'은혜'의 의미가 '영생에 들어가는 기쁨, 감격'이라면 죄를 많이 지어(실
상은 죄를 많이 짓는다는 것은 행위의 표출뿐만 아니라 죄의 존재의 자각성의 문제
이기도 합니다) 은혜를 더 일찍 더 빨리 발견하게 된다는 것입니다. 왜 은

혜의 가치를 알지 못할까요. 죄인이라는 것을 모르기 때문입니다. 은혜의 가치를 알려면 죄 속으로 들어가 율법의 행위의 노력으로는 죄 속에서 빠져 나올 수 없다는 것을 깨달을 때 은혜를 알게 된다는 의미입니다.

'은혜'의 의미가 '속죄의 발견'으로 이해한다면 죄를 더 많이 지어야 '아! 내가 죄인임이 틀림없구나' 라고 빨리 깨닫게 되어 하나님이 주시는 의를 빨리 발견하고 찾아지게 됩니다.

'은혜가 더욱 넘치는 것'이 무엇일까요. 죄사함 거듭남을 거쳐 주시는 의로 받아 죄에서 해방 받고 위로 난 영원한 생명 안으로 들어갔듯이 거룩한 품성도 율법의 행위로 내가 이루는 것이 아니라 의의 말씀을 먹고 누려 은혜로 이루어지는 것을 말합니다. 다시 설명하면 하나님의 말씀을 주님께서 가르쳐 주신 기도문에 나오는 것처럼 날마다 주시는 일용할 양식으로 먹고 누림으로 감격과 감동 안으로 들어가면 자연스럽게 속 사람이 점점 자라게 됩니다. 영의 구속도 은혜의 복음으로 말미암은 것이며 거룩과 성화도 의의 말씀을 믿고 먹고 누려 은혜로 이루어지는 것입니다. 이삭이 점점 자라면 이스마엘이 쫓겨나듯이 속 사람의 자람으로 겉 사람이 후패해져서 점점 거룩하게 되는 것입니다.

그런데 갈라디아서 3장 3절에 바울의 염려처럼 성령으로 시작했다가 육체로 마치게 되는 사람들도 있습니다. 이유가 두 가지입니다. 하나는 은혜로 주시는 의를 받아들이기는 받아들이는 데 받아들인 후 행위를 보여달라고 하니까 그것도 성경에 있는 야고보서의 말씀 "행함으로 네 믿음을 내게 보이라"(약2: 18) 또는 "행함으로 온전하게 되었느니라"(약3:

22) 또는 "행함이 없는 믿음은 그 자체가 죽은 것이라"(약2: 17)는 말씀의 근거로 해서 주장을 하니까 반론을 할 만한 근거나 논리를 가지고 있지 않기 때문에 거져주시는 의를 망각한 체 다시 행함을 보이기 위해 율법의 행위 속으로 들어가게 되는 것입니다. 나도 그렇게 율법 속에서 거룩함을 이루려고 오랫동안 방황을 했습니다. 율법에서 벗어나기(롬7: 6) 위해서는 율법을 잘 지키면 되는 줄 알고 열심히 율법으로 살았더니 거룩은 커녕 더욱 더 율법 속으로 들어가 교만 덩어리가 되고 형식적인 사람이 되고 성도들을 비판하는 죄와 사망만 낳는 존재가 되는 것을 처절하게 깨닫게 되었습니다. 행함으로 온전하게 되는 것은 의의 말씀이 가득한 로마서 6장 7장의 말씀의 의미를 알고 먹고 누릴 때 가능한 것입니다.

또 다른 하나는 은혜의 풍성함 속으로 들어가는 것은 주님께서 가르쳐 주신 기도 양식대로 하늘의 양식을 매일 먹고 누려야 하는데 무엇을 어떻게 먹고 누려야 하는지 먹고 누리는 방법을 모르기 때문입니다. 방법을 모르니 그냥 종교적 열심으로 열심만 내다가 다시 율법 속으로 들어가 율법의 행위로 살기 때문입니다. 누가 이 사망의 몸에서 건져 줄까요?

은혜를 넘치게 하려면 먼저는 내 속에 하나님의 말씀의 씨앗이 분명히 들어와 구속 곧 죄사함(엡 1; 7)이 이루어졌는지 알아야 하고 그 다음은 하나님의 말씀을 일용할 양식으로 누려 속 생명이 자라게 해야 합니다. 어떻게 씨앗이 들어옵니까? 구속 곧 죄사함(엡 1: 7)에 관한 말씀의 의미를 깨닫고 기억하는 것입니다. 기억하고 묵상하다 보면 2차적으로 '아! 그렇구나' 하고 더 깊은 의미를 깨닫게 됩니다. 1차적 이해와 2차적 깨달음을 통하면 분명히 씨앗이 들어온 것이 확실히 믿게 됩니다. 그 다음은 말씀을 읽으면서 감동되고 감격되는 말씀을 묵상하면 은혜가 넘치게 됩니다. 각자 하늘 양식을 먹는 책은 다를 수 있습니다. 나는 로마서 8장을 외우고 그 후 7장을 외우고 그 후 6장도 외우고 5장도 외우면서 은혜의 바다에 풍덩 빠졌다는 것을 느꼈습니다. 거룩해지지 않으려고 해도 거룩해 지는 것을 느꼈습니다. 놀랍지요. 말씀을 외운 후 날마다 묵상한다면 성령 충만한 삶을 살게 되고 세상을 이기는 힘이 충분하다고 주장할 수 있습니다. 8장 한 장만 외운 후 외우면서 묵상하고 묵상하면서 외워도 존재의 큰 변화가 있을 것입니다.

죄에 대하여 죽은 우리가 어찌
그 가운데 살리요(롬6: 2)

　　　　다시 한 번 명심해야 합니다. 6장에 나오는 죄의 개념은 율법적인 계명을 넘어 에베소서 2장 2절에 기록된 '세상 풍조를 따르고 공중 권세 잡은 자를 따르는 삶의 체계' 즉 의의 이루는데 방해가 되거나 사탄의 성품을 표현하는 옛 사람의 사고방식이 죄라는 것입니다.

　　로마서 6, 7장은 하나님의 의를 믿고 의롭다하심에 깨닫고 믿는 신약의 믿는 이들이 의의 존재가 되기 위하여 죄와 법속에서 해방되어 의의 말씀을 경험(히5: 13)하는 곳입니다. 마치 이스라엘 백성이 애급에서 나와 가나안에 들어가기 위해 통과해야만 했던 광야 같은 곳입니다. 죄와 법 속에서 해방되지 않고는 성령에 따라 사는 생활은 불가능합니다.

　　6, 7장을 잘 통과해야 8장에 이르러 1절의 그리스도 예수 안에 있는 자에게는 결코 정죄함(유죄판결)이 없음을 즐기고 21절에 '하나님의 자녀의 영광의 자유'(8:21)를 누리고 28절에 하나님을 사랑하는 자에는 모든 것이 합력하여 좋음에 이르러 참된 안식과 평안에 들어갈 수 있습니다.

6, 7장은 죄와 법에서 사도 바울이 구원받은 후 체험의 현장입니다. 어떤 이들은 로마서 7장은 사도 바울이 구원받기 전의 고백이라고 주장하는 교사들도 상당수 있습니다. 열변을 토하면서 주장하는데 그냥 그것은 당신의 믿음이니 서로 존중하면서 믿음의 경주를 달리자고 하면 됩니다. 그리고 혹시 6, 7장이 죄와 법에서 사도 바울이 구원받은 후 체험의 간증이 아니라고 해도 나는 조금도 마음이 상하지 않으니 걱정할 필요는 없다고 하면 됩니다. 종교는 토론과 논증에 의하여 증명하고 전파하는 것이 아니라 앞 선 자들의 본을 보고 생명의 길이라 믿어 따라 가는 것입니다. 교통은 언제든지 열린 마음으로 해야 합니다. 교통을 통해 서로 위로받고 격려 받으며 교통 가운데 많은 깨달음이 있음을 고백합니다.

6장은 구원받은 후 죄를 지을 때 어떻게 처리해야 하는지 분명한 정리와 깨달음과 훈련이 있어야 통과할 수 있습니다. 7장은 구원 받은 후 율법에 관한 올바른 이해를 통한 정리와 깨달음과 많은 실패를 통한 통한의 회개의 연속으로 속 생명이 상당히 자라야만 통과할 수 있습니다.

사도 바울은 지금 '죄에 대하여 우리는 죽었다'고 합니다. 도대체 죄가 무엇이길래 죄에 대하여 죽었다고 하는 것입니까? 나의 마음 안을 들여다보면 죄가 내 속에 있고 날마다 죄를 짓고 있는데 어찌 죽었다고 하는지 이해가 잘 안 될 것입니다. 그리고 요한복음 16장 9절에는 분명히 "죄에 대하여라 함은 그들이 나를 믿지 아니함이요"라고 기록되어 있어서 그 말씀에 의하면 나는 예수님을 믿기 때문에 죄가 없는데 하다가 실생활에서는 법에 의해 다시 죄에 빠지게 되어 죄의 개념의 혼란이 오게 됩니다. 개념의 혼란은 행동의 혼란이 되어 바른 길을 알 수 없어 전진할 수가 없습니다.

예수님을 왜 구세주로 하나님의 아들로 믿었나요. 죄를 용서해 주신다고 하셨으므로 믿는 것입니다. 죄가 용서되면 어떻게 되는 것입니까? 하나님의 영이신 성령님이 내 마음 안에 들어오셔서 죽어 있던 내 영을 살리십니다. 그래서 성령님이 내 안에 들어오신다는 것은 영이 다시 산 것을 거듭났다는 것입니다. 거듭났다는 것은 하늘로 부터 생명이 났다는 것입니다. 위로부터 거듭났다는 것은 믿으면 위에서 무언가가 떨어져서 내 속에 들어가서 다시 태어나는 것이 아닙니다. 죽었던 내 영이 하늘에서 오신 예수님에 의해 다시 태어났다는 것을 말하는 것입니다. 죽었던 영이 성령님에 의해 다시 살아남으로 그 영의 생명은 이제 다시는 죽지 않고 영원히 사는 생명이 된 것입니다. 우리는 그 생명을 '영생'이라고 하고 원어로 '조에'라고 합니다. 영원히 사는 생명입니다. 줄여서 영생입니다. 죽었던 내 영이 성령님과 한 몸이 되어 이제는 '조에'의 생명률에 따라 사는 존재가 된 것입니다. 할렐루야, 감사가 넘칩니다.

옛사람이 갖고 있는 생명을 '푸쉬케'라고 합니다. 영은 아담 이후 죽었기 때문에 '조에'의 생명은 없습니다. 그래서 에베소서 2장 1절에 '죄로 죽었던 너희를 살리셨다'고 합니다. 조에의 생명이 없는 삶은 에베소서 2장 2절에 기록되어 있는 대로 '세상 풍조를 따르고 공중 권세 잡은 자를 따르는 삶'입니다. '세상 풍조를 따르고 공중 권세 잡은 자를 따르는 삶의 체계'가 죄라는 것입니다. 옛 사람이 가치 있게 여기던 것을 이제는 가치 없게 여긴다는 것을 죄에 대하여 죽었다고 하는 것입니다. 이해가 되고 깨달아 질 것입니다.

죄에 대하여 죽었다는 것에 대해 쉬운 예를 하나 들겠습니다. 나는 가끔 큰형님집에 갑니다, 장형집에는 초등학교 3학년 손자가 있습니다. 나는 할 수만 있다면 전도하기 위해 길을 모색합니다. 그래서 그 방법으로 손자 동현이와 같이 놀고 즐깁니다. 나만 가면 놀자고 합니다. 할아버지는 조건이 있다. 예수를 믿는다고 하라고 하면 믿는다고 영접기도까지 따라 하고 놉니다. 형님 내외 조카 내외가 들으라고 크게 합니다. 주로 딱지치기 구슬치기입니다. 동현이는 노는 재마가 좋은지 이미 구슬을 반으로 나누어 놓고 기다립니다. 구슬치기나 딱지치기를 하면 아직 어릴적 실력이 있는지 마음을 비워서 그런지 내가 다 땁니다. 그러면 집으로 가져 갈 것이라고 하면 막 웁니다. 나는 집으로 가져갈 마음이 전혀 없습니다. 다만 손자 동현이의 모습이 재미있어서 그럴 뿐입니다. 그야말로 구슬이나 딱지를 한 트럭을 줘도 안 가지고 옵니다. 그러나 동현이는 진지합니다. 구술이나 딱지에 대해 죽지 않았기 때문입니다. 지금은 3학년이라 할아버지가 가지고 가지 않을 것을 알만도 한데 구슬, 딱지에 가져 간다고 하면 울상을 짓거나 눈물을 흘립니다. 구슬이나 딱지의 반은 당당하게 요구할 수 있는 법적인 요구도 할 수 있는데 그런 것도 모르고 눈물을 흘립니다. 참으로 요구할 줄도 모르고 장난으로 재미로 하는 것인지도 모릅니다. 옆에서 친할머니가 ‘시내 할아버지 장난으로 가져 간다는 하는 것이야’ 라고 해도 안 믿습니다.

　　성도 여러분은 동현이처럼 세상 문화와 가치에 대해 살아 있습니까? 그렇게 술이 좋고 오락이 좋습니까? 바둑, 장기, 탁구, 테니스, 골프, 게임, 정치 이야기가 그렇지 재미 있습니까? TV 연속 드라마, 스포츠 중계가 그렇게 매혹적인가요? 무엇이 그렇게 중요하다고 시사뉴스에 빠집니까? 게임에서 한 레벨을 더 올리고 바둑이나 장기에서 한 단을 더 올리면 떡이 나옵니까? 청년 형제 자매 여러분! 게임에서 한 레벨을 더 올리고 전국 상위 1% 안에 들면 영이 만족하십니까? 그렇게 그것이 졸업이 안 됩니까? 어려운 것임을 압니다. 여러 번 결심과 각오를 한 것도 압니다. 혼의 근본적 변화는 각오와 결단으로 안 됩니다. 오직 말씀뿐입니다. 말씀을 외우고 묵상 하십시오. 그러면 그 딱지 구슬 자연스럽게 버리게 됩니다. 비밀은 속 생명을 자라게 하는 수 밖에 없습니다. 에벌레가 나비가 되면 거름더미에서 살 수 있습니까? 게임이나 오락을 하더라도 하루 한 절씩 말씀을 묵상하고 누리고 선포하십시오. 그러면 서서히 졸업이 될 것입니다.

손자 동현이처럼 세상 문화와 가치를 끊으라고 하면 울고 걱정을 합니까? 당신에게 있어 구슬과 딱지는 무엇입니까? 구슬과 딱지를 가져간다고 하면 막 울고 불안 초조합니까? 아직도 하나님의 말씀을 묵상하는 맛을 모르십니까? 성도님이 가지고 있는 시편 1편은 죽은 문자입니까? 주야로 말씀을 묵상하면 복이 있다고 하는데 어디에서 행복을 찾으려고 하십니까? 시편을 읽으면서도 아직 행복하는 방법을 못 찾으셨습니까? 구약이라고 하나님의 말씀을 불신합니까? 언제 시편 1-2절을 체험해 보시렵니까? "복 있는 사람은 악인들의 꾀를 따르지 아니하며 죄인들의 길에 서지 아니하며 오만한 자들의 자리에 앉지 아니하고 오직 여호와의 율법을 즐거워하여 그의 율법을 주야로 묵상하는도다" 믿으십니까? 천국 가서 그 때 누리렵니까?

좀 유익하게 말해서 육체적인 세계인 '크로노스'가 있고 영적인 세계인 '카이로스'가 있습니다. 땅의 세상이 있고 하늘의 세상이 있습니다. 예수님이 말씀하셨습니다. "너희는 아래에서 났고 나는 위에서 났으며 너희는 이 세상에 속하였고 나는 이 세상에 속하지 아니하였다" 구원 받은 후에도 여전히 이 세상에서 열심히 살지만 이 세상 가치 기준으로 살면 그것이 바로 죄입니다. 아직도 여전히 그것에 메여 살면 죄에 대하여 죽은 것이 아닙니다. 성도는 이제 위에서 난 사람들이라 세상 사람들과 가치기준이 달라졌기 때문에 세상가치 기준을 잣대로 삼지 않고 사는 것입니다. 나는 세상에 대해 죽었습니다. 사도 바울의 고백처럼 그것들을 배설물로 여겨야 합니다. 우리 육신은 '크로노스' 안에 살고 우리 영은 '카이로스' 안에서 삽니다. '크로노스'의 시기와 절기에 빠지거나 혹하지 말고 '카이로스'의 시기와 절기를 누리면서 삽니다.

우리가 그의 죽으심과 합하여 세례를 받음으로
그와 함께 장사되었나니(롬 6: 4)

When we were baptized,
we died and were buried with Christ

　성경적으로 세례가 맞을까요. 침례가 맞을까요. 나는 세례도 받아 보고 침례도 두 번 받아 보았습니다. 침례를 받으면 물 속에 들어갔다가 나오니까 그리고 성경 문자대로 받은 것이므로 기분이 상당히 좋았습니다. 내 육신의 사고체계가 장사된 것으로 믿었지만 생활에서는 얼마 못가 옛 성품이 다시 활기차게 표현되었습니다. 세례나 침례나 일시적인 기쁨이 있었지만 존재 변화의 갈망을 채워주지 못했습니다. 분명히 예수와 함께 죽은 것을 믿고 침례를 받았지만 변화되는 내 모습을 보고 기뻐한 적은 없습니다. 다만 침례를 몇 번 받아도 안 되는 것을 알게 되었습니다. 믿음이 약해서 존재 변화가 일어나지 않은 것일까요?

　사도 바울이 '우리가 그의 죽으심과 합하여 세례를 받음으로 그와 함께 장사되었나니'가 그냥 선언적 선포 만 일까요? 예수님을 구세주로 믿으면서 생활은 믿지 않는 사람들과 별반 차이가 없이 사는 것이 당연한 것일까요? 우리 옛 사람은 십자가에 못 박힌 것이 선언 뿐 인가요? 그냥 차이가 있다면 주일날 예배당에 다닌다는 것이 유일한 차이일까요? 아닙니다. 존재적 침례를 통해 옛사람(롬6: 6)이 죽어 장사되어야 합니다.

침례를 받으려면 물 속에 들어가야 합니다. 성경에서 물은 하나님의 말씀을 상징합니다. 나의 간증적 로마서 설명이다 중요하지만 특별히 지금 이야기는 너무나 중요합니다. 꼭 실천해서 습관이 된다면 옛 사람이 죽어가는 놀라운 체험과 동시에 '영 안에 사는 한 사람'을 발견하게 될 것입니다.

로마서 갈라디아서 히브리서를 날마다 읽으십시오. 다른 성경을 읽어도 좋지만 먼저는 하나님의 의를 발견해야 되고 하나님의 사랑을 깨달아야 합니다. 사랑이 존재를 변화시키기 때문입니다. 하나님의 사랑의 감동 감격만이 진정한 변화를 불러 일으킵니다. 존재 변화의 출발은 하나님의 큰 사랑에 감격하고 감동하는 것에 대한 반응이어야 합니다. 하나님의 큰 사랑을 발견하기 가장 좋은 성경이 로마서 히브리서입니다. 나는 사 복음서를 먼저 읽는 것을 좋아하지 않습니다. 나중에 설명이 나올 것입니다.

로마서 갈라디아서 히브리서를 읽으면서 감동되는 말씀, 특별히 은혜의 말씀 중심으로 기억하면 제일 좋고 기억할 수 없으면 휴대폰 메모장에 기록하든지 메모해서 휴대폰에 붙이든지 해서 하루 종일 묵상을 하십시오. 특별히 잡 생각이 툭 떠오르면 무조건 즉시 말씀을 선포하여 잡 생각(과거의 사건의 생각이나 미래의 염려 걱정들)을 쫓아내십시오. 육신적인 생각을 쫓아내고 영의 생각을 지속하는 것은 생명 성장의 비밀입니다. 기독교 신앙은 겉 모습은 말할 것도 없고 생각에서부터 거룩해지는 훈련을 해야 하는 것입니다.

말씀을 선포하면 잡 생각이 사라집니다.(과학적인 설명은 나중에 할 것입니다) 3개월 이상을 하면 어, 어, 어 하면서 나의 존재가 변화되는 것을 감지하게 될 것입니다. 다른 방법도 있겠으나 나는 이 방법으로 존재적 침례를 경험했고 지금도 매일 합니다. 주님께서 가르쳐 주신 기도문에 '날마다 일용할 양식을 주옵소서'가 있잖아요. 이것이 실천이 안 되면 존재적 변화는 없고 종교인이 되어 변화의 영광에 참여하지 못하게 됩니다. 어릴 때는 젖만 먹습니다. 은혜로운 말씀만 먹고 누리십시오. 은혜로운 말씀이 풍성한 곳은 로마서 5장 히브리서 8, 9, 10장입니다. 나는 로마서 6장 7장은 의의 말씀(히 5: 13)이라고 생각합니다.

나는 성화를 위해 금식도 여러 번 해 보았습니다. 되는 듯 하다가 도로 원상태로 돌아오는 것을 보았습니다. 나는 변화를 위해 혈서도 써 보았습니다. 이삼일은 되는 것 같은데 다시 도로 제자리였습니다. 나는 굳은 결심을 하고 말씀을 써서 배에 붙이고 살아보았습니다. 떼어낼 때 털 때문에 무척 따가웠을 뿐 별로 효과를 보지 못했습니다. 성경 일 년 일독은 기본으로 했습니다. 형식적인 사람이 되어가는 것을 감지했습니다. 성경 암송도 많이 해 보았습니다. 되는 것 같았지만 안 되었습니다. 찬송가를 많이 부르고 가사도 많이 암송해 봤습니다. 성경을 많이 알면 될 것 같아 창세기 1장은 천지창조 2장은 사람창조 3장은 타락 등으로 해서 성경 전체 장 제목 암기는 못했어도 상당히 많은 성경을 해 보았습니다. 지식은 되어서 뿌듯하기는 했지만 존재적 변화는 없었습니다. 이백만원 주고 한 것이 지금 생각해도 너무나 아깝습니다. 소경이 소경을 인도하는 경우가 목사 세계에서도 너무나 많습니다. 위의 내용은 나 개인의 경험일 뿐 아니라 다른 사람의 경우도 될 수도 있을 것입니다. 다만 치열하게 신앙생활을 해 온 한 성도의 간증입니다.

나는 말씀 묵상만이 구속 곧 죄사함(엡 1: 7) 확신과 성령님의 의한 의의 생활(히6: 13)을 이룰 수 있다고 믿습니다. 말씀에 잠기는 것만이 존재적 침례가 이루어질 수 있다고 믿고 가르칩니다. 내가 되었으니까 성도들도 된다고 확신합니다. 먼저는 은혜의 복음을 알고 은혜의 복음의 말씀에 대한 구절들을 묵상하므로 마음에 씨앗을 심고 자라게 하여 구속 곧 죄사함에 의한 거듭남의 확신을 갖는 것입니다. 그 다음은 의의 말씀의 의미를 깨닫고 이해한 후 또한 먹고 누리고 묵상함으로 마음에 생명으로 새겨 의의 생활이 되도록 하는 것입니다. 말씀을 먹고 누리는 것이 참 세례라고 생각합니다. 그렇다고 형식적인 세례의식을 거부하거나 하지 말라는 것은 절대로 아닙니다. 어릴 때는 그런 세례를 통해 생명을 알게 되는 것입니다.

우리의 옛 사람이 예수와 함께 십자가에 못 박힌 것은

죄의 몸이 죽어 다시는 죄에게 종노릇 하지

아니하려 함이니(롬6: 6)

　　　옛 사람이 누구입니까? 에베소서 2장 2절에 기록되어 있는 '세상 풍조를 따르고 공중 권세 잡은 자를 따르는 생활방식을 고수하고 있는 옛 자아'입니다. 갈라디아서 1장 3절에 의하면 '이 악한 세대에 속하여 땅의 가치와 이념을 최고로 여기며 즐기며 사는 옛 자아'입니다.

　로마서 6장 6절에 나오는 '죄의 몸' 또는 '죄에서 종노릇하다'에서 죄의 개념은 율법적인 개념을 포함하여 '세상 풍조를 따르고 공중 권세 잡은 자를 따르는 나의 옛 사람 자아'라는 것을 깊이 새겨놓기를 바랍니다. 옛 자아는 어떤 존재입니까?

　예수님께서 그분이 자라나신 곳 나사렛 회당에서 무엇을 말씀하셨나요. "가난한 자에게 복음을 전하게 하시려고 내게 기름을 부으시고 나를 보내사 포로 된 자에게 자유를, 눈 먼 자에게 다시 보게 함을 전파하며 눌린 자를 자유롭게 하려고"(눅4: 18) 오셨습니다.

옛 자아의 실상은 바로 가난한 자입니다. 원어 '프토코스'는 '가난한' 번역보다는 '비참한'이 더 낫습니다. 영이 죽었고 지옥에 갈 운명에 처했으니 '비참한 존재'임에 틀림이 없습니다. 이것이 믿어지고 동의가 되는 사람은 복음을 받을 준비가 된 사람입니다. 물질적 가난은 '페네스'입니다. 가난한 자는 어둠의 세력 즉 사탄에게 포로된 자요 눌린 자입니다. 생명을 보지 못하는 눈 먼 자입니다.

가위눌림(눌린 자)을 당해보셨나요. 얼마나 고통스러운지 아실 것입니다. 그 가위눌림이나 죄에게 종노릇하는 것이나 동일한 고통입니다. 하나님은 죄에게 종노릇하는 것을 비참히(가난히) 여기사 그분의 아들 예수님을 보내서 우리를 죄에서(사탄에서) 해방시킨 것입니다.

죄에게 종노릇하지 않으려면 어떻게 해야 할까요. 옛 사람을 십자가에 못 박혀 죽게 하면 됩니다. 옛 사람은 죄에게 종노릇하는 자이기 때문에 예수님의 십자가 죽음을 나의 죽음으로 믿는 것입니다. 나의 옛 사람이 안 죽으면 이 세상에서 종노릇하다가 다음 세상에서 영원히 종노릇 하며 고통 속에서 살게 됩니다.

눈을 떠서 영의 세계를 보아야 합니다. 영의 세계를 보지 못했다면 저처럼 성경 말씀을 그대로 믿고 순종하면 됩니다. 영의 세계가 있다는 것을 확실히 알게 되면 죄에서 종노릇하는 것이 얼마나 비참하며 곤고한 생활방식인지 알게 될 것입니다. 우리는 예수님을 구주로 믿습니다. 죽음에서 부활하셨기 때문입니다. 다시 나사로처럼 다시 죽었습니까? 아니지 않습니까? 그분은 문이 잠겨 있어도 들어오셨고 그분이 승천하실 때 제자들이 자세히 하늘을 쳐다보았다고 하지 않습니까? 영의 세계는 더 깊이 자세히 알 수는 없습니다. 육신의 눈으로는 본 적이 없기 때문입니다. 영안이 열려 본 사람도 상당수 있으나 나는 본 적이 없습니다.

사도바울도 간증하지 않습니까? "셋째 하늘에 이끌려 간 자라 (그가 몸 안에 있었는지 몸 밖에 있었는지 나는 모르거니와 하나님은 아시느니라) 내가 이런 사람을 아노니 (그가 몸 안에 있었는지 몸 밖에 있었는지 나는 모르거니와 하나님은 아시느니라) 그가 낙원으로 이끌려 가서 말로 표현할 수 없는 말을 들었으니 사람이 가히 이르지 못할 말이로다"(고후12: 2-4) 우리가 앞으로 가야 할 곳은 사람의 말로 가히 이르지 못할 그곳으로 갑니다. 흥분이 됩니다. 비록 이 세상에서 예수님의 이름 때문에 고난을 당한다 하더라도 그 고난이 큰 상급이 된다는 것을 믿는다면 정말로 고난이 축복입니다.

사도요한도 증언하지 않습니까? "이 일 후에 내가 보니 하늘에 열린 문이 있는데 내가 들은 바 처음에 내게 말하던 나팔 소리 같은 그 음성이 이르되 이리로 올라오라." 하지 않았습니까? 우리는 육신의 몸의 벗는 날 올라 갈 곳이 있으니 얼마나 좋습니까? 죽음을 두려워하지 않고 죽음을 사모하는 자들이 누구입니까?

예수님을 구주로 믿는다고 하면서 땅의 가치만을 중요시 여기면서 사는 것은 죄의 종으로 사는 것임을 알아야 합니다. 비록 이 세상에서 열심히 총명하게 살지만 마음의 중심은 항상 영의 세계의 가치 중심으로 사는 것이 죄의 종에서 해방되는 것입니다. 죄는 이 세상만이 전부라고 하는 사탄의 사상의 핵심입니다. 이 세상의 가치와 이념이 최고라는 어둠 권세의 종에서 벗어나 영적 세계가 있고 이 세상에 살 때는 땅의 가치와 사상에 빠지지 말고 속 사람의 가치와 사상 중심으로 말하고 행동하며 살 때 진정한 죄의 종에서 해방되는 것입니다.

우리는 왜 의의 길을 달려가야 할까요. 우리는 믿음생활을 왜 열심히 해야 할까요. 우리는 왜 옛 사람을 예수와 함께 십자가에 못 박히게 해야 할까요. 죄에게 종노릇하지 않기 위해서입니다. 종노릇은 자유가 없어 힘들고 괴롭고 고통스럽습니다. 우리 주님은 우리를 자유하게 하시려고 오셨습니다. 왜 자유하게 하려고 오셨나요. 죄에게 종노릇하는 자들을 긍휼히 여기셨기 때문입니다. 하나님의 아들이 되어 영광스럽게 살게 하려고 오셨습니다. 죄의 종이 되지 말고 의의 종이 됩시다.

너희 자신을 죄에 대하여 죽은 자로 여길지어다 (롬6:11)

나는 로마서 6, 7장을 의의 말씀(히5: 13)의 보고(寶庫)라고 생각합니다. 죄의 본성을 가지고 태어난 우리는 죄와 법이라는 틀 속에서 자라와서 깨어있지 않으면 자연스럽게 죄와 법이 나옵니다. 의의 생활을 하려면 죄를 짓지 말고 법에서 해방되어 생명이 표현되어야 합니다. 그 자연스러운 죄와 법의 세계를 이기려면 죄와 법의 세계를 이긴 바울의 경험적인 말씀을 먹고 누려야만 됩니다.

그런데 대다수 믿는 이들이 나 중심 사고의 생각으로 말하기 때문에 변명과 핑계의 사고 패러다임에 머물러 있어서 의의 존재가 되지 못합니다. 그리고 나 중심사고에서 생각하고 판단하는 것이 고착화되어 있어서 죄를 죄로 모르기 때문에 의의 실존이 되지 못하는 것입니다. 나 중심 사고가 곧 죄와 법의 세계입니다.

또한 하늘 양식을 매일 먹어 속 사람이 자라게 해야 하는데 속 사람의 양식인 만나를 먹다 말다 반복하기 때문에 속 사람이 약해서 겉 사람에게 매번 지는 것이 습성이 되어 있기 때문입니다. 그리고 그런 상태가 지극히 정상적인 신앙인의 상태라고 여기며 자기 합리화하고 안주하기 때문입니다. '뭐 다른 사람들도 다 그런데', 혹은 '죄 짓고 사는 것이 정상이잖아' 하면서 변명과 자기 합리화를 하기 때문입니다.

'죽은'의 원어 '네크로스'는 '네퀴스'라는 시체를 의미하는 단어에서 파생된 단어입니다. 우리 주님이 왜 십자가에서 고난을 받으면서 돌아가셨나요. 우리의 죄 때문입니다. 죄는 시체와 같은 것으로 아무런 의미도 없고 가치도 없는 것입니다. 이제 죄는 시체로 여겨 부정한 것으로 알아 멀리 해야 합니다. 죄가 다 용서된 것은 사실이지만 죄를 가볍게 여기거나 습관적으로 짓는 사람은 의의 말씀을 아직 맛보지 않은 성도입니다.

'여길지어다'의 원어 '로기조마이'는 '목록을 작성하다', '계산하다' 라는 의미입니다. 죄는 도대체 믿는 우리에게 어떤 의미가 있는지 목록을 작성해 봅시다. 어떤 가치가 있는지 계산해 봅시다. 죄는 나를 비참한 존재로 만들고 어둠 속으로 들어가게 하며 하나님과의 교통이 끊어지게 하는 것 밖에 더 계산되지 않습니다. 구원 받은 후 죄의 긍정적인 목록이 무엇이 있습니까? 단 하나도 없습니다. 그러나 구원 받은 후에도 내 존재가 죄성이 충만한 존재임을 잊어서는 안 됩니다. 죄성을 벗어가는 것이 곧 성화되어 가는 것입니다. 이 책을 다 읽으면 분명한 정리가 되어 애벌레에서 나비가 되어 있게 될 것입니다.

요한복음 1장 29절 "보라 세상 죄를 지고 가는 하나님의 어린 양이로다" 히브리서 9장 12절 "염소와 송아지의 피로 하지 아니하고 오직 자기의 피로 영원한 속죄를 이루사 단번에 성소에 들어가셨느니라" 히브리서 10장 14절 "그가 거룩하게 된 자들을 한 번의 제사로 영원히 온전하게 하셨느니라" 이 세 구절은 그 의미를 반드시 깨우치고 마음판에 새겨 놓아야 합니다. 이 세 구절에서 속량 곧 죄사함(엡 1: 7)의 의미를 알고 영원한 속죄(히10: 14)의 의미에 감동하거나 감격한 후에 믿음생활에 새롭게 첫 발을 내딛기를 바랍니다.

그리고 요한 일서 1장 9절 "만일 우리가 우리 죄를 자백하면 그는 미쁘시고 의로우사 우리 죄를 사하시며 우리를 모든 불의에서 깨끗하게 하실 것이요" 요한 일서 2장 1절 "나의 자녀들아 내가 이것을 너희에게 씀은 너희로 죄를 범하지 않게 하려 함이라 만일 누가 죄를 범하여도 아버지 앞에서 우리에게 대언자가 있으니 곧 의로우신 예수 그리스도시라" 는 말씀을 통해 죄를 지을 때마다 혹은 죄들이라고 인정될 때 위 두 말씀을 믿고 자기 정죄 속에 빠지지 말고 툭툭 털고 나오기를 바랍니다. 우리 주님은 모든 죄를 다 용서해 주셨습니다.

어떤 일을 하다가 범죄라고 생각이 들면 즉시 요한일서 1장 9절이나 2장 1절을 믿음으로 선포한 후 해방을 받고 다시 영의 생각과 행동을 하기를 바랍니다. 특별히 습관적인 죄들은 멀리해야 합니다. 습관적인 죄는 조에의 생명을 놓쳐 큰 고생을 할 수도 있습니다. 우리 마음 안에 죄성이 있음을 항상 생각하여 근신하여 깨어 있기를 바랍니다. 근신하여 깨어 있는 방법 중에 하나는 말씀을 순간 순간 읊조리는 것임을 잊지 말기를 바랍니다.

죄가 너희 죽을 몸을 지배하지 못하게 하여
몸의 사욕에 순종하지 말라(롬 6: 12)

롬6장 12절에서 죄의 개념은 십계명을 범하는 죄도 포함되지만 세밀하게 관찰하면 모세오경에 나오는 범죄와 유형이 다른 죄입니다. 이는 타인의 유익을 생각하지 않고 나만 배부르고 편안하고 유익하고 명예만 얻으려는 생각과 말과 행위들의 죄를 표현하는 것입니다. 쉽게 말하면 첫 사람의 생각의 틀에 매여 땅의 가치만을 주장하고 자기의 의만 의미 있게 여기는 것들입니다.

예수님을 믿으면 그것도 요한 복음 1장 29절, 히브리서 9장 12절, 10장 14절을 통해 그 의미를 깨닫고 믿으면 영의 구원은 분명하게 받은 것입니다. 그런데 그 구원은 죽었던 영이 다시 사는 구속의 구원일 뿐입니다. 이 구원은 하나님이 인정하시는 하나님의 의의 구원이지만 생명의 출생에 불과합니다. 내가 그 때 진정으로 예수님의 십자가의 죽음을 깨닫고 진실하게 고백하고 믿었다면 악한 세상에 살면서 환난이 연속으로 다가오면 혹시 '나 예수 안 믿을래, 믿어봤자 고난만 있지 별로 좋은 일이 안 생겨'라고 할지라도 구원(생명)이 취소가 되는 것은 아닙니다. 성령

140

님에 의해 다시 살아난 영이 다시 죽을 수가 없습니다. 영이 그렇게 살았다 죽었다 반복하는 허약한 존재입니까? 아닙니다. 다만 정말 나의 죽었던 영이 정말 예수님을 주로 믿고 성령님이 임했느냐가 문제입니다. 어릴 적에 예수님을 믿다가 중간에 타락해 살다가 나중에 다시 예수님을 믿고 교회생활을 하는 것을 보면 예수님을 진실하게 믿었었다면 하나님은 때가 되어 다시 불러 구원을 확인시키고 교회생활을 하다가 영혼을 불러 가시는 것을 간증을 통해 많이 듣고 확인할 수 있습니다. 나는 신실하지 않지만 하나님은 신실하신 분이기 때문입니다.

그러나 요한 복음 1장 29절, 히브리서 9장 12절, 10장 14절을 모를 뿐만 아니라 마음에 하나님의 말씀이 단 한 구절도 기억되어 있지 않다면 교회를 다닌다고 해도 구원을 아직 안 받았을 가능성이 있습니다. 누군가가 주님의 이름만 부르면 구원을 얻는다고 하여 성경에서 말하는 구원의 의미도 제대로 모르는 상태에서 부르고 믿었다면 그 사람의 구속의 구원은 가짜일 수도 있습니다.

그런데 요한 복음 1장 29절, 히브리서 9장 12절, 10장 14절을 몰라도 죽으면 지옥가는 것이 무섭고 예수 믿으면 천국 간다고 하길래 진실하게 믿었다면 영의 구원은 받은 것입니다. 어린 상태에서는 구원의 확실성을 본인이나 타인이 분명히 알 수는 없습니다. 그러나 좀 시간이 지나 열매를 보면 그 나무를 알듯이 그 사람의 말투와 행위와 가치관을 살펴보면 짐작 할 수는 있습니다.

믿는 이가 된 이후에 '몸의 사욕에 순종하면서 내 배를 채우기 위해 열심히 산다면 그 사람은 자가진단을 진지하게 해 볼 필요가 있습니다. 내가 정말로 거듭났는지, 위로부터 난 영원한 생명이 있는지 마음 속을 살펴볼 필요가 있습니다. 왜냐구요. 구원은 영생의 문제이기 때문에 이것보다 중요한 것이 없기 때문입니다. '몸의 사욕'의 죄는 구원 받은 자의 모습인지 아닌지 판별해 줍니다. 구원을 받았다고 하면서 '몸의 지배'를 즐겨 허용한다면 그 사람이 말하는 구원은 교리의 구원이지 믿음의 의한 영의 구원은 아닐 수도 있습니다. 영이 다시 살아난 사람은 즉 <u>구원의 받은 사람은 '몸의 사욕'에 일시적으로 순종을 할 수는 있어도 습관적으로 순종하지 않습니다. 왜냐하면 '몸의 사욕'에 순종하면 더 괴롭기 때문입니다.</u>

그리고 더 중요한 진리(교리, 기독교 윤리)가 하나 있습니다. 바울의 고백대로 참된 성도는 날마다 죽습니다. 죄성이 나를 괴롭히기 때문입니다. '몸의 사욕'의 죄가 있을 때 낙심하지 말고 영 안으로 들어가지 않았다는 표시로 알아 즉시 자백하고 생명의 성령의 법 안으로 들어가기를 바랍니다. 이 부분은 차차 더 설명할 것입니다. 이 책을 다 읽으면 해결책이 보여 주 안에서 자유함을 누릴 것입니다.

029

죄가 너희를 주장하지 못하리니

(롬6: 14)

Sin shall not have dominion over you(NASB)
Sin shall not be your master (NIV)
Sin shall not have dominion over you (KJV)

　사도 바울은 어떻게 하든지 복음이 생활(생명)이 되도록 설명하려고 노력하고 있습니다. 그 간절한 마음이 느껴지지 않습니까? '몸의 사욕의 죄' 때문에 고민하는 성도들에게 죄에서 자유함을 주기 위해 '죄가 너희를 주장하지 못한다'라고 선언하면서 위로해 주고 있습니다. 이 말씀이 위로가 되고 감격이 되고 감동이 됩니다. 스스로 자위하는 것이 아니라 역사적 사실로 예수님이 십자가 상에서 죄의 원수인 사탄의 요구를 다 이루시고 죽고 부활하사 승리하셨기 때문입니다. 전에는 죄가 내 속에서 왕노릇하였지만 이제는 성령님이 내 마음 안에 들어오셔서 내 영을 살리시고 주인이 되셨기 때문에 정말로 죄가 주장하지 못합니다.

　'죄가 너희를 주장하지 못하리니' 말씀은 사탄을 향하여 죄를 향하여 내가 당당하게 선포할 수 있는 말씀입니다. 이 말씀은 내가 자주 하늘 양식으로 먹는 말씀 중에 하나입니다. 내가 먹고 누리고 자랑하는 하늘 양식이 제일 많은 곳이 로마서입니다. 그 중에서 5장 6장 7장 8장에 제일 많습니다. 전에는 로마서 6장 7장이 단단한 음식 즉 의의 말씀이라 먹고는 싶었지만 먹을 수 없었습니다. 읽었지만 마음에 감동이 되거나 존재의 양식이 되지 않았습니다. 그러나 이제는 로마서가 고급 레스토랑처럼 여겨집니다. 로마서는 먹을 음식이 너무나 많습니다. 특별히 5장 6장 7장 8장의 각 절마다 생명수가 넘쳐 흐릅니다. 평생 먹어도 부족함이 없을 것입니다. 나의 소원 중에 하나는 로마서 전체를 암송하면서 먹고 누리는 것입니다. 이제는 로마서를 읽을 때마다 나를 기쁘게 하고 자유롭게 하고 감사가 넘치게 하고 풍성한 생활로 인도합니다.

왜 죄가 우리를 주장하지 못할까요? 죄를 이기고 부활해서 이제는 보혜사 성령으로 내 안에 들어와 죄를 이기신 분이 있기 때문입니다. 아직 내가 그분께 양보하고 주인이 되도록 양보하는 법을 몰라 아직 '몸의 사욕의 죄'에 종노릇할 때가 많아 고통스럽지만 믿음의 눈으로 바라보면 그 죄는 없어진 것이어서 점점 이기면서 나아갑니다.(히9: 26)

이제는 죄의 권능이 나를 고통스럽게 하는 것이 아니라 죄를 지으면 그리스도로 향하게 되고 그리스도 예수 안으로 들어가도록 하기 때문에 죄가 나를 주장해서 사망으로 이끌어 가지 못합니다. 어릴 적에는 죄를 지으면 죄를 끌어 안고 죄 속에서 나를 책망하고 비난하며 살았지만 이제는 죄를 지으면 '아! 내가 의인인데 죄인이 되었구나' 하고 바로 회개를 합니다. 그리고 '그래서 예수님의 피가 필요하지, 영원한 효능있는 피로

144

감사합니다' 하고 죄의 종에서 해방되어 나옵니다. 율법 안에 있지 않고 은혜 안에 있기 때문입니다.

전에는 죄를 지으면 죄의 종으로 자책하며 괴로워하였지만 이제는 죄를 지으면 '아! 내가 조에의 생명 밖으로 나왔구나 빨리 진리 안으로 들어가야지' 하고 찬양을 합니다. 놀랍지 않습니까? 똑 같은 죄에 대하여 반응이 전혀 달라진 것입니다. 죄가 많은 곳에 은혜가 넘치는 것입니다.(롬5: 20) 그래서 사도 바울은 당당하게 '죄가 주관하지 못한다' 라고 선포한 것입니다. 전에는 죄가 주관하여 나를 사망에 넣었지만 이제는 성령님이 주관해서 나를 사망에서 생명으로 유월시켜 줍니다. 전에는 세상의 재미에 빠져 지냈지만 이제는 세상의 쾌락과 재미는 시간낭비요 에너지만 소진한다는 것을 알기 때문에 안 하게 됩니다.

'죄가 너희를 주장하지 못하리니'가 이제 감동이 되고 감격이 되지 않습니까? 내가 그동안 몰라서, 어려서, 연약해서 죄가 나를 주장하도록 내버려 두고 그 안에 들어가 고통스러워하며 살았지만 이제 우리 주님의 부활의 능력이 그리고 선물로 주신 성령님으로 인해 또한 사도들의 가르침으로 인한 말씀이 나로 하여금 죄가 주장하지 못하도록 만들어 가시니 감사가 나올 수 밖에 없습니다.

030

죄의 종으로 사망에 이르고 혹은
순종의 종으로 의에 이르느니라(롬6: 16)

　　말씀을 잘 배우고 잘 깨우쳐야 합니다. 그렇지 않으면 특이한 교리 주장에 빠져 영혼을 파멸시킬 수 있습니다. 특별히 성경 말씀을 한 구절 한 구절 뚝 떼어서 자기들이 주장하는 근거로 삼을 때 전혀 근거가 되는 말씀이 아닌데 그 말씀으로 이상한 교리를 만들어서 죄의 종으로 삼을 수 있음을 알아야 합니다. 문장 이해는 문맥에 따라 바르게 이해해야지 한 문장만을 가지고 주장을 펼치면 그럴 듯 하나 전부 자기의 종이나 자유를 빼앗아 교리 안에 가두어 영의 인도하심을 받는 것을 전혀 모르게 할 수 있습니다.

　　특히 이단들은 전부 그렇게 합니다. 한 가지 예를 들면 계시록은 144000은 대 환난 때 유대인의 구원 받는 수 입니다. 우리 이방인은 계시록 7장 9절에 나오는 "각 나라와 족속과 백성과 방언에서 아무도 능히 셀 수 없는 큰 무리"에 속합니다. 구원 받은 자의 수가 셀 수 없을 만큼 많습니다. 이단들은 한 구절 '인침 받은 자의 수'(계7: 4) 144000명을 강조하기 위하여 '지금은 대 환난시기가 가까이 왔다', '우리는 이기는 자가 되어야 한다.' '우리는 영적 이스라엘이기 때문에 144000 안에 들어가야 한다' 혹은 '지파를 나눈 곳은 우리 밖에 없지 않느냐'고 하는 황당한 근거를 가지고 현혹합니다.

영의 세계에 대한 믿음이 약한 자, 하나님의 의에 의한 구원의 확신이 부족한 자, 내가 무언가 되려고 욕심을 부리는 자, 독서를 거의 하지 않아 일반적인 상식도 없는 자, 인터넷으로 찬티와 반티를 확인도 안 해 보는 자, 가치관 사상이 정립되지 않고 한 번도 성경전체를 읽어보지 않은 청년들(대학생) 등은 그들의 주장에 넘어가 죽도록 고생을 합니다. 성경 말씀을 근거로 무엇을 설명한다고 해서 다 맞는 것은 아닙니다. 그들의 주장에는 아주 조금 맞는 것이 있고 95% 이상은 틀린 것입니다. 그리고 어느 공동체든지 우리 안에 들어와야만 144000이 된다고 강조하면 무조건 사기로 알면 됩니다. 주님의 제자를 만들려고 하지 않고 자기들의 제자를 만들려고 하는 자들은 경계해야 합니다.

또한 '죄의 종으로 사망에 이르고 혹은 순종의 종으로 의에 이른다' 는 말씀도 이 한 구절만 뚝 떼어서 보면 죄의 종으로 살면 사망에 이르고 순종을 잘하면 의에 이르므로 죄를 짓지 말고 순종을 잘해야 된다고 주장할 수 있습니다. 그러면서 자기 단체의 지도자에게 순종을 강요하는 것을 볼 수 있습니다. 아닙니다.

지금 바울 사도는 구원 이후 성화 즉 의의 생활을 이야기 하는 것입니다. 구원하고는 상관이 없는 말씀입니다. 즉 내가 죄를 짓고 '아이구, 나는 죄의 종이네' 하면서 좌절하고 낙심하는 것이 사망이라는 것입니다.

육체적 죽음이나 지옥하고는 상관이 없는 개념입니다. 그러나 '이 놈의 죄성 때문에 내가 죄를 지었지만 하나님께 감사하리로다 우리 주 예수 그리스도로 말미암아 의에 이르렀으니 죄에서 해방 받고 생명 안으로 들어가는 것이 의에 이르는 것' 입니다. 즉 장성한 자(히 5: 14) 가 되었는지 못 되었는지를 말하는 것입니다. 구원의 의를 말하는 것이 아닙니다. 생명의 의, 존재의 의, 의의 생활을 말하는 것입니다. <u>구원의 의와 생명의 의(존재의 의, 의의 생활)를 구별해서 이해해야 로마서가 보이고 더 나아가 하나님의 복음을 명확하게 알 수 있습니다.</u>

내가 왜 로마서를 그렇게 강조하는지 아십니까? 1장에서 4장까지 로마서를 통해 복음이 무엇인지 알고, 5장에서 하나님의 의를 깨달은 후에 6장의 죄를 통과하고 7장의 법을 통과하는 법을 깨우쳐야 로마서 8장에 이르러 하나님의 자녀의 영광의 자유에 이를 수 있습니다. 로마서 6장 7장을 제대로 통과하지 않고 8장으로 가면 의의 종된 생활이 되다 말다 되다 말다 하면서 '오호라 나는 곤고한 사람'에 머물게 되기 때문입니다.

순종의 종으로 의에 이르는 것은 말씀과 성령님께 순종하는 것입니다. 말씀과 성령을 따라 살면 자동적으로 의에 이르게 됩니다.

너희가 죄로부터 해방되어
의에게 종이 되었느니라 (롬6: 18)

You have been set free from sin and have become slaves to righteousness.(NIV)

having been freed from sin, you became slaves of righteousness(NASB)

패러다임(paradigm)이란 존재의 틀, 사고의 틀, 생각의 틀, 언어의 틀을 말합니다. 예수님을 믿는 것에서부터 장성한 자에 이르는 단계를 보면 몇 번의 패러다임이 전환됩니다. 고전 13장 11절에 "내가 어렸을 때에는 말하는 것이 어린 아이와 같고 깨닫는 것이 어린 아이와 같고 생각하는 것이 어린 아이와 같다가 장성한 사람이 되어서는 어린 아이의 일을 버렸노라" 말씀과 같습니다. 히브리서 5장 12절에는 "때가 오래 되었으므로 너희가 마땅히 선생이 되었을 터인데" 라고 말씀하면서 히브리기자는 안타까워하는 것을 볼 수 있습니다. 선생이 되려면 장성해야 하고 장성하려면 몇 번의 패러다임의 전환이 있어야 합니다.

매미로 예를 들어볼까요? 나무껍질 속에 알로 있다가 1년이 되면 유충이 됩니다. 유충이 되면 땅 속으로 들어가 5-7년 굼벵이로 삽니다. 거기서도 4차례나 변태를 한다고 합니다. 그렇게 긴 세월을 지내다가 땅 속에서 나와 나무에 올라가 우화를 합니다. 우화를 해서 20일 정도 살다가 짝짓기 하고 알을 낳고 생을 마감합니다.

우리 믿는 이들도 몇 번의 변태를 합니다. 누구든지 처음에는 예수를 믿는다고 하지만 로마서 6장에 나오는 땅의 가치를 의미하는 죄 속에 삽니다. 평생 을 예수님을 믿었다고 하면서도 땅의 가치의 중심의 하나인 돈에 매여 사는 성도들이 의외로 많습니다. 변화되어야 합니다. 돈, 돈, 돈 세상에서 편안하고 자유를 주고 휴식을 주지만 생명의 누림을 빼앗을 수도 있습니다. 배금주의에서 빼져 나와야 합니다. 돈 모으는 재미에서 빠져 나와야 합니다. 또한 직급 올라가는 마력에서도 빠져 나와야 합니다. 날마다 기뻐하고 즐겁게 일하도록 하십시오. 때가 되면 하나님이 올려 주십니다. 우리의 생각의 중심의 가치는 영생을 누리며 하나님의 생명의 표현하는 것이어야 합니다. 그러면 은혜가 풍성한 하나님은 모든 것을 더하여 주십니다.

거기서 나오면 7장에 율법과 같은 자기가 만든 법이나 종교적인 법에 의해 삽니다. 정말로 많은 사람들이 여기에 머물며 여기가 좋사오니 하면서 삽니다. 왜 법대로 하지 않느냐고 목청을 높이고 왜 원칙을 벗어나느냐고 삿대질을 합니다. 심지어 세상의 법에 고소도 합니다. 법은 나를 보호하고 지키라고 있는 것입니다. 타인을 판단하고 정죄하라고 있는 것이 아닙니다. 법을 적법하게 사용해야만 선한 것이 되는 것(딤전1; 8)입니다. '판단 정죄의 언어에서 졸업해야 하나님의 자녀의 향기가 납니다' 라고 말하면 도무지 무슨 말인지 몰라 의아해합니다. 법을 가지고 타인을 판단하고 정죄한다면 율법을 적법하게 사용하는 것이 아닙니다.

물론 세상 정의를 위해 싸우는 자에게도 박수를 보내야 합니다. 그러나 지혜롭고 현명하게 해야 합니다. 영생을 잃을 정도로 정의를 위해 투쟁하면 안 됩니다. 부정과 부패가 심하면 좋은 물이 있는 곳으로 가는 것이 좋습니다. 어차피 세상은 사탄의 지배하에 있습니다. 교회공동체라는 거룩한 이름하에서도 죄의 종노릇하는 인도자와 단체가 많습니다. '바벨론에서 나오는 것이 제일 좋습니다' 나의 몫을 찾으려고 요구하다가 영생을 놓칠 수가 있습니다. 권리! 권리! 찾고 주장하는 것 중요하지만 거기에 빠지면 안 됩니다. 모든 것을 적당하게 하라고 권면한 사도 바울의 말씀에 순종하시기를 바랍니다.

나는 교회 공동체에서 헌금하는데 제일 앞장 섰습니다. 구원파 교회에서는 있는 헌금을 몽땅 다 낸 적도 있고 지방교회에서는 삼천만원 이상을 내고 예배당을 짓는데 앞장 섰습니다. 그러나 깨끗이 버리고 나왔습니다. 아주 간혹 '아이구! 아깝다 내 돈, 내가 왜 그리 어리석었던 고' 하다가 그 정도 열심이 있었으니까 여기까지 올 수 있었지 그리고 하나님이 지금까지 인도하신 하나님의 섭리를 인정하고 모든 것이 합력하여 선에 이루어지는 것임을 고백하고 평강 안으로 다시 들어갑니다.

세상정의와 권리와 돈에서 탈피하여 8장에 가면 성령님의 인도하심을 받으며 사는 성숙한 믿는 이가 됩니다. 어떤 성도는 평생 로마서 6장에 사는 사람들도 있고 좀 나은 믿는 이는 로마서 7장에서 법으로 삽니다. 8

장으로 들어가는 문은 좁은 문이라 겸손하면서 영생을 진정으로 사랑하는 자들 즉 말씀을 사랑하는 자들만 들어가서 생명의 성령의 법안에서 의의 생활을 하며 삽니다.

왜 유대인 바리새인들이 예수님이 살아 계실 적에 왜 믿지 않았습니까? 패러다임이 바뀌지 않아서 입니다. 예를 들면 십계명 중에 하나인 '안식일을 거룩히 지키라'는 계명을 오해해서 거룩히 지키려고 많은 작은 계명들을 만들어 자기들을 의를 이루려고 법 속으로 집어 넣었습니다. 그리고 만든 법으로 타인들을 정죄하고 판단하고 비판하였습니다. 율법을 적법하게 사용한 것이 아닙니다.(딤전 1: 8)

'안식일을 거룩히 지키라'라는 말씀에 그냥 안식일 날 하나님을 기억하고 경륜의 뜻을 새기고 선택 백성임을 감사하고 그리고 하나님이 기름 부은 선지자나 랍비들을 통해 메시야가 언제 어떻게 오시고 어떤 사역을 하실런지를 배우면서는 날로 이해하고 하나님의 위대하심을 찬송하며 살면 될 것을 하나님이 말씀하시지도 않은 법령들을 100여개의 가까운 조항을 만들어 지키려고 했습니다.

그래서 메시야 예수님이 오셔서 진리를 바르게 가르쳐 주어도 받아들이지 않고 자기들의 거룩한 노력을 알아주지 않고 율법을 의롭게 지키는 그들에게 '죄인을 부르러 왔다'. '너희는 외식하는 자들이다'. '너희들은 의롭지 않다' 라고 말씀하시면 정말 그런가 하고 귀담아 들어야 하는데 '뭔 소리야 내가 안식일을 거룩하게 지키려고 많은 계명을 만들어서 지키고 있는데' 하면서 오만해서 듣지 않았습니다. "자기들은 스스로 의롭다고 믿고"(눅18: 9)있는데 예수님은 '너희들은 의로운 것이 아니고 외식 하는 것이고 죄인이다'고 가르쳐 주어도 수용하기는 커녕 '갈릴리 나사 렛 촌 동네 출신이 뭐 안다고 그러느냐'고 하면서 도리어 죽이려고 했고 실제로 죽였습니다.

율법은 죄를 깨달으라고 준 것인데 이스라엘 사람들은 율법을 통하여 의를 이루려고(롬9: 30) 했습니다. 패러다임이 바뀐다는 것은 굉장히 어 렵습니다. 신약을 사는 성도들도 성화가 왜 그렇게 어려운지 아십니까? 율법은 죄를 깨닫게 해서 영안으로 들어가게해서 은혜로 살게 한다고 가 르쳐 주어도 고집을 피우고 율법으로 성화 즉 거룩함에 이르려고 분투를 하니 답답하기가 그지 없습니다. 어떻게 율법을 떠나서 거룩함이 이루어 지느냐고 더 큰소리를 칩니다. 그래서 성경 곳곳에 '고집을 피우지 말라' 고 명령하고 있습니다. 율법을 대하는데 있어서 패러다임을 바꿔야 합니 다. 율법(말씀)에는 은혜의 말씀도 있고 의의 말씀도 있고 생명을 성장시 키지 위해 반드시 지켜야 할 말씀이 있고 나와 상관이 없는 말씀도 있는 것입니다. 성경말씀이라고 해서 다 지켜야 한다는 가르침은 믿음은 잘못 된 믿음이요 잘못된 가르침입니다.

율법 구원론자들은 심지어 성화 즉 거룩함의 문제는 제껴두고 구원론 에 있어서도 구원은 하나님의 선물로 은혜로 거저 받는 것이다 가르쳐주 어도 '그런가' 하고 '어떻게 하면 알 수 있지요' 라고 하면서 겸손하게 묻 기 보다는 '에이 그것은 말도 안 돼! 자기가 구원받았다고 확신하는 사람 은, 확신이 아니라 큰 착각과 교만에 빠진 것이다' 라고 도리어 면박을 줍니다. 구원은 자기의 노력으로 가야 합리적이지 공짜로 간다는 것은 사기이며 어불성설이라고 도리어 주장합니다. '로마서 5장을 보시요?' 라고 하면 로마서는 로마서도 야고보서도 모르느냐고 하면서 행위로 그 열매를 보여야 한다고 주장합니다. 제발 고집을 피우지 맙시다. 나의 더러운 의를 내세우지 맙시다. 구원문제도 패러다임이 바뀌지 않는데 어떻게 성화 즉 거룩함의 패러다임이 바뀔 수 있겠습니까?

율법에 대하여 정리합니다. 율법은 선하고 의로운 것입니다. 그래서 율법의 보호를 받고 율법 안에서 안전하게 사는 성도가 지혜자입니다. 그러나 율법이 생명을 보호하고 안전하게 지켜 주는 기능이 있다고 해서 의롭게 되는 것은 아닙니다. 그리고 율법은 '내가 죄인이구나'하고 깨닫게 해 주는 기능이 중요한 기능입니다. 율법을 사용할 때는 나에게는 계명으로 엄격하게 타인에게는 사랑으로 사용해야지 타인을 정죄나 판단 그리고 비판용으로 사용한다면 적법하게 사용하는 것이 아닙니다.

6장이 다음 한편만 더 쓰면 끝납니다. 여기에서는 두 가지 패러다임이 바뀌어야 합니다. 하나는 죄론에 있어서 죄를 지으면 괴로워하고 고통할 것이 아니라 내가 죄인으로 태어난 존재라 이렇게 죄를 쏟아내는 사람인데 구원을 받았으니 감사하고 주님의 십자가의 대속 사역을 찬양하고 죄에서 해방을 받아야 합니다. 이것은 놀라운 패러다임의 전환입니다.

또 하나는 죄로부터 해방되어 의에게 종이 되어야 합니다. 예수님을 오래 믿고 잘 믿는다 하더라도 우리에게는 죄성이 있어서 죄에서 온전히 해방을 받을 수 없습니다. 죄를 안 짓고 살 수는 없습니다. 그런데 사도 바울은 우리가 죄로부터 해방(set free) 되었다고 합니다. set free는 어딘가에 묶인대서 풀려나는 것입니다. 그렇다면 이 죄는 율법적인 죄를 포함하여 뭔가 다른 것이 포함되었음을 짐작할 수 있습니다. 즉 크로노스의 가치와 사상에 대하여 죽고 해방을 받아야 합니다.

6장에 나오는 죄의 개념은 6절에 나오는 '옛 사람'과 관련이 있음을 알 수 있습니다. 에베소서 2장 2절에 나오는 '이 세상 풍속을 좇고 공중의 권세 잡은 자 즉 불순종의 아들들 가운데 역사하는 영을 따라 사는 옛 사람의 땅 중심의 생활방식' 입니다. 죄의 개념을 다르게 표현하면 옛 자아의 사상의 틀입니다. '옛 자아의 사상의 틀'을 쉽게 한 단어로 하면 '육신'입니다. 육신대로 사는 것이 죄 입니다. 성도는 육신대로 사는 것의 묶임을 벗고 이제는 의의 말씀을 먹고 누려 의의 종된 표현이 나와야 합니다.

의의 종이 무엇입니까? 영의 세계를 알고 믿었으므로 영의 세계 중심으로 가치관이 전환되는 것입니다. 로마서 8장 13절에 "너희가 육신대로 살면 반드시 죽을 것이로되 영으로써 몸의 행실을 죽이면 살리니" 라고 기록되어 있습니다.

사도 요한은 사데교회에 편지하는 글에서 "내가 네 행위를 아노니 네가 살았다 하는 이름은 가졌으나 죽은 자로다"(계3: 1) 했습니다. 예수님을 믿는다고 하지만 정말로 많은 교인들이 죄의 종으로 즉 육신의 가치 중심으로 산다는 것입니다.

그러나 이제는 영의 세계를 알고 예수님을 알았기 때문에 비록 연약하여 종종 죄에 빠지곤 하지만 마음 중심만은 조에의 생명이 주관함으로 '이 세상 풍속을 좇고 공중의 권세 잡은 자 즉 불순종의 아들들 가운데 역사하는 영을 따라 사는 생활방식'이 아닌 은혜 아래서 하나님을 경외하며 매사에 하나님 앞에서 행하는 것 같이 긍휼과 사랑으로 사는 존재가 되어갑니다.

땅 중심에서 하늘 중심으로 패러다임이 바뀌는 것이 죄로부터 해방되어 의에게 종이 되는 것입니다. 예수님은 "모든 사람이 너희를 칭찬하면 화가 있도다" 라고 말씀하셨습니다. 이름만 교회에 다니고 사상과 사고의 틀은 육신에 있다면 모든 사람들이 '예수는 저렇게 모나지 않게 믿는 거야' 하고 칭찬을 받을지 모르지만 하나님 앞에서는 화가 있음을 알아야 합니다. 아직도 세상 패러다임으로 사는 것입니다.

죄의 삯은 사망이요
(롬6: 23)

6장 23절은 6장의 결론입니다. 죄의 삯은 사망입니다. '죄의 삯은 사망입니다' 라는 말씀의 의미를 몇 가지로 나누어 알아야 합니다. 하나는 참으로 예수 믿기를 잘했다는 말이 튀어 나와야 합니다. 죄의 삯은 사망인데 영원한 사망의 저주에서 해방되었으니 얼마나 감사하고 기쁜 일인가하고 찬양이 흘러 나와야 합니다. '나 같은 죄인 살리신 주 은혜 놀라워 잃었던 생명 찾았고 광명을 얻었네큰 죄악에서 건지신 주 은혜 고마워 나 처음 믿은 그 시간 귀하고 귀하다' 등 거듭남과 은혜에 관련된 찬송을 몇 곡 외우고 누리면 좋습니다. 감사와 기쁨을 극대화 하기 위해 영원한 사망에서 구원을 받았는데 입에서 감격된 노랫말이 안 나온다면 정말로 예수님의 피로 구원받은 자인지 의심스럽지 않겠습니까?

또 하나는 죄의 권세가 대단하다는 것을 알아 죄를 짓지 않도록 근신하여 깨어 있어야 합니다. 왜냐하면 죄를 지으면 '죄의 삯은 사망'이라고 사도 바울이 말씀하셨다면 영원한 영의 죽음을 포함하여 존재 안에서 사망을 의미하기 때문입니다. 존재의 사망은 존재의 고통, 괴로움, 분노, 우울

등 소극적인 것들의 총합입니다. 왜 주님께서 우리에게 죄에서 해방시켜 주셨는데 왜 죄를 지어 죄의 종으로 살려고 합니까? 사도 요한은 "죄를 짓는 자는 마귀에게 속합니다" 라고 하지 않았습니까? 또한 "하나님께로 부터 난 자마다 죄를 짓지 아니하나니 이는 하나님의 씨가 그의 속에 거함이요"(요일3: 9) 라고 하면서 하나님께 난 자는 죄를 짓지 않는다고 하였습니다. 여기에서 죄는 습관적인 죄를 말하는 것입니다. 죄를 지으면 죄의 종이 되어 고통스러운데 그 고통을 알면서 계속 반복한다는 것은 하나님의 생명의 씨를 가지고 있는 사람의 태도가 아닙니다. 성도는 참말로 죄를 멀리하고 죄에 빠지지 않기 위해 경계선을 잘 지켜야 합니다.

또 다른 하나는 '죄의 삯은 사망임으로' 죄를 지으면 즉시 토설하고 사망에서 나와 생명으로 옮겨야 합니다. 죄를 짓고 사망 안에 있으면서도 고집을 피우고 회개하지 않는 것은 어리석고 미련한 자입니다. 또한 사도 요한은 "죄가 없다고 말하면 스스로 속이는 자"(요일1: 8)라고 했습니다. 왜냐하면 죄를 용서 받았지만 죄성이 있어서 자꾸 표출되기 때문입니다. 어찌 보면 죄를 더 안 지으려고 몸부림치면 칠수록 죄에 민감해져서 죄를 더 많이 짓는다고 느낄 수 있습니다. 요한 일서 2장 1절 "만일 누가 죄를 범하여도 아버지 앞에서 우리에게 대언자가 있으니 곧 의로우신 예수 그리스도시라" 라는 말씀과 요한 일서 1장 9절 "만일 우리가 우리 죄를 자백하면 그는 미쁘시고 의로우사 우리 죄를 사하시며 우리를 모든 불의에서 깨끗하게 하실 것이요" 라는 말씀을 믿고 죄를 지었어도 즉시 토설하고 죄의 굴레에서 벗어나기를 바랍니다. 죄를 짓고 자책을 안 느끼는 것도 병이지만 자백하고도 자책에 빠져 허우적 거리는 것도 병입니다. 자책에 빠져 허우적거릴수록 사탄은 좋아하며 광야생활은 계속됩니다. '자백했으면 깨끗하게 하신다' 라는 말씀을 신뢰하고 해방을 받기를 바랍니다.

그리고 죄 짓는 가장 큰 이유는 의지의 문제도 있지만 속 생명이 자라지 않아서 죄를 이길만한 능력이 없기 때문입니다. 그러므로 매일 속 사람의 양식인 하나님의 말씀을 먹는 수 밖에 없음을 알고 필사적으로 말씀 묵상을 해야 합니다. 그리고 말씀을 사랑하는 자들을 친구로 삼아 주기적으로 교통함으로 더 말씀 안으로 들어가도록 해야 합니다.

또 꼭 알아야 할 것은 죄를 짓는다고 해서 구원의 확신이 흔들려서는 안 됩니다. 거듭났어도 죄를 짓습니다. 다만 어릴 적에는 죄가 죄인지 몰라 죄를 토설해 내는 것에 민감하지 못할 수도 있습니다. 죄를 짓는다고 해서 구원이 취소되는 것이 아닙니다. 아직 연약해서 그런 것입니다. 회개하고 회개하면서 성장해 가는 것입니다. 죄를 짓는다고 낙심하지 말기를 바랍니다. 죄를 짓고 낙심될 때 로마서 5장을 외우고 선포하면서 다니십시오. 그러면 해방을 맛보고 누리게 될 것입니다. 죄를 지을수록 성경을 더 읽고 설교를 더 듣고 기도를 더 해서 점점 이겨가기를 바랍니다. 구원은 행위로 얻은 것이 아니고 은혜임으로 흔들려서는 안 됩니다. 이것이 흔들리면 대책이 없습니다. 이 은혜의 감격이 성화를 이루는 원천입니다. 물론 본인의 굳센 의지도 필요합니다. 어떤 의지요. 하늘 양식을 날마다 먹겠다는 의지입니다. 로마서 6장 7장의 의의 말씀을 먹고 누리고 암송하기를 강력하게 권고합니다. 6장 7장을 먹고 누리고 암송하면 어린아이의 때가 자연스럽게 지나가고 장성한 자가 되어 있음을 느낄 것입니다.

033

하나님의 은사는 그리스도 예수 우리 주 안에 있는 영생이니라(롬6: 23)

　　하나님의 은사에서 '은사'의 개념이해가 쉽지 않습니다. 고린도 전서 12장에서 14장에 나오는 '은사'의 개념과 혼돈되어서 어떻게 정리해야 하는지 정리가 안 됩니다. 좀 이해를 하려고 공동 번역과 표준 새 번역을 보니 '선물'로 번역해 놓았습니다. '하나님의 선물은 그리스도 예수 우리 주 안에 있는 영생이니라' 이해가 좀 되지만 시원하지는 않습니다. 왜냐하면 예수님이 분명히 수가성 여인에게 하나님의 '선물'을 말씀하실 때는 원어로는 '도론'이라는 단어를 사용했는데 여기서는 원어가 '카리스마'이기 때문입니다. '카리스마'의 의미의 번역이 어렵기는 무척 어려운 것 같습니다. KJV 번역도 두 곳 다 'gift' 단어를 사용한 것을 보면 알 수 있습니다. 고린도전서 12장에서 14장에 나오는 은사에 대한 부분에서는 '카리스마'로 되어 있고 영어 성경들은 선물의 복수형 'gifts' 쓰여져 있습니다.

　　"무릇 하나님의 영으로 인도함을 받는 사람은 곧 하나님의 아들이라"(롬8: 14) 고 했습니다. 모든 성도들의 소원은 하나님의 영으로 인도함을 받으면서 사는 생활일 것입니다. 하나님의 영의 인도함을 받는 생활은 곧 말씀으로 인도함을 받는 생활입니다. 말씀으로 인도함을 받으려면 말씀이 레마로 마음판에 새겨져야 합니다.(히8: 10) 마음판에 새겨지려면 묵상해야 합니다. 묵상을 하려면 계시의 뜻을 알아야 합니다. 계시의 뜻을 알려면 성령님께서 깨우쳐 주시는 것도 있지만 내 이성의 능력으로 말씀을 부지런히 연구하고 살펴야(벧전1: 11) 합니다.

"베뢰아 사람은 데살로니가에 있는 사람보다 더 신사적이어서 간절한 마음으로 말씀을 받고 이것이 그러한가 하여 날마다 성경을 상고하므로"(행 17: 11)는 쉽지만 혹시 이 책을 읽는 독자들은 '날마다'는 고사하고 '그러한가 하여' 찾아보고 확인한 것이 몇 개가 있습니까? 한 달에 하나씩만 그런가 하고 확인해 보고 습관이 있었다면 이만희씨가 주장하는 '신천지' 이단은 이 땅에 있을 수가 없습니다. 사람이 가지 않으면 이단은 스스로 망해서 없어지는 것입니다.

신약 히브리어 성경에서 '은사'를 히브리어를 찾아보니까 '헤쎄드'로 되어 있습니다. '헤쎄드'는 우리나라 어휘로 딱 맞는 단어가 없습니다. 기본 중심의미는 '인자(자비)', '긍휼(은총)'을 의미하고 주변 의미로 은혜, 선물, 친절 등입니다. 그래서 신약 용법으로는 인자, 자비, 은총, 은혜, 선물 등으로 다양하게 번역된 것을 볼 수 있습니다.

은사(恩賜)의 국어사전의 의미는 '임금이 물건을 내려 줌. 또는 그 물건'을 말합니다. 한자 뜻을 풀면 '은혜 은', '줄 사' 로 은혜로 주는 것, 즉 '은혜로 주신 선물'을 말합니다. '하나님이 은혜로 주신 선물은 그리스도 예수 우리 주 안에 있는 영생이니라' 라고 번역하면 우둔한 나도 쉽게 알수 있었을텐데 줄이지 말아야 할 의미를 줄여 놓으니까 이해가 쉽게 다가오지 않았습니다.

하나님이 은혜로 주신 선물은 무엇입니까? 영생이라고 하지 않습니까? 그러므로 믿음만이 아니요 행위가 있어야 한다는 주장하는 사람들은 로마서 전부는 읽지 않더라도 6장 23절이라도 제대로 읽고 이해했었다면 '행위가 필요하다'라는 말은 할 수 없었을 것입니다. 죽은 자가 무슨 행위가 필요합니까? 구원에 있어서 우리의 행위가 필요하다는 사람은 구원의 개념을 성경적으로 깨닫지 않고 육신적으로 알고 있기 때문입니다. 그들은 구원을 변화의 의미 중에 하나로 보기 때문입니다. 성경은 구원의 개념을 '죽음에서 건져 냄' 혹은 '죽은 자가 다시 살아남', 즉 '새로 태어남'으로 봅니다. 죽은 자가 다시 살아나려면 산 자가 가서 죽은 자(잠자는 상태)에게 인공호흡을 하든지 부활을 시키든지 심장 충격을 주어야 합니다. 로마서를 제대로 알면 행위 구원은 천부당 만부당하다는 것을 인정하게 됩니다.

'하나님이 은혜로 주신 선물'은 구속 곧 죄사함(엡1: 7)을 통한 성령님에 의한 내 영을 부활과 의의 말씀을 먹고 누림으로 의의 생활로 인한 생명의 표현입니다. 성령님이 내 마음 안에 오실 때 죽었던 나의 영을 부활시켜 영생을 얻도록 하신 것입니다. '죽었다'고 해서 숨을 거둔 상태가 아니라 사탄의 종이 되었다는 의미입니다. 그리고 '부활시켰다'고 해서 죽은 것을 살린 것이 아니라 사탄의 종에서 하나님의 자녀가 되었다는 의미입니다.

구속 곧 죄사함(엡 1: 7)을 받고 성령님이 내 마음 안에 오셔서 죽었던 내 영을 살린 사람 즉 성도된 우리는 정말 큰 선물을 받고 사는 사람입니다. 영원히 사는 조에의 생명을 선물로 받고 사는 자존감이 하늘을 찌르고도 남을 만큼 당당한 신분의 존재입니다. 예수님을 구주로 믿는 우리가 누구입니까? 하나님의 자녀입니다.(요1: 12) 자녀이면 상속자가 되는 것입니다. 그 상속은 얼마인지 받아봐야만 그 범위와 질과 양을 알 수 있습니다. 지금은 모릅니다.

그 영광의 신분을 생각만 해도 즐겁습니다. 지금 여기서 조금 영생을 누리면서 사는 삶이 믿음생활이요 신앙생활입니다. 그래서 예수를 그리스도로 믿고 사는 믿음생활은 아름다운 것이며 위대한 것이며 거룩한 것입니다. 세상 사람들은 '뭔 영의 세계가 있어'라고 하면서 '어리석고 미친놈들'이라고 해도 성도된 우리는 조금도 위축되지 않고 도리어 히죽히죽 웃으면서 행복하게 삽니다.

034

너희는 그 법이 사람이 살 동안만
그를 주관하는 줄 알지 못하느냐(롬7: 1)

　　히브리서 5장 12- 14절에는 "때가 오래 되었으므로 너희가 마땅히 선생이 되었을 터인데 너희가 다시 하나님의 말씀의 초보에 대하여 누구에게서 가르침을 받아야 할 처지이니 단단한 음식은 못 먹고 젖이나 먹어야 할 자가 되었도다 이는 젖을 먹는 자마다 어린 아이니 의의 말씀을 경험하지 못한 자요 단단한 음식은 장성한 자의 것이니 그들은 지각을 사용함으로 연단을 받아 선악을 분별하는 자들이니라" 라는 말씀이 있습니다. 이 말씀을 대할 때마다 '단단한 음식'이 무엇인지 '의의 말씀'이 구체적으로 무엇을 지칭하는지 몰라 괴로웠습니다. 뿐 만 아니라 '말씀의 초보'나 '젖' 도 무엇을 의미하는지 몰라 고통스러웠습니다. 빨리는 아니어도 믿는 지도 오래되어 '선생' 되고 '장성한 사람'이 되고 싶은데 이런 것도 분별하지 못하고 있으니 내 자신이 한심스러웠습니다.

　　믿은 지가 오랜 된 후 정확히 표현하면 로마서 5장 6장 7장 8장 1장을 외우고 먹고 누리고 묵상한 후에 알게 되었습니다. '말씀의 초보'나 '젖'은 영이 구속받은 '은혜의 복음'(행 20: 24)이요 '단단한 음식'이나 '의의 말씀'은 영이 구원 받은 후 혼의 의한 의의 생활이 되는 선악을 분별하는 말씀(히6: 14) 인 것을 알게 되었습니다. 그리고 '단단한 음식'이나 '의의 말씀'이 곧 죄와 법에서 해방 받고 성령으로 사는 생활이 되는 말씀이라는 것도 깨닫게 되었습니다.

그리고 '성령으로 사는 생활'은 로마서 8장이고 죄와 법에서 해방 받는 말씀은 로마서 6장 7장이라고 정리가 되었습니다. 나는 이렇게 정리하고 무척 기뻤습니다. 그리고 복음의 말씀을 은혜의 말씀과 의의 말씀으로 나누게 이해하게 된 것도 나의 신앙생활에 또 하나의 패러다임의 전환이요 획기적인 전진이 되었습니다.

그래서 이제는 누구든지 '은혜의 복음'(행 20: 24) 안으로 들어가려면 '은혜의 말씀' 만을 가르치고 먹고 누리게 하면 된다는 것을 알게 되었습니다. 그리고 영이 구원 받는 후 의로운 생활이 되려면 '의의 말씀'(히 5: 13)을 가르쳐 주면 되고 그 '의의 말씀' 종합적으로 있는 것이 로마서 6장 7장이라고 믿게 되었습니다.

밥을 먹으면 탄수화물을 공급받고 고기를 먹으면 단백질을 공급받고 채소와 과일을 먹으면 비타민과 무기질을 공급받아 건강하게 살 수 있는 것처럼 은혜의 말씀을 먹으면 하나님의 은혜를 누리게 되고 의의 말씀을 먹으면 의의 생활이 됩니다. 그러므로 은혜의 말씀을 먹고 누려서 영의 구속을 확실히 알고 믿어진 성도라면 죄의 종노릇하는데서 괴로워하지 맙시다. 육신적인 죄의 생활에서 벗어나게 하는 말씀이 풍성한 로마서 6장을 먹으면 죄에서 해방을 받을 것입니다. 법(원칙, 자기 주장, 사상)에서 막혀 자라지 못하는 성도는 로마서 7장을 먹고 누리면 법이 주관하는 생활에서 해방 받아 성령에 따라 살게 됩니다.

035

만일 남편이 죽으면 그 법에서
자유롭게 되나니 (롬7: 3)

The husband be dead.

또 한 번 강조합니다. 주기도문의 '우리에게 일용할 양식을 주소서'(마6: 11)와 시편 1편의 복 있는 사람은 '주야로 말씀을 묵상한다'고 함께 연합해서 날마다 '새로운 감동의 말씀'을 양식으로 삼아 묵상하도록 하십시오. 이 습관은 최고의 영성 습관 중에 하나로 알아 생활화하기를 바랍니다. '새로운 감동의 말씀'이 없으면 로마서 5장부터 외워가면서 묵상하면서 기도하십시오. 물론 8장부터 해도 상관이 없습니다.

'묵상'은 조용히 생각하는 것이 아니라 감동되었던 말씀을 작은 소리로 타인에게 방해가 되지 않도록 읊조리는 것이라고 했습니다. 아침에 일어나 큐티를 하거나 혹은 새벽 예배를 참석해서 '새롭게 감동되는 말씀'을 발견한 후 하루 종일 묵상하는 습관을 성화의 비밀 방법으로 알아 순간 순간 말씀에 잠겨지므로 변화의 출발을 내닫기를 바랍니다. 특별히 생각 안에서 육신적인 생각이 불쑥 들어 올 때 말씀을 선포(묵상)함으로 육신적인 생각을 쫓아내기를 바랍니다. 성도는 생각 안에서 거룩해지는 훈련을 해야 합니다. 이것을 습관화하지 않고는 의의 종의 생활의 기쁨을 맛보기가 어렵다고 했습니다. 사람 변화는 것이 얼마나 어려우면 '변하면 죽는다'는 말도 있습니다. 죽기 직전에야 돈도 소용없고 권력도 소용없다는 것을 알기 때문에 변합니다. 하나님의 생명이 들어와서 내 존재를 변화(성화)시킨다는 것은 구원받는 것 만큼이나 감격이고 기쁨입니다. 정말로 두렵고 떨림으로 이 묵상의 습관 안으로 들어가서 변화의 구원의 감격을 누리며 사시기를 바랍니다.

나는 학원을 30년 이상했습니다. 그것도 공부방법에 중점을 둔 훈련원을 했습니다. 공부방법을 연구하고 실험한 후에 '서울대를 꿈꾸는 중학생이 알아야 할 56가지'(국민출판사)와 '서울대를 꿈꾸려면 공부방법과 습관을 정복하라'(서교출판사) 학습만화 '공부의 신'(웅진출판사) 등을 저술했습니다. 이 책을 보고 전국에서 심지어 해외에서도 방학을 이용하여 '공부방법을 배우고 습관을 교정시키기 위해' 많은 학생들이 와서 훈련을 받고 돌아가 인생의 대 전환을 이룬 학생들이 상당히 많습니다. 정신개조 50%와 공부습관 교정 50%가 핵심입니다. 좋은 습관 중에 하나는 수업 내용을 수업 끝나고 쉬는 시간 10분 동안에 핵심 개념과 원리를 중얼거리고(묵상) 점심시간에는 점심 먹으면서 오전 4시간 배운 것에 개요와 핵심원리들을 중얼거려보고(묵상) 집에 가면서 중얼거리고(묵상) 집에 가서 1교시부터 마지막 수업까지 또 중얼거려보고(묵상) 그러면 다 외워진다고 가르칩니다. 누구랑 경쟁하려고 하지도 말고 '과거에 공부를 못했었는데' 라고 정말 될까 의심도 하지 말고 '나는 기초가 없어서 그렇게 해도 안될 껄' 이라고 절망도 하지 말고 오직 매일 매일 오늘 하루만 그렇게 하면 된다고 가르치고 실제로 훈련을 시킵니다. 그러면 며칠이 지나면 학생들 입에서 '원장님 그렇게 하면 당연히 100점을 맞겠네요' 하고 실제로 집에 돌아가서 우등생이 되는 학생들이 상당 수 있습니다. 명문대 간 아이들도 상당합니다. 말씀 묵상도 아침에 기상해서 한번 출근하면서 또 한 번 점심 먹고 커피 타임 때 또 한 번 퇴근 하면서 또 묵상, 잠 잘 준비하면서 또 한 번 이렇게 묵상을 하면 존재가 변합니다.

존재의 인격의 변화 즉 성화도 똑 같습니다. 성경을 읽었던 말씀 중에 하나, 혹은 설교들은 것 중에 하나, 혹은 기독교 서적을 본 것 중에 하나, 아니면 로마서 5장부터 한 절 한 절 매일 묵상하는 것입니다. 반드시 명심할 것은 '성경말씀이어야 한다'는 것입니다. 아무리 좋은 명언이라도 성경 말씀 이외의 것을 사양하십시오, 오직 성경입니다. 물론 아주 가끔 성경적인 지식을 먹어도 됩니다. 그러나 아주 조심해야 합니다. 나는 오래 전에 언젠가 영의 세계 '카이로스'와 육신의 세계 '크로노스'의 개념을 알고 좋아서 하루 종일 먹고 누렸던 적도 있습니다. 그러나 조심해서 먹고 누려야 합니다. 하나님의 말씀만이 영이요 생명입니다. 그래도 독서는 열심히 해야 합니다.

매일 한 말씀 붙잡고 묵상하십시오, 나는 어느 날 로마서 7장 3절이 너무 감동되어 '남편이 죽었습니다' '남편이 죽었습니다' '남편이 죽었습니다' 수백 번 이상을 읊조렸습니다. 신호등 앞에서도 작은 소리로 '남편이 죽었습니다' 라고 하니까 사람들이 나를 쳐다 보았습니다. 그들은 나를 이상한 사람으로 보았으나 나는 율법이 죽었다는 것이 너무 좋아 '남편이 죽었습니다' 를 계속 읊조렸습니다. 속으로 생각하기를 '당신들도 나처럼 이 말씀의 의미를 알았다면 나처럼 묵상하였을덴데', 아니면 '더 큰 소리로 외칠지도 모르는데' 라고 하면서 또 읊조렸습니다. 한 면에서는 '도대체 그것이 무슨 의미요?' 라고 묻는다면 나는 이 때라 싶어 전도할 준비를 갖추고 있었습니다.

　하루종일 정욕의 생각이 불현듯 떠 오르면 그 생각을 쫓아내기 위해 '남편이 죽었습니다'를 또 읊조렸습니다. 그렇게 날마다 말씀 중에 감동 받은 말씀이나 이해가 안 된 문장을 수백 번 묵상을 하면 기쁨이 충만하게 되고 오후나 저녁 때는 성령님께서 의미를 깨닫게 해 줍니다. 그 감격이란 그 감동이란 어떤 즐거움이나 기쁨과 바꿀 수 없습니다. 몇 달을 하니 '어, 내가 바뀌네' 라고 스스로 놀라기 시작했습니다. 나는 그 습관을 지금도 소중히 여깁니다. 지금은 로마서 5장 6장 7장 8장을 외워 묵상하는 습관을 매일 합니다. 로마서 1장도 외웁니다. 1장, 5-8장을 묵상하면 보통 40분이 걸립니다. 40분 동안 외워 가다 보면 생명의 빛이 오고 감동이 옵니다. 기쁨이 충만해지고 감사가 넘칩니다. 아로나민 선전처럼 먹는 날과 안 먹는 날은 분명히 하루 종일 생명 아래 있는 정도가 분명히 다릅니다. 여러분들도 여기까지 오기를 기도합니다.

036

너희도 그리스도의 몸으로 말미암아
율법에 대하여 죽임을 당하였으니(롬7: 4)

I died to the law by the body of Christ.

죄의 광야보다 더 통과하기 어려운 것이 법(법이라는 용어가 익숙하지 않은 어린 성도들은 '원칙'의 표현이 더 어울림, 자기가 스스로 만든 가치 기준)의 광야입니다. 왜 어려운 것입니까? 법 속에 사는 것(혹은 원칙으로 사는 것)이 지극히 옳다고 믿고 있기 때문입니다. 그리고 법으로 타인을 판단하고 정죄하고 비판하는데 능숙해 있기 때문에 그 나쁜 습관에서 벗어 내기도 힘들고 그 습관을 벗는 것이 거룩에 있어서 절대적으로 필요하다는 인식을 갖는 것도 모르기 때문입니다. 또 그 나쁜 습관을 벗어나고 싶어도 벗어날 능력이 없기도 합니다. '복음에는 하나님이 구원을 주시는 능력'이 있는데 그 복음에는 은혜의 복음과 의의 복음이 있는데 은혜의 복음을 먹고 누리면 영이 구원받는 능력이 있고 의의 말씀을 믿고 먹고 누리고 묵상하면 혼의 구원 즉 의로운 생활이 됩니다.

율법은 한 면에서 죄를 깨닫기 위해 주었는데 유대인들은 율법은 의를

170

이루는 것으로 알아(롬9: 31) 율법 조항을 더 세밀하게 나누어 지키는 것이 하나님을 섬기는 것이라고 생각하는 것과 같습니다. 그들은 영으로 사는 것을 모르기 때문에 율법의 가치와 스스로 만든 기준을 생활의 기준(자기가 만든 원칙)으로 여기며 살았습니다.

그래서 예수님은 그들을 긍휼이 여겨 의의 법을 따라가는 자들에게 '방향을 바꾸어라(회개하라)'고 하셨으며 또한 세례요한이 '회개하라' 고 외쳤지만 "우리는 세리와 창녀와 같지 않고 의롭다고 믿고 사는"(눅18: 9) 데 왜 이상한 가르침으로 미혹하느냐 라고 하여 미워했습니다. 긍휼이 많으신 우리 주 예수님은 안식일에 병자를 고치시면서 "안식일이 사람을 위해 있지 사람이 안식일을 위해 있지 않다"(마2 : 27)고 바르게 가르쳐 주었습니다. 그러나 그들은 '정말로 맞는 말씀이다. 우리가 방향을 바꾸어야겠다고' 라고 하지 않고 저렇게 말하는 자는 율법을 모르는 자라고 하여 마땅히 죽여야 한다고 생각하고 실제로 죽였습니다.

로마서 7장 4절에 분명히 사도 바울은 너희는 율법에 대하여 죽임을 당했다고 가르쳐줘도 신약을 사는 우리는 <성경대로>, <문자대로>을 주장하며 율법의 행위로 살려고 몸부림 칩니다. 실제는 살지도 못하면서 살아야 한다고 주장하고 가르칩니다. 그것이 최선으로 하나님을 섬기는 것으로만 알고 있기 때문입니다. 수가성 여인에게 한 말씀 '영과 진리로 예배할찌니라'는 말씀과 로마서 12장 '거룩한 산제사로 드려라'라는 말씀 자체는 모르는 것은 아니지만 실상은 어떻게 살아야 영과 진리로 예배하는 건지 거룩한 산제사인지 모르기 때문에 율법 속으로 들어가 살 수 밖에 없습니다.

나는 <성경대로> 살기 위해 십계명에 '안식일을 거룩히 지키라' 말씀에 따라 제칠일 안식일 재림교회에서 만 5년을 율법대로 살아 보았습니다. 모든 설교와 가르침의 핵심이 안식일 준수로 결론이 나는 것에 회의를 느끼고 한 면에서는 매일 짓는 죄 문제 때문에 고민하다가 박옥수 목사가 가르치는 구원파에 갔습니다. 그 후 요셉의 창고처럼 말씀이 풍성하다는 지방교회에 갔었고 거기에서 한 면으로 번영신학이 좋아 연구를 했고 그 연구와 공부하는 태도의 철학을 정리해서 '너의 성공 유전자를 깨워 바'(시간과 공간사)를 출간했습니다. 그 후 말씀을 더 정확하게 알기 위해 김창호 조도재 선생님이 가르치는 원어성경으로 가르침을 받았습니다.

로마서 8장 1절에 "그러므로 이제 그리스도 예수 안에 있는 자에게는 결코 정죄함이 없나니"도 외우고 있고 가르치기도 했지만 나의 신앙생활은 율법적이었고 생활의 언어를 보면 정죄(비난, 판단) 언어일색임을 바라보게 되었습니다. 내가 배운 성경적 지식은 존재의 변화를 가져오는 것이 아니라 타인들을 정죄하고 비판하는 도구가 되는 것을 보고 몹시 괴로웠습니다. '이것은 아닌데!' 하면서도 길을 몰라 방황했습니다.

그 후 나는 학생들을 가르치면서 우등생이 되는 되새김의 습관을 하늘 만나 먹는데 적용하면서부터 내 존재양식이 변화는 것을 바라볼 수 있었습니다. 그리고 날마다 율법을 일용할 양식을 먹는 습관이 생활화 되다 보니 어느 새 속 생명이 자라 세상 문화가 하나씩 정리되어 멀리하는 나를 바라보면서 신기하게 생각했습니다.

특별히 로마서 5장 6장 7장 8장을 집중적으로 일용할 양식으로 취해 먹었습니다. 줄무늬 애벌레가 노란 애벌레처럼 나비가 되었듯이 죄와 율법으로 정죄하고 판단하는 신앙에서 벗어나 영과 진리로 사는 내 모습을 발견하게 되었습니다. 나는 오늘도 'I died to the law by the body of Christ.' 말씀 앞에 가슴이 뜁니다. 감동이 됩니다. 감격이 됩니다. 요한복음 1장 12절 처럼 요한 복음 1장 29절 처럼 로마서 7장 4절의 말씀도 나의 활력의 에너지와 능력과 자랑이 됩니다.

037

죽은 자 가운데서 살아나신 이에게 가서
우리로 하나님을 위하여 열매를 맺게 하였더니(롬7: 4)

'죽은 자 가운데서 살아나신 이'는 그리스도 예수님입니다. '가서'의 원어 '기노마이'는 중간태로 존재태를 의미합니다. '기노마이'는 서로 존재로서 '알다'라는 의미입니다. 어떻게 상대방을 진정으로 알 수 있을까요? 결혼해야만 상대방의 진면목을 알 수 있습니다. KJV는 '결혼하다'(be married)로 번역했습니다. 바른 번역이라고 할 수 있습니다. 전에는 율법과 결혼해서 살아서 율법적인 사고와 행동과 화법으로 살고 육신의 열매 즉 정욕 아래서 육체의 열매를 맺고 살아 사탄을 기쁘게 하였습니다. 이제는 '율법에 대하여 죽임을 당하였으니' 옛 신랑이 죽어 이제는 새 신랑이신 예수님과 결혼했다는 것입니다.

예수님과 결혼해서 이제는 신랑의 뜻을 좇아 '하나님을 위하여' 열매를 맺어야 한다는 것입니다. 예수님과 결혼해서 어떻게 살아야 '하나님을 위하여' 열매를 맺는 삶이 되는 것인가요? 그리고 어떤 열매를 맺게 됩니까? 하나님의 아들은 하나님의 아들로서 사는 것이 하나님을 위한 열매입니다. 성령의 의한 생명의 열매는 하나님의 형상을 표현하는 것입니다. 하나님의 성품은 공의와 거룩과 사랑(긍휼)입니다. 공의와 거룩과 사랑(긍휼, 관용)을 한 단어로 요약하면 사랑입니다.(요일4: 8) 공의와 거룩과 사랑(긍휼, 관용)의 인격자가 되는 것이 열매입니다. 아멘입니까?

'열매'를 읽으면서 헌금, 전도, 순종 등 존재의 외면적인 것으로만 아는 것은 어릴 적 생각입니다. 틀린 것은 아닙니다. 그런 열매도 나와야 합니다. 성령의 열매는 보다 내면적인 것이며 그 핵심은 죄의 사람(6장)을 통과한 후 법의 사람(7장)에서 사랑의 사람(성령의 사람)(8장)으로 전환하는 것입니다.

"간음하지 말라, 살인하지 말라, 도둑질하지 말라, 탐내지 말라 한 것과 그 외에 다른 계명이 있을지라도 네 이웃을 네 자신과 같이 사랑하라 하신 그 말씀 가운데 다 들었느니라" (고전13: 9) 이 말씀을 깨우치고 모든 말씀의 원관념은 사랑임을 깨달아야 합니다. 또한 "온 율법은 네 이웃 사랑하기를 네 자신 같이 하라 하신 한 말씀에서 이루어졌나니"(갈5: 14) 이 말씀을 마음에 새기고 온 율법은 사랑임을 알기를 바랍니다. 또한 하나님을 사랑하라와 이웃을 사랑하라 보다 큰 계명이 없음(막12: 31)을 알고 사랑의 존재가 되기 위해 말씀을 먹고 자고 먹고 자고 먹고 해서 속 생명이 빨리 자라기를 바랍니다.

의의 종된 생활이 되려면 날마다 일용할 양식을 먹어 속 사람의 생명이 자라 모든 율법의 말씀들이 '사랑'으로 읽어지고 보여질 때 가능한 것입니다. 그리고 "사랑은 율법의 완성이다"(롬13: 10) "남을 사랑하는 자는 율법을 다 이루었다"(롬13: 8) 말씀 앞에 '아멘' 할 수 있을 때 영과 진리로 예배를 드리게 되고 거룩한 산제사의 생활이 되어 하나님을 위하여 열매를 맺는 생활이 됩니다.

새남편이 되어 주신 예수님은 "새 계명을 너희에게 주노니 서로 사랑하라 내가 너희를 사랑한 것 같이 너희도 서로 사랑하라"(요13: 34)로 말씀하셨습니다. 사랑은 사랑을 받은 자 만이 사랑을 할 수 있고 줄 수 있습니다. 우리는 하나님의 큰 사랑을 예수님을 통하여 받았습니다. 그래서 수고하고 무거운 율법의 행위의 짐을 다 벗고 성령님의 인도하심을 받으며 속 생명이 자라 사랑의 존재로 성장해 가고 있습니다.

사랑의 사도 요한은 "사랑 안에 거하는 자는 하나님 안에 거하는 것"(요일 4:6)이라고 했습니다. 사랑 안에 존재하며 표현하며 사는 것은 하나님을 가장 기쁘게 하는 것입니다.

그리고 사랑의 개념 중에 사랑의 생명의 반은 긍휼(관용)임을 잊어서는 안 됩니다. 예수님도 십자가상에서 돌아가실 때 "아버지 저들을 사하여 주옵소서 자기들이 하는 것을 알지 못함이니이다 하시더라"(눅23: 34) 하셨고 스데반 집사도 "주여 이 죄를 그들에게 돌리지 마옵소서"(행7: 60)하였습니다. 다른 사람들을 정죄하고 판단하는 율법에서 해방되어 몰라서 그렇게 함을 이해하고 그를 불쌍히 여겨 긍휼의 열매 존재가 되기를 바랍니다.

176

우리가 육신에 있을 때에는 율법으로 말미암는

죄의 정욕이 우리 지체 중에 역사하여

우리로 사망을 위하여 열매를 맺게 하였더니(롬7: 5)

애굽에서 가나안까지의 거리가 약 180km정도입니다. 보통 일반적인 사람의 보행속도는 시간당 4km이고 빠른 사람은 약 6km 정도라고 합니다. 하루에 100리를 걷는다고 하니까 40 km 정도 갑니다. 그러므로 180km를 가려면 5일 정도면 충분히 갈 수 있습니다.

유대인들이 애굽에서부터 가나안까지 행진한 거리는 대략 640km정도라고 합니다. 그리고 걸린 기간은 40일, 40개월도 아니고 40년이 걸려서 가나안 동편 모압 평지에 도착했습니다. 왜 그렇게 오래 걸렸습니까? 죄 때문입니다. 불순종 때문입니다.

우리도 5일이면 갈 거리를 왜 40년이 걸려야 하나요. 우리는 그것을 거울삼아 실패를 반복해서는 안 되겠습니다. 5일이면 가는 길을 알아 봅시다.

현명한 성도는 죄를 정말 싫어하고 멀리해야 합니다. 죄를 지을수록 젖과 꿀이 흐르는 가나안은 점점 멀어집니다. 뿐만 아니라 죄는 사망의 열매이기 때문에 우리 지체 중에 역사하여 죄를 짓는 당사자나 상대방에게나 고통과 절망 속으로 들어가게 합니다. 죄는 말씀 그대로 사망 아래로 들어가게 합니다. '육신에 있을 때' 우리는 얼마나 '죄 덩어리 육신'을 탈피하고 싶었습니까? 금식, 통성기도, 결단, 새벽기도 등을 해 보고 몸부림치지 않았습니까? 되던 가요?

시편 119편 9절 "청년이 무엇으로 그의 행실을 깨끗하게 하리이까 주의 말씀만 지킬 따름이니이다" 라고 기록되어 있습니다. '지키다'의 원어 '소 ㅑ마르'는 '둘레 가시로 울타리를 치다'입니다. 명사의 여성형은 '경계심', '파수꾼'을 의미합니다. 죄를 짓지 않으려면 둘레에 가시나무로 울타리를 쳐서 보호를 해야 합니다. 가장 좋은 울타리는 생각에서부터 영의 지배하에서 관리를 받는 것입니다. 생각은 무엇에 지배를 받는다고 했지요? 말 입니다. 말 중에서 최고의 권위는 하나님 말씀 성경입니다. 즉 말씀을 묵상하면 그 묵상하는 동안에는 육신의 생각이 말씀 아래에 놓여 있기 때문에 죄를 짓지 않게 됩니다. 이것은 너무나도 중요한 신앙훈련입니다. 이것을 분명히 알고 영성의 습관이 되기를 간절히 원합니다. 한번 연습해서 알게 되면 육신의 생각에 포로가 되는 것이 싫어 더 잘 연습하게 될 것입니다.

그리고 죄를 이길 힘을 길러야 합니다. 죄를 이길 힘도 오직 주의 말씀 밖에 없습니다. 주의 말씀 중에 나는 로마서 5장 6장 7장 8장을 강력하게 권합니다. 열심히 노력해서 암송한 후 아침에는 암송하고 필사하고까 먹는 부분은 다시 메모해서 하루 종일 자투리 시간을 이용해서 묵상하고 저녁에도 필사해 본다면 죄를 이기는 능력이 생겨 행실이 깨끗해지리라 믿습니다. 그리고 속생명이 자라는 것을 인지하게 되어 큰 감동과 큰 기쁨 속에서 믿음생활을 지속하게 될 것입니다.

5장 21절, 6장은 23절, 7장은 25절, 8장은 39절로 이루어져 있어서 도합 108절입니다. 하루에 한 구절씩만 외우려고 하세요. 오늘 한 구절 외웠으면 내일은 1절과 2절을 반복하고 내일은 3절을 외운 후에 1, 2절을 반복하고 매일 그렇게 하면 됩니다. 반드시 필사도 해 보아야 합니다. 글로 써 보면 내용도 다르게 다가옵니다. 그리고 무엇을 빼 놓았는지 어떻게 외워야 하는지 스스로 방법이 터집니다. 성령님께 외우게 해 달라고도 기도하세요. 다 외운 후에는 잊어버리지 않기 위해 날마다 오전에 암송하고 오후에 기록해 보세요. 놀라운 변화를 경험하게 될 것입니다. 만약에 그렇게 했는데도 변화가 없다면 무엇이 문제일까요? 그것은 신앙생활의 0 순위 구속 곧 거듭남(엡 1: 7)이분명하지 않기 때문입니다. 앞으로 돌아가 그 부분을 다시 읽고 깨닫고 감동을 경험한 후에 이미 외웠던 것을 다시 암송하고 감사하고 감동하고 기록해 보세요. 새로운 차원에 있는 새로운 나를 발견하게 될 것입니다.

이 구절에서 육신과 율법은 동의어 입니다. 육신으로 사는 자는 율법으로 사는 자이고 율법으로 사는 자는 육신으로 사는 자입니다. 우리는 율법의 보호를 받으며 살지만 율법으로 살지 않고 영으로 산다는 것을 꼭 명심해야 합니다. 보호와 사는 것은 분명히 다른 것입니다. 죄는 정욕을 이용하여 율법이라는 것을 기회삼아 나를 속이고 나를 죽이는 것입니다.(롬7: 11) 율법으로 인도함을 받으며 보호를 받는 어린 신앙인들은 도무지 이해가 되지 않을 것입니다. 차차 생명이 자라면 알게 되니 너무 조급해 하지 말기를 바랍니다.

039

이제는 우리가 얽매였던 것에 대하여
죽었으므로 율법에서 벗어났으니 (로마서7: 6)

　　'얽매였던 것'은 당연히 '율법'을 설명해 주는 말입니다. 좁은 의미로 계명입니다. 계명은 사람을 죄의 종으로, 사망으로 얽매이게 합니다. 율법은 죄의 종으로 얽매이게 해서 내가 나를 그리스도 안에서 발견하지 못하게 하고 율법 안에 있는 나를 발견하게 합니다. 또한 타인들도 나를 그리스도 안에서 볼 수 없도록 막고 법 안에 있는 나를 보도록 만듭니다. 참으로 율법은 좋은 기능도 있지만 나쁜 통로가 된다는 것도 알아야 합니다. 율법 자체는 절대로 나쁜 것은 아니지만 죄가 율법을 기회삼아 나를 속이고 죽입니다. 율법으로 타인을 판단하고 정죄하고 비판하는 기준으로 사용하는 것은 적법하게 사용하지 않고 악법으로 사용하는 것입니다.

　　율법은 예수님을 만날 수 있도록 하지만 예수님을 만난 후 생명인 그리스도로 살지 않고 다시 예수님에게서 떨어지게 않도록 내 존재 좌표를 확인해 줍니다. 그래서 율법의 바른 이해가 너무 중요합니다.

'율법에 대하여 죽었다' '율법에 대하여 죽었다' '율법에 대하여 죽었다' 나는 이 말씀 앞에 감당하기 힘든 감격의 기쁨을 누렸고 지금도 누리고 있습니다. 그리고 이제는 신앙생활의 중요한 삶의 잣대가 되었습니다. 율법은 이제 나에게 나의 존재의 양태가 생명의 성령의 법이 나오는지 죄와 사망의 법이 나오는지 정확하게 진단해 주는 리트머스 시험지 같은 기능을 합니다.

율법의 조항에 열심히 사는 것이 곧 하나님을 사랑하는 것이요 하나님을 잘 섬기는 것으로 알았던 나는 이 말씀을 이해하고 깨닫고 생활 속에서 누리기 시작한 것은 50살이 넘어서였습니다. 전에는 예수님에 의해 구원을 받은 자는 율법으로 구원을 받는 것은 아니지만 그래도 율법을 지켜서 성화를 이루어야 한다고 굳게 믿고 있었습니다. 그런데 율법 조항을 열심히 지키는 것이 도리어 나를 교만하게 하고 타인을 판단하고 정죄하고 비판하게 하는 내 모습을 보면서 '이거는 아닌데' 하는 생각이 들었습니다.

그 때는 성령으로 인도하심을 받는 것을 몰랐을 때였습니다. '진리를 알지니 진리가 너희를 자유케 하리라'는 말씀도 생명으로 알지 못했던 때였습니다. 말로는 수백 번 이상 '진리를 알지니 진리가 너희를 자유케 하리라'는 말씀을 했을 것입니다. 그러나 나의 존재에 있어서 율법이 죽고 영이 사는 것임을 알지 못했던 것입니다. '영으로 산다.', '영으로 살아야 한다.' 는 것은 기독교 관련 책들을 통해 어렴풋이 알고는 있었지만 율법에 대하여 죽은 나 자신을 발견 할 수는 없었습니다. 매사에 율법으로 사는 나는 오직 나를 위로해 주는 말씀은 7장 24절이었습니다. "오호라 나는 곤고한 사람이로다. 이 사망의 몸에서 누가 나를 건져내랴"

'율법에서 벗어났으니'라는 말씀은 대단히 충격적인 말씀입니다. 수제 자격인 베드로나 사랑의 사도인 요한이나 예루살렘 교회 기둥이었던 야 고보 사도의 글들에서는 볼 수 없는 대단히 파격적인 선언입니다. 율법 의 열심파였던 사도 바울의 고백이 아니었더라면 틀림없이 이단적인 가 르침이요 하나님의 말씀을 제대로 모르는 사람의 고백이라고 정죄하고 멀리 멀리 하였을 것입니다. 그렇지 않은가요?

'율법에서 벗어났으니'라는 말은 솔직히 처음에는 이런 말씀을 읽어도 이해도 안 되고 그냥 막연히 예수님을 믿으면 율법에서 벗어나는구나 하 고 슬쩍 넘어가는 것이 전부였습니다. 그리고 마르틴 루터가 의의 개념 을 오해해서 두려움과 공포 속에 살다가 바른 이해를 한 후 종교개혁을 한 것처럼 '율법에서 벗어났으니'를 '구원의 방법에 있어서 율법에서 벗 어난 것이 맞지' 라고 오해하고 있다가 아니 존재방법에 있어서 이제 성 도는 율법으로 살지 않고 영(생명)으로 사는 것으로 바르게 이해하고 난 후 나의 신앙은 개혁이 일어났습니다. 전에는 말씀은 곧 율법이요 말씀 으로 사는 것은 곧 율법으로 사는 것인데 어찌 벗어났다고 하는지 도무 지 이해도 되지 않고 될 수도 없었습니다.

'율법에서 벗어났으니' 라는 말이 나의 생활에서 생명이 되었을 때 나 는 그 큰 감격에 전율했습니다. 어찌 그런 생활이 가능한지, 그리고 영의 새로운 것으로 섬기는 것이 무엇인지 알게 되었을 때 예수 믿는 것이 더 욱 더 기뻤고 즐거웠습니다. 그 기쁨은 매일 유효해서 날마다 기쁨과 감사로 삽니다.

　'율법 조문의 묵은 것으로 섬기지 아니하고 영의 새로운 것으로 섬긴 다.'는 말씀으로 기도하고 간구한다면 곧 로마서 8장에 들어가 '그 영을 따라 행하는 삶의 영역 안'으로 들어갈 것입니다.

040

이러므로 우리가 영의 새로운 것으로 섬길 것이요 율법 조문의 묵은 것으로 아니할지니라(롬7: 6)

　　그래서 우리는 문자를 따르는 낡은 정신으로 하나님을 섬기지 않고, 성령이 주시는 새 정신으로 하나님을 섬깁니다.(표준 새번역)
　그래서 우리는 낡은 법조문을 따라서 섬기지 않고 성령께서 주시는 새 생명을 가지고 섬기게 되었습니다.(공동번역)

　성도들에게 로마서 전체 이해가 중요하고 그 중에서도 5장을 통해 믿음으로 의롭다 하심을 철저하고 분명하게 깨닫고 체험한 후 감동 감격하는 것이 중요하다고 말해왔습니다. 그리고 그 후 로마서 6장, 7장, 8장의 바른 이해와 더불어 묵상하면서 체험하는 것이 또한 중요하다고 줄곧 강조해 왔습니다. 심지어 로마서 이해 없이 사복음서, 요한 계시록 공부하는 것은 위험하며 복음의 진수를 알기 어려울 수도 있다고 했습니다. 왜 그런지는 로마서를 바르게 알고 나면 동감할 수 있을 것입니다.

　왜 내가 CCC, 박용기 목사의 예정론, 제칠일 안식일 재림교회, 박옥수 목사의 기쁜 소식 선교회, 워츠만니 위트리스 리의 지방교회, 번영신학,

조도재 김창호 선생의 원어연구 등을 다녔느냐고 한다면 말씀을 사랑한 것 밖에는 없다고 생각합니다. 그렇게 광야 생활을 하고서 깨달은 것이 무엇이냐 하면 로마서의 중요성을 알았다는 것입니다.

왜 내가 명문대를 못 갔을까 연구한 결론이 교과서 중심과 수업중심으로 공부하지 않고 자습서 문제집 학원 위주로 공부한 것이 문제의 원인이었습니다. 방법에 있어서 효과적인 이해방법 기억술 연습방법 등이 부족했다고 판단해서 그것을 수정 보완하고 정리하여 탈무드 공부방법 훈련원을 만들어 성공했습니다. 하나님께서 나를 신앙의 광야를 돌아다니게 한 것이 바로 로마서의 중요성을 알리고 로마서를 제대로 이해시키도록 하는 것이 나에게 맡겨진 사명이라고 믿습니다. 나는 바울처럼 달려갈 길이 분명하고 해야 할 일이 분명히 있어서 기쁘고 즐겁습니다. 로마서를 사랑하도록 해서 하나님의 큰 사랑에 경배하게 하고 예수님의 화목제물에 감사하고 성령님의 인도하심을 받으며 기쁘고 즐겁게 살도록 도와주는 것이 나의 사명이라고 믿습니다.

로마서 7장 6절의 바른 이해는 참으로 중요합니다. 로마서 6장 7장을 한 절 한 절 이해가 중요하며 이해한 후 그것을 오늘의 하늘 양식으로 먹어 지식이 아닌 생명이 되어야 합니다.

먼저 '율법 조문의 묵은 것'은 계명의 겉 글자의 의미를 의미합니다. '우리 가족은 매일 구약 2장 신약 1장을 읽어 1년 일독 성경을 읽는다.' 라고 하면 이것이 계명이며 '율법 조문의 묵은 것'입니다. 제게는 아들 2명 딸 3명이 있습니다. 큰 딸은 열심히 성경을 읽습니다. 작은 딸은 잘 읽지 않습니다. 그러면 나는 '우리 가족은 매일 구약 2장 신약 1장을 읽어 1년 일독 성경을 읽는다.' 서로 약속했는데 너는 왜 읽지 않느냐고 책망을 합니다. 그러면 작은 딸은 '이따가 읽을게요.' 라고 대답을 잘 하고 읽지 않습니다. 그러면 나는 조금 후에 또 읽으라고 합니다. 딸은 대답은 잘 합니다. 그리고 안 합니다. 그러면 책망을 합니다. 이것이 '율법 조문의 묵은 것'으로 사는 생활입니다.

'영의 새로운 것으로 섬길 것'이요 는 한마디로 하면 '영으로 섬긴다.' 는 것입니다. 영어나 원어 성경을 보면 '영' 도 명사요 '새로운 것'도 명사입니다. 그래서 동격으로 쓰인 것을 볼 수 있습니다. '새로운 것'은 '카이로스'의 명사형인 것을 알 수 있습니다. '카이로스' 하면 영의 세계를 나타내는 말로 영의 세계의 때, 기회라는 것을 알고 있을 것입니다. <u>영으로 섬긴다는 것은 사랑으로 섬긴다는 것이요 생명으로 섬긴다는 것입니다.</u> 예수님이 나의 말은 영이요 생명이라고 말씀하셨기 때문에 영과 생명은 같은 의미입니다. 영으로 섬긴다는 것은 어떤 신비나 기적, 환상 등으로 이해하면 안 됩니다.

작은 딸이 성경을 읽지 않았을 때 전에는 '율법 조문의 묵은 것'으로 책망하였지만 이제는 '영의 새로운 것으로 섬기'는 사람은 '많이 바쁘고 힘들었구나 너는 누워 있어 아빠가 대신 읽어 줄 테니 듣고만 있을 수 있겠니?'라고 하거나 하루 열심히 살게 해 주신 하나님의 은혜를 기도해 주면 작은 딸은 바로 '읽을께요.' 하고 바로 읽습니다. 이제 '율법 조문의 묵은 것'으로 살지 않고 '영의 새로운 것으로 섬길 것'입니다. 생명으로 섬기는 것입니다. 이해가 될 것입니다.

생활 중에 나의 말투에 의해 상대방이 짜증스런 말투나 큰소리가 나왔다면 상대방을 야단하거나 탓하기 전에 내가 '영(생명)의 새로운 것으로 표현되지 않거나 살지 않았음을 먼저 깨달아야 합니다. 6장 7장을 통과하지 못하는 이유는 혼이 변화되지 않기 때문입니다. 혼의 변화의 핵심은 말의 변화입니다. 말의 변화는 하나님의 말씀을 통해 새로운 언어를 배워 옛 사람의 말투를 던져 버리고 하늘의 말투를 배워야만 가능한 것입니다. 하늘의 양식을 먹어 새로운 말투가 입력되어야 옛 사람의 말투가 밀려나서 크로노스의 언어가 점점 없어지고 카이로스의 언어가 점점 나오게 됩니다. 말씀을 많이 먹고 누리면 크로노스의 말투가 거의 없어집니다. 크로노스의 말투가 나올 때 깜짝 놀라 회개한다면 성숙한 그리스도인이라고 할 수 있습니다.

영으로 사는 사람은 전에는 모든 문제의 원인을 상대방에서 찾았지만 이제는 모든 문제의 원인을 자신에게서 찾습니다. 더 사랑해 주지 못함을 반성합니다. 기도를 해 주지 못함도 회개합니다. 물론 상대방의 원인도 있을 수 있습니다.

예수님은 팔복의 일곱번째 말씀에서 "화평하게 하는 자는 복이 있나니 그들이 하나님의 아들이라 일컬음을 받을 것임이요"(마5: 9)했습니다. 하나님의 아들의 인격의 특성 중에 하나는 화평하는 자입니다. 화평하게 하려면 먼저 언어가 화평의 언어가 되어야 합니다. 화평의 언어를 배우지 못했다면 더 무릎을 꿇고 기도하고 더 열심히 하늘 양식을 먹어야 합니다.

나는 나의 마음 속에 새겨진 하나님의 말씀이 여러 개가 있는데 그 중에 하나는 "살리는 것은 영이니 육은 무익하니라 내가 너희에게 이른 말은 영이요 생명이라"(요6: 63)입니다. 이 말씀은 언제나 나를 감격시키고 감동시킵니다. 나는 이 말씀을 대할 때마다 '내가 너희에게 이른 말이 율법이요 책망이라' 로 오버랩되어 읽혀집니다. 그럴 때마다 주님! 저도 주님처럼 순간 순간 내가 너희에게 이른 말이 영이요 생명이 되게 하소서 라고 기도를 합니다. 영과 생명의 언어만 상대방을 살립니다. 타인에게 사랑이나 격려의 말을 하는 것은 영의 생명의 표현입니다. 무익한 말을 하지 말고 살리는 말을 합시다. 성도의 기도 제목 중에 하나는 요한 복음 6장 63절이어야 합니다. 기독교 진리, 생명, 윤리에서 너무나도 중요한 말씀입니다.

> 그런즉 우리가 무슨 말을 하리요 율법이 죄냐 그럴 수 없느니라
> 율법으로 말미암지 않고는 내가 죄를 알지 못하였으니
> 곧 율법이 탐내지 말라 하지 아니하였더라면
> 내가 탐심을 알지 못하였으리라(롬7: 7)

사도 바울은 율법을 남편에 비유하면서 만일 남편이 죽으면 그 법에서 자유롭게 되는 것처럼 우리도 예수님을 믿으면 그리스도의 몸이 되고 몸이 되면 율법에 대하여 죽임을 당했다고 알려줍니다. 또한 우리를 죄로 얽매었던 율법에서 벗어났다고 가르쳐 줍니다. 감동 감격이 되지요?

그러면 이제는 율법이 필요 없냐고 묻는 사람들이 있을 수 있다고 가정을 하고 답변을 합니다. '그럴 수 없다'고 합니다. 왜냐하면 율법을 통하여 우리가 죄와 죄인임을 계속 알아야 하기 때문입니다. '율법에 탐내지 말라'가 있기 때문에 내가 탐내고 있는지 탐에서 벗어나 있는지 알게 된다는 것입니다.

꼭 기억해 두어야 합니다. 율법으로는 죄를 알게 한다는 것입니다. 죄

를 알게 한다는 것은 죄인의 실존에 있는지 의인의 실존에 있는지 알게 해 준다는 것입니다. 율법이 죄를 알게 해 생명이신 그리스도에게로 가게 함으로 육신의 정욕에서 해방시켜 주고 영의 생명으로 살게 해 줍니다.

신학은 방법론에 따라 주경신학, 역사신학, 조직신학, 실천신학으로 4가지로 나눕니다. 조직신학은 신론, 인간론, 기독론, 구원론, 교회론, 종말론 등으로 6가지로 나눕니다. 서론을 넣어 7가지로 구분하기도 합니다. 구원론에는 학자들의 주장에 따라 약간씩 차이가 있는데 일반적으로 구원의 서정의 단계로 칭의, 죄씻음, 중생(거듭남), 성화, 영화의 다섯 단계로 나눕니다.

칭의는 예수님이 나의 죄를 대신 해서 짊어지시고 십자가에서 죽으신 것을 믿고 세례를 받고 칭의가 이루어 졌다고 믿는 것입니다. 틀림없이 구원을 받은 것입니다. 그런데 그 믿음이 나의 육신의 정욕을 이기고 세상가치를 이기느냐는 개인의 믿음의 강도에 따라 다릅니다. 일반적으로 그 구원의 기쁨, 즉 칭의의 기쁨이 오래가지는 못한다는 것입니다.

그 다음은 내 안에 있는 죄 문제가 실존적으로 해결이 되지 않아서 고민을 하다가 성경을 읽거나 성경을 배워 유월절 어린양이신 예수님의 피를 알고 죄가 영원히 완전하게 사라진 것을 믿고 죄에서 해방을 받는 것이 죄씻음 입니다. 죄사함이라고도 합니다. 유월절 어린양이신 예수님을 통해 칭의와 죄씻음이 함께 동시에 이루어질 수도 있습니다. 죄씻음을 알게 되면 구원의 확실성은 더욱 더 분명해 집니다. 진리(말씀)를 알면 알

수록 구원의 확신이 더 분명해 지고 죄가 점점 더 멀어지고 영과 생명의 표현이 점점 더 빨라지고 안식과 감사와 기쁨이 점점 더 많아집니다. 그래서 말씀 연구와 묵상을 하면 할수록 더 묵상하게 되고 연구하게 됩니다.

칭의와 죄씻음의 진리를 알고 성경을 더 배워가다 보면 내 마음 안에 성령님이 계신 것을 분명히 알게 됩니다. 중생을 경험하는 것입니다. 분명히 자신이 위로부터 거듭났다는 것을 알게 됩니다. 이것이 중생입니다. 거듭남의 확신입니다. 구원의 확실성을 넘어 이제는 하나님의 자녀라는 정체성이 분명해지는 단계입니다. 영의 일부분인 양심에 순종하고 양심에 어긋나는 일이 있으면 즉시 회개를 합니다.

거듭난 것을 분명히 인식하게 되면 말씀을 사랑하고 교회를 사랑하고 영의 세계를 분명히 믿게 되어 가치관이 땅에서 하늘로 바뀝니다. 말씀을 로고스가 아닌 '레마'로 인격적으로 만나면서 내 존재가 바뀌어가는 것을 체험해 갑니다. 이것이 성화입니다. '두렵고 떨림으로'(빌2: 12) 구원을 이루어갑니다. 전에는 '두렵고 떨림이' 두려움이 되었으나 이제는 '두렵고 떨림'으로 인해 구원의 확신에 혼란을 격지는 않습니다. '두렵고 떨림'은 성화단계에서 육신의 생각을 좇지 않으려는 존재의 거룩한 가치관의 혼란으로 이해를 합니다. 정말로 하나님 앞에 '두렵고 떨림'으로 삽니다. 그 긴장감이 참 자유에 이르게 합니다.

이제는 육신을 좇지 않고 그 영을 좇아 살게 됩니다. 영원한 생명이 내 안에 있음을 알고 하나님의 영이신 성령님이 내 안에 계심을 알고 언제든지 순종을 할 마음으로 살아갑니다. 모든 일에 양심에 따라 거리낌 없이 살아갑니다. 성화(말씀의 순종)의 기쁨을 누리면서 언제든지 어떠한 상황이든지 사랑의 생명을 표현하는 것에 행복을 두며 삽니다. 육체의 소욕이 발동되면 깜짝 놀라 회개하고 돌이킵니다. 율법(말씀)에서 죄라고 하면 즉시 회개를 합니다. 말씀으로 와 계시는 성령님의 음성에 귀 기울이며 성령님의 생각으로 살려고 기쁜 마음으로 긴장을 하며 삽니다. 성화의 삶은 율법으로 보호를 받고 살지만 율법으로 살지는 않습니다.

율법으로 살지 않는다는 것은 율법을 가지고 교만하거나 타인에게 율법으로 살라고 요구하거나 명령하거나 책망하거나 판단하거나 정죄하거나 비판의 근거로 사용하지 않는다는 것입니다. 그러나 본인에게는 권면의 율법 조항들을 벗어나서 자유롭게 산다는 의미가 절대로 아닙니다. 율법 조항의 준수가 많을수록 경계선을 지키기가 좋고 철저히 보호를 받아 이 세상을 안전하고 평안하게 살 수 있습니다.

영화는 주님이 재림하거나 육체의 옷을 벗을 때 가능한 구원의 최종적인 감격입니다.

죄가 기회를 타서 계명으로 말미암아
내 속에서 온갖 탐심을 이루었나니 (롬7: 8)

충격입니다. 충격입니다. 충격입니다. '죄가 기회를 타서 계명으로 말미암아 내 속에서 온갖 탐심을 이루었나니' 라는 말씀에 '충격을 받지 않았다면 그것 또한 충격입니다. 계명이 좋은 것으로 알았는데 그 계명이 죄가 기회를 얻어, 죄의 표현 도구가 되는 경우가 허다하다니 참으로 기가 막힌 일입니다. 정말로 로마서 7장 8절, 11절이 아멘이 됩니까?

유대인들이 율법의 의미를 죄를 깨닫는 것이 아닌 의를 이루는 것으로 알아 의의 법을 따라(롬10:31-32)가서 망했듯이 오늘날 대다수 성도들도 계명을 지키고 그리고 계명의 말투가 하나님을 기쁘게 하고 하나님을 위한 삶이라고 생각했는데 그 계명으로 죄가 기회를 타서 사망을 표현하는 것이 된다니 놀라고 놀랄 일입니다.

말투가 존재의 전부는 아니지만 존재의 대부분은 말투에 의해 표출됩니다. 말투가 거룩해야 그 사람의 존재도 거룩합니다. 정체성이 형이상학적인 사람은 말투가 형이하학적일수는 없습니다. 하늘의 이상을 본 사람은 땅의 가치를 가지고 논쟁을 하지 않습니다. 영의 인도를 받는 사람은 무엇보다도 따짐, 불평, 짜증, 비난, 비교, 험담, 교만, 명령 등의 소극적인 언어를 하지 않습니다. 부득불 하게 되면 회개를 바로 합니다. 안하고 살수는 없습니다. 거룩의 시작은 말투의 변화로 시작되고 거룩의 끝도 말투로 완성됩니다.

신앙생활에서 계명의 말투를 졸업하고 사랑의 말투로 유월한다는 것은 의의 생활에 있어서 큰 전환점을 넘긴 것입니다. 크게 패러다임이 바뀐 것입니다. 사도 바울은 지금 계명의 말투에서 해방을 받아야 한다고 체험적인 고백을 하는 것입니다.

'죄가 기회를 타서 계명으로 말미암아 내 속에서 온갖 탐심을 이루었나니'라는 말씀은 성경에 없는 말씀이 아니라 로마서 7장 8절 11절에 두 번 씩이나 기록되어 있는 말씀입니다. '죄가 기회를 타서 계명으로 말미암아' 이 말씀에 감동 감격을 받지 않고 있다면 성령님에 대해 안다고 할 수 없습니다. '죄가 기회를 타서 계명으로 말미암아' 라는 이 말씀에 충격을 받고 한 번에 쓰러져야 합니다. '계명의 말투', '계명의 언어'로 말미암아 죄가 기회를 타고 들어온다는 것을 꼭 기독교 윤리로 알아 배우고 익히고 생명이 되기를 바랍니다.

죄는 계명만 있으면 그것을 이용하여 죄를 재빨리 표현합니다. 전에는 계명을 많이 지킬수록 하나님을 구체적으로 잘 섬기는 것으로 알았는데 계명이 많을수록 죄가 기회를 더 많이 이용해서 죄를 표현하는 공간이 된다니 참으로 환장 할 노릇입니다. 나는 이것을 깨닫기까지 많은 세월과 댓가를 치러야 했습니다. 여러분도 댓가를 치르지 않으면 깨달아지지 않을 것입니다.

　이제는 알았습니다. 죄를 짓지 않으려면 계명으로 살지 말고 사랑으로 살면 된다는 것을 알았습니다. 죄를 짓지 않고 살고 싶으면 계명이 없으면 되고 계명을 만들지 않으면 된다는 것을 알았습니다. '계명의 언어'를 졸업하고 사랑의 말투가 습관이 되는 지점은 선생이 되고 장성한 자가 되고 새언약의 일꾼이 되는 종착지가 가까이 온 것입니다.

　어떠하든지 이제는 계명 아래로 들어가지 않으면 됩니다.

　계명을 만들면 죄가 기회를 타서 활동하는 공간이 되는데 왜 계명을 만들고 왜 계명으로 살려고 합니까?

　"새 계명을 너희에게 주노니 서로 사랑하라 내가 너희를 사랑한 것 같이 너희도 서로 사랑하라 너희가 서로 사랑하면 이로써 모든 사람이 너희가 내 제자인 줄 알리라"(요13: 34-35) 전에는 이 말씀이 좋은 말씀이기는 하나 그래도 옛 계명도 지켜야 하는데 하고 좋아하면서도 이해가 될 뜻 말뜻 하였으나 이제는 왜 새 계명은 사랑의 계명 밖에 없는지 확실하게 알게 되었습니다.

　나는 청소년 시절에 새해가 되면 굳은 결심(계명)을 몇 가지를 했습니다. 그런데 그 결심을 온전히 지키지 못했습니다. 나는 매년 1월말에는 계획대로 즉 내가 만든 계명대로 살지 못하는 나를 책망하고 비난했습니다. 의지가 약한 놈이라고, 하나님을 그것밖에 섬기지 못하느냐고 나 스스로를 책망했습니다. 잘못했으면 크리스찬 바리새인이 될 뻔 했습니다.

이제는 주 예수님께서 "나는 너희에게 이르노니 도무지 맹세하지 말지니" 말씀도 생명의 수준 높은 말씀인 것을 알게 되었습니다. 맹세가 거룩한 삶의 출발이 아니라 육신 안으로 들어가는 시작이 됨을 알았습니다. 생명의 속성은 자연스럽게 생명률에 따라 결단, 결정을 하게 됩니다.

참으로 신기한 일이 많습니다. 주님! 나는 할 수 없습니다. 나는 의지가 약해 끝까지 해 내지 못합니다. 주님께서 나의 주인이심을 인정합니다. 나는 성령님의 종입니다. 주인되신 주님께서 나를 이끌어 가소서 그렇게 기도하면 나의 결심, 각오, 맹세로도 안 되던 것이 되어지는 경험을 여러 번 했습니다. 나는 개인기도 중에 항상 '성령님! 제 주인입니다. 저는 종입니다. 저를 가르쳐 주시고 책망하시고 인도하소서!' 라고 합니다.

결심을 자주 하는 것은 좋은 것이나 결심보다는 성령님께 의지하는 기도를 더 많이 하기를 바랍니다. 변화되는 것은 결심하는 것도 중요하지만 성령님을 의지하고 또한 의지를 사용해서 말씀을 묵상함으로 말씀 안에 들어가 말씀의 인도를 받는 것이 중요합니다. 그렇게 한다면 로마서 7장을 통과하게 될 것입니다.

생명에 이르게 할 그 계명이 내게 대하여
도리어 사망에 이르게 하는 것이 되었도다(롬7: 10)

로마서 6장, 7장은 구원 받은 이후 의의 생활에 있어서 의의 원리, 생명의 원리를 배우는 곳입니다. 구원 이후에도 크로노스의 틀 안에서 정욕과 법으로 계속 사느냐 아니면 카이로스의 틀 안에 들어가서 영과 생명으로 사느냐의 양식의 창고입니다.

만약에 영의 구원의 갈등을 겪는다면 로마서 1장부터 5장까지만 읽고 또 읽기를 바랍니다. 1장부터 4장까지는 이해만 하고 5장은 묵상하고 외운다면 구원을 받았느냐 아니냐의 갈등은 영원히 사라질 것입니다. 외우면서 묵상하면서 하나님의 사랑과 예수님의 대속의 의미를 분명하게 알게 됩니다. 구원의 확신 이후 의의 생활 즉 영의 인도하심을 받는 생활을 살기 위하여 배우는 성경은 로마서 6장 7장이라고 생각합니다.

예수님을 주님으로 믿는 것이 구원의 감격, 감동으로만 사는 것을 넘어 구원 이후 존재적 생명 표현을 통해 삶의 행복과 그 행복을 전파하는 삶이 될 때 하나님 아버지께서 기뻐하시며 또한 하나님 나라가 확대되는 것을 보시며 좋아하십니다.

성도들은 예수님을 그리스도로 믿은 이상 영은 구원을 받은 것입니다. 하나님께서 약속하셨기 때문입니다. 하나님은 영만 구원을 받는 것이 아니라 혼도 구원 받기를 원하십니다.(빌2: 12) 혼의 온전한 구원의 의미를 "뜻이 하늘(영에서)에서 이루어진 것 같이 땅(혼에서)에서도 이루어지기를 바라는" 주님께서 가르쳐 주신 기도에서도 볼 수 있습니다.

많은 사람들 중에는 로마서 7장 24절을 "오호라 나는 곤고한 사람이로다 이 사망의 몸에서 누가 나를 건져내랴"라는 말씀을 근거로 구원받은 사람이 이런 고백을 할 수 없다며 구원 받기 전의 사도 바울의 고백이라고 합니다. 정말 그럴까요? 구원 받은 후에는 사도 바울의 "내게 사는 것이 그리스도"(빌1: 21)라는 고백처럼 그리스도로 살기 위해서는 죄의 해방과 법의 해방이 있어야만 가능하다고 봅니다. 그래서 그 죄와 법의 해방의 투쟁사가 바로 로마서 6장 7장입니다. "오호라 나는 곤고한 사람이로다 이 사망의 몸에서 누가 나를 건져내랴"는 말씀은 사랑으로 살고는 싶은데 내 존재에서 나오는 것은 법을 통하여 죄가 나오니 제발 거기에서 해방을 받고 싶다는 절규이며 해방의 소리입니다. 씨앗에서 싹이 껍질을 뚫고 싹으로 틔어 나오는 고통의 소리이며 자유의 소리입니다. 알에서 액체의 생명으로 있다가 병아리로 나오기 위해 껍질을 깨기 위해 두드림의 영광의 외침이며 희망의 신음입니다.

사도 바울은 바리새인 중에 바리새인이요 율법의 의로는 흠이 없는 자라고 고백을 한 적이 있습니다. 그 율법에서 해방되는 과정에서 겪었던 고통을 표현한 것이 "오호라 나는 곤고한 사람이로다 이 사망의 몸에서 누가 나를 건져내랴"라고 봅니다.

예수님을 믿으면 구원을 받았고 죽으면 천국을 가는데 왜 "항상 기뻐하라"와 "범사에 감사하라"가 되지 않습니까? 나는 나의 경험을 볼 때 죄와 법에서 해방 받지 못하고 죄 아래 살거나 법 아래 살기 때문에 간혹 간혹 내가 정말로 구원을 받은 것인가 하고 의심이 들 때도 있기 때문입니다. 그래서 죄와 법에서 해방된 것을 알게 됐을 때는 두 번 다시 구원의 흔들림이 없이 영의 구속과 혼의 구원을 누리며 기쁨과 감사가 있는 생활이 되었습니다.

율법의 계명은 나의 생명을 보호하고 지키기 위해서는 반드시 필요합니다. 그러나 그 계명의 말들이 타인에게 갈 때는 나의 존재양태에 따라 법이 될 수도 있어서 상대방에게 그리스도의 생명의 빛을 비추는데 방해가 될 뿐 아니라 죄가 기회를 이용하여 나를 속이고 죽일 수 있다는 것입니다. 상대방이 나의 선한 말을 율법(계명)으로 느끼면 그 율법은 생명이 되지 못하고 죄가 되는 것입니다. 타인은 죄와 사망으로 느껴 고통하는데 나는 그런 의미로 말을 하지 않았다고 발뺌을 해서 되겠습니까? 죄가 무엇으로 말미암아 기회를 타서 속이고 죽인다고 로마서 7장 11절에 기록되어 있습니까? 바로 계명입니다. 계명의 언어(말투)를 지속적으로 한다면 거룩의 누림은 없습니다. 계명의 말투의 끝냄이 생명 성장에 있어서 무척 중요하다는 것을 알 때 진정한 변화 속에 있는 것입니다.

성도 여러분! 로마서 7장 11절에서 감동 감격하지 않으면 7장을 통과 못하고 7장의 광야에서 죽고 맙니다.

죄가 기회를 타서 계명으로 말미암아
나를 속이고 그것으로 나를 죽였는지라(롬7: 11)

예수님께서는 "도둑이 오는 것은 도둑질하고 죽이고 멸망시키려는 것뿐이요 내가 온 것은 양으로 생명을 얻게 하고 더 풍성히 얻게 하려는 것이라"(요10: 10) 고 하셨습니다. '양'은 믿는 성도들을 상징하고 '생명'은 영원히 사는 조에의 생명을 말합니다. '풍성히'의 원어 '페릿소스'는 질적으로 '우월한', '뛰어난', '측량할 수 없는' 생활을 의미합니다.

주 예수님은 우리에게 영의 구원뿐만 아니라 혼의 구원을 누려 생활 속에서 죄의 노예가 되어 사는 사람들과 다른 질적으로 다른 '우월한', '뛰어난', '측량할 수 없는' 생활을 할 수 있도록 새롭고 산 길을 열어 놓으셨습니다. 하지만 우리는 무엇이 잘못되어 로마서 7장 24절 "오호라 나는 곤고한 사람이로다 이 사망의 몸에서 누가 나를 건져내랴"를 전적으로 동의하며 사망의 몸에서 곤고하게 살아야 합니까?

성도들이 십자가의 사랑을 깨닫고 나의 죄가 다 씻긴 것을 알고 구원을 받았다는 감격에 얼마나 기쁘고 즐거웠습니까? '주의 말씀 받은 그 날 참 기쁘고 복 되도다 이 기쁜 맘 못 이겨서 온 세상에 전하노라 기쁜 날 기쁜 날 주 나의 죄 다 씻은 날 늘 깨어서 기도하고 늘 기쁘게 살아가리 기쁜 날 기쁜 날 주 나의 죄 다 씻은 날' 우리가 이 찬송을 얼마나 좋아하고 사랑했습니까? 그런데 신앙생활을 하면 할수록 더 기쁘고 즐거워야 하는데 무엇이 잘못 되어 기쁜 맘은 사라지고 무거운 계명 속에서 고통하며 삶의 무게를 이기지 못하고 허덕거리며 살고 있습니까?

불치병이 왜 불치병인지 아시지요. 치료하지 못하는 병이 불치병입니다. 왜 치료하지 못하지요. 병의 원인을 몰라서 치료방법을 모르기 때문입니다. 신앙생활도 마찬가지입니다. 왜 기쁨 충만 감사 충만으로 살지 못합니까? 첫째는 자기가 스스로 거듭남의 확신의 부족입니다. 둘째는 성령을 따라 사는 생활이 습관화 되지 않아서 입니다. 예수님을 주로 믿는다고 하지만 죄와 법의 생활을 통과하지 못해서 생활의 인격의 표현의 수준이 믿지 않는 자와 별로 차이가 없기 때문입니다. 거듭남의 확신은 성화 추진력이 되어 영의 생활을 하게 하며 영의 생활 지속은 거듭남의 확신에 확신을 주어 서로 상승작용을 일으킵니다.

성령을 따라 살려면 유월절을 지낸 후 50일이 지나야 오순절이 되듯이 구속 곧 죄사함(엡1; 7)을 확신한 후 <50일> 동안 말씀을 먹고 기도하고 누려야 하는데 <50일> 동안 꾸준히 하늘 양식을 먹지 못하고 기도하지 않고 지내고 있으니 성령을 따라 사는 생활을 알지도 못하고 되지도 않는 것입니다. 문제의 원인은 말씀을 먹고 누리고 기도하지 않는데 있습니다. 우리의 존재는 기도하는 집이라고 하지 않습니까? 기도는 이방인들처럼 무엇을 달라고 하기 전에 하나님의 약속된 말씀들을 내 마음 안에 이루어 달라는 간구여야 합니다. 말씀이 풍성히 생명으로 거해야 아름다운 성전이 되어갑니다. 참 성전을 건축하며 살아갑시다.(고전 3: 16)

　말씀을 먹고 누리고 기도함이 없으면 계명을 따라 사는 생활이 지속되고 그 생활은 육신에 속한 생활인데도 도리어 영적인 생활로 믿게 됩니다. 속임을 당하고 있는데도 속임을 당하는 것인지 모르고 살고 있습니다.

　주님께서 가르쳐 주신 기도문에는 "나라가 임하시오며"에서 '나라'는 원어로 '바실레이아' 입니다. '바실튜스' 명사형인데 '왕이 통치하다'의 개념입니다. 그래서 '왕국'이라는 표현이 더 좋습니다. 왕국회관이 먼저 선점 하는 바람에 오해의 소지가 있어 표현하기가 좀 뭐하지만 '왕국'의 표현이 정확한 것입니다.영어로는 'kingdom'입니다. 예수님은 부활 승천 하신 후에 하늘로 올라가셨고 선물로 성령님을 주셨습니다. 그 성령님이 내 마음 안에 들어와 왕이 되셔서 '사랑'으로 다스리는 왕국을 만드십니다. 하지만 우리는 어리석어서 법(계명)을 따라 사는 생활패턴에서 빠져 나와야 하는데 계속 계명으로 사는 것이 옳고 바른 것으로 알아 내가 나를 속이고 죽이며 속이고 살고 있습니다.

　거듭 설명합니다. 로마서 1장부터 5장까지 읽고 기도하고 또 읽으면 거듭남 죄사함이 분명해 집니다. 로마서 6장 7장을 먼저는 이해하고 깨닫고 하늘 양식으로 먹으면 죄와 법의 생활을 통과하게 됩니다. 그러면 죄와 법에서 해방을 받고 영으로 살게 되어 기쁨 충만 감사 충만이 됩니다.

죄와 법의 통과는 양심적으로 판단되는 죄를 짓지 말고 부득불 지었으면 즉시 회개하는 습관이 되어야 합니다. 그리고 법의 언어에서 졸업을 해야 합니다. 이것은 이론으로 되는 것이 아니라 6장 7장에 나오는 로고스의 말씀들을 수백 번 묵상하며 기도할 때만 레마의 말씀으로 전환되는 체험이 있고 그 말씀의 체험이 마음판에 기록되고(히8: 10) 그 기록된 말씀들이 죄와 법의 껍질에서 벗겨내게 됩니다.

율법은 거룩하고 계명도 거룩하고
의로우며 선하도다(롬7: 12)

율법에 대하여 정리할 단계에 왔습니다. 공부를 잘하는 사람은 개념이해도 정확히 하고 목차 중심으로 정리도 잘하고 기억술을 이용하여 잘기억해 둡니다. 마찬가지로 신앙생활에서 이기는 자(계시록 일곱 교회마다 다 나옴)가 되려면 구속과 구원의 개념차이를 분명히 이해하고 여러 가지 항목에 대하여 정리가 되어 있어야 합니다. 이기는 자라고 해서 특별한 사람이 되는 것이 아니라 나의 옛 사람의 의식의 틀과 이 세상의 사상의 틀을 이기는 것을 의미합니다. 왜냐하면 성도는 시민권이 하늘에 있기 때문에 하늘 시민 의식(사상)으로 살아야 하기 때문입니다. 땅에 성전을 짓는 것이 아니라 인격의 성전, 존재의 성전을 짓는 것이기 때문입니다. 옛 성전이라 부르는 옛 자아를 무너뜨리고 새 성전이라 부르는 새 사람이 되는 것입니다.

율법에 대하여 분명한 정리가 없으면 율법으로 살다가 영으로 살다가다시 율법으로 살다가 또 영으로 살다가 갈팡질팡하게 됩니다. 갈팡질팡을 해도 그 와중에 깨달음이 있어 영으로 살게 될 수도 있습니다. 그러나 잘못하면 사도 바울은 갈리디아 교회들에게 쓴 편지에서처럼 "복음을 속히 떠나 다른 복음을 따르게"(갈1: 6) 될 수 있는 것이 문제입니다.

역대하 19장 10절에는 "무릇 어느 성읍에 거한 너희 형제가 혹 피를 흘림이나 혹 율법이나 계명이나 율례나 규례를 인하여 너희에게 와서 송사하거든"말씀을 통해 율법과 계명과 율례와 규례를 구별하는 것을 볼 수 있습니다. 그래서 율법 계명 율례 규례에 대하여 개념 정리를 할 필요가 있습니다.

율법 〉 계명 〉 율례, 규례(법도)

율법이라 함은 계명과 율례와 규례를 모두 포함합니다. 계명은 율례 규례를 포함합니다. 율법은 원어로 '토라'이며 영어는 law 입니다. 말씀을 의미합니다. 넓게 의미로는 성경전체, 하나님의 말씀을 모두 말합니다. 좁은 의미로는 모세오경을 말합니다.

계명은 원어로 '미츠와'이고 영어는 commandment 입니다. '명령하다'는 의미로 '하라'와 '하지 말라'로 구성되어 있습니다. 하나님이 당신의 백성에게 요구하는 것으로 하나님과 인간, 인간과 인간관계 속에서 지켜야할 법을 말합니다. 계명을 통해서 하나님과 이웃을 어떻게 사랑하는지를 배울 수 있습니다.

율례는 원어로 '호크'이며 영어는 statutes 입니다. '자르다' 라는 의미로 법도' 로도 번역되었습니다. '성막, 제사, 절기 등에 관련된 법규들을 말합니다.

규례는 원어 '미쉬파트'이며 영어로 judgments 입니다. '다스리다', '재판하다'의 의미입니다. 도덕원칙을 의미합니다. 이 단어도 '법도'로 번역되어 있어서 율례와 규례 법도과 혼용되어 있습니다. 인간 상호간의 지켜야 할 관계법을 의미합니다. '미쉬파트'을 통해 하나님의 백성이 세상을 어떻게 살아가야 할 것인지를 배울 수 있습니다.

율법은 왜 주어졌습니까? 율법이 더 가입한 것은 무슨 이유인가요? 로마서 3장 20절은 꼭 기억해야 합니다. "율법의 행위로 그의 앞에 의롭다 하심을 얻을 육체가 없나니 율법으로는 죄를 깨달음이니라" 또 로마서 5장 20절에 "율법이 가입한 것은 범죄를 더하게 하려 함이라"

율법은 첫째 죄를 깨닫게 해 줍니다. 그래서 죄 문제를 영원히 해결해 주는 예수님을 만나게 해 줍니다. 율법을 통해 '내가 죄인이구나' 하고 깨닫는 것이 기독교 신앙에서 중요한 진리 항목입니다. 죄인만이 예수님을 만날 수가 있고 만나면 죄 문제를 해결할 수 있기 때문입니다. 또한 구원 이후에도 율법을 통해 '내가 지금 죄의 상태로 있구나' 라고 깨닫게 해서 영생의 존재로 유월하게 합니다.

둘째 율법의 행위로는 의롭다 하심을 얻을 육체가 없으므로 율법을 지킴으로 의롭다하심을 보여야 한다고 하는 가르침은 바른 가르침이 아닙니다. 오직 의롭다 하심은 믿음으로 말미암은 의 밖에 없습니다. 율법을 통하여 의롭게 되지 않는다고 해서 율법을 떠나면 율법의 보호를 받지 않게 되어 생명의 길이 험난하게 됩니다. 생명의 길을 안전하게 가려면 율법의 보호를 받아야 합니다.

셋째 '율법은 적법하면 쓰면 선한 것이 된다'(딤전 1: 8)는 사도 바울의 권면에 따라 적법하게 쓰는 법을 알아야 합니다. 에베소서 5장 22절부터 28절에는 아내와 남편들에게 권면하는 말씀이 있습니다. 22절에는 "아내들이여 자기 남편에게 복종하기를 주께 하듯 하라"는 말씀이 있습니다. 이 말씀을 아내들이 사용(적법하게)해야할 말씀입니다. 그런데 남편들이 아내에게 당신은 에베소서 5장 22절도 모르느냐고 하면서 이 말씀을 가지고 판단하고 정죄한다면 율법을 적법하면 쓰는 것이 아닙니다. 남편들은 25절 "남편들아 아내 사랑하기를 그리스도께서 교회를 사랑하시고 그 교회를 위하여 자신을 주심 같이 하라"는 말씀을 사용해야 율법을 적법하게 쓴 것입니다.

넷째 율법은 죄를 깨닫게 해 준다고 해서 사명이 다 끝난 것이 아닙니다. 율법은 생명을 보호하고 안전하게 자라게 해 주는 기능을 합니다. 그래서 율법을 지킴으로 생명의 보호를 받고 잘 자랄 수 있도록 해야 합니다. 그래서 율법의 넓은 의미 즉 말씀을 사랑하고 품고 지켜야 합니다. 율법의 준수는 세상으로부터 떠내려가지 않도록 보호 장치로 준수(히2: 1)해야 하는 것입니다.

다섯째 율법은 크게 은혜의 말씀과 의의 말씀이 있습니다. 은혜의 말씀은 구속 곧 죄사함(엡 1: 7, 골1:14)관한 말씀입니다. 이 은혜의 말씀만 믿고 계속 강조하는 것은 좋은 태도가 아닙니다. 구원파라고 불리는 공동체가 '이 은혜의 말씀'에만 너무 중점을 두고 생활 속에서는 의의 표현이 되지 않아서 문제가 되었습니다. 의의 말씀은 의의 생활이 되도록 하는 말씀입니다. '은혜의 말씀'이 생명이 되지도 않은 성도들에게 '의의 말씀'을 너무 강조하여 율법 속으로 몰아넣는 것도 동일하게 문제가 됩니다. 생명에는 순서가 있고 단계가 있습니다. 지나친 의의 요구는 생명의 길이 아닙니다. 의의 말씀을 먹고 누려 자연스럽게 의가 표현되도록 안내해야 합니다. 의의 말씀이 중점적으로 기록된 곳이 로마서 6장 7장이라고 생각합니다. 몇 번 말했습니다. 의의 생활은 곧 성령님의 인도를 받는 생활입니다. 성령을 따라 사는 생활입니다.

로마서 8장 14절 "무릇 하나님의 영으로 인도함을 받는 사람은 곧 하나님의 아들이라"와 갈라디아서 5장 16절 "내가 이르노니 너희는 성령을 따라 행하라 그리하면 육체의 욕심을 이루지 아니하리라"라는 말씀을 중요시 여기지만 우리 믿는 성도가 항상 '하나님의 영으로 인도' 받거나 '성령을 따라 사는 행하는' 것이 아니기 때문에 율법의 보호와 안전 속으로 들어가는 것이 필요합니다. 율법의 조항을 많이 지킨다고 해서 성화되는 것은 아니지만 생명의 보호하고 안전하게 자라도록 지켜주는 것이 율법이기 때문에 율법을 사랑하고 지켜야 합니다.

그런즉 선한 것이 내게 사망이 되었느냐 그럴 수 없느니라

오직 죄가 죄로 드러나기 위하여 선한 그것으로 말미암아

나를 죽게 만들었으니 이는 계명으로 말미암아

죄로 심히 죄 되게 하려 함이라(롬6: 13)

'선한 것'은 율법입니다. 율법은 죄가 죄로 드러나기 위한 것입니다. 아멘입니다. 그런데 '율법이 나를 죽게 만든다니' 아멘이 됩니까? 아멘이 안 될 것입니다. 율법을 지키는 것이 얼마나 자랑스러우며 얼마나 뿌듯하며 하나님을 사랑하는 증거가 되지 않습니까? 그런데 '율법이 나를 죽게 만든다.' 선뜻 깨닫기는 커녕 이해도 안 될 것입니다. '율법이 나를 죽게 만든다.'라는 말씀을 깨닫고 율법에서 영으로 돌이킨다면 7장을 졸업하게 될 것입니다. 이 말씀을 문자에서 생명으로 유월하지 못하면 광야생활을 지속하게 됩니다.

말씀을 풀어 설명하기 전에 여기서 '율법은 나를 죽게 만든다.' 고 사도 바울이 율법을 새롭게 정의했으니 그 의미를 더 깊이 알아야 합니다. 여기서 '죽는다'고 할 때 육체적 죽음이 아닙니다. 영적 죽음도 아닙니다. 조에의 생명을 표현하지 못하는 존재적 죽음을 의미합니다. 즉 생명의 표현이 아닌 육신의 표현이 죽음의 개념입니다. 의의 생활이 되지 않는

것입니다. 성령을 따라 사는 생활이 되지 않는 것입니다.

율법은 죄를 깨닫게도 하지만 죄가 율법을 이용해서 사망을 표현하게 하는 좋은 통로가 됩니다. 나는 전에 학원을 해서 1년에 순 수입이 1억을 넘은 해가 있었습니다. 십일조를 한 달에 백만원 이상을 내게 됩니다. 자랑스럽습니다. 어느 날 교회학교 어린이들이 대화를 하는데 저 분이 '우리 교회에서 십일조 두번째로 많이 내는 분이래' 하는 것을 엿듣게 되었습니다. 그 당시 병원을 두개나 하는 이사장이 있었는데 그분이 일등 내가 2등이라는 것입니다. '아니! 아이들도 다 알고 있네,' 나의 자부심, 당당함, 우쭐함 등등 소극적인 성품들이 줄줄이 내 마음 속에서 요동치는 것을 보았습니다. 십일조 많이 내고 잘 내는 것이 나의 자랑이요 나의 존재의 표현이 되었습니다. 나는 기쁨이 충만하고 감사가 충만한 것이 아니라 교만이 충만하고 악한 생각이 있었습니다.

나는 아내와 함께 전도도 열심히 했습니다. 매년 3등 안에는 든 것 같습니다. 전도 열매를 보면서 나는 하나님께 감사하기 보다는 '나 정도는 열심이 있어야지'하면서 은근히 교만해 지는 것을 보았습니다. 또 나의 자랑은 철저한 주일 성수, 전도 열매, 많은 십일조 생활이 큰 벼슬로 자리 잡고 있는 것을 보았습니다. 율법 지킴이 나를 생명의 존재로 변화시키는 것이 아니라 교만덩어리로 그리고 성령을 좇아 행하는 것을 막는 기능을 한다는 것을 알게 되었습니다. 다른 사람에게 표현은 안 해도 나는 나의 양심으로 충분히 교만 덩어리가 되어 있음을 진단할 수 있었습니다. 그렇다고 주일 성수, 전도, 십일조 하지 말라는 말이 절대 아닙니다. 이것은 믿음 생활 표현의 당연한 것이며 자연스러움의 표현이 되어야 합니다. 이것들은 성령의 성품 중에 하나입니다. 당연히 열심히 해야 합니다.

율법을 쪼개면 계명이 됩니다. 율법을 더 잘 지키기 위해 유대인들은 계명을 쪼개서 지켰습니다. 예를 들면 십계명에 중에 4계명인 '안식일을 기억하여 거룩히 지키라'를 유대인들은 39가지 계명을 만들어 지키게 했다고 합니다. 어느 책에서는 99가지로 나누었다고 합니다. 율법을 더 잘 지키기 위해 더 작은 계명으로 쪼개고 나누는 것은 잘하는 것 같지만 한 면에서는 율법 속으로 더 들어가며 종교인이 된다는 것도 알아야 합니다.

유대인의 안식일을 거룩히 지키는 방법에는 '씨 뿌리거나 밭 갈지 말 것,' '곡식 단을 묶거나 거두지 말 것,' '곡식을 타작하거나 까불지 말 것,' '곡식을 빻거나 찌지 말 것,' '채질하지 말 것,' '반죽하거나 굽지 말 것,' '털 깎지 말 것,' '빨래하지 말 것,' '때리지 말 것,' '염색하지 말 것,' '매듭을 짓거나 풀지 말 것,' '바늘로 두 번 깁지 말 것,' '짐승을 잡거나 죽이지 말 것, '두 글자를 쓰거나 지우지 말 것,' '집 짓거나 헐지 말 것,' '불을 끄거나 켜지 말 것,' '한 집에서 다른 집으로 물건을 옮기지 말 것,' '빗질하지 말 것' 등이 있습니다. 웃음이 나오지요. 한심하다고 느낄 것입니다. 그러나 그들은 진지했습니다. 안식일을 거룩히 지키기 위해 몸부림쳤습니다. 하나님께서 모세에게 써준 돌판의 십계명을 지키려고 목숨까지 거는 사람들 이었습니다.

'계명으로 말미암아 죄로 심히 죄 되게 하려 함이라' 사도 바울의 체험적인 고백입니다. 나의 고백이 되기를 바랍니다. 율법을 더 잘 지키려 계명을 더 많이 만들수록 점점 더 거룩해 지는 것이 아니라 점점 더 죄인되게 한다는 고백 앞에 아멘이 되고 그런 사람들을 향해 긍휼한 마음이 들 때 7장을 서서히 통과하게 됩니다.

우리가 율법은 신령한 줄 알거니와
나는 육신에 속하여 죄 아래에 팔렸도다(롬7: 14)

12절에서 "율법은 거룩하고 계명도 거룩하고 의로우며 선하도다"고 했습니다. 이를 한 마디로 하면 '율법은 신령하다'는 것입니다. 신령하다는 표현보다는 영적이다 는 표현이 더 좋습니다. '율법은 영적이다'는 것은 하나님은 영이시기 때문에 율법의 기원이 하나님께로부터 시작되었다는 것입니다. 하나님께로부터 시작되었다는 것은 율법이 거룩하고 의로우며 선하다는 것입니다. 율법이 거룩하고 의로우며 선하다는 것이면 율법대로 살면 거룩하고 의로우며 선해질 수 있다는 것입니다. 그러나 인간은 육적이고 육적인 결과는 죄아래 팔린 존재이기 때문에 영적인 세계인 율법의 요구 수준에 도달할 수 없다는 것입니다. 차원이 다르기 때문에 노력, 금식, 극기, 결단, 등 변화를 의미하는 모든 단어를 총출동하고 행동화한다 해도 인간적인 수단과 방법으로는 영적인 차원으로 올라갈 수 없습니다. 로마서 8장 3절을 보면 '율법으로는 할 수 없다'고 사도 바울이 못 박고 있습니다. 그래서 하나님은 율법의 요구를 이루게 하시려고 성령을 선물로 우리 마음에 부어 주신 것입니다. 나(옛사람)는 못하지만 거듭난 나는 성령님의 능력으로 율법의 요구를 이루어 가심을 바라보면 따라 갑니다.

'영적이다'(신령하다)의 반대말은 '육적이다'(육신에 속하다)입니다. 헬라어로도 꼭 알아두어야 할 용어입니다. '프뉴마티코스'와 '사르키노스' 영어로도 기억해 두어야 합니다. 'spiritual'와 'carnal'입니다. 히브리어로는 하나님의 영을 말할 때는 '루아흐'로 사용하고 혼은 '네페쉬'입니다.

육적인 사람은 아무리 발버둥쳐도 육적인 세계를 벗어나 살 수 없습니다. 사람의 노력 여하에 따라, 수양에 따라, 봉사 정도에 따라 육적인 세계에서 수준이 높이 올라간다 하더라도 죄 아래 있기는 마찬가지입니다. 죄 아래 팔려있는 세상은 흑암의 세상입니다. 흑암에 사는 세상에서 탈출해서 빛의 세계로 가고 싶어도 탈출할 능력이 없습니다. 그래서 여기서라도 잘 살아 보자고 세계평화를 부르짖고 경제민주화, 복지국가를 만들자고 협의체를 만들어도 자기 배를 더 채우려는 욕망 때문에 해결되지가 않습니다. 종교를 만들어서 한번 탈출 해 보자고 해도 안 됩니다. 철학을 활용해서 혹시 탈출 구멍이라고 있나 찾아보려고 해도 못 찾습니다.

육신에 속하여 죄 아래 사는 우리는 어떻게 해서 영적인 세계로 옮겨갈 수 있습니까? 누군가가 와서 건져 올려주어야 합니다. 골로새서 1장 13절을 꼭 기억해 주십시오. "그가 우리를 흑암의 권세에서 <건져내사> 그의 사랑의 아들의 나라로 옮기셨으니" 예수님이 오셔서 우리를 <건져> 주셔서 사랑의 아들의 나라로 옮기셨습니다. 아멘 할렐루야.

이제는 영적인 세계로 옮겨진 사람은 영적으로 살아야 합니다. 율법은 영적이기 때문에 율법으로 보호를 받으며 살아야 합니다. 나는 나의 영의 생명 뿐만 아니라 육의 혼까지 보호받기 위해 율법 속으로 들어가 살기를 좋아합니다. 그렇다고 해서 영이 구원받기 위해 노력하는 것이 아닙니다. 혼의 변화를 위해서도 율법으로 사는 것이 아닙니다. 혼 생명을 보호하기 위해 두렵고 떨림으로 율법 안에서 성령님의 인도하심으로 하루 하루 삽니다. 영적인 사람은 율법 즉 하나님의 말씀을 사랑합니다. 그러나 율법의 행위를 자랑하지는 않습니다.

그리고 타인을 향하여는 율법을 요구해서는 안 됩니다. 아들의 나라는 사랑의 나라이기 때문에 오직 사랑으로만 섬기며 사랑의 언어만 해야 합니다. 왜냐하면 율법의 요구는 사람을 변화시키지 못하지만 사랑은 사람을 변화시키기 때문입니다. 율법의 요구는 타인을 법 속으로 들어가게 만들지만 사랑은 타인을 감동 감격시켜 자발적으로 생명의 길로 나가도록 인도합니다.

평상시 생활어에서 율법의 말투를 졸업하고 사랑의 말투를 할 줄 안다면 7장을 졸업하고 8장으로 갈 수 있습니다. 상황에 따라 순간적으로 죄의 책임이 무서워서 율법의 말투를 했다면 영원한 속죄의 주님께 고백하고 상대방에게는 진정으로 사과하고 겸손하고 용서를 빌면 됩니다.

누구든지 실수와 실패를 통해 배우고 자라가는 것입니다. 한 번 실수나 실패를 통해 배움을 깨닫고 전진하는 사람은 지혜자요 두 세 번 실수를 통해 전진하는 사람은 보통 사람이요 여러 번 실수 실패해도 배우지 못하고 또 같은 실수 실패를 반복하면 바보입니다. 한 번 실수나 실패를 했다고 너무 자책하고 자학하고 고통 속으로 들어가는 사람도 바보 중에 바보입니다. 누구든지 실수나 실패를 통해 큰 배움과 깨달음을 통해 발전 성숙하는 것입니다.

나는 전에는 육적인 사람이었는데 이제는 영적인 사람이 되었으니 감사가 넘칩니다. 이제는 이 말씀이 어렵지 않을 것입니다. 영적인 세계로 옮겨진 사도 바울의 모습이 보이지 않습니까? 그리고 나도 영적인 세계가 있다는 것을 알았기 때문에 갈 수 밖에 없지 않습니까? 그러나 이제는 갈 수 있게 된 것 뿐 만 아니라 옮겨졌으니 감격이 될 것입니다.

영적인 세계로 옮겨졌어도 우리는 육신에 속해있기 때문에 두 세상, 두 자아에서 갈등하고 있음을 알고 인정해야 합니다. 다음 절에서 하늘 양식을 먹읍시다.

내가 행하는 것을 내가 알지 못하노니 곧 내가 원하는 것은
행하지 아니하고 도리어 미워하는 것을 행함이라 (롬7: 15)

　　나는 내가 하는 일을 도무지 알 수가 없습니다. 내가 해야겠다고
생각하는 일은 하지 않고, 도리어 해서는 안 되겠다고 생각하는 일을 하
고 있으니 말입니다. (표준새번역)

　골로새서 1장 13절에서 예수님이 "우리를 흑암의 권세에서 <건져내>
었다고 했습니다. 그래서 흑암의 권세에서 살던 나는 <옛 사람의 나>가
되고 영적인 세계로 옮겨져서 사는 나는 <새 사람의 나 >가 됩니다.

　<내가 원하는 것>은 생명의 성령의 법으로 사는 것입니다. <도리어 미
워하는 것>은 죄와 사망의 법입니다. 나는 생명의 성령의 법으로 살고
싶지만 내가 살아내는 것(행하는 것)은 죄와 사망의 법입니다.

　<옛 사람의 나>는 혼 중심의 사고체계이며 땅의 가치로 살고 죄 아래
서 살고 법의 형식인 문자를 소중히 여기며 삽니다. <새 사람의 나>는 영
중심의 가치체계로 하늘의 가치로 살고 은혜 아래 살고 법의 정신인 사

랑을 소중히 여기며 성령 안에서 삽니다.

<옛 사람의 나>는 미워하는 것을 행하는 자이고 내가 원하는 것을 행하지 아니하는 나입니다. <새 사람의 나 >는 생명의 성령의 법으로 사는데 그 나라는 바로 하나님 나라입니다. 앞에서 '나라' 보다는 왕국의 어휘가 더 좋다고 했습니다. 죽어서 가는 곳은 천국이고 이 땅에서 들어가야 할 곳은 왕국이고 겉 사람이 사는 곳은 나라 라고 어휘를 정리합니다.

마가복음 1장 15절에 예수님이 말씀하셨습니다. "때가 찼고 하나님의 나라(왕국)가 가까이 왔으니 회개하고 복음을 믿으라" 그 하나님의 왕국에 들어가 사는 존재가 바로 <새 사람 나>입니다. 그러나 이 세상에서 <새 사람 나 >는 <옛 사람의 나>와 함께 있어서 본인만 알 뿐 타인은 모릅니다. 그래서 타인은 나의 열매를 통해 나를 알고 판단합니다.

그 왕국은 절대적으로 크로노스 나라와는 비교가 되지 않습니다. 그래서 사도 바울은 심지어 강하게 크로노스 나라를 위해서 사는 것은 죄(17절, 20절)라고 단정했습니다. 표적에서 빗나간 생활이라는 것입니다.

또 예수께서 이르시되 "손에 쟁기를 잡고 뒤를 돌아보는 자는 하나님의 나라(왕국)에 합당하지 아니하다"고 (눅9: 62) 하셨습니다. 진정으로 하나님 왕국을 안 사람은 땅의 나라의 가치를 보려고 뒤를 돌아보지 않습니다. 너무나 차원이 크게 다른 것을 알기 때문입니다. 성령 안에서 은혜로 사는 삶(사랑)과 법 안에서 죄로 행위로 사는 삶(법)은 차원이 전혀 다릅니다. 어릴 적 재미있고 잘했던 구슬치기 딱지치기는 자동적으로 버려지게 됩니다.

또 예수께서 제자들에게 이르시되 "누구든지 나를 따라오려거든 자기를 부인하고 자기 십자가를 지고 나를 따를 것이니라."(마16: 24) 했습니다. 여기서 자기는 <옛 사람의 나> 입니다. 옛 사람의 추구하는 욕망을 모두 버리고 하늘의 이상을 보았으면 그 이상을 향해 죽음을 각오하고 사는 생활이 십자가를 지고 가는 생활입니다.

세상나라와 하나님 왕국의 차이를 분명하게 가르쳐 주는 구절이 로마서 14장 17절입니다. "하나님의 나라(왕국)는 먹는 것과 마시는 것이 아니요 오직 성령 안에 있는 의와 평강과 희락이라" 세상 나라는 먹고 마시는 것이 중요합니다. 마시는 것에는 술을 기본으로 하여 오락, 관광, 취미 등등입니다. 하나님 왕국은 의와 평강과 희락입니다. 이것에 대해서는 의와 평강과 희락에 대해 설명하는 장에서 알기를 바랍니다.

하나님 왕국은 거듭남으로 들어가며 속 생명이 자람으로 누릴 수 있는 곳입니다. 속 생명이 자라는 방법은 하늘 양식을 매일 먹어야 된다고 수차례 강조했습니다. 먹는 방법은 묵상이며 묵상은 작은 소리로 읊조리는 것이라고 강조 해 왔습니다. 단편적으로 혹은 주제별로 먹는 것 보다 장별로 먹는 것이 좋으며 특별히 로마서 5장 6장 7장 8장을 먹고 누리면 제일 좋다고 했습니다.

내 속 곧 내 육신에 선한 것이 거하지 아니하는 줄을 아노니 원함은 내게 있으나 선을 행하는 것은 없노라(롬7: 18)

'내 속 곧 내 육신에 선한 것이 거하지 아니하는 줄을 아노니' 말씀처럼 진정으로 내 속에 선한 것이 없는 것을 알고 믿습니까? 우리 영은 죽었기 때문에 내 육신에 선한 것이 거하지 아니함을 알고 믿어야 합니다. 믿고 알아야 됩니다.

그러나 예수님을 믿으면 하나님의 선물인 성령을 선물로 받습니다. 그 성령(聖靈)으로 말미암아 내 안에 죽어 있던 영과 연합하여 즉 부활해서 새 사람의 인격체가 됩니다. 지금 사도 바울은 내 마음 안에 두 인격체가 있다는 것을 설명하기 위해 성령님이 오시기 전에 내 속 내 육신(肉身)이 있는데 그 육신의 인격체는 하나님을 위해 선을 행하고 싶은 마음은 있지만 선을 행하는 능력이 없는 존재라는 것을 설명하고 있습니다. 이해가 되고 깨달아졌습니까?

내 마음 안에 있는 육신의 인격체는 성령의 인격체와 연합한 영과 협력해서 하나님의 뜻을 이루어가는 협력하는 인격체가 아니라 고집이 세

220

고 자기 주장만 내세워서 성신(내 마음에 새로 탄생한 새 사람의 인격체)의 인격체가 원하는 바는 하지 않고 원치 않는 악을 행하는 존재(19절)라고 정의하면서 그 존재의 근원이 죄라고 단정합니다.

그러므로 우리 마음 안에 두 인격체가 있음을 분명히 알아야 합니다. 육신이라는 인격체는 하나님이나 내가 미워하는 것을 행한다(15절)고 합니다. 내가 원하지 아니하는 것을 하면 그것이 하나님의 법에 어긋난다고 가르치는 율법이 선한 것임을 시인(16절)하는 것 밖에 안 된다고 합니다.

우리는 지금 사도 바울의 설명으로 쉽게 내 마음 안에 육신의 인격체와 성신의 인격체가 있다는 것을 알지만 사도 바울은 그것을 깨닫기까지는 상당히 오랜 기간이 걸린 것 같습니다. 그리고 두 인격체 안에서 혼란을 겪으면서 고통을 상당히 당한 것 같습니다. 그렇지 않고서야 7장 24절의 고백 즉 "오호라 나는 곤고한 사람이로다 이 사망의 몸에서 누가 나를 건져내랴" 했겠습니까?

이제는 두 인격체의 사이에서 죄를 지면 성신의 인격체가 죄를 짓는 것이 아니라 육신의 인격체가 죄를 짓는 것이기 때문에 나는 빨리 죄를 짓는 육신의 인격체를 떠나 성신의 인격체 안으로 들어가야 합니다. 죄가 무엇인지 깨닫게 해 주는 율법(성경)이 있으므로 성경을 열심히 읽어 내용을 알고 있어야 말씀의 도움을 받아 육체의 정욕을 따라 사는 힘을 극복하고 성령을 따라 사는 성신의 인격체로 실존을 이루며 살게 됩니다. 또한 내 안에 있는 성령님은 모든 것을 아는 분이라 귀를 열어 놓으면 어떤 일에 대하여 생명인지 사망인지를 판별해서 살 수 있습니다.

로마서 7장은 상당히 어렵습니다. 사도 바울이 그렇게 자세하게 두 인격체에 대하여 설명했음에도 불구하고 나는 이것을 깨닫기까지 참으로 오랜 세월과 많은 댓가를 지불해야만 했습니다. 로마서 7장을 통과해야만 로마서 8장의 성령님에 대하여 알고 성령을 따라 사는 존재가 될 수 있습니다. 통과할 수 있는 능력은 말씀에 대한 깨우침과 함께 말씀을 생명의 떡으로 먹어 속사람을 키우는 것이 절대적으로 필요합니다.

그러므로 내가 한 법을 깨달았노니 곧 선을 행하기 원하는 나에게 악이 함께 있는 것이로다(롬7: 21)

사도 바울은 우리 존재 원리 중에 한 가지를 깨달았는데 '선을 행하기 원하는 존재'가 있고 '악을 행하는 또 다른 존재'가 있다는 것입니다. 이것이 믿어지고 이해가 됩니까? 내 마음의 존재 구성의 원리를 정확히 알고 깨우치고 정리하고 있어야 속 생명이 어떻게 성장하고 성숙하는지 알게 되고 옛 사람을 어떻게 처리하고 죽게 하는지 즉 십자가에 못 박는지를 알게 됩니다.

데살로니가 5장 23절과 히브리서 4장 12절에 근거하여 우리 존재는 영, 혼, 몸으로 구성되어 있습니다. 그런데 영은 아담 이후 죽었기 때문에 혼과 몸으로 구성되어 있어서 이분설을 주장하는 교회공동체가 의외로 많다고 했습니다. 영을 믿지 않기 때문에 지옥이 없다고 주장하는 단체도 있습니다.

헬라어 성경과 히브리어 성경은 영, 혼, 몸을 정확히 분별해서 기록되어 있지만 우리 한글 성경에는 혼합해서 기록되어 있어서 특별히 교사가 되려는 성도 하나님의 선한 일꾼이 되기를 갈망하는 성도는 반드시 원어 성경을 찾아보고 확인하는 것이 필요합니다. '영혼'이란 단어가 나오면 '영'인지 '혼'인지 찾아서 구별해서 이해하면 성경에서 가리키는 진리를 더 분명하게 알게 됩니다. 예수님이 십자가에서 '영혼'이 떠나시다 에서 원어에는 '영'으로 되어 있습니다. 베드로 전서 1장 9절에 "믿음의 결국 곧 영혼의 구원을 받음이라"에서 원어를 찾아보면 '혼'으로 되어 있습니다. 또한 삼서 1장 2절에서 '네 영혼이 잘 같이'에서 '영혼'은 '혼'으로 되어 있습니다.

예수님을 믿으면 성도는 그리스도의 영으로 말미암아 죽었던 영이 살아납니다. 그래서 성도는 그 살아난 영을 따라 사는 존재가 될 때 하나님이 기뻐하시는 하나님의 아들이 되는 것입니다.

사도 바울의 신앙고백에 의하면 영이 살아났지만 그 영을 죽음으로 지배했던 그 악한 존재는 혼을 지배하면서 여전히 내 안에 있다는 것입니다. 그래서 선을 행하는 나와 악이 함께 있다고 본문에서 설명하고 있습니다. 아담의 범죄로 영이 죽었지만 영의 한 요소인 양심이 있어 빛의 기능을 하고 있는 것처럼 하나님의 성령이 들어 왔지만 죽었던 영의 지배하에 있던 혼의 욕망적인 요소가 남아 있어 연합된 영에 순종하지 않고 옛 사람으로 존재하는데 그 옛 사람을 악이라고 하는 것입니다. 우리 마음의 존재 요소의 기능을 이 정도는 정리하고 있어야 혼돈이 없어 생명이 보다 더 잘 자랄 수 있습니다.

그리스도의 영으로 살아난 영은 하나님의 법을 즐거워하고 믿기 전에 나의 존재를 지배했던 그 악한 존재는 죄의 법으로 내 마음 안에서 싸워 내 존재를 사망의 몸으로 이끌어 갈려고 애쓰고 있다는 것입니다.

아담의 불순종으로 영이 죽었지요? 그런데 '죽었다'는 개념이 사탄의 통치아래 들어갔다는 의미라고 했습니다. 죽었으나 산 존재 입니다. 하나님의 형상과 모양으로 지음을 받은 존재가 하나님의 생명인 영이 죽으면 이미 하나님의 아들의 형상과 모양은 있지만 능력이 없어 표현이 안 되는 것입니다. 그래서 소원은 있지만 활동 능력은 없습니다. 그래서 어둠세력의 형상과 모양만 나타나는 것입니다.

사탄에게 통치를 받았던 이유는 죄를 지었기 때문입니다. 죄의 댓가는 죽음이고 그 죽음은 영원한 사탄의 지배하에 들어가는 것입니다. 그 죄의 댓가를 해결하려고 예수님이 오셨고 죄가 없으신 예수님은 온 인류를 대신하여 십자가에서 속죄제물로 고난을 받으시고 죽었습니다. 예수님의 영은 능력으로(롬1: 3) 부활하여 살아나셨고 한 면에서는 그분이 존재였던 영을 즉 그리스도의 영을 믿는 사람들에게 선물로 주십니다. 그래서 믿는 자는 누구든지 그리스도의 영으로 말미암아 죽었던 영이 살아납니다. 그 영은 이제 하나님을 향하여 영생의 존재가 된 것입니다. 할렐루야

이제 죽었던 영이 살아났음으로 영을 지배했던 법 즉 죄와 사망의 법은 끝났습니다. 그러나 그 악한 법은 끝났지만 그동안 지배해 왔던 영향력이 남아 있어서 '악'으로 아직 남아 있다는 것입니다.

그러므로 우리는 악한 세력의 지배를 받지 말고 속 사람의 지배를 받

고 살아야 하는 것입니다. 참으로 신기하지요. 이 모든 것이 내 마음 안에 하나로 있으면서 구별되고 구별되면서 하나로 있으니 하나님의 말씀에 그렇다고 함으로 믿을 뿐입니다. 그리고 실제로 나의 존재의 면면을 살펴보면 그 분류와 통합이 이해되고 믿어집니다.

051

내 속사람으로는 하나님의 법을 즐거워하되(롬7: 22)

　　　앞의 글들을 통해 내 마음 안에 속 사람이 있다는 것을 분명히 알았을 것입니다. 그 속 사람이 어떤 존재인지 아십니까? 그 속사람은 하나님의 영과 함께 하는 분으로 영원히 사는 하늘나라에서 하나님과 함께 살 존재입니다. 놀라고 놀라야 됩니다. 감격하고 감동해야 합니다. 기뻐하고 즐거워해야 합니다. 속 사람! 속 사람! 속 사람! 을 듣고도 맹숭맹숭하다면 속 사람의 인식이 약하거나 속 사람의 인도하심을 받은 경험이 없는 것입니다. 속 사람의 인식이 약한 사람은 하늘의 떡이신 말씀을 매일 먹어 가면 어느 정도 기간이 지나면 인식이 될 것입니다. 의의 생활은 어떤 행위를 하느냐보다는 말씀을 생명의 떡으로 먹고 누리다 보면 '어! 속 생명이 있네' 하고 느껴질 때가 하나씩 하나씩 생명이 표현되는 것입니다.

　　만일 누구든지 내 마음 안에 속사람 있다는 것을 알게 된다면 최고의 행복을 알았고 발견했고 놀라운 행복 안에 머무르는 사람입니다. 그러나 속 사람은 보이지도 않고 만져지지도 않습니다. 바람처럼 말입니다. 성경 말씀이기 때문에 믿는 것 뿐입니다. 스스로 성령의 열매를 보고 알게 되는 것입니다. 정말로 내 마음 안에 속 사람 즉 영의 확인은 신앙생활에 있어서 경이로운 경험이요 사건입니다. 그 경이로운 사건은 거룩한 의의 생활의 충만한 에너지가 됩니다.

속 사람은 무엇을 좋아하는지 아십니까? 그 속 사람이 있는지 무엇으로 증명되는지 아십니까? 하나님의 법 즉 성경 말씀을 좋아하고 즐거워함으로 확인이 됩니다. 하나님 말씀을 배우고 깨닫는 것을 좋아하고 말씀을 암송하고 묵상하는 것을 좋아한다면 속 사람이 분명히 있는 것이며 하나님의 자녀가 된 것이 분명합니다. 속 사람은 우리 마음 안에 말씀으로 존재하고 있습니다. 특별히 생명있는 말씀으로 존재하기 때문에 생명이 있으려면 깨달아야 하고 믿어야 하고 말씀을 묵상해서 마음 판에 새겨 놓아야 합니다.

나의 꿈 중에 하나는 즉 기도제목 중에 하나는 '성경 66권 1189장 31073(어떤 자료에는 31071절이라고 합니다) 절을 영과 진리로 알고 생명의 떡으로 먹게 하소서' 입니다. 나는 성경의 진리를 깨닫는 기쁨보다 더 큰 기쁨은 없다고 생각합니다. 나는 지금도 누가 성경을 가르쳐 준다고 하면 귀가 쫑긋해서 인터넷으로 그의 가르침이 복음적인지를 확인하고 살펴 봅니다. 국민일보를 구독하면서 서평을 즐겨 읽고 좋은 책이 어느 책인가 하고 두 눈을 뜨고 살펴 봅니다. 나는 성경을 더 알기 위해 기억술로 암송법을 가르쳐 준다는 박우기 목사님에서 가서 배웠고 성경 전장을 핵심 제목을 기억술로 외운다는 이 욥 목사님에서 가서 배웠고 원어로 알면 더 깊이 알 것 같아 원어로 가르치는 분에게 가서도 배웠고 요셉의 창고가 있다는 워츠만 니 위트리스 리가 주도하는 지방교회도 가서 있었고 기독교 서적을 사서 많이 읽었고 도서관에 가서 신간 도서는 열심히 빌려 와서 읽었습니다.

'즐거워 하되'의 원어는 '쉬네도마이'입니다. '쉰'은 '함께'의 의미의 접두어입니다. '헤도네'는 '기뻐하다'입니다. '함께 기뻐하다'의미가 즐거워하는 것입니다. 무엇으로 함께 기뻐한다는 것입니까? 말씀을 깨달으므로 그리고 말씀이 존재(생명, 인격)가 됨으로 함께 기뻐하는 것입니다. 영의 존재의 확인과 영의 존재의 성장으로 인해 기뻐하는 것입니다. 말씀을 묵상함으로 그 말씀의 약속으로 인해 즐거워하는 것입니다.

영어로는 'delight' 입니다. 'delight'는 'joy'랑은 다른 의미입니다. 명사로는 희열, 법열이라고 합니다. 즉 유레카의 기쁨을 말합니다. 다시 말하면 깨달음의 기쁨을 말합니다. 지적 즐거움, 영적 즐거움, 존재적 즐거움을 의미하는 단어입니다. 깨달음은 영적 양식의 음식이 되며 존재의 변화의 에너지가 됩니다. 깨달음의 말씀을 묵상하면 더 존재변화의 양식이 됩니다.

예를 들면 요한 복음 1장 29절 "보라 세상 죄를 지고 가는 하나님의 어린 양이로다" 말씀에서 '아! 세상 사람들의 죄를 지고 갔으면 그 중에 나의 죄도 포함되니까 나의 죄를 지고 갔구나 아하, 그래서 죄 용서함이 된 것이구나' 하고 깨닫는 기쁨을 말합니다. 깨달은 후에 즉 감동이 온 후에 "보라 세상 죄를 지고 가는 하나님의 어린 양이로다"말씀을 하루 종일 묵상하면 감동이 감동을 낳아 기쁨과 감사가 넘치는 존재가 됩니다.

하나님의 말씀 즉 성경을 한 구절씩 한 구절씩 깨우치고 실존의 생명
이 될 때 즐거워하는 것이 속 사람의 가장 큰 특성입니다. 예수님을 구세
주로 믿는다고 하면서 별로 성경 읽는 것을 좋아하지 않거나 성경 말씀
에서 깨닫는 것을 기뻐하지 않는다면 정말 예수님을 구세주로 믿고 있는
지 심각하게 기도를 해 봐야 합니다.

속 사람이 내 마음 안에 있다는 것을 알았는데 겉 사람이 추구하는 땅
의 가치인 돈, 명예, 권력, 정욕을 추구한다면 진정으로 하나님을 만난
사람인지 정직하게 자신을 돌아보아야 합니다. 주님께서 "한 사람이 두
주인을 섬기지 못할 것이니 혹 이를 미워하고 저를 사랑하거나 혹 이를
중히 여기고 저를 경히 여김이라 너희가 하나님과 재물을 겸하여 섬기지
못하느니라"(마6: 24) 말씀하셨습니다. 나는 영이 구원을 받았지만 어린
아이인가? 아니면 영은 구원받았지만 세상이 너무 좋아 세상과 짝하고
있는 사람인지 그것도 아니면 영의 구원이 뭔지도 모르고 그냥 예배당에
다니는 사람인가를 진단할 필요가 있습니다. 그런데 성경에서는 정말로
영의 구원을 받은 것을 알면 세상과 짝하지 않는다는 것입니다. 세상과
짝한다는 것은 아직 성경에서 말하는 구원을 모른다고 진단하는 것은 옳
습니다. 물론 영적으로 극히 어려서 세상과 짝할 수도 있습니다.

예수님을 믿고 내 마음 안에 속 사람의 존재를 인식하는 사람은 즉 성
령님의 인도하심을 받으며 사는 성도는 성경 말씀을 배우는 시간이거나
가르쳐 줄 때 가장 즐거워합니다. 또한 기도하거나 하나님께 찬송할 때
즐거워합니다. 그래서 전에는 혼자 있으면 심심해서 어쩔 줄 몰라 TV를
꺼서 이 방송 저 방송을 보거나 인터넷에서 이 것 저 것 보다가 시간을

보내지만 이제는 혼자 있으면 기도하거나 찬송하거나 기독교 서적을 읽거나 말씀 외운 것 다시 적어 보면서 즐깁니다. 여러분들도 그렇게 될 것입니다.

052

내 지체 속에서 한 다른 법이 내 마음의 법과 싸워

내 지체 속에 있는 죄의 법으로 나를 사로잡는 것을

보는도다(롬7: 23)

누군가에게 성경을 배울 때 성경 한 구절을 근거로 또 다른 구절을 연결하는 가르침이라면 일단 의심을 해 봐야 합니다. 다는 아니지만 거의 다 이단일 가능성이 높습니다. 이단에 들어가면 재물과 자유를 빼앗기고 패가 망신은 기본이고 그리스도의 종이 아닌 교리의 종이 되어 생명을 잃을 가능성이 높습니다. 아무리 교회라는 이름을 내 걸어도, 장자교단 장로교라는 이름을 내 걸어도 성경을 가르치지 않고 성경을 가르친다는 미명아래 교재나 교리의 책을 가르치면 빨리 빠져나오기를 바랍니다. 성경 이외의 책으로 가르치는 모임이나 단체 그리고 교회라는 이름을 사용한다하더라도 빨리 인터넷에서 찬티와 안티를 두루 찾아 읽어보고 조금이라도 의심이 되면 빨리 탈출하십시오. 어떤 교리나 사상을 여기서 조금 저기서 조금해서 연결시키는 것은 정말 위험한 가르침입니다.

성경을 가지고 이리 저리 갔다 왔다 하는 것은 자기들의 교리를 주장하려고 하는 것입니다. 제칠일 안식일 재림교회가 안식일의 중요성을 강조하기 위해 한 구절씩 떼어서 논거를 삼아 전개해서 미혹합니다. 여호와 증인 단체도 그렇고 신천지 이만희 단체는 말할 것도 없습니다. 육체가 영원히 산다고 가르쳐도 믿으니 정말로 귀신의 영에 속하지 않고서는 가르치는 자나 배우는 자나 우매하기는 일반 입니다. 그렇게 많은 사람들이 가는 것을 보면 어리석은 사람이 종교인 안에 제일 많다는 것을 알 수 있습니다.

앞에서 로마서가 엄청 중요하다고 설명하면서 로마서를 이해하기 위해서 여러 성경을 펼쳐 놓고 비교해 가면서 문장 이해가 제일 중요하다고 했습니다. 앞 뒤 문장을 연결해서 이해하는 것은 정말 필요하고 중요한 것입니다. 그렇게 해서 먼저 말씀을 이해하는 것이 중요합니다. 여러 성경이 없으면 대한 성서공회 사이트에 가서 역본별 절 비교란에 가서 비교하면서 읽으면 됩니다. 그리고 문맥이해가 참으로 중요함으로 어떤 절의 말씀을 이해하려면 앞절 뒷절 말씀의 이해가 중요함으로 절과 절을 연결해서 이해하여 가는 것이 참으로 중요합니다.

23절을 이해하려면 22과 24절을 알아야 합니다. 예수님을 믿으면 하나님의 영(롬8: 9)이 우리 마음 안에 들어오셔서 죽은 영을 부활시켜 속 사람이 됩니다. 속 사람이 사는 법이 마음의 법이고 그 전의 옛 사람이 사는 법이 다른 법입니다. 다른 법은 곧 내 지체 속에 있는 죄의 법입니다. 마음의 법은 사랑의 법이고 동기를 중요시 여기는 법입니다. 죄의 법은 행위의 법으로 결과를 중요시 여깁니다.

그런데 두 법이 싸우면 즉 두 인격체가 싸우면 누가 이깁니까? 어느 때까지는 '사랑이 최고다.' 라고 하는 마음의 법 곧 속 사람의 법이 지게 됩니다. 나는 마음의 법 곧 속사람의 법이 이기기를 갈망하지만 즉 표현되기를 바라지만 먼저 표현되는 것은 죄의 법이 표현됩니다. 사도 바울은 언제까지 인지 모르나 그런 두 존재의 갈등 안에서 싸웠던 기간이 상당히 길었던 것 같습니다. 언제 애벌레에서 나비가 되었는지는 몰라도 8장에 가 보면 나비가 된 사도 바울을 만날 수 있습니다.

언제까지 '내 지체 속에 있는 죄의 법으로 나를 사로잡는 것을 보고' 곤고한 사람이라고 울부짖으렵니까? 성도님이 갖고 있는 로마서는 8장이 없는 7장으로 끝나는 로마서입니까? 사도 바울은 여러분이 7장에서 머무르라고 7장까지만 썼습니까? 눈 앞에 8장이 보이지 않습니까? 왜 고통스런 죄의 법으로 살고 있습니까? "생명의 성령의 법이 죄와 사망의 법에서 너를 해방하였다"는 광복 선언서의 낭독소리가 들리지 않습니까? 여러분을 어서 오라! 고 부르고 있지 않습니까?

7장에서 8장으로 유월하는 방법은 '날마다 우리에게 일용할 양식을 달라'는 주님께서 가르쳐 주신 기도 내용에서 찾고 실행에 옮기면 됩니다. 날마다 참된 양식과 참된 음료를 마시면 됩니다.(요6: 55) 먹고 누리고 먹고 누리고 또 먹고 즐기면 자라게 됩니다. 생명이 자라면 죄와 법에서 자연스럽게 해방을 받습니다. 조급해 하지 말고 기다리십시오. 세상 일도 조급하면 안 되는데 하물며 하늘의 일을 조급해서 되겠습니까?

주님께서 말씀하셨습니다. "나는 하늘에서 내려온 살아 있는 떡이니 사람이 이 떡을 먹으면 영생하리라(요6: 51) 예수님의 가르침은 떡입니다. '떡을 먹으면' 영생하리라'고 약속하지 않았습니까? 요한 복음 6장 51절 약속을 믿고 순종해 보기를 바랍니다.

그 떡을 맛있게 요리한 책은 로마서 갈라디아서 히브리서라고 믿습니다. 사복음서를 읽기는 하되 양식으로 먼저 로마서를 먹으면 더 토실토실 예쁘게 자랄 것입니다. 양식을 취하는 것은 감동되고 감격되는 말씀을 하루 종일 읊조리면서 사는 것입니다. 그러면 생각을 컨트롤하는 능력이 생깁니다. 생각을 컨트롤하는 능력은 상당한 수준 있는 영성임을 알아야 합니다. 그것이 곧 생명의 성장입니다. 생명의 성장은 첫째는 행위로 짓는 죄를 졸업하고 그 다음은 말로 짓는 죄를 졸업하고 마지막은 생각으로 짓는 죄를 졸업합니다.

생각의 흐름을 내가 지배해 가면 생명이 상당히 자란 것입니다. 불현듯 떠오른 생각에 포로가 되면 안 됩니다. 포로가 되면 상당한 기간 동안 그 생각의 지배를 받고 헤매면서 고통을 받습니다. 그리고 내가 지체 속에 있는 죄의 법 아래로 들어가 사로잡혀가는 것을 보게 됩니다. 그러나 불현듯 떠오른 육체의 생각을 즉시 툭툭 떨쳐버리는 습관이 된다면 내 마음의 법이 죄의 법과 싸워 이기는 것입니다. 육체의 생각은 기억된 말씀을 선포하면 사라진다고 무척 강조했습니다. 이 영성 훈련이 습관화되면 23절을 건너뛰고 24절을 누리면서 8장으로 유월할 수 있습니다.

오호라 나는 곤고한 사람이로다
이 사망의 몸에서 누가 나를 건져내랴(롬7: 24)

　　예수님을 믿는 사람들 중에는 로마서 7장 24절을 좋아하는 사람이 의외로 많습니다. 왜 좋아할까요? 공감이 되기 때문입니다. 나도 한때 이 말씀을 무척 좋아했습니다. 내 신앙상태의 갈등상황을 정확하게 표현해 주고 있기 때문이었습니다.

　　죄의 종류는 짓는 단계에 따라 3종류로 나뉩니다. 첫째는 마음 즉 생각으로 짓는 죄입니다. 둘째는 말로 짓는 죄입니다. 셋째는 행위로 짓는 죄입니다. 행위로 짓는 죄는 몸의 지체로 짓는 죄입니다. 화가 나서 손 지검을 한다든지 발로 찬다든지 폭력을 행사하는 것입니다. 이런 죄를 지으면 죄를 지은 내 자신이 미워지고 '곤고'해 집니다. 상대방에게 너무 죄송스럽고 부끄럽습니다. 그리고 누가 가르쳐 주지 않아도 내 안에 있는 영이 사망의 몸의 종이 된 것을 가르쳐 줍니다. '그렇게 하지 말았어야 했는데', '내가 왜 그렇게 미친 짓을 했을까', '내가 아직 그것 밖에 안 되나' '내가 또 바보짓을 했구나' 등으로 자책을 하면서 로마서 7장 24절이 저절로 기억납니다.

둘째는 말로 죄를 짓는 경우입니다. 화를 내거나 욕을 하거나 계명의 말을 하거나 미련한 놈((마5: 22)이라고 하는 것입니다. 생명의 언어 사랑의 언어를 하지 않고 법의 언어, 판단의 언어, 부정의 언어, 정죄의 말 등을 하는 경우입니다. 또한 상대방의 말에 대해 긍정으로 대응하지 않고 소극적으로 대응하는 죄 등입니다. '아이구! 이런 말을 하지 말았어야 했는데', '이렇게 대응하면 계명으로 하는 것인데' 하고 후회를 합니다. '또 말로 죄를 지었네' 하고 고통스런 후회를 합니다. 바로 잘못했다고 하거나 회개를 합니다. 이제는 그 상황을 되돌려 다시 영 안에서 말 대응하는 연습을 합니다. 아내가 자식들이 놀라지만 내가 빠르게 죄의 종노릇하는 데서 벗어나는 비결 중에 하나였습니다. 가정은 그래서 가장 좋은 생명의 훈련 공간입니다. 가정에서 훈련하지 않으면 그냥 죄송합니다. 미안합니다 혹은 후회합니다 그리고 다시 또 그런 모습을 하게 됩니다. 가정에서 상황을 되돌려 생명표현 훈련을 한다면 새로운 피조물로 팍팍 자랄 것입니다.

많은 성도들은 말로 짓는 죄를 죄인지 모르는 경우가 많습니다. 하나님이 보시기에는 말로 짓는 죄도 행위로 짓는 죄와 똑 같습니다. 정말로 말로 짓는 죄까지도 즉시 회개할 줄 알아야 7장을 통과할 수 있습니다. 말을 의식 없이 재갈을 물리지 않고 방임해두고서는 평생 7장 안에서 살게 됩니다. 말이 많은 것은 병입니다. 입술에 부정적인 말, 상대방의 마음에 화나 욕을 불러일으키는 언행, 판단, 정죄, 비판의 말 등은 모두 죄임을 알아야 합니다. 이사야처럼 "나는 입술이 부정한 사람이요" (사6: 5)인정하고 "여호와여 내 입에 파수꾼을 세우시고 내 입술의 문을 지키소서"(시141: 3)라고 기도했던 다윗의 기도가 나의 기도가 되어야 합니다.

'내 입에 파수꾼을 세워달라고 철야기도를 한 두 번 하시기를 바랍니다. 보통 기도해서 졸업하기 어렵습니다. 입이 거룩해야 합니다. 말로 짓는 죄를 통해서도 로마서 7장 24절의 '곤고함'이 기억나고 이 죄에서 언제 해방되는가라고 탄식이 나와야 합니다.

셋째는 생각으로 짓는 죄입니다. 예수님께서 "나는 너희에게 이르노니 음욕을 품고 여자를 보는 자마다 마음에 이미 간음하였다" 라고 하셨습니다. 하나님의 법정에서는 행위의 죄나 언행의 죄나 생각의 죄나 형벌이 똑 같습니다. 그래서 하나님의 자녀는 생각으로도 죄를 지으면 안됩니다. 육체의 소욕의 생각이 떠오르는 것은 자연스러운 것이나 그 생각을 펼쳐 소설을 쓰면서 즐기면 죄가 되는 것입니다. 음욕 뿐 만 아니라 자신을 비하시키는 생각들이나 타인을 정죄하는 생각 등을 펼쳐 그 속에서 놀이를 한다면 즉 소설을 쓴다면 행위의 죄와 똑 같은 죄임을 알아야 합니다. 그런 생각이 떠오르면 즉시 기도를 하거나 찬송을 부르거나 말씀을 선포해서 그 육신적인 죄의 생각을 좇아내야 합니다. 성령님의 인도하심을 받는 사람은 생각에서부터 죄 짓는 것을 멀리합니다. 생각에서 죄 짓는 것을 좇아내는 영성이 습관화되면 8장에 도달한 것입니다.

죄의 종의 상태에서는 7장을 통과하지 못합니다. 죄를 어느 정도 이겨내는 힘이 있어야 8장에 입성할 수 있습니다. 죄를 이겨내는 힘은 결단이나 금식이 포함되겠지만 더 중요한 힘은 말씀을 날마다 먹어 속 사람을 자라게 하는 것입니다. 속 사람의 자람의 확인은 나의 말과 행동과 생각이 곧 생명이나 사망이냐를 얼마나 속히 판별해서 빨리 생명의 길로 가느냐에 달렸습니다. 습관적인 행위로 짓는 죄가 있다면 아직 갈 길이 많이 남아 있는 것입니다.

전에는 로마서 7장 24절에서 '나는 곤고한 사람이로다'가 공감이 되었었습니다. 그러나 이제는 이 말씀을 접촉할 때 그 상태에서 '건져냄'에 대해 감사가 나옵니다. 우리 주님은 죽음을 이기고 부활하셨습니다. 사도 바울은 '곤고한 사람 안에' 있는 것을 강조하기 위해 쓴 것이 아니라 '건져냄'에 대해 초점을 맞추어 쓴 것입니다. 정말이냐고 물으실 것입니다. 네, 25절이 그것을 증명합니다.

우리 주 예수 그리스도로 말미암아 하나님께 감사하리로다
그런즉 내 자신이 마음으로는 하나님의 법을 육신으로는
죄의 법을 섬기노라(롬7: 25)

　　　　우리 주 예수 그리스도로 말미암아 하나님께 감사를 드립니다. 예수님이 사탄의 머리를 박살내시고 죽음을 이기고 부활하셔서 우리를 죄의 법에서 해방을 시켰습니다. 이미 승부가 결정이 되었습니다. 우리를 사망의 몸에서 견뎌내셨습니다. 이제는 믿음으로 말씀에 순종해 가면서 누리기만(정복해) 하면 됩니다. 할렐루야! 하나님께 찬송을 드리면서 우리 주님이신 예수 그리스도 안에서 성령님의 인도하심을 받으면서 살면 됩니다.

　8장으로 넘어가기 위해 아름다운 집(인격, 성화, 거룩함)을 지어가기 위해 집의 기초석이신 주춧돌이 튼튼하게 고정되어 있는지 다시 한 번 확인해 보려고 합니다. 집의 모퉁이 돌은 그리스도 안에 있는 은혜의 말씀에 의한 구원의 확신(엡1: 7)입니다. 구원의 확신이 흔들려서는 아름다운 집을 지을 수도 없고 혹시 어렵고 힘들게 짓더라 비가 내리고 창수가 나고 바람이 불면 쓰러집니다.(마7: 25)

예수님은 모래위에 집을 짓지 말고 반석위에 집을 지으라고 하셨습니다. 반석위에 집을 지으려면 시몬 베드로의 고백처럼 "주는 그리스도시요 살아 계신 하나님의 아들입니다"(마16: 16)의 고백을 동일하게 하고 은혜의 속죄의 약속을 흔들림이 없이 믿고 있어야 합니다. 믿어지기 위해서는 말씀을 신뢰하고 묵상하는 길 밖에 없습니다. 진정으로 고백을 했다면 사탄의 권세가 이기지 못하고 천국에 들어가는 열쇠를 받은 것이라고 했습니다. 로마서 5장을 3주 동안 하루에 한절 씩 외우고 먹고 누린 후 또 3주 만 더 날마다 묵상한다면 반석위에 지은 튼튼한 집이 될 것입니다. 외워서 누린다면 더 분명한 구속 곧 죄사함을(엡 1: 7) 깨닫고 실존 안에 거하게 될 것입니다. 5장은 의롭다하심의 구속에 관한 말씀이 풍성합니다. 그 말씀들이 내 마음 안에 기억되어 있으면 반석 위에 지은 집이라고 할 수 있습니다.

성도들의 믿음의 반석을 흔드는 대표적인 구절 몇 가지를 예를 들어 흔들리지 않도록 설명하겠습니다. 그 중에 한 구절이 마태복음 5장 20절입니다. "내가 너희에게 이르노니 너희 의가 서기관과 바리새인보다 더 낫지 못하면 결단코 천국에 들어가지 못하리라" 말씀을 근거로 믿음만이 아니라 행위로 의를 나타내야 한다고 율법주의자들은 주장합니다. 이 구절에 대한 복음적인 설명이 준비가 안 되어 있으면 말씀의 근거 앞에 반론을 제기하지 못하고 기초석이 되는 구원의 확신이 무너져 행위의 의를 좇다가 어느 종교 단체 그룹의 종이 되어 비참한 신앙생활을 할 수 있습니다.

'너희 의가 서기관과 바리새인보다 더 낫지 못하면 결단코 천국에 들어가지 못하리라'는 말씀만 가지고 주장하면 행위의 의와 믿음의 의도 구별하지 않고 믿음 생활하는 어린 성도들이나 속량 곧 죄사함(엡1: 7)의 원리를 잘 설명하지 못하는 믿음이 약한 성도들은 혹 하고 넘어갈 수 있습니다.

이 말씀은 두 가지 의미가 있습니다. 하나는 행위의 의(율법의 의)로는 천국에 갈 수 없다는 것을 설명하기 위해 그렇게 율법의 의를 주장하려면 서기관과 바리새인의 의 보다 더 나아야 한다고 가르친 내용입니다. 당시에는 겉 모습 행위로 만은 이들을 따를 자가 없었습니다. 우리는 사람의 행위의 의로는 천국 가는 것을 포기하고 믿음의 의의 선물을 받아야 간다고 자신 있게 말할 수 있어야 합니다. 또한 믿는 자가 선물로 받는 성령으로 말미암아 내 영이 살아나면 그 연합된 영은 서기관과 바리새인보다 의보다 더 나은 의를 표현하면서 살게 만들어 갑니다. 주님은 후자를 더 염두해 두고 말씀하신 것 같습니다. 그러므로 아직 서기관과 바리새인 의보다 더 나은 의가 없는 것은 아직 생명이 어려서 은혜의 말씀만 먹고 믿었는데 이제는 '의의 말씀'(히5: 13)을 먹고 누리기 때문에 곧 의의 생활이 되어 서기관과 바리새인의 의 보다 더 의가 나올 것이라고 웃으면서 말할 수 있어야 합니다.

의의 생활은 곧 성령으로 인도함을 받는 생활인데 그 생활은 서기관과 바리새인의 의(겉모습의 의) 보다 더 나은 의(동기부터 거룩한 의)로 인도해 가심을 믿고 말 할 수 있어야 그런 유혹의 말과 글을 이길 수 있습니다. 영으로 사는 생활은 생각부터 관리해서 거룩해지는 생활입니다. 그 생활은 서기관과 바리새인 의보다 더 나은 의가 나오게 되어 있습니다.

또 다른 구절은 마태복음 7장 21절입니다. '나더러 주여 주여 하는 자마다 다 천국에 들어갈 것이 아니요 다만 하늘에 계신 내 아버지의 뜻대로 행하는 자라야 들어가리라

사람은 마음의 중심을 보지 못하나 하나님은 마음의 중심을 아시고 보십니다. 모든 것은 마음에서 시작됩니다. 마음과 말이 일치하면 아름다우나 죄성이 가득찬 상태로 태어난 사람은 하나님은 속이지 못하나 사람을 속일 수 있을 정도로 입술로만 예수님을 주(아도나이)로 고백(메시야로 고백하지 않음, 그리스도의 의미도 모름)한다고 할 수 있다는 것입니다. 그런 사람은 천국 백성으로 들어갈 수 없다는 것입니다. 그리고 여기서 내 아버지의 뜻은 의로운 생활 즉 성령으로 인도함을 받는 생활을 의미합니다. 예수님을 주여! 주여 하고서 은혜의 복음에 감동해서 의의 말씀을 먹고 누려서 아버지가 원하시는 아버지의 형상과 모양이 나타나는 생활이 되어야 하는데 그렇지 않다면 진정으로 예수를 주라고 부른 사람이라고 볼 수 없다는 것입니다.

잘 생각해 보십시오. 예수님을 메시야(그리스도)로 믿었다는 것은 영원한 속죄의 유월절 어린양으로 믿었다는 것입니다. 즉 영이 천국에 들어가는 것으로 믿었다는 것인데 천국이 어떤 곳입니까? 천국에 간다고 믿는 사람이 천국에 계시는 아버지의 뜻을 좇아 살지 않는다면 그 믿음의 고백이 진실이라고 할 수 있습니까? 많은 사람들이 입과 지식으로 신앙을 고백하고 마음 중심에서는 믿지 않으므로 바로 이런 사람들에게 경고한 말씀입니다. 그리고 성령님의 중심사역은 하늘에 계신 아버지의 뜻을 이루는 것이기 때문에 말씀을 먹어 속 사람이 자라게 되면 당연히 하나

님의 뜻 곧 거룩함이 이루어져야 한다고 당당하게 대응해서 말해 줄 수 있어야 합니다.

예수님은 "나더러 주여! 주여! 하는 자마다 다 천국에 들어가는 것이 아니라!"고 말씀하셨습니다. 그 당시 서기관과 바리새인들은 철저한 위선자 집단이었습니다. 하나님 백성의 가장 큰 품성 중에 하나는 정직입니다. 정직의 반대말은 위선입니다. 예수님을 믿으면 하나님은 선물로 성령을 주시는데 그 성령님은 내 마음 안에서 위선을 행하는 분은 절대로 아닙니다. 그 성령님은 하나님의 뜻을 좇아 나를 인도하시는 분입니다. 성령님은 내가 위선을 행하면 고통스러워 하십니다. 거듭난 사람은 위선의 행동에 고통스러워해야 합니다. 그분은 내 안에 들어오셔서 먼저 죽었던 내 영을 살리시고 그 다음 나를 생명의 길로 가도록 자라게 하십니다. 생명의 길로 인도해 가는 만큼 내 존재가 변화된 것입니다. 인도하시는 분량만큼 존재적 변화가 있게 마련입니다. 존재적 변화가 조금도 없다면 가라지입니다.

왜 예수님은 좋은 씨와 가라지 비유(마13:)를 했을까요? 양과 염소 비유를 왜 했을까요? 왜 가룟 유다와 베드로가 차이가 날까요? 거짓된 자가 있다는 것입니다. 진실하게 고백하고 말씀 앞에 순종하고 거룩한 성령을 따라 산다면 마태복음 7장 21절이 두렵지 않습니다.

사도 바울의 제자 중에 데마(딤후4: 10) 라는 사람이 있었습니다. 자신의 스승 바울이 감옥에 투옥되고 희망이 없어 보이자 바울을 떠났습니다. 데마의 열심은 성령님에 의한 열심보다는 육신적인 동기에서 비롯된 것이었다고 결과(열매)가 증명합니다. 좋은 씨 같았으나 '하나님의 뜻'의 관점에서 봤을 때 가라지로 증명된 것입니다.

사도 바울은 데살로니가 전서 4장 3절에서 "하나님의 뜻은 이것이니 너희의 거룩함이라" 하셨고 데살로니가 5장 18절에서는 "범사에 감사하라 이것이 그리스도 예수 안에서 너희를 향하신 하나님의 뜻이니라" 라고 하셨습니다. 거룩함과 감사는 성령 안에서 의의 생활의 핵심입니다. 자신을 겸허하게 돌아보고 8장으로 갑시다. 교회 공동체에서 무엇이 되려고 하지 말고 오직 말씀을 사모하고 누리고 성령님의 인도하심에 즐겨 순종해서 섬기는 것이 최고의 영성 중에 하나로 알아 거룩함을 쫓아 살기를 바랍니다.

그러므로 이제 그리스도 예수 안에 있는 자에게는
결코 정죄함이 없나니(롬8: 1)

사도 바울의 논법에서 '그러므로'는 어느 한 단락의 결과를 나타내는 결과 접속사로 사용할 때도 있고 단순히 문장 전환용으로 사용할 때도 있습니다. 8장 1절의 '그러므로'는 전자의 사용법으로 7장에서 죄와 사망의 법에서 해방된 자들이라면 이제 그리스도 예수 안에 있는 자가 된 것인데 그것은 '정죄함이 없음'으로 나타난다는 것입니다. '정죄함이 없나니'를 레마로 누리려면 다음 몇 가지를 깨달아야 합니다.

첫째는 내가 나를 정죄하지 않아야 합니다. 하나님이 결코 정죄하지 않는다는데 왜 내가 그 뜻을 거역하고 스스로 정죄(유죄판결)합니까? 로마서 8장 1절이 거짓입니까? 실수하거나 잘못을 하면 그것은 나의 속생명이 한 것이 아니라 내 속에 있는 죄가 한 것이므로 그 죄가 죄를 지은 것을 인정하고 생명으로 옮기면 됩니다. 죄는 율법에서 오고 율법은 겉사람의 사고체계이며 또한 속 사람을 보호하는 지켜주는 기능을 하는 것이므로 좌절하거나 절망하는 것은 죄가 바라는 바이고 정죄함 속에 들어가는 것입니다. 내가 연약하여 율법 속에 들어간 것을 인정하고 이제는 그 죄가 나를 정죄하는 것이 아니라 그리스도께 인도하는 몽학선생이다라고 선포하고 영 안으로 들어가면 됩니다. 죄짓는 것은 생명이 어리거나 의의 말씀을 모르거나 먹지 못해서 나타나는 현상이므로 낙심하지 마십시오. 은혜의 말씀을 먹고 누린 후 구원의 확신을 갖고 난 후 의의 말씀을 먹고 누리면 의의 존재가 됩니다.

　전에는 죄에 속한 내가 나를 정죄해서 낙심시켰지만 이제는 죄를 지으면 생명으로 돌이키게 하고 생명에서 떠나 있음을 가르쳐 주는 몽학선생으로 알아 감사하게 받으십시오. 생명이 어린 자들은 상상도 못하는 일입니다. 그렇다고 죄에 대하여 관대하라는 말은 결단코 아닙니다. 죄는 짓지 않으려고 몸부림쳐야 합니다. 죄의 값은 사망입니다. 신실한 자는 생각만으로도 죄를 지면 즉시 돌이키는 존재임을 알아야 합니다.

　둘째는 그리스도 예수 안에 있는 자는 타인을 정죄하지 않습니다. 내가 나를 정죄하지 않듯이 타인도 정죄하지 말아야 진짜 '정죄함이 없나니'를 안 것입니다. 정죄함이 없으려면 법의 언어, 계명의 말투가 없어야 합니다. 타인의 잘못에 대하여 비난 비판하기 전에 긍휼히 여기는 마음이 있어야 합니다. 법의 말투가 없으려면 7장을 먹고 누려 생명이 되어 법에서 해방 받아야 합니다. 법의 말투의 졸업은 아주 높은 영성입니다.
　하나님의 나라는 의와 평강과 희락에서 '평강'은 관계성 안에서 오는 평화를 말합니다. 누가 나를 비난하더라도 그 비난 때문에 고통을 겪지 말고 다만 그가 지금 죄의 종노릇 한다고 생각하고 긍휼히 여기고 용서해야 합니다. 많은 사람들은 뒷담화를 두려워합니다. 두려워하지 말고 그런 어리석은 자들을 긍휼(용서)히 여기십시오. 죄의 종노릇하는 그들을 긍휼히 여기고 기도해 주어야 합니다. 용서! 생각보다 어렵고 힘든 영성입니다. 나는 최고의 영성의 품성 중에 하나는 용서라고 생각합니다. 진정한 용서를 하려면 긍휼의 마음이 있어야 합니다. 스데반 집사처럼 "주여 이 죄를 그들에게 돌리지 마옵소서"라는 헤세드의 마음이 나타나야 합니다. 헤세드의 마음의 중심은 긍휼입니다. 긍휼의 마음은 속 사람이 상당히 자라야만 나타나는 품성입니다. 어릴 적에는 긍휼이 영의 성품인 것을 모릅니다. 오직 이는 이로 대응해야 속이 시원합니다. 한 마디 욕이나 저주의 말을 해야 속이 시원합니다. 그러나 장성한 자가 되면 예수 안에 있는 자의 가장 큰 품성은 용서라는 것을 알게 됩니다. 용서는 긍휼을 바탕으로 합니다. 성도의 기도의 제목에는 무엇보다도 긍휼의 마음이 충만하도록 해 달라는 항목이 있어야 합니다.

그리스도 예수 밖에 있는 사람들의 가장 큰 특징은 용서(용서의 뒷면은 긍휼)라는 것이 없습니다. 꼭 앙갚음이 있어야 속이 시원하다고 생각합니다. 용서를 못하고 가슴앓이나 원수를 갚아야 한다는 생각을 가지고 있으면 한이 생겨 속병이 되거나 심하면 정신병에 걸릴 수가 있습니다. 심리학자들의 공통된 주장 중에 하나는 용서하지 못하고 용서받지 못하는 것이 모든 정신병의 원인이라고 말합니다. 심지어 어떤 심리 정신과 의사는 만약에 정신병 환자들에게 죄 용서를 해야 되는 이유와 용서 받는 방법을 가르쳐서 용서를 하고 용서를 받았다는 것이 확신이 생긴다면 정신병 환자의 75%가 그 다음날 병원을 떠나게 될 것이라고 주장합니다. 참으로 놀라운 세상 지식입니다.

셋째는 그리스도 예수 안에 있는 자는 사회적 현상에 대하여 심한 비판을 하지 않습니다. 내가 나를 정죄하지 않을 뿐 만 아니라 타인에 대해서도 그리고 모든 사람에 대해서도 비판하지 말고 긍휼히 여기듯이 사회적 현상에 정죄함이 없어야 진정으로 정죄에서 해방을 받은 것입니다. 그리스도 예수 안에 있는 사람은 어떻게 하면 하나님께서 부활시킨 영의 생명을 키울까하고 고민합니다. 그래서 겉 사람의 생활양태는 최소한만 하고(그렇다고 세상에서 소극적으로 살라는 것은 아닙니다. 열심히 해서 머리가 되어 그들을 섬겨야 합니다.) 속 생명이 좋아하는 기도. 찬양, 말씀 암송, 전도, 성경 공부, 예배 참석, 성도의 교제들을 중심으로 하루 하루를 삽니다. 코스모스의 사건에 대하여 분노하거나 찬반 논쟁에 개입하지 않습니다. 대통령이나 정치인들의 뉴스에 대해 왈가왈부하지 않습니다. 그들의 언행에 대해 분노하거나 정죄하지 않습니다. 말로 해 봐야 아무 의미가 없다는 것을 알기 때문입니다. 사회적인 뉴스나 정치적인 사건에 대하여 노코멘트할 줄 알아야 합니다. 그 날 뉴스에 등장한 것을 가지고 논쟁할 때 논쟁 속으로 들어가는 것은 성령님의 인도하심이 아닙니다. 특별히 대통령에 대해 극단적인 표현을 써 가며 비난하는 것은 성숙한 성도의 태도가 아닙니다. 내가 안 해도 다른 사람이 충분히 비난할 것이므로 그 쪽으로 에너지를 낭비하지 맙시다. 말할 에너지가 있으면 조용히 하나님께 기도를 하기를 바랍니다. 물론 선거 때는 빠짐없이 투표하여 의견을 분명히 표시합니다. 세상 일에 성도가 정치가가 되거나 더 높은 사회적 지위로 올라가는 것을 전적으로 찬성하며 그렇게 되기를 기도합니다. 다만 소모적인 일에 에너지를 낭비하지 말고 새 언약의 일꾼을 사모하고 일꾼이 되기 위해 열심히 생명이 자라는데 초점을 맞추어 살기를 권면합니다.

056

이는 그리스도 예수 안에 있는 생명의 성령의 법이 죄와 사망의 법에서 너를 해방하였음이라(8:2)

　　예수님께서 "진리를 알지니 진리가 너희를 자유롭게 하리라"(요 8: 32)고 말씀하셨는데 이 말씀을 많은 사람들이 오해를 하고 있습니다. 나의 교회 친구 중에 한 친구는 평생 성가대에서 봉사하고 있는데 그 친구는 '진리는 자유롭게 한다' 면서 성경 말씀 중에 제일 좋아한다면서 술을 잘 먹고 다닙니다. 형제 자매님들! 술 잘 먹으면 그 후의 일은 설명하지 않아도 잘 알 것입니다. '술 취하지 말라'고 해서 취하지 않도록 만 먹으면 된다는 생각은 영의 생각은 아닙니다. 나는 평생 술 잘 먹고 예배당을 다니는 사람 중에 좋은 신앙인은 본 적이 없습니다. 천국은 내 안에서 이루어지는 것이라면서(부분적으로만 옳음) 죽어서 가는 천국은 솔직히 없는 것 아니냐 하면서 자유를 방종으로 해석하고 방종으로 살면서 자유롭게 살고 있다고 자랑합니다. 그래도 교회는 꾸준히 다녀서 그나마 다행입니다. 술 먹어도 예배당에 오는 것은 잘하는 것입니다.

　진리는 예수님입니다. 예수님을 알면 죄의 종(요8: 34)에서 해방을 받습니다. 우리는 죄의 권세 사망에 매여(종이 되어) 살고 평생 죄의 종으로 살면서 육체의 소욕(돈, 명예, 정욕 등 땅의 가치)을 지향하다가 지옥에 갈 운명이었습니다. 거기에서 영을 다시 살려 자유롭게 즉 해방시켜 주어 영생으로 살 수 있도록 해 준다는 말씀이지 아무 꺼리낌 없이 막 사는 자유라는 의미는 전혀 아닙니다.

해방이라는 의미도 오해를 많이 합니다. 율법에서 해방되었다는 것은 이제 사랑의 법 즉 생명의 성령의 법으로 옮겨 의의 종으로 살게 되었다는 것이지 모든 율법에서 빠져나와 내 맘대로 살게 되었다는 것은 절대로 아닙니다. 즉 해방은 죄와 사망의 법에서 해방되어 나와 생명의 성령의 법으로 들어갔다는 의미입니다. 생명의 성령의 법을 모르면 아무리 죄와 사망의 법에서 나왔다고 큰 소리쳐도 죄와 사망의 법 안에, 즉 그 법아래 있는 것입니다. 자유주의자들이 범할 수 있는 오류 중에 하나입니다.

생명의 성령의 법과 죄와 사망의 법이 따로 있는 것이 아닙니다. 율법이 그리스도 예수 안에 있으면 생명의 성령의 법이 되고 그리스도 예수 밖에 있으면 죄와 사망의 법이 되는 것입니다. 생명의 성령의 법은 새언약(렘31; 31)이며 마음에 새긴 법(히8: 10)이며 사랑의 법(요13: 34)입니다. 예수 그리스도로 말미암아 온 (요1: 17) 것입니다. 정말로 예수 그리스도를 잘 알아야 알 수 있는 법입니다. 죄와 사망의 법은 법 조문(골2: 14)으로 모세로 말미암아 주어진 율법입니다.

(율)법(말씀)에서 사랑과 성령이 나오면 그 (율)법은 사랑의 성령의 법이 되고 (율)법에서 죄와 사망이 나오면 그 (율)법은 죄와 사망이 되는 것입

니다. (율)법에서 사랑과 성령이 전달되면 그 (율)법은 사랑의 성령의 법이 되고 (율)법에서 죄와 사망이 전달되면 그 (율)법은 죄와 사망의 법이 되는 것입니다. 법을 사랑으로 읽으면 성령의 법이고 법을 계명을 읽으면 얽메이게 하는 죄와 사망의 법이 됩니다. 어렵습니까? 이해가 되지 않습니까? 나도 오랫동안 로마서 8장 2절이 어려웠습니다. 로마서 8장 1-2절이 유쾌한 말씀이라 암송하고 있었지만 그 말씀의 생명을 누리고 살았다고는 할 수 없었습니다.

우리 가족은 매일 성경을 같이 읽어 갑니다. 성경 읽기는 믿음 생활의 시작이요 출발선이기 때문입니다. 딸 세 명 중에 중간 딸이 직장일이 바빠 잘 읽지 못합니다. 성경 읽기는 절대적인 법이므로 나는 양보를 할 수 없습니다. 생명의 성령의 법으로 살 수 있는 출발선이 되기 때문입니다. 그래서 아빠 사랑은 성경읽기가 시작이라고 강조합니다. 나는 용돈보다 혹은 아빠 사랑해요 하면서 뽀뽀해 주는 것보다 더 좋은 것이 성경 읽기라고 선포합니다. 그래도 무엇이 바쁜지 안 읽을 때가 종종 있습니다. 퇴근 하면서 인사를 합니다. 그러면 '오늘 하루 수고 많았구나 너는 그 자리에 서 있거라. 아빠가 오늘 성경읽기에 해당하는 부분을 읽어 줄게' 하면 '죄송합니다. 한 시간 안에 읽어 댓글을 달겠다'고 합니다. 아니다. 어제도 그렇게 했고 안 읽었으니 '내가 읽어 줄래' 하면 '한 시간 안에 안 읽으면 십만원 벌금낼께요' 하면서 하하하 웃습니다. '아니야 십만원은 너무 많아 만원만 내 하면' '네' 하고 웃으면서 바로 읽습니다. 이것이 사랑의 성령의 법의 한 예 입니다.

죄와 사망의 법은 이렇게 작동합니다. 왜 너는 성경 암송을 하라는 것도 아닌데 성경 읽기도 안하느냐, 하루 종일 그래 5-7분이면 되는데 그 정도 시간도 못 내느냐, 어제도 안 읽고 읽는다고 말만 하고 거짓말의 대가네, 성경을 그렇게 안 읽으니 네 앞날이 훤하다, 등등 소극적인 말과 정죄의 말들이 난무합니다. 말하는 사람의 입에서 죄와 사망이 폭포수같이 쏟아지고 듣는 사람도 죄와 사망을 느끼도록 만들어 줍니다. 죄와 사망의 법의 특징은 '안'과 '못'이라는 말이 많이 들어가고 자주 들어갑니다. 중간에 양념으로 왜 '안'하니 그 정도도 '못'해 등 죄의 언어, 사망의 언어 즉 정죄가 가득합니다. 그래도 본인은 그것들이 죄와 사망의 언어인지를 모릅니다. 모르니까 하는 것입니다. 또한 그렇게 하면 안 되는 줄 알기는 아는데 그것을 벗어날 능력이 없는 것이기도 합니다. 후회만 반복하는 언어생활을 할 뿐입니다.

로마서 8장 1-2절은 두괄식 문장에서 결론에 해당하는 말씀입니다. 아니 결론입니다. 나머지 말씀을 먹고 누리면 성령님은 우리 모두를 로마서 8장 1-2절의 고봉으로 이끌어 가십니다. 그 고봉으로 인도하시는 성령님으로 인해 감사와 찬양을 드립니다.

057

율법이 육신으로 말미암아 연약하여 할 수 없는 그것을
하나님은 하시나니 곧 죄로 말미암아 자기 아들을 죄 있는
육신의 모양으로 보내어 육신에 죄를 정하사
육신을 따르지 않고 그 영을 따라 행하는 우리에게
율법의 요구가 이루어지게 하려 하심이니라(롬8: 3-4)

　　우리는 아무리 의지가 강해도 율법의 요구를 이룰 수 없습니다. 우리는 육신이 연약하여 율법의 요구대로 살 수 없는 존재입니다. 사도 바울은 '할 수 없다'고 3절에 못 박아 놓고 있습니다. 왜 하나님은 예수님을 통해 대속 사역만 한 후 그리고 믿는 자들에게 죄용서 하고 다시 율법으로 열심히 살아 의롭게 살라고 하지 않으시고 보혜사 성령을 주셨습니까? 성령님만이 하나님의 의의 법인 율법의 요구를 이룰 수 있는 분이기 때문입니다.

　　'육신으로 말미암아'을 풀어 설명하면 열심, 금식 기도, 맹세, 혈서 등의 결단 등을 의미합니다. 육신이 연약하여 할 수 없다고 선언한 사도 바울의 고백이 정말로 아멘이 되십니까? 금식기도를 하고 맹세를 하고 혈서를 쓰면 새로운 결단을 하면 율법의 요구를 이루며 살 수 있다고 믿으

십니까? 인간의 행위의 열심으로 가능하다면 로마서 8장 3-4절을 성경에서 삭제해야 합니다. 아멘이 된다면 왜 금식을 하며 결단을 하십니까? 그렇게 해서 존재변화가 있었습니까? 그것이 율법으로 돌아가는 것임을 모르십니까? 그렇게 계속 광야생활만 하다가 죽어야 합니까? 에베소의 어떤 제자들처럼 "성령이 계심도 듣지 못하였습니까?"(행19: 2) 신앙생활은 성령을 따라 사는 것입니다. 성령을 따라 사는 것은 의의 생활이고 의의 생활은 '의의 말씀'을 먹고 누리면 된다는 것을 알고 있어야 합니다. '의의 말씀'을 많이 먹고 누리면 점점 율법의 사고와 말투가 사라지고 점점 사랑(긍휼, 관용)의 사고와 사랑의 말투가 나와 율법의 요구가 점점 이루어져 가는 것입니다.

사도 바울은 하나님의 영에 감동되어 우리 인간은 육신이 연약하여 하나님이 원하시는 율법의 요구를 이룰 수 없다고 선언했습니다. 그래서 자기 아들을 죄있는 육신의 모양으로 보내어 육신에 죄를 정하사 육신을 따르지 않고 그 영을 따라 행해서 율법의 요구를 이루었다고 했습니다. 아멘이지요. 아멘이구말구요. 감사가 넘치지요. 춤이 저절로 춰집니다.

그것을 믿는다면 그것이 진리라면 왜 남편에게, 아내에게, 자녀에게, 이웃에게 율법의 요구를 하며 율법대로 살지 않는다고 화를 내십니까? 나도 율법의 요구대로 살지 못하는 존재임을 뼈저리게 느껴서 예수님을 믿고 해방을 받은 것 아닙니까? '일만 달란트 빚진 자 하나'(마18: 23)가 누구입니까? '너, 율법의 요구대로 살아야 한다. 그렇지 않으면 네 죄값으로 지옥에 간다'가 하나님의 의가 아닙니까? 그것이 하나님의 의입니다. '하나님! 제발 은혜를 베풀어 주세요 저 무서운 지옥에 갈 수 없습니다. 너무 무서워요. 은혜, 은혜, 은혜를 베풀어 주세요 하나님의 본 마음이 헤세드이니 제발 긍휼을 베풀어 주세요' 라고 하지도 않았는데(물론 그렇게 한 사람도 있겠지만) 율법 외에 하나님의 한 의가 나타나서 그것을 복음이라고 전도한 사람이 있어서 믿고 보니 큰 복을 받았다고 감동 감격한 우리가 아닙니까?

나도 나에게 율법의 요구를 하지 않지 않습니까? 율법의 요구를 하지 않아도 나도 모르게 율법에 빠져 죄를 생산하는 도구가 종종 되지 않습니까? 그래서 "쉬지 말고 기도하라"(살전 5: 17)는 말씀을 알지만 그 말씀에 순종할 때는 거의 없고 욕심에 이끌려 살다가 죄 중에 빠졌을 때 '하나님(성령님) 도와주세요. 성령님 깨닫게 해 주세요. 잘못했습니다' 하고 돌이켜 성령의 뜻을 따라 살지 않습니까? 이렇게 신앙생활을 해 가면서 또 죄 중에 빠져 있다가 나오고 또 해방을 받으면 느슨해져서 또 빠지고 그렇게 사는 존재가 우리의 현실이 아닙니까?

로마서 8장 3-4절을 통과해 봅시다. 이제 누구에게든지 율법의 요구(율법의 말투)를 하지 말고 용서하며 긍휼을 훈련하며 기다리며 삽시다. 믿음으로 시작한 믿음 생활 믿음에서 믿음으로 나아가 봅시다. 죄와 사망의 법으로 살지 말고 생명의 성령의 법으로 살아 본을 보이고 그 본을 따라 오도록 더욱 성령님을 의지하며 삽시다. 기독교의 위대함 가르침 중에 하나는 '나를 따라 오너라'입니다. '하라'고 하기 전에 '따라 오도록 본을 보이며' 삽시다.

육신을 따르는 자는 육신의 일을, 영을 따르는 자는
영의 일을 생각하나니육신의 생각은 사망이요
영의 생각은 생명과 평안이니라(롬8: 5-6)

하나님 말씀에는 "내가 거룩하니 너희도 거룩하라"(레19: 2, 벧전
1: 16)고 하십니다. 성령님은 내 안에 오셔서 죽었던 영을 살리시고 그 영
과 연합하여 혼과 몸을 거룩하게 만들어 가십니다. 거룩의 원어 '카도쉬'
는 '거룩하다', '성결하다', '고귀하다', '깨끗하다' 입니다. '거룩하다', '성
결하다', '고귀하다', '깨끗하다' 하면 생각나는 것이 뭐 없습니까? '의'가
생각날 것입니다. 하나님의 가장 큰 품성 두 가지는 공의와 사랑입니다.

공의는 법적으로 흠이 없는 것입니다. 그래서 공의와 거룩은 동의어입
니다. 거룩은 성결한 삶이며 고귀한 삶이며 깨끗한 삶입니다. 거룩하고
성결하고 고귀하고 깨끗하려면 마음 즉 생각이 거룩해야 합니다. 그래서
'거룩'의 출발은 나에게 있어서는 생각관리요 타인에게는 법의 언어를
졸업하고 사랑의 언어를 하는 것입니다. 그래서 생각관리와 사랑의 말투
를 하려면 영의 지배를 받아야 하고 영의 지배는 곧 말씀의 지배이므로
말씀을 묵상함으로 내 존재를 말씀 안에 넣어야 합니다.

탈무드 공부방법훈련원을 할 때 전국에서 나의 책('서울대를 꿈꾸려면 공부방법과 습관을 정복하라' 후에 상위 1% 학습법 제목이 바뀌었습니다.) 을 본 부모들이 자녀를 나의 훈련원으로 보내면 9박 10일간 공부방법을 가르치고 훈련시켜 보내곤 하였습니다. 9박 10일간 하루에 오전 첫 시간 오후 첫 시간 하루 끝나는 시간 이렇게 하루에 3번씩 공부방법과 습관에 대하여 강의를 하였습니다. 강의 제목 중에 하나가 '생각관리'가 있었습니다. 보통 사람은 하루에 6만 가지 잡다한 생각들이 들어왔다 나갔다 한다고 합니다. 그 중에 부정적인 생각이 들어와 집중을 못하게 하는데 그 생각을 관리할 줄 알아야 명문대 갈 수 있다고 강의를 했습니다.

신앙생활도 마찬가지입니다. 육신의 생각은 사망이요 영의 생각은 생명과 평안입니다. 육신의 생각을 지속하는 것은 사망 안에 있는 것입니다. 육신의 생각은 자기 스스로 만든 옳고 그름 속에서 평생을 사는 것입니다. 자기가 만든 원칙에서 그 원칙을 절대 헌법으로 여기서 사는 것입니다. 매우 대단한 사람 같고 고상한 원칙주의자 같지만 실상은 고지식한 사람이요 답답한 사람이요 법이라는 문자에 꽉 막힌 한심스런 사람입니다. 융통성이 없고 상대방의 배려가 없는 사람입니다. 그러나 스스로는 자기를 대단하고 똑똑한 사람으로 생각하며 말이 많으며 타인의 말을 귀담아 듣지 않고 타인을 향해서는 비난 비판이 쏟아집니다.

영의 생각은 생명과 평안입니다. 생명과 평안은 한 마디로 하면 사랑입니다. 타인의 마음을 헤아리는 마음이요, 타인의 마음을 해방시키는 언행이요 상대방의 마음을 자유케 하는 언행입니다. 상대방을 사랑 안에서 대접하는 것입니다. 그 영의 생각을 지속하게 하는 것은 무엇일까요?

258

말씀을 묵상하면 영의 생각에 잠기고 지속하게 됩니다. 생각은 뇌의 작용입니다. 뇌는 우리가 하는 말과 상관관계가 있습니다. 뇌는 말에 절대적인 순종관계에 있습니다. 우리가 기분 나쁜 말을 들으면 기분 나쁜 이유는 뇌가 그 말을 듣고 말에 순종하는 작용을 하기 때문입니다. 뇌는 나의 말이나 남의 말이나 똑 같은 언어작용으로 받아들이는 특성도 있습니다. 그래서 남이 칭찬을 하나 내가 나를 칭찬을 하나 동일하게 기분이 좋게 작용을 해서 격려가 되고 기분이 좋아집니다. 가장 큰 격려와 칭찬은 하나님의 말씀입니다. 하나님의 말씀을 묵상하거나 선포하면 뇌는 기뻐합니다.

영의 생각을 지속하는 방법은 영의 말씀인 성경을 묵상하는 습관을 형성하는 것입니다. 이것은 곧 하늘 양식을 먹는 것이며 속 사람에게 영양을 공급하는 것입니다. 왜 시편 기자는 1편에서 "복 있는 사람은 악인들의 꾀를 따르지 아니하며 죄인들의 길에 서지 아니하며 오만한 자들의 자리에 앉지 아니하고 오직 여호와의 율법을 즐거워하여 그의 율법을 주야로 묵상하는도다"라고 했는지 이제는 좀 알 것입니다.

묵상은 영의 생각 안에 들어가는 것이며 영의 생각을 지속하는 방법입니다. 그리고 하늘 양식을 먹는 행위이며 속 사람에게 영양을 공급하며 속 사람을 운동시키는 것입니다. 생각을 관리하는 법 즉 육신적인 생각을 처리하는 방법을 모르면 8장에 들어온 것이 아닙니다. 육신적인 생각은 하나님의 말씀을 선포함으로 처리한다는 진리를 알고 실천하면 신앙생활에서 상당한 장성한 분량에 이른 것입니다.

지금까지 이 책을 읽어 오신 분은 '아! 알겠다. 김 동환 목사가 주장하고 강조하는 것 중에 하나가 아니 성화 즉 의의 생활의 비결은 묵상이구나' 라고 할 것입니다. 맞습니다. 실천하면 됩니다. 3개월 이상만 하면 스스로 변화되어 감을 느낄 것입니다. 스스로 변화되어 감을 느끼면 그 감격이 너무 좋아서 말씀을 더 묵상하고 더 암송하게 됩니다. 다른 길은 없습니다. 오직 묵상뿐입니다. 말씀을 더 묵상하고 더 암송하게 되면 성화가 즉 의의 생활이 자연스럽게 내 몸에서 이루어집니다. 이것이 기독교 윤리의 핵심입니다.

만일 너희 속에 하나님의 영이 거하시면 너희가
육신에 있지 아니하고 영에 있나니 누구든지 그리스도의
영이 없으면 그리스도의 사람이 아니라(롬8: 9)

전도를 하다보면 별의별 사람을 다 만납니다. 연세드신 분들을
만나 '예수님 믿고 구원 받고 천국 가셔야지요' 하면 '죽으면 그만이지'
하면서 천국을 믿고 영생을 믿는 전도하는 나를 우매한 자로 취급합니
다. '죽음이 무섭지 않으세요' 라고 물으면 '하나도 안 무섭다'고 합니다.
'정말이세요?' 하면 '죽으면 끝이지 그 후는 아무도 몰라, 가 본 사람이
없잖아' 하면서 한 발 물러나는 것을 볼 수 있습니다. 그러면 '성경에는
사람이 죽으면 몸은 흙으로 돌아가지만 영은 영원히 삽니다. 예수님을
믿으면 천국에 가고 믿지 않으면 지옥에 갑니다' 라고 하면 작은 소리로
'난 천국 지옥을 안 믿어' 라고 하면서 '영은 무슨 영이 있다는 것이야' 하
면서 두 발 물러서는 것을 볼 수 있습니다.

스가랴 12장 1절에는 "여호와 곧 하늘을 펴시며 땅의 터를 세우시며
사람 안에 영(루아흐)을 지으신 이가 이르시되"라는 말씀을 통해 그리고
4장 6절에서 "만군의 여호와께서 말씀하시되 이는 힘으로 되지 아니하
며 능력으로 되지 아니하고 오직 나의 영으로 되느니라" 말씀을 볼 때

우리 존재에 영이 있는 것이 확실합니다.

그래서 영이 있는 우리 인간은 전도서 3장 11절에 "사람에게 영원을 사모하는 마음을 주셨다" 라는 말씀처럼 영원을 사모하는 마음이 있습니다. 비록 하나님과 교통하는 영의 한 방면은 죽었지만 영원을 사모하고 찾는 사람은 복 있는 사람입니다.

또한 성경을 하나님의 말씀으로 믿는 사람은 복 받은 사람입니다. 성경을 무슨 무슨 문서의 조합이다. '근동 지방에는 홍수 설화가 많은 데 그 중에 하나를 빌려 온 것이다'라고 하면서 권위를 두지 않는 세상이 되었지만 나는 성경을 하나님의 말씀으로 믿고 삽니다. '성경을 하나님의 말씀이 아니고 이스라엘 종교 문서일 뿐이라고 주장하고 가르치는 자는 인사도 하지 말기를 바랍니다.

창세기 2장 7절에는 "여호와 하나님이 땅의 흙으로 사람을 지으시고 생기를 그 코에 불어넣으시니 사람이 생령이 되니라"에서 '생기'에서 '생'은 영원히 사는 '조에'를 의미합니다. 우리말로 영(靈)을 의미합니다. 이 영은 하나님과 교통하는 영입니다. 이 영은 영원한 존재입니다. 아담의 범죄로 아담 이후의 사람은 아담과 같은 죄를 짓지 아니한 자들 위에도 사망이 왕노릇합니다.(롬5: 14) 사망에 왕노릇하는 존재가 된 것을 우리는 영이 죽었다고 표현합니다. 이제 로마서 5장 17절에 의하면 '한 분 예수 그리스도를 통하여 생명 안에서 왕노릇한다고 합니다. 즉 예수를 그리스도로 믿고 영이 다시 사는 것을 믿을 때 영이 산 존재가 된다는 것입니다.

본문 말씀처럼 이 영이 내 안에 들어와 있다면 나는 비록 육신과 함께 살지만 이제 나는 영적 존재가 된 실존입니다. 때때로 영을 표현하지 못하고 육에 져서 육을 표현해서 안타깝지만 예수님을 영접한 후 그리스도의 영이 들어와 죽었던 나의 영은 살아났고 그리스도의 사람이 된 것이 분명합니다.

하나님의 영은 어떻게 우리 마음 안에 오셔서 거할까요? 말씀으로 들어 오셔서 생명으로 거합니다. 나뭇가지가 흔들리면 바람이 있는 것처럼 말씀이 거하면 영이 거하는 것입니다. 영은 말씀 안에 있습니다. 내가 너희에게 이르는 말이 영이요 생명이라고 했습니다.

말씀이 들어오려면 먼저 예수를 그리스도로 믿어야 합니다. 그런데 그 그리스도가 어떤 존재입니까? 그분은 죽고 부활 하신 후 제자들에게 나타나셔서 "그들을 향하여 숨을 내쉬며 이르시되 성령을 받으라"(요20: 22)고 하셨습니다. 그리스도로 믿은 후 또한 성령을 주신 분으로 믿어야 하는 것입니다. 그럴 때 성령님은 내 마음 안에 들어오십니다. 성령님이 내 안에 계신 것을 믿을 때 나는 그리스도 사람이 되는 것입니다. 예수님을 믿으면서 성령님을 믿지 않는다면 바른 믿음이라고 할 수 없습니다. 의외로 성령님을 믿지 않는 공동체가 많습니다. 또한 믿는다고 하면서도 성령님의 인도하심을 모르고 신앙생활을 하는 성도들도 많습니다.

예수님의 말씀처럼 오늘날에는 예수님을 믿고 성령님을 믿으면 내 마음 안으로 들어오셔서 사람 안에 있는 영(슥12: 1, 욥32: 8)과 연합되어 즉 죽어 있었던 영을 살리시어 하나님의 영이 되어 내 속 사람이 됩니다. 속 사람이 비록 어리고 약할지라도 속 사람은 내 존재의 주인이 되기 때문에 이제 나는 육신의 존재가 아니라 그리스도의 사람이 된 것입니다.

할렐루야 아멘

060

예수를 죽은 자 가운데서 살리신 이의 영이 너희 안에 거하시면
그리스도 예수를 죽은 자 가운데서 살리신 이가
너희 안에 거하시는 그의 영으로 말미암아
너희 죽을 몸도 살리시리라(롬8: 11)

마태복음 17장 2-3절에 "예수께서 베드로와 야고보와 그 형제 요한을 데리시고 따로 높은 산에 올라가셨더니 그들 앞에서 변형되사 그 얼굴이 해 같이 빛나며 옷이 빛과 같이 희어졌더라 그 때에 모세와 엘리야가 예수와 더불어 말하는 것이 그들에게 보이거늘" 이라는 놀라운 말씀이 있습니다. 베드로와 야고보와 요한이 영의 눈이 열려 예수님과 함께 있는 모세와 엘리야가 영광의 몸의 형체로 나타난 것을 본 것입니다.

제자들은 꿈인지 생시인지 어안이 벙벙한 가운데 예수님은 "인자가 죽은 자 가운데서 살아나기 전에는 본 것을 아무에게도 이르지 말라"고 하십니다. 왜 아무에게도 말하지 말라고 했을까요. 지금 너희도 세 명이 동시에 죽은 모세와 엘리야의 영광스러운 몸의 모습을 보고도 믿을까 말까 하고 있는데 다른 사람에게 말해봐야 믿을 사람이 한 사람도 없고 도리어 너희들만 미친 사람이라는 소리를 들을테니 내가 죽은 자 가운데 살아나면 그 때는 본 것을 말하면 믿을 사람이 좀 있다는 뜻일 것입니다.

또한 너희들도 아직 믿음이 부족하여 영의 세계에 대한 확신이 없는데 전하는 자가 확신이 없이 전하면 듣는 자들은 더 확신이 없어 믿지 못할 것이 분명하기 때문 일 것입니다.

예수님은 부활하신 후 부활을 의심하는 제자들에게 나타나 십자가 사건 이전의 몸과 부활 후의 몸의 모습이 확연히 다르다는 것을 보여 주셨습니다. 제자들은 예수님을 보고도 알아보지 못했으니 예수님의 몸은 참으로 신비한 몸이 된 것이 틀림없습니다. 그리고 문이 닫혀 있는데도 들어오셔서 함께 음식을 드시며 대화를 하셨습니다. 참으로 우리 생각 이상의 몸의 형체를 가지신 분이 된 것입니다. 우리도 몸의 구속을 받는 그 날을 상상하며 가끔 행복에 젖어듭니다.

'예수를 죽은 자 가운데서 살리신 이의 영이 너희 안에 거하시면'이라는 말씀은 몸이 죽은 후 영의 세계를 믿게 하는 영이라는 것입니다. 또한 예수를 죽은 자 가운데서 살리신 이의 영이 우리 안에 있다면 죽었던 우리 영을 살리셨을 뿐만 아니라 그 영은 우리의 혼을 변화시키는 것은 말할 것도 없이 몸까지 변형시키는 놀라운 하나님의 영이라는 것입니다. 아멘

우리가 예수님을 믿고 영의 세계가 확실히 믿어지고 죄의 종노릇에서 벗어나고 율법에서 해방되어 성령의 인도하심을 받고 산다는 것은 큰 축복입니다. 그런데 더구나 우리 몸까지 변화시키는 영은 혼의 구원을 충분히 이루어 가실 분이십니다. 육신에게 져서 육신대로 사는 것이 당연하다고 생각하지 말고 흙으로 돌아가 썩을 몸도 살리시는 하나님의 영을

따라 삽시다.

'예수를 죽은 자 가운데서 살리신 이의 영은 우리의 영의 구속을 넘어 혼의 변화를 넘어 죽을 몸도 영광스럽게 변형시킬 것입니다. 그런 영광을 바라보며 사는 성도가 육신에 져서 육신대로 산다면 정말 예수님을 믿고 성령을 선물로 받고 사는 사람인지 묻고 있는 것입니다. 하나님의 영이 거하시는 것은 실로 엄청난 사건입니다.

사도 바울이 빌립보 교회에게 쓴 말씀 중에 "오직 우리의 시민권은 하늘에 있는지라 거기로서 구원하는 자 곧 주 예수 그리스도를 기다리노니 그가 만물을 자기에게 복종케 하실 수 있는 자의 역사로 우리의 낮은 몸을 자기 영광의 몸의 형체와 같이 변케 하시리라."(빌3:20-21) 말씀을 오늘 하루 묵상하며 감격하며 삽시다. 영이 있다는 것도 믿는 사람이 드물고 혼 즉 인격이 변화된다는 것을 믿는 사람들이 거의 없는 세상이 되었습니다. 그리고 영원히 사는 몸으로 변형될 것을 믿는 성도가 희귀한 세상이 되었지만 우리는 예수님의 가르침과 사도 바울의 증언을 믿고 영원히 사는 거룩한 존재 즉 성도임을 기억하며 영의 인도하심을 사모하며 바라며 순종하며 삽시다.

266

무릇 하나님의 영으로 인도함을 받는 사람은
곧 하나님의 아들이라 (롬8: 14)

     내 나이 올해(2019년) 59세 입니다. 결혼한지가 만 31년이 넘습니다. 나는 충주하고도 시골 사람이고 아내는 한 살 어린 서울 출신에 서울서만 자랐습니다. 지금도 성격이 많이 달라 때때로 이해하려면 아주 약간 가슴앓이를 합니다. 때로는 '왜 그렇게 하지', '왜 생각을 거기까지 못하지' 등의 생각을 하면서 스스로 고통을 겪기는 하지만 전쟁까지는 가지 않습니다. 성격이 달라도 결혼해서 몇 개월인지는 모르지만 전혀 문제가 되지 않았습니다. 결혼 후 몇 달이 지나서부터는 성격의 차이 때문에 싸우는 일이 좀 있었습니다. 예수님을 믿는다는 믿음 하나만 같고 성격은 전혀 반대 성격입니다. 좋아하는 음식도 전혀 반대입니다. 나는 나의 성격 중에 하나는 어떤 일을 생각해서 일어날 일들을 미리미리 준비하는 성격입니다. 나는 그 성격을 말로 표현은 안 해도 속으로 무척 자랑스러워합니다. '그 정도 준비성이 있어야지 하면서 은근히 교만했습니다. 아내 성격은 느긋합니다.

    4 년 후 어느 주일날 예배 시간을 두 아이를 준비시키느냐고 20분 정

도 늦었습니다. 나는 예배 시간도 못 맞춘다고 화를 내고 차를 산 속으로 몰고 간 적도 있습니다. 그 외 성격차이의 결과 나의 못된 행동은 부끄러워 말로 표현 할 수 없습니다. 그 때 나는 나의 성격은 좋은 것이고 아내 성격은 나쁜 것으로 판단하던 시절이었습니다. 한번은 어머니에게 '아내와 성격이 전혀 다르다' 라고 불평을 하니까 어머니는 '학경(큰 딸 이름)에 미니까 니 성격 받아주지 다른 사람 같으면 문제가 벌써 생겼어, 결혼 잘 한 줄 알아' 라고 하는 것이었습니다. 내 편을 들어주기는 커녕 내 성격이 안 좋다는 것이었습니다. 그러시면서 한술 더 떠서 '니 괴팍한 성격을 좀 죽어야 한다' 며 나를 야단하시는 것이었습니다. 나는 나의 성격을 좋은 것으로 생각하는데 나의 어머니는 괴팍한 것으로 판단하고 계셨던 것입니다.

나는 대학 CCC 때 별명은 바울이었고 기쁜 소식 선교회에서는 바리새인이었습니다. 성경 암송은 상당히 많이 하고 어느 날은 요한 복음 전체를 읽었습니다. 주일 성수 십일조 감사헌금 등 열심에 열심 자체였습니다. 특별히 성경에서 유명하다는 성경 구절은 거의 암송하고 특히 갈라디아서 2장 20절은 무척이나 좋아하고 성경을 가르칠 때나 간혹 청년 교사로 설교할 때 자주 인용하던 말씀이었습니다.

하루는 성격차이가 또 문제가 되었습니다. 내 성격은 옳고 아내 성격은 틀리다는 사고방식은 변하지 않고 있었던 때 입니다. 하나님에게 화를 내면서 기도했습니다. 하나님! '어찌 이렇게 다를 수 있습니까? 참으로 달라도 너무 다릅니다. 어떻게 부부라는 것이 이렇게 성격이 다릅니까? 성격이 같으면 좋겠습니다. 성격이 좀 같을 수는 없습니까? 성격이 너무 달라 문제가 많이 생깁니다' 라고 항의같은 기도를 하였습니다. 그때 내 마음에 속에 계시는 성령님이 작고 달콤한 목소리로 '성격으로 사는 것이 아니라 그리스도로 사는 거야' 하는 음성이 들려왔습니다. 그리고 동시에 갈라디아서 2장 20절이 생각났습니다. 그리고 나도 모르게 내 입에서 '성격은 누구든지 다 좋은 것이 아니구나' 라는 작은 소리가 튀어 나왔습니다.

"그런즉 이제는 내가 사는 것이 아니요 오직 내 안에 그리스도께서 사시는 것이라" 는 말씀을 외우고 설교 중에서 사용해서 알고 있다고 생각했지만 이성령님의 음성을 듣고 '아! 내가 지식으로만 알고 있었던 것이구나' 라는 생각이 들었습니다. '아니, 성격으로 사는 것이 아니고 그리스도로 사는 거라고 어, 맞네! 맞어, 맞네, 맞네' 하고 나도 모르게 저절로 인정하는 고백을 했습니다. 그러면서 '아니 성령님이 다 말씀도 하시네' 하면서 놀랐습니다. 그전까지는 말씀이 불현듯 떠오르면 하나님의 말씀으로 알던 시기였습니다. 갈라디아서 2장 20절을 그렇게 많이 자주 외우고 설교하거나 교제할 때 자주 인용하던 말씀인데 문자에서 해방되어 생명이 꿈틀대는 살아있는 말씀(레마)이 되어 있었습니다. 마음에 말씀이 기록되는 순간이었습니다.(히 8: 10)

'성격으로 사는 것이 아니라 그리스도로 산다.' '성격은 다 누구든지 좋은 것이 아니다.' "성격으로 사는 것이 아니라 그리스도로 산다.' '성격은 다 누구든지 좋은 것이 아니다.' 성령님의 음성은 나의 존재의 틀(패러다임)의 핵심인 성격문제를 송두리째 흔들어 버렸습니다. 그리고 그동안 성령님이 내 안에 계시다는 것은 말씀을 믿어 알고 있었지만 말씀까지

해 주시는 분인지는 몰랐습니다. 그리고 그 한 말씀으로 아내와 성격으로 인한 갈등 고민이 완전히 해결 될 줄도 몰랐습니다. 그 후 나는 전혀 새로운 사람이 되지는 않았지만 내 성격이 좋지 않다는 것과 성격으로 사는 것이 아니라 그리스도로 산다는 것만큼은 레마로 내 존재 속에서 새겨져서 운동력 있게 역사하기 시작했습니다. 그리고 성격! 성격! 성격! 을 말하는 자체가 예수님을 인격적으로 만나지 못했거나 아직도 육신에 속한 부분이 많은 사람이라는 증거가 된다는 것도 알게 되었습니다. 성령님은 달콤하고 부드러운 음성을 들은 사건은 25년도 넘었지만 지금도 생생하게 내 마음 안에 기록되어 있고 계속 운동력 있게 역사합니다.

그 후 몇 번의 존재의 질문을 했을 때 성령님은 달콤한 음성으로 대답해 주었습니다. 그렇다고 해서 좀 변화된 것은 맞지만 "하나님의 영으로 인도함을 받는 사람은 곧 하나님의 아들이라"는 말씀이 내 존재에 생명으로 새겨져서 영의 사람이 되지는 못했습니다. 나는 그동안 스스로 말씀 중심으로 신앙생활을 한다고 생각했지만 지금 생각해 보면 율법적인 실존으로 살아왔습니다. 나의 말투는 법의 언어가 대부분이었습니다.

상당한 세월이 지난 후 그리고 성경 말씀을 많이 묵상한 후 "하나님의 영으로 인도함을 받는 사람은 곧 하나님의 아들이라"는 말씀이 내 존재 안에서 새겨져서 운동력 있게 역사하기 시작했습니다. 이 말씀을 읽을 때마다 '율법으로 인도함을 받은 사람이 곧 하나님의 아들이 아니다'라고 오버랩 되어 읽혀집니다. 나는 오랫동안 율법으로 사는 것이 하나님의 아들의 삶의 방식이라고 굳게 믿었습니다. 율법으로 제대로 살지도 못하면서도 사는 척하며 살았습니다. 영으로 산다는 것을 몰랐고 율법을 더 잘 쪼개서 지키는 것을 하나님을 섬기는 것이요 율법을 지켜야만 예수님을 닮아가는 것이라고 굳게 믿고 있었습니다.

'성격으로 사는 것이 아니라 그리스도로 산다' 의 레마의 말씀과 "하나님의 영으로 인도함을 받는 사람은 곧 하나님의 아들이라" 말씀이 함께 내 마음에서 운동력 있게 역사하면서 나는 율법(율법의 사고방식)으로 사는데서 조금씩 벗어나는 것을 내가 나를 바라볼 수 있었습니다. 내가 나를 생각해도 신기하고 신비롭다고 느꼈습니다. 로마서 7장 2절 "남편의 법에서 벗어났느니라" 6절에서 "율법에서 벗어났으니"가 지식이 아니라 기록된 말씀이 아니라 살아있는 생명의 말씀으로 레마의 말씀으로 운동력 있게(히4: 12) 역사하기 시작했습니다. 영의 구속의 감격처럼 혼의 변화의 감격도 누리면서 살게 되었습니다.

나는 그동안 로마서 6장 7장이 상당히 어렵다고 느꼈습니다. 많은 주석과 강해서를 읽어 보았지만 속 시원하게 나를 유쾌하게 해 주지 못했습니다. 그런데 로마서 6장 7장 8장을 외우고 날마다 써 보고 선포하면서 내 존재 안에서 말씀들이 운동력 있게 생명으로 역사하면서 내 존재를 변화시키는 동시에 말씀들이 생명으로 내 마음에 새겨지고 인격으로 이해되고 의의 생활이 표현되면서 새로운 수준으로 올라서는 나를 바라볼 수 있었습니다.

너희는 다시 무서워하는 종의 영을 받지 아니하고
양자의 영을 받았으므로 우리가 아빠 아버지라고 부르짖느니라
성령이 친히 우리의 영과 더불어 우리가 하나님의 자녀인 것을
증언하시나니(롬8: 15-16)

　　"하나님의 영으로 인도함을 받는 사람은 곧 하나님의 아들이라" 참으로 놀라운 말씀입니다. 이 말씀으로 감동을 받은 적이 없다면 구원을 받았지만 아직 의의 생활에 있어서 율법 아래 있는 성도일 수 있습니다. 유대인들이 율법의 문자에 메여 하나님의 아들 예수님을 몰라보고 죽였듯이 오늘날도 율법(율법의 사고방식)으로 사는 것이 하나님을 위한 것이라는 관념에 사로잡혀 있으면 "하나님의 영으로 인도함을 받는 사람은 곧 하나님의 아들이라" 는 말씀에는 소경이 되어 보이지 않고 그냥 지나가든지 하나님의 영으로 인도함을 받아서 하나님의 아들이구나 하고 제멋대로 입맛에 맞게 이해하고 넘어갈 것입니다.

　　율법으로 살면 살수록 하나님을 공의의 하나님으로 더 많이 인식하고 사랑의 하나님으로는 점점 덜 인식하게 됩니다. 반면에 영과 생명으로 점점 살게 되면 될 수록 하나님을 사랑의 하나님으로 더 알고 인식되고

공의의 하나님으로는 점점 덜 인식됩니다.

율법으로 살면 살수록 율법은 죄와 연관됨으로 하나님을 점점 두려워하고 무서워하게 됩니다. 반면에 영과 생명으로 점점 살게 되면 영은 생명과 사랑과 연관성이 더 강하므로 하나님을 더 친근하게 여겨져 아버지에서 아빠로 호칭을 바꿔 부르게 됩니다.

아빠란 호칭은 친근함 그 자체입니다. 아버지라고 호칭해서 친근함이 없는 것은 아니지만 아빠의 호칭은 공의보다는 사랑이 더 많이 느끼는 칭호입니다.

양자의 원어 '휘오데시아'(스토롱번호 5206)는 휘오스'(아들)와 '디데미'(자리에 두다)의 합성어로서, 입양을 통해 아들의 권리를 부여받은 자를 가리킵니다. 신약성경에는 3번 나오는데 여기 한 번 에베소서 1장 5절에서 "그 기쁘신 뜻대로 우리를 예정하사 예수 그리스도로 말미암아 자기의 '아들들(휘오데시아)' 이 되게 하셨으니"와 갈라디아서 4장 5절에 "율법 아래에 있는 자들을 속량하시고 우리로 '아들의 명분(휘오데시아)' 을 얻게 하려 하심이라."에 나옵니다.

'양자', '아들들', '아들의 명분' 모두 쉽게 말하면 법적으로 아들이 되었다는 것입니다. 즉 법의 의한 범죄로 말미암아 아버지와 관계가 끊어졌었는데 이제는 그 문제가 완전히 해결되었다는 것입니다. 마귀의 자녀에서 하나님의 자녀가 되었다는 것입니다.

법은 죄를 낳고 죄는 단절을 낳는데 예수님으로 말미암아 '휘오데시아'가 되어 하나님 아버지와 끊어졌던 관계가 회복되어 아들의 위치로 환원되었다는 것입니다. 아들된 것이 무엇으로 증명이 됩니까? 하나님의 자녀인 것을 무엇으로 증언하시겠습니까? 내가 믿었기 때문에 자녀인 것입니까? 틀린 것은 아닙니다. 그런데 때때로 믿음이 흔들릴 뿐 만 아니라 정말 하나님의 자녀인가 의심이 들 때도 있을 것입니다.

사도 바울은 로마서 8장 14절, 16절에서 하나님의 영, 성령이 하나님의 자녀됨을 증언한다고 기록되어 있습니다. 그렇습니다. 양자가 되었기 때문에 성령님이 계신 것이 아니라 성령님이 계시기 때문에 양자 즉 하나님의 아들이 된 것입니다. 성령님이 계시지 않다면 더 나아가 성령님의 인도하심을 받지 않는다면 주로 고백을 했든 세례(침례)를 받았던 혹은 율법 조항을 많이 지켰든 하나님을 아빠 아버지라 부르는 자신감은 떨어질 것입니다.

성령님이 친히 우리 영과 더불어 하나님의 자녀인 것을 증언해 준다는데 무슨 염려 걱정이 있습니까? 우리 마음 안에 성령님이 계시면 아들이 된 것이고 하나님을 아빠 아버지라 부를 수 있습니다. 성령님은 우리 마음 안에 어떻게 계십니까? 처음에는 믿음으로(약속으로) 와 계십니다. 그리고 내가 인지하는 것은 말씀이 거함으로 알게 됩니다. 성령님도 말씀으로 내 안에 거하십니다. 그래서 말씀이 내 안에 거하기 위해서는 말씀을 깨닫고 묵상하면서 마음에 새기는 신앙생활이 중요한 것입니다.

자녀이면 또한 상속자 곧 하나님의 상속자요 그리스도와

함께 한 상속자니 우리가 그와 함께 영광을 받기 위하여

고난도 함께 받아야 할 것이라 생각하건대 현재의 고난은

장차 우리에게 나타날 영광과 비교할 수 없도다(롬8: 17-18)

내 존재에는 겉 사람과 속 사람이 있습니다. 성경에서는 속사람의 생명 성장시대를 카이로스라고 하고 겉 사람의 자람의 시대를 크로노스라고 합니다. 하나님을 모르는 사람들이나 대다수 믿는 이들도 크로노스의 흥과 망을 통해 기뻐하고 즐거워하고 슬퍼하고 좌절합니다. 그러나 참된 그리스도인은 속 사람의 생명의 흐름의 시대인 카이로스의 때를 바라보고 즐거워합니다. 크로노스는 환난이 중심에 있어 풍랑이 항상 일어납니다.

그래서 크로노스에서 그 어떤 심한 어려움과 고난이 있더라도 카이로스에서 영적인 의미를 발견하면 고난이 아니라 교육이고 훈련입니다. 그러나 영적인 의미를 발견하지 못하면 고생이고 좌절이고 낙심이고 절망이고 실패입니다. 속 사람의 성장과 성숙에 도움에 되는 의미를 빨리 발견할수록 영의 인도하심을 받는 자요 지혜자요 성숙한 자입니다. 더군다

나 나는 그리스도인의 정체성을 항상 드러내거나 혹은 복음을 전파하다가 당하는 현재의 고난은 장차 우리에게 주는 영광과 비교할 수 없습니다.

사도 바울은 다메섹에서 예수님을 만난 그 순간부터 고난이 시작 되었습니다. 하나님은 아나니아에게 바울은 나의 택한 그릇이라 하시면서 내 이름을 위하여 고난을 받을 것(행9: 15-16)이라고 예언해 주었습니다. '택한 그릇'은 영광이지만 택한 그릇으로 살기 위하여 고난을 받을 것이라고 했습니다. 우리 생각에는 택한 그릇이면 고난이 없이 살아야 하는데 왜 사도 바울은 고난의 삶을 살 수밖에 없었을까요? 세상은 복음을 감당하지 못하고 영의 세계에 대하여 소경이기 때문에 자신들이 알고 있는 세상적인 지식과 혹은 크로노스의 가치관과 사상으로 미워하고 멸시하고 죽이기 때문입니다.

사도 바울은 고린도 후서 11장 23절부터 27절을 보면 아나니아의 말대로 고난의 생활의 연속이었음을 알 수 있습니다. "내가 수고를 넘치도록 하고 옥에 갇히기도 더 많이 하고 매도 수없이 맞고 여러 번 죽을 뻔 하였으니 유대인들에게 사십에서 하나 감한 매를 다섯 번 맞았으며 세 번 태장으로 맞고 한 번 돌로 맞고 세 번 파선하고 일 주야를 깊은 바다에서 지냈으며 여러 번 여행하면서 강의 위험과 강도의 위험과 동족의 위험과 이방인의 위험과 시내의 위험과 광야의 위험과 바다의 위험과 거짓 형제 중의 위험을 당하고 또 수고하며 애쓰고 여러 번 자지 못하고 주리며 목마르고 여러 번 굶고 춥고 헐벗었노라(고후11: 23-27)고 간증한 것을 읽을 수 있습니다. 한 구절 한 구절이 가슴을 찌릅니다. 어찌 이런 고난의 연속이었을까 가슴이 매여집니다. 복음의 길은 영광인 동시에 고난임에 틀림이 없습니다. 세상 사람들은 무지하고 사탄은 할 수만 있다면 방해하고 반대를 하기 때문에 고난을 당할 수 밖에 없습니다. 우리의 싸움은 영적인 싸움이기 때문입니다.

또한 율법을 지킴으로 구원을 받는 것이 아니라 오직 예수만이 구원의 길이라고 해서 헬라파 유대인들에게 죽임을 당할 뻔 합니다. 성경을 믿고 하나님을 믿는 자들에게 당하는 고난입니다. 같은 하나님을 믿으면서도 구원의 방법론 때문에 고난을 당합니다. 참으로 감당하기 어려운 고난입니다.

그리고 예수님을 믿는 것을 참 하나님에게로 돌아오는 것이라고 전파하다가 돌로 쳐 죽임을 당할 뻔하는 고난을 당합니다. 죽은 자가 부활한다는 가르침을 전하다가 조롱을 당합니다. 부활은 우리의 신앙의 핵심인데 부활신앙이 조롱의 대상임을 알고 있어야 할 것입니다. 세상지식은 죽으면 끝이라고 가르칩니다. 조롱을 이길만한 하나님에 대한 지식과 영에 대한 믿음에 있어야 고난을 이겨낼 수 있습니다. 예수님을 믿는다는 사람들 중에도 정신적 부활을 주장하는 사람이 많습니다. 육체적 부활을 말하면 아직도 그런 것을 믿느냐고 하면서 핀잔을 줍니다. 지금이 어느 세상인데 그런 유치한 믿음을 가지고 있느냐고 힐난을 합니다. 어떻게 성경을 그렇게 어리석게 믿느냐고 조롱합니다. 몸의 부활을 믿는 사람은 핀잔을 듣고 힐난을 받으면서 때로는 조롱거리가 되는 것임을 알고 바보처럼 어리석은 자처럼 취급 받으며 살아야 합니다.

또한 사도 바울은 로마에 복음을 전하러 가기 위해 예루살렘에서, 바다위에서 죽을 뻔한 고난을 당합니다. 그러나 바울은 고난 다음에 영광을 바라봤습니다. 오직 고난을 이길 힘은 장차 나타날 영광을 바라보는 믿음입니다. "장차 우리에게 나타날 영광과 비교할 수 없도다"라는 말씀을 통해 격려받고 고난의 길로 더욱 더 나아갑시다.

피조물이 고대하는 바는 하나님의 아들들이 나타나는 것이니
피조물이 허무한 데 굴복하는 것은 자기 뜻이 아니요 오직
굴복하게 하시는 이로 말미암음이라 그 바라는 것은 피조물도
썩어짐의 종 노릇 한 데서 해방되어 하나님의 자녀들의 영광의
자유에 이르는 것이니라 피조물이 다 이제까지 함께 탄식하며
함께 고통을 겪고 있는 것을 우리가 아느니라(롬8: 19-22)

　　　나의 취미 중에 하나는 목사님들의 설교를 듣는 것입니다. 또 다른 하나는 '새롭게 하소서'와 '내가 매일 기쁘게'을 통해 많은 성도들의 간증을 듣는 것입니다. 유튜브에 올라와 있는 간증들을 열심히 듣습니다. 박효진 장로님 간증과 전직 깡패가 체험한 충격적인 사후세계 증언인 박영문 장로님(후에 목사님이 되심) 간증을 여러 번 반복해서 들었습니다. 박효진 장로님의 간증은 적극적으로 추천합니다. 내용도 좋고 말씀도 아주 유머있게 잘합니다. 좋아서 몇 번씩 들었습니다. 몇 번을 들어도 감동이고 은혜가 넘칩니다. 이 지은 집사님, 김웅의 선교사님 간증도 추천합니다. 그 외에 추천하고 싶은 간증들이 참으로 많습니다. 특히 박영문 장로 간증은 30번 이상은 들었으며 거의 외우고 있습니다. '아내가 또 들어요' 할 정도 듣고 또 듣습니다. 내가 50대 후반에 목사가 되겠다고

결심한 결정적인 동기 중에 하나는 박영문 장로님 간증을 또 듣다가 그 바로 밑에 박효진 장로님의 간증이 있어서 듣다가 바로 밑에 박효진 장로님을 변화시킨 이덕진 목사님의 간증이 있어서 듣는 중에 영적인 세계에 대한 확신이 들어 결단하게 되었습니다. 그 당시 원어로 성경을 배우는 곳도 졸업하고 가나안 성도로 있었을 때였습니다. 나는 학원도 접고 날마다 오전에는 성경 공부를 조금하고 하루 양식 찾아 먹고 바둑 두다가 점심 먹고 또 바둑 두다가 좀 쉬다가 테니스장 가서 테니스 치고 저녁에 아내와 큰 딸이 하는 피자가게에서 배달을 도와주고 가끔은 낚시 가서 고기 잡는 것이 하루 일과의 사이클이었습니다.

이 덕진 목사님의 간증을 들으면서 천국의 확신과 영의 세계에 대한 믿음이 확 살아났습니다. '나도 이덕진 목사님 못지 않게 열심으로 살아왔는데 지금 이 모양 이 모습으로 한량으로 살다니' 라는 생각을 하며 졸업해야 되겠다고 자연스럽게 결단을 하게 되었습니다.

지금까지 예수님을 더 알려고 성경을 더 알려고 열심히 달려 마지막 원어까지 공부했는데 더 이상 갈 곳이 없어 쉬고 있었던 시기였습니다. 원어를 통해 말씀을 배우면서 성경을 문서로 보고 천국을 불신하고 영의 세계를 불신하게 되고 그러는 가운데 나도 모르게 반 세상인이 되어 가고 있을 무렵이었습니다. 다시 새롭게 영의 세계의 확신은 비록 늦은 나이지만 이제라도 마음 속에 간직했던 꿈인 목사가 되어 주님을 위하여 살아야겠다고 결단하게 되었습니다.

광야교회 임명희 목사님의 간증에 나오는 이야기입니다. 청년 시절에 아버지가 아파서 일주일간 아버지를 모시고 교회 사경회에 나가게 되었답니다. 아버지를 다시 모셔 와야 하기 때문에 어쩔 수 없이 설교라는 것도 처음으로 듣게 되었고 일주일을 듣다 보니 하나님을 좀 아는 가운데 사경회가 끝났습니다. 여전히 삶은 절망 가운데 있어서 기도하고 싶어져서 바닷가에 나가서 기도할 줄을 몰라 그냥 주여! 주여! 주여! 를 부르면서 기도하는 중에 주님을 만났다고 합니다. 유튜브에 다 올라와 있으니 자세한 것은 보시기를 바랍니다. 해가 높이 떠서 아침이 되었는데 영의 눈이 떠 져서 자연을 바라보는데 바람이 보였고 이 바람은 산들바람 같은 자연 바람은 아니었다고 합니다. 바람이 불면서 나뭇잎이 흔들리는데 이 바람은 나뭇잎이 하나님을 향해서 춤을 추게 만들고 있는 것을 보았다고 합니다. 자연 만물의 속에 깃든 하나님의 신성을 보면서 너무 좋아서 목사님 자신도 막 춤을 추었다는 간증이 있습니다.

정말로 피조물이 고대하는 바는 하나님의 아들들이 나타나는 것입니다. 천국에 가서 그 광경을 보면 임명희 목사님이 지상에서 영의 눈이 열려 춤이 저절로 나온 것처럼 우리들도 춤이 저절로 나올 것입니다.

우리는 지금 이 땅에서 성령 충만으로 생명이 충만히 표현된다 하더라도 혹시 자연 피조물이 우리의 영이 해방된 것을 보고 춤을 추더라도 영의 눈이 떠 지지 않는 이상 볼 수가 없습니다. 그러나 예수님을 믿지 않는 사람들에게 믿는 성도들이 성령 충만해서 만족하면서 기쁘게 살고 의롭게 살면서 자유를 누리고 돈을 열심히 벌지만 돈의 노예가 되지 않는 삶을 산다면 그들은 우리를 보고 '우리도 썩어짐의 종 노릇 한 데서 해방되어 하나님의 자녀들의 영광의 자유에 이르는 것'을 사모하게 될 것입니다.

우리 안에 계시는 성령님은 우리의 존재를 점점 하나님의 아들의 형상으로 변화시켜 갑니다. 그 영광스러운 기쁨으로 사는 것이 믿음생활의 즐거움 중에 하나입니다. 성령님은 너무나 인격적이신 분이라 우리의 인격을 침해하지는 않지만 우리가 주인의 자리를 넘겨 드리면 기꺼이 주인이 돼 주셔서 우리를 하나님의 형상이 나타나도록 인도해 가십니다. 이제 우리는 그런 소망을 가지고 하루 하루 말씀 안으로 들어가서 말씀을 묵상하면서 행복하게 살아갑시다.

우리가 소망으로 구원을 얻었으매 보이는 소망이 소망이
아니니 보는 것을 누가 바라리요 만일 우리가 보지 못하는
것을 바라면 참음으로 기다릴지니라(롬8: 24-25)

주님의 제자 중에 도마라는 사도는 의심이 많았던 분 같습니다.
도마는 부활하신 예수님을 만났다는 다른 제자들의 말을 믿지 않았습니다. 도마는 주님께서 '나는 부활이요 생명이니' 라는 말씀을 직접 들었지만 그는 부활에 관심이 있었던 것이 아니라 로마 제국에서 해방되어 새로운 조국 건설에 관심이 있었던지 주님께서 왕이 되시면 권력의 한 자리를 차지하려는 열망 때문인지 그런 진리의 말씀은 귀에 들려오지 않았던 것 같습니다. 누구든지 마음에 관심이 없으면 소리가 들려와도 내용은 들려오지 않는 법입니다. 그래서 계시록 2-3장 일곱 교회 보낸 서신을 보면 말미에 '들을 귀가 있는 사람은 복 있는 사람'이라고 기록되어 있습니다. 교회를 다녀도 천국에 관심이 있고 진리에 관심이 있는 자만이 천국 말씀이 진리 말씀이 생명이 되어 들려오고 그 들음으로 복 있는 사람이 됩니다.

여드레를 지나서 도마가 제자들과 함께 있을 때 또 예수님은 문들이

닫혔는데도 방에 들어오셨습니다. 그리고 예수님께서 "너희에게 평강이 있을지어다 인사하시고 도마에게 이르시되 네 손가락을 이리 내밀어 내 손을 보고 네 손을 내밀어 내 옆구리에 넣어 보라 그리하여 믿음 없는 자가 되지 말고 믿는 자가 되라"(요20: 27) 하시면서 "너는 나를 본 고로 믿느냐 보지 못하고 믿는 자들은 복되도다"(요20: 29) 라고 하셨습니다. 주님이 승천하신 후에는 주님을 뵙지 못하고 믿어야 하니까 보지 못하고 믿는 자들이 복되다고 말씀하신 것 같습니다.

우리 가운데 많은 성도들은 '보지 못하고 믿는 자들은 복되도다' 라는 말씀을 알면서도 주님을 보려고 몸부림치는 자들이 많습니다. 성도라면 누구든지 믿음이 흔들려서 한 번 이상 하나님께 '직접 보여 주세요, 그러면 목숨 바쳐 섬기겠습니다' 라고 기도 안 해 본 사람은 없을 것입니다. 그러나 너무 억지를 부리다가 말씀 신앙에서 이적 신앙으로 흘러 진리의 생명의 말씀을 놓쳐버린 사람들이 너무나 많습니다. 말씀의 경계선을 넘어가면 위험해 질 수 있고 순수했던 믿음을 빼앗길 수 있음을 조심해야 합니다. 우리는 보지 못하는 것을 바라면서 참음으로 기다려야 합니다.

혹시 기도를 많이 해서 영안이 열려 보았다고 합시다. 그 영안이 열려 본 감격이 의의 생활의 변화까지 이끌어 항상 기뻐하고 항상 감사하는 의의사람이 되게 합니까? 그리고 가정에서나 사회에서 존경받는 신앙인이 되게 합니까? 나는 그런 신앙인을 거의 보지 못했습니다.

예수님이 죽고 부활하시고 구름 가운데 공중으로 올라가시어 하나님

보좌 우편에 앉아 있는 것을 우리는 알고 믿습니다. 이것은 곧 영의 세계가 있다는 것입니다. 영계가 확실히 있음을 믿고 육신의 몸 가운데서 성령님의 인도하심을 따라 사는 것이 지혜로운 성도들의 생활방식입니다.

성경을 하나님의 말씀으로 믿고 예수님을 구세주로 믿고 바울 사도의 가르침을 바른 것으로 알고 성령님이 내주하심을 믿고 성화의 감격을 누리면서 사는 성도는 보는 신앙을 갈망하지도 않고 찾지도 않습니다. 왜냐하면 내 안에 보혜사 성령님으로 계시는 그분이 나를 하나님의 아들임을 인정해 주시고 하나님의 형상을 본 받도록 인도해 가시는 감격으로 사는데 뭐가 더 부족하고 뭐가 더 필요해서 보여 달라고 금식하며 떼쓰는 신앙을 하십니까? 보이는 소망은 소망이 아니라는데 왜 그렇게 어리석은 길을 가려고 하겠습니까? 성령님은 절대로 말씀의 선을 넘지 않으십니다. 보이는 소망이 소망이 아니라는 사도 바울의 권면을 아멘으로 받고 한 면에서는 정상적인 인간으로 또 한면에서는 그의 나라와 그의 의를 구하는 의의 생활을 하면서 하루 하루 감사하며 기쁘게 살아갑시다.

066

이와 같이 성령도 우리의 연약함을 도우시나니 우리는
마땅히 기도할 바를 알지 못하나 오직 성령이 말할 수 없는
탄식으로 우리를 위하여 친히 간구하시느니라 (롬8: 26)

예수님은 십자가에 달리기 전 그분의 마지막 가르침 중에서 "내가 아버지께 구하겠으니 그가 또 다른 보혜사를 너희에게 주사 영원토록 너희와 함께 있게 하리니 그는 진리의 영이라 세상은 능히 그를 받지 못하나니 이는 그를 보지도 못하고 알지도 못함이라 그러나 너희는 그를 아나니 그는 너희와 함께 거하심이요 또 너희 속에 계시겠음이라"(요17: 16-17)고 말씀하셨습니다. 그분의 가르침의 핵심은 사랑도 되고 십자가를 따르는 삶도 되고 섬김도 됩니다. 그러나 이 모든 것을 이루려면 보혜사 성령님이 있어야 합니다. 그래서 그분의 가르침의 핵심 중에 핵심은 보혜사 성령을 보낼테니 잘 받아들이고 그 안에서 행하라는 것입니다. 성령님을 받아야만 진리 안에서 의의 생활이 된다는 것입니다. 왜냐하면 성령님 안에는 사랑도 십자가를 따르는 삶도 섬김도 다 부분집합으로 존재하기 때문입니다.

우리의 연약함이 무엇입니까? 하나님의 자녀로 부르심을 받아 하나님

의 자녀로 의의 생활을 하면서 살고 싶은데 날마다 육신에 져서 육신의 종이 되는 모습이 아닙니까? 거창하게 표현하면 하나님의 형상을 본 받고 싶은 마음은 있으나 연약하여 죄의 종으로 산다는 것입니다. 기도, 금식, 맹세, 근면 등 적극적인 모든 것을 동원한다 해도 우리의 힘과 노력으로는 하나님의 자녀로써 자녀답게 살 수 없다는 것입니다. 오직 성령님의 능력뿐입니다. "만군의 여호와께서 말씀하시되 이는 힘으로 되지 아니하며 능력으로 되지 아니하고 오직 나의 영으로 되느니라"(슥4: 6) 은혜의 복음을 받아들여 말씀을 믿어 성령님이 거하게 하시고 의의 말씀을 먹고 누려 성령을 따라 사는 의의 생활이 되도록 합시다.

마땅히 기도할 바가 무엇입니까? 하나님의 아들로서 성령을 따라 사는 의의 생활을 표현하며 하나님께 영광돌리는 멋진 삶을 사는 것이 아닙니까? 고급스럽게 표현해서 하나님의 창조 목적인 하나님의 형상을 표현하는 것입니다. 성령님이 아니면 우리의 기도의 중심은 육체의 소욕을 따라 우리의 세상적인 육신적인 복을 구하는 존재입니다. 그러나 성령님은 우리의 생각을 바꾸게 하고 삶의 의미를 형상에 두게 하며 할 수 없다고 할 때 대신 간구해 주셔서 하나님의 형상을 본받는 길로 가도록 인도해 가십니다.

우리가 하나님의 형상회복의 길을 놓치면 성령님은 말할 수 없는 탄식을 하시며 친히 간구하시면서 우리의 갈 길을 교정해 주십니다. 우리가 하나님의 형상회복의 길을 가기 위해 먼저 무엇이 선행되어야 합니까? 8장 15절에 나오는 양자의 영을 받은 하나님의 아들이 됨의 확실성입니다.

성령님은 먼저 아들됨을 확증하시고 하나님의 형상회복을 위해 우리의 존재를 바꾸어 가십니다. 하나님의 형상 회복은 어떻게 이루어집니까? 죄와 사망의 법에서 벗어나 생명의 성령의 법 안에 살게 하심으로 가능한 것입니다. 생명의 성령의 법 안에 사는 존재는 어떤 존재입니까? 하나님을 영화롭게 하며 기뻐하고 감사하면서 살고 타인을 향해서는 생명의 언어의 전달을 통해 그들도 기뻐하고 감사하게 만드는 것이 아니고 무엇이겠습니까?

성령님이 우리가 세상에서 높이 올라가기를 바라시겠습니까? 높이 올라가면 갈수록 거만해지고 자기 고집만 주장하는 존재가 옛사람의 정체성이 아닙니까? 돈을 많이 벌기 위해 불철주야 열심히 살라고 하십니까? 새사람은 돈과 하나님을 겸하여 섬길 수 없는 존재입니다. 먹고 살 정도면 만족하고 감사하며 사십시오. 율법의 행위로 구원에 부족한 덕을 더 쌓으라고 간구하십니까? 율법은 지키면 지킬수록 위선자의 행위를 하는 것을 모르십니까? 환상을 보고 투시를 보면서 믿음을 더 굳건히 하라고 재촉하십니까? 성령님은 하나님의 깊은 것을 아시는 분이라 성령님이 내 안에 계신것만 확인되면 환상 투시는 필요가 없다는 것을 자연스럽게 알게 됩니다.

"무릇 하나님의 영으로 인도함을 받는 사람은 곧 하나님의 아들이라"(롬8: 14)고 기록되어 있지 않습니까? 성령님은 우리를 더 아들됨 안으로 인도하시는 분이십니다. 그 아들됨은 하나님의 형상을 회복하는 것입니다. 그분의 간구의 목적은 아들됨 안으로 인도하시는 범위를 넘지 않으십니다.

마음을 살피시는 이가 성령의 생각을 아시나니
이는 성령이 하나님의 뜻대로 성도를 위하여
간구하심이니라(롬8: 27)

　　　　　예수님은 그리스도요 스승이요 교사로 가르침을 주고 본을 보여
주셨지만 요한 복음 16장 7절을 보면 "내가 떠나가는 것이 너희에게 유
익이라 내가 떠나가지 아니하면 보혜사가 너희에게로 오시지 아니할 것
이요 가면 내가 그를 너희에게로 보내리니" 라는 놀라운 말씀을 하십니
다. 그리고 사도행전 1장 8절에는 "오직 성령이 너희에게 임하시면 너희
가 권능을 받고 예루살렘과 온 유대와 사마리아와 땅 끝까지 이르러 내
증인이 되리라 하시니라" 말씀을 통해 성령님이 임하는 것이 중요하다
고 말씀하셨습니다.

　예수님의 가르침 안으로 들어가려면 우리의 놀라운 판단력과 단호한
결단력과 굳센 믿음으로 가르침의 말씀을 지키라고 하지 않으시고 성령
님을 보내리니 성령님이 임할 때까지 기다리라고 하십니다. 성령님이 임
했느냐 임하지 않았느냐가 제일 중요하다는 것입니다. 성령님이 임하시
면 권능을 받게 되고 권능의 힘으로 예수님이 가르치신 말씀의 내용을

알게 되고 기억나서 온 세상을 다니면서 증인이 될 것이라고 하십니다.

로마서 8장 14절을 몇 번 언급했습니다. 사도 바울의 가르침 중에서는 너무나 중요한 말씀이기 때문입니다. 이 말씀에 감격하지 않으면 사도 바울 신학의 핵심을 모르는 것입니다. "무릇 하나님의 영으로 인도함을 받는 사람은 곧 하나님의 아들이라" 여기서 하나님의 영은 당연히 성령님입니다. 성령님으로 인도받을 때 내가 하나님의 아들로서 기쁨과 행복을 누리고 타인들도 내가 성령님으로 인도함을 받는 것이 느껴질 때 하나님의 아들은 몰라도 예수 믿는 사람은 세상 사람들과 같지 않다고 느끼면서 작은 감동을 받을 것입니다. 내가 율법으로 인도함을 받을 때는 율법 조항을 몇 개만 자신 있게 지켜도 기쁘고 행복하지만 다른 한 면에서는 우월감과 교만이 자라고 있음을 부인할 수 없습니다. 그러나 성령님의 인도함을 받으면 기쁘고 행복하고 우월감과 교만은 없고 은혜 안에 있음을 감사하고 인도해 주시는 하나님의 사랑에 감격해서 하나님께 영광을 돌리면서 찬송을 하게 됩니다. 율법으로 사는 삶과 성령으로 인도함을 받는 삶은 겉으로 보기에는 비슷한 것 같아도 내면에서 움직이는 생명의 운동력과 영향력은 큰 차이가 납니다.

하나님의 영으로 인도함을 받을 때 그 하나님의 영은 우리 안에 내주하시는 성령님이십니다. 그런데 그 성령님은 성경 몇 군데에서 진리의 영(요14: 17, 15장 26, 16: 13)이라고 합니다. 진리가 무엇입니까? 예수님이 진리입니다. 내가 곧 길이요 진리요 생명이라고 했기 때문입니다. 그 때 예수님은 자연인 예수님을 포함해서 예수님의 인격과 생명을 말하는 것입니다. 예수님의 인격과 생명은 곧 성령님의 본질입니다. 그러므로 성령님은 길이요 진리요 생명입니다. 길이요 진리요 생명을 줄여서 간단하게 요약하면 한 단어로 '진리'라고 할 수 있습니다. '진리의 영이라는 말은 길이요 생명이요' 를 포함하고 있다고 봐야 합니다.

　길과 진리와 생명이 따로 분리 구별된 것이 아니라 하나입니다. 즉 성령님 안에 다 있는 것입니다. 길은 삶의 방향과 목적이요 진리는 내 존재 안에서 누리는 적극적인 모든 것이요 생명은 관계성에서 적극적인 모든 것의 표현입니다. 성도들이 온전히 길과 진리와 생명으로 사는 것이 하나님의 온전한 뜻입니다. 그런데 그것이 성령님 안에 있고 성령님은 하나님의 영으로 하나님의 뜻을 앎으로 성령님은 성도들이 하나님의 뜻대로 살기를 간구해 주신다는 것입니다.

우리가 알거니와 하나님을 사랑하는 자 곧

그의 뜻대로 부르심을 입은 자들에게는

모든 것이 합력하여 선을 이루느니라(롬8: 28)

　　모든 성도들이 좋아하는 성구입니다. 당연히 좋아할만하고 좋아해야 합니다. 이 성구를 기억하지 못하고 있다면 더 많은 은혜를 입어야 할 성도입니다. 각자 사람에 따라 좋아하는 음식이 있듯이 성도라면 기본적으로 특별히 좋아해서 기억하는 적어도 성구 10개 이상은 되어야 합니다. 기억하는 성구가 혹은 감동 받은 성구가 단 한 구절도 없다면 예수님을 믿고 있는 사람인지 혹은 구원을 받고 교회를 다니고 있는지 정말로 하늘에 소망에 두고 사는지 심각하게 자기 정검을 해 봐야 합니다. 로마서 8장 28절은 만병통치약 같은 성구로 이 성구로 인해 많은 사람들이 마음의 상처를 온전히 치료받고 웃음을 회복했습니다.

　　그런데 이 말씀을 성령님과 연관해서 이해한다면 더 생명의 실존 안으로 들어가 더 풍성한 진리를 누릴 것입니다. '하나님을 사랑하는 자 곧 그의 뜻대로 부르심을 입은 자'들은 일차적으로 모든 믿는 이들을 포함하는 것입니다. 그런데 모든 믿는 이들이라고 해서 모두 마음에 성령님이 계시다는 것을 믿고 알고 행하는 것은 아닙니다. 성령님의 인도하심을 아는 것은 신앙 성숙에 있어서 무척 중요합니다.

예수님께서 산상수훈에서 좁은 문으로 들어가라고 하셨는데 그 좁은 문은 곧 생명으로 인도하는 문인데 길이 좁고 협착하여 찾는 자가 적다(마7: 13-14)고 하셨습니다. 좁은 문이 무엇인지 볼까요. 모든 종교 중에 기독교는 좁은 문입니다. 종교가 기독교인 것은 일단 큰 복입니다. 그러나 기독교라는 문 안에 들어와서도 행위로 구원을 받는다는 넓은 문이 있고 오직 은혜로 구원을 받는다는 좁은 문이 있습니다. 이 방에 들어오면 종착지가 아니라 또 한 문을 통과해야 하는데 율법으로 살아야 된다는 넓은 문이 있고 성령님의 인도를 받으면서 사는 좁은 문이 있습니다.(롬8: 14) 왜 성령님의 인도를 받아야만 좁은 문을 통해 마지막까지 왔다고 할 수 있을까요? 예수님이 말씀하셨잖아요. 좁은 문은 생명으로 인도하는 문이라구요. 생명으로 인도하는 문이 곧 성령님의 인도를 받는 문이 아니고 무엇입니까?

성령님은 어떤 분이신가요? 그분의 존재의 성품을 어떻게 알 수 있을까요? 성령님을 다른 표현으로 무엇인지 아십니까? 알 것입니다. 보혜사(保惠師)(요14:16) 입니다. 헬라어로 '파라클레토스'입니다. '가까운', '근처에' 의미하는 '파라'와 '부르다', '격려하다', '외치다' 의미하는 '칼레오'와 합성어로 옛 사람 근처에 계신 분으로 격려해 주고 위로해 주는 것이 특기인 분이 바로 성령님입니다. 우리가 성령님의 인도하심을 받는 증거 중에 하나는 위로자, 격려자가 될 때 입니다. 성도는 성도에게 뿐만 아니라 세상 사람에게도 어떠한 상황이라도 비판자, 바난자가 되지 말고 위로자 격려자가 되어야 합니다.

　우리가 어떤 일의 실수나 실패로 인하여 괴로워하거나 후회하거나 낙심할 때 우리 마음 안에 계신 성령님은 우리를 위로와 격려를 통해 합력하여 선에 이름을 가르쳐 줍니다. 그러므로 성령님만이 참으로 우리의 위로자요 격려자입니다. 그리고 실패나 실수가 큰 손해이거나 상처가 될 수 있는데 성령님은 도리어 그것은 옛 사람에게는 손해일지 몰라도 새 사람이 성장하는데 반드시 겪어야 할 수업료임을 가르쳐 주시면서 도리어 그것이 합력하여 선에 이를 것이라고 위로 해 주시는 분입니다. 성령님을 통해 격려나 위로의 말을 들을 때 진정으로 모든 것이 합력하여 선에 이름을 믿을 수 있게 되고 믿어집니다.

　사람은 누구나 다 인격의 성숙이나 믿음의 성숙이나 사업의 발전이나 모든 것의 진보는 믿는 이나 믿지 않는 이나 실패의 과정을 거쳐 실패를 성공의 디딤돌로 삼아 성숙하고 발전하는 것입니다. 누군가가 옆에서 위로하고 격려를 해 주었을 때 실패를 실패로 낙심하지 않고 실패는 전진의 원동력이 되어 성숙으로 나가게 됩니다. 성령님이 내 마음 안에 계셔서 주로 하는 일이 바로 보혜사의 일입니다. 성령님의 인도를 받지 않으면 고아처럼(요14: 18) 위로받고 격려 해 줄 분이 없어서 실수나 실패를 통해 위로받거나 격려 받지 못하여 낙담하거나 절망을 하게 됩니다. 그러나 성령님이 계시면 그분의 위로나 격려를 해 주시는 분이므로 실수나 실패가 도리어 전진과 발전과 단절의 계기가 됨을 일깨어 줍니다. 그래서 과거에 실수나 실패 어리석은 일들 그리고 부끄러운 일들이 도리어 나를 겸손하게 만드는 것과 온전하게 만드는 것과 과거의 단절의 요소가 됩니다. 실수나 실패는 현재의 나쁜 인성이나 못된 습관을 단호하게 끊어지게 하는 고통이 되기 때문에 절망하거나 낙담하지 않고 성경을 읽으면서 위로를 받거나 또는 내주하시는 성령님의 위로를 받으면서 전진의 발판이 되도록합시다. 전에는 그런 일들이 나를 낙심하게 해서 숨기고 가슴앓이를 하게 했으나 이제는 하나님에게 찬양거리가 되어 내가 당당하게 말하고 감사하게 됩니다.

하나님이 미리 아신 자들을 또한 그 아들의 형상을
본받게 하기 위하여 미리 정하셨으니 이는 그로 많은 형제
중에서 맏아들이 되게 하려 하심이니라(롬8: 29)

사도 바울의 고백(간증) 중에는 참으로 멋진 고백이 많습니다. 그
중에 하나가 사도행전 20장 24절입니다. "내가 달려갈 길과 주 예수께
받은 사명 곧 하나님의 은혜의 복음을 증언하는 일을 마치려 함에는 나
의 생명조차 조금도 귀한 것으로 여기지 아니하노라" 늘 읽어도 감동이
고 마음을 설레게 하고 본 받고 싶은 마음이 생깁니다.

'달려갈 길'과 '사명'은 동격입니다. 사도 바울의 사명은 '은혜의 복음
을 증언'하는 일입니다. 이 일은 예수님을 믿는 자라면 누구든지 예외 없
이 가야만 하는 '길'입니다. 이것이 '사명'이 된 자는 참으로 행복한 자라
고 아니 할 수 없습니다.

은혜의 복음이 무엇입니까? 창세기 2장 17절에 "선악을 알게 하는 나
무의 열매는 먹지 말라 네가 먹는 날에는 반드시 죽으리라" 말씀을 아담
이 불순종해서 아담의 영이 죽고 말았습니다. 신약 에베소서 2장 1절에

296

도 "허물과 죄로 죽었던" 자들이라는 말씀을 통해 영이 죽은 것을 알 수 있습니다. 영이 죽은 자는 '이 세상 풍조를 따르고 공중의 권세 잡은 자를 따라 삽니다. 그래서 육체의 욕심을 따라 지내며 육체와 마음이 원하는 것을 하고 사는 본질상 진노의 자녀들입니다. 여기서 '영이 죽었다'의 개념은 하나님과 교제할 수 없는 영이 되었다는 의미이지 죽어 없어졌다는 의미가 아닙니다. 하나님은 본성이 거룩하신 분이라 죄가 있는 존재와는 교통할 수가 없습니다.

아담의 후손은 누구든지 죽으면 죄의 댓가로 육체는 땅으로 돌아가고 영은 지옥에 가야 하는 운명입니다. 해결책은 육신이 살아있을 때 죄문제를 해결하고 영을 살려야 한다는 것은 아는데 해결할 능력은 없습니다. 그런데 사랑의 하나님은 해결하는 한 길(방법)을 제시해 주셨습니다. 그것은 하나님의 아들 예수님(죄가 없는 분)이 오셔서 우리의 죄값으로 십자가에 달려 대신 죽게 하셨습니다. 그리고 이제는 누구든지 예수님의 십자가의 죽음의 의미를 알고 믿고 고백하면 하나님은 죄 문제를 해결해 주십니다. 죄문제가 해결되면 우리도 이제는 죄 없는 존재가 되어 성령님이 들어오셔서 죽었던 내 영을 살려냅니다. 그러면 그 죽었던 영이 살아나는데 그 영을 우리는 속 사람(롬7: 22, 고후4: 16, 엡3: 16) 혹은 새사람(엡2: 15, 골3; 10, 엡 4: 24)이라고 부릅니다. 이것은 우리의 율법의 행위로 되지 않고 하나님의 은혜로 이루어진 것이라고 해서 은혜의 복음이라고 하는 것입니다. 그리고 죽었던 영이 예수 그리스도의 영으로 말미암아 살아난다는 것이 복음의 핵심 내용입니다.

이제 영이 살아났으니 그 영의 소원은 맏형이신 예수님의 형상을 본 받는 것입니다. 이것은 창세기 1장 27절의 사람의 창조 목적과도 일치합니다. 또한 이것은 사도 베드로의 말씀과도 일치합니다. "이로써 그 보배롭고 지극히 큰 약속을 우리에게 주사 이 약속으로 말미암아 너희가 정욕 때문에 세상에서 썩어질 것을 피하여 <u>신성한 성품에 참여하는 자</u>가 되게 하려 하셨느니라"(벧후1: 4)

하나님의 은혜의 복음으로 영이 살아난 사람의 오직 한 가지 소망은 하나님의 형상을 본 받는 것입니다. 하나님의 형상을 본 받는 것을 의의 생활이라고합니다. 그 생활은 '의의 말씀'을 많이 먹고 누려 의의 행위가 나오면 되는 것입니다.

그 전에는 옛 사람의 추구하는 것을 추구할 때 행복하고 기쁘고 즐거웠는데 영이 살아나고 보니 그 영에게 순종하는 생활이 되다보니 하나님의 형상을 본 받는 길이 가장 즐겁고 재미있고 행복하다는 것입니다.

또 미리 정하신 그들을 또한 부르시고 부르신 그들을
또한 의롭다 하시고 의롭다 하신 그들을
또한 영화롭게 하셨느니라(롬8: 30)

이사야 선지자는 이사야 55장 8-9절에서 여호와의 말씀이라고 하면서 "내 생각이 너희의 생각과 다르며 내 길은 너희의 길과 다르다면서 그 이유는 하늘이 땅보다 높음 같이 내 길은 너희의 길보다 높으며 내 생각은 너희의 생각보다 높다" 하십니다. 하나님은 그야말로 차원이 사람하고는 전혀 다른 분입니다. 그래서 현명한 사람은 하나님이 알라고 한 말씀의 경계선을 넘지 않으려고 합니다. 왜냐하면 경계선 너머를 알려는 마음이 있으나 우리의 생각의 한계로는 차원이 달라 그 차원의 세계를 추측은 할 수 있으나 그 추측은 무의미하기 때문이고 잘못 추측하다가는 사탄의 궤계에 빠져 요상한 논리와 자폭하는 이론에 속아 멸망에 이르기 때문입니다.

로마서 8장 30절을 구원의 서정절이라고 합니다. 서정(序程)에서 '序'는 '차례'를 뜻합니다. 程은 '규칙', '법칙', '과정'을 뜻합니다. 그래서 서정은 구원의 과정 혹은 순서를 말합니다. 미리 정하심은 한자어로 '예정', 부르심은 '소명' 의롭다하심은 '칭의', 영화롭게는 '영화'라고 합니다. 여기에 29절 '미리 아심'을 한자어로 '예지' 이므로 예지 → 예정 → 소명 → 칭의 → 영화를 구원의 과정이라고 합니다. 신학자들에 따라 소명 → 중생 → 회심 → 믿음 → 칭의 → 양자 → 성화 → 견인 → 영화 로 나누 어 구원의 서정 9단계로 주장하는 학자들도 있습니다. 7단계로 주장하 는 학자도 있습니다. 물론 성경적 근거가 다 있습니다. 그러나 주장을 하 면 주장은 고집이 되고 고집은 지식이 되고 지식은 교만하게 됩니다. 교 만은 하나님의 영을 떠나게 되고 남는 것은 육신의 세계로 떨어지게 됩 니다.

사도 바울은 지금 성령님이 내 안에 계시면 그분은 나를 구원의 서정 단계처럼 영이 중생(소명)하고 혼이 변화되는 성화의 단계를 통하여 몸까 지 구원 받는 영화까지 이른다는 것을 설명하고 있는 것입니다. 우리는 그런 하나님의 섭리에 감사하고 찬양을 하면 됩니다. 그만큼 하나님의 영을 접촉했다는 것은 놀라운 선물이요 큰 은혜를 입은 것이요 펄쩍펄 쩍 뛸 만큼의 감동이고 감격입니다.

영원한 생명을 얻음에 감사하고 감격해도 부족한데 그리고 또 의의 길 을 달려가는데 전심전력해야 하는데 지식에 빠져 구원의 5단계가 맞다 아니다. 9단계가 맞다 등 토론과 논쟁에 빠지는 어리석음 속으로 들어가 서는 안 될 것입니다. 하나님의 자녀는 영의 인도하심을 받지 지식이나 이론(논리)에 인도하심을 받는 자가 아닙니다.

또한 '의롭다 하시고'와 '영화롭게 하셨느니라' 는 각각 원어에서는 모두 과거시제로 되어 있습니다. 이것은 하나님의 생각에서는 이미 계획이 확고하게 세워져 있음을 의미합니다. 그런데 우리는 이미 결과가 완료되었다고 해서 우리의 생활에서 우리의 어리석은 생각에 따라 느슨하게 살아도 된다는 지식은 잘못된 것입니다.

영을 따라 사는 생활이 육을 따라 사는 생활보다 더 기쁘고 더 만족스럽고 더 가치가 있고 더 행복한데 어찌 구원이 완성되었다고 육신에 따라 명예와 권력과 정욕과 세상오락과 재물을 탐하며 살겠습니까? 영의 구속과 혼의 구원은 다른 것입니다. 혼의 구원은 두렵고 떨림으로 이루어가야 합니다. 성도님은 전도할 때보다 TV연속극 볼 때가 더 행복합니까? 아니지 않습니까?

사도 바울이 "복종하여 두렵고 떨림으로 너희 구원을 이루라"(빌 2:12) 말씀이 구원이 취소될까봐 염려해서 하는 말씀입니까? 절대로 아닙니다. 영화까지 내 노력으로 이루라는 말을 강조하기 위해 하는 말씀입니까? 절대로 아닙니다. 이 영광스러운 구원의 서정에 들어섰으니 육신의 길로 다시는 가지 말라는 권면이 아니겠습니까? 지식은 언제나 사람을 교만하게 하고 교만은 큰 댓가를 치르고 다시 겸손에 이르게 합니다.

누가 능히 하나님께서 택하신 자들을 고발하리요 의롭다
하신 이는 하나님이시니 누가 정죄하리요 죽으실 뿐 아니라
다시 살아나신 이는 그리스도 예수시니 그는 하나님 우편에
계신 자요 우리를 위하여 간구하시는 자시니라(롬8: 33-34)

우리는 믿음으로 우리 주 예수 그리스도로 말미암아 의롭다 하심
을 받았습니다.(롬5: 1) 내가 나의 행위를 가지고 의롭다 하심을 주장하는
것이 아닙니다. 하나님이 예수님의 대속 사역을 보시고 그것을 믿는 나
의 믿음을 보시고 의롭다 해주시는 것입니다. 내가 나의 행위로 의롭다
하심을 얻었으면 자랑스럽고 거만할 수 있지만 오직 믿음으로 의롭다하
심을 받은 것이기 때문에 감사하고 찬양할 뿐 입니다.

그런데 사탄은 우리의 믿음을 떨어뜨리려고 별 수단을 다 동원하여 우
리가 의롭지 않음을 증언하고 고발을 합니다. 사탄의 뜻은 '고발하다',
'공격하다' 입니다. 사탄은 우리의 믿음을 파탄시키기 위해 무수히 공격
해 옵니다. 유물론 사상, 진화론 사상, 물질 만능주의, 성경 불신, 부활
부정, 종교 다원주의, 지금을 즐겨라, 네 좋은 대로 살라 등 너무나 많습
니다. 믿음이 흔들리면 어떻게 하면 된다고 했습니까? 예수님의 부활을
생각하면 된다고 했습니다. 부활이 사실이면 예수님의 가르침은 모두 믿

을 수 있고 죽음, 영생, 지옥, 심판, 상급 등 다 믿을 수 있습니다. 역사상 누구도 부활을 부정하려고 하다가 부정한 사람은 없고 도리어 다 예수의 제자가 되었다고 역사가 증명한다고 했습니다. 그래서 사탄은 부활을 부정하는 생각도 하지 않도록 우리의 생각을 다른데 몰입하도록 게임, 오락, 스포츠, 쾌락, 마약, 미디어, 재력, 권력 등으로 빠져들게 만듭니다.

또한 사탄은 믿는 자들을 공격하기 위해 내 마음 안에서 육신의 생각을 이용하여 불안하게 만들고 의심하게 만들고 초조하게 만들고 자기가 자기를 정죄하게 만들고 연약함을 고발하고 공격합니다. 그러므로 육신의 생각은 사망이라고 바울 사도가 말하지 않았습니까? 육신의 생각을 떨쳐 버리고 영의 생각, 기록된 말씀, 약속을 믿어야 합니다.

의롭다 하시는 이는 누구입니까? 하나님이라고 하지 않습니까? 하나님이 의인이라면 의인이고 죄없다 하면 죄 없는 것입니다. 스가랴 3장에 가 볼까요? 사탄이 여호수아가 더러운 옷을 입고 있다고 고발하자 하나님이 뭐라고 합니까? "내가 네 죄악을 제거하여 버렸으니 네게 아름다운 옷을 입으라고 하시지 않습니까? 여호수아 자신이 깨끗했기에 송사를 면할 수 있었던 것이 아니라 재판장되신 하나님께서 그를 의롭다고 선포하시고 그를 깨끗한 옷을 입혀 주셨기에 여호수아는 사단의 송사에도 불구하고 의인으로서 하나님 앞에 설 수 있었습니다.

우리의 의도 우리가 행위로 얻은 것입니까? 우리의 의는 더러운 옷입니다. 행위를 자랑하는 자는 로마서 1장도 모르는 사람입니다. 우리의 의는 하나님이 주시는 예수님의 의를 입은 것 뿐 입니다. 사탄이 공격하면 '그래 맞다. 나의 의는 없다. 없는 것 인정한다. 그래서 나는 예수님의 의를 입은 것 뿐이다' 라고 당당하게 말해야 합니다. 내 마음의 세계에서 그렇게 되받아 공격할 수 있어야 합니다.

그리고 '사탄, 너는 영적 존재니까 예수님에게 물어보자' 라고 당당하게 말할 수 있어야 합니다. 그리고 '사탄, 네가 비록 영적 존재이기는 하나 나의 하나님 아버지의 피조물이니까 하나님 아버지에게 물어서 재판을 하자'고 당당하게 재판신청을 할 수 있어야 합니다. 그러면 사탄이 분명히 '졌다! 졌어!' 하면서 피해갈 것입니다. 자꾸 빌빌 대니까 사탄이 와서 나의 행위의 의를 가지고 공격해 오는 것입니다. 세상만사도 잘못했다고 인정하거나 진심으로 죄송하다고 하면 막혔던 문제나 일들이 풀어집니다. 영적인 세계에서도 사탄이 생각을 이용하여 '너 상태를 보라 네가 뭐 의인이라고 죄가 없다'고 하면 '당연하지! 내 원래 죄인이었어, 내 행위의 의로 가는 것이 아니라 예수님의 의를 믿음으로 가는 것이야', '나의 의는 하나도 없어 나의 의는 개판이고 더럽고 지저분해' '예수님의 의를 힘입어 가는 것 뿐이야' 라고 하면 더 이상 할 말이 없어 더 이상 공격하거나 고발하지 않습니다.

예수님은 지금 어디에 계십니까? "하나님 우편에 계신 자요 우리를 위하여 간구하시는 자"라고 하지 않습니까? 나를, 우리를 변호하려고 하나님 우편에 계신다고 하는데 왜 불안해 하십니까? 하나님 앞에 예수님보다 센 존재가 있습니까? 없잖아요. 걱정하지 마세요. 그리고 왜 하나님의 말씀을 믿고 평안을 누리지 못하고 믿음이 약하여 져서 혼란에 빠집니까? 구원의 관한 말씀 3개 정도를 암송하고 큰 소리를 외쳐 보세요. 그리고 그 말씀들이 내 믿음이 되게 해달라고 기도하세요. 믿게 해 달라고 믿음을 달라고 기도해 보세요. 그러면 믿게 될 것입니다. 성령님이 원하시는 기도는 말씀을 근거로 하여 성부 하나님께 이루어 달라는 기도입니다.

그렇게 기도를 하면 사탄은 생각으로 공격하다가 지쳐서 포기할 것입니다. 말씀을 많이 암송하고 묵상하면 사탄은 공격을 못합니다. 사탄은 말씀으로 되받아치면 뒤로 물러 갑니다. 예수님이 광야 시험에서 사탄을 이기는 방법을 가르쳐 준 내용입니다. 내 감정으로 대응하면 사탄은 신이 나서 더 공격해서 나의 존재까지 흔들려고 합니다. 오직 말씀입니다. 예수님이 광야 시험에서 말씀으로 이긴 것을 꼭 기억하십시오.

만약에 내가 지금 당장 죽어 하나님 앞에 가서 심판(재판)을 받는다면 예수님은 어디 가시지 않고 하나님 우편에서 나를 변호해 주려고 옆에 계신답니다. 그러므로 아무 걱정 말고 예수님이 주신 말씀을 암송하고 누리고 기도하고 찬양하면서 날마다 즐겁게 사십시오. 믿음은 기록된 말씀을 믿고 안식을 취하는 것입니다. 오늘 하루 '하나님 우편에서 나를 변호해 주려고 간구하시는 예수님에게 감사의 말을 전하면서 편안하게 아무 걱정 없이 삽시다. '하나님 우편에서 나를 변호해 주려고 간구하시는 예수님이 계신다' 는 사도 바울이 영 안에서 하시는 말씀이 아멘이 되지요. 정말 감사할 일이이지요. 감동이 되지요.

누가 우리를 그리스도의 사랑에서 끊으리요 환난이나
곤고나 박해나 기근이나 적신이나 위험이나 칼이랴(롬8: 35)

요한 복음 3장 16-17절의 말씀 "하나님이 세상을 이처럼 사랑하사 독생자를 주셨으니 이는 그를 믿는 자마다 멸망하지 않고 영생을 얻게 하려 하심이라 하나님이 그 아들을 세상에 보내신 것은 세상을 심판하려 하심이 아니요 그로 말미암아 세상이 구원을 받게 하려 하심이라"는 사도 요한의 선언은 하나님의 사랑의 요점을 말해 주고 있습니다. 우리는 모두 멸망을 당하는 사람들인데 그 멸망에서 구원하려 예수님을 보내사 영생을 얻는 길을 열어 놓으셨다는 것입니다.

사도 바울은 하나님의 경륜과 그리스도의 사랑을 알고 성령님의 인도를 따라 살고 보니 환난이나 곤고나 박해나 기근이나 적신이나 위험이나 칼을 만나도 그리스도의 사랑에서 떼어낼 수 없다고 증언하고 있습니다. 공기를 칼로 자를 수 있습니까? 바람을 칼로 나눌 수 있습니까? 히브리어에서 '영(靈)'의 원어 '르아흐'는 바람, 공기, 호흡으로도 번역된다는 것을 알 것입니다. 하나님의 영이 우리 마음 안에 들어와 죽어 있던 영을 살려서 영이 구속을 받았는데 그 영은 바람과 같은 분인데 어떻게 환난이나 곤고나 박해나 기근이나 적신이나 위험이나 칼이 떼어 낼 수 있겠습니까? 없습니다. 안심해도 됩니다. 말씀을 신뢰하고 평안을 누려도 됩니다.

성도는 그리스도를 위해 무엇을 할 것인가를 어떻게 살 것인가를 생각하기 전에 먼저 그리스도의 사랑이 얼마나 크고 위대한가를 확실히 깨닫고 경험해야 합니다. 이사야 53장 4-6절을 읽어 보십시오. "그는 실로 우리의 질고를 지고 우리의 슬픔을 당하였거늘 우리는 생각하기를 그는 징벌을 받아 하나님께 맞으며 고난을 당한다 하였노라 그가 찔림은 우리의 허물 때문이요 그가 상함은 우리의 죄악 때문이라 그가 징계를 받으므로 우리는 평화를 누리고 그가 채찍에 맞으므로 우리는 나음을 받았도다. 우리는 다 양 같아서 그릇 행하여 각기 제 길로 갔거늘 여호와께서는 우리 모두의 죄악을 그에게 담당시키셨도다."

죄의 형벌이 얼마나 무서운지 아십니까? 아담을 보십시오. 하나님과의 단절입니다. 영의 죽음입니다. 영의 죽음이라고 해서 별 감응이 없을 수도 있을텐데 지옥이 어떤 곳인지 아십니까? 불못입니다. 조금이라도 체험을 해보고 싶으면 라이타를 켜고 손가락을 10초만 대고 있어 보십시오. 내가 보지 못했다고 내가 알지 못한다고 '그런 곳은 없어'라고 단정하고 살면 진정으로 마음의 안식이 있습니까?

"사람에게 영원을 사모하는 마음을 주셨느니라"(전3: 10) 솔로몬의 고백은 거짓입니까? 사람은 영원을 사모하는 영이 있는 존재입니다. 당신의 지혜가 솔로몬보다 더 지혜롭습니까? 교만한 자는 하나님도 못 고치십니다. 교만한 자는 사탄의 영의 지배를 받고 있다는 것을 알아야 합니다. 정말로 겸손하게 마음의 양심의 소리를 들어보십시오. 그 불 못에 하루도 아니고 영원히 산다면 아이구! 나는 말만해도 끔찍해서 무섭습니다. 하나님의 아들로 오신 예수님의 죽음이 그냥 보통 사람의 죽음입니까? 아니지 않습니까?

그런데 왜 우리는 어떤 고백을 했고 어떤 확증을 가지고 있고 그동안 어떤 사랑의 관계를 맺어 왔길래 환난이나 곤고나 박해나 기근이나 적신이나 위험이나 칼을 만나면 끊어집니까? 아니 직장에서나 친구사이에서 당당하게 그리스도인을 표현 못하고 사십니까? 성도님은 그리스도의 어떤 사랑을 알았고 믿고 받았는데 영적 전투에 군사가 되지 못하고 위태위태한 신앙생활을 하십니까?

그리스도의 사랑을 어떻게 알아야 환난이나 곤고나 박해나 기근이나 적신이나 위험이나 칼을 만나도 끊어지지 않을까요? 사도 바울처럼 믿는 자들을 죽이려고 달려가다가 다메섹에서 극적으로 주님의 음성을 듣고 눈이 멀어봐야 그리스도의 사랑에서 떼어지지 않겠습니까?

로마서 8장 14절을 기억해야 합니다. "무릇 하나님의 영으로 인도함을 받는 사람은 곧 하나님의 아들이라" 말씀처럼 하나님의 영으로 인도함을 받는 체험을 해야 환난이나 곤고나 박해나 기근이나 적신이나 위험이나 칼을 만나도 그리스도의 사랑을 놓지 못하게 될 것입니다. 하나님의 영으로 인도함을 받는 비결은 무엇일까요? 속 사람을 자라게 하는데 중점을 두는 신앙을 하면 됩니다.

도대체 어떤 그리스도의 사랑을 알기에 배웠기에 교회 공동체에 조금 문제가 있다고 교회다니는 것을 중단하십니까? 어느 한 사람의 목회자에게 실망했다고 그리스도의 사랑을 버립니까? 어느 한 목회자의 실망으로 끊어지는 믿음을 가지고 신앙생활을 해 오셨습니까? 어떤 절망이 성도님의 그리스도의 사랑을 멈추게 합니까? 그리스도의 사랑은 영생의 문제입니다. 쉬어도 안 되고 멈춰도 안 됩니다. 개인의 환난이나 목회자와의 문제가 있다면 너무 괴로워서 쉬고 싶으면 로마서 5장이나 8장을 외우면서 쉬십시오. 그러면 회복이 될 것입니다. 그래도 속상하면 로마서 7장을 더 외우십시오. 온전히 회복될 것입니다. 그리고 회복한 후에 로마서 6장까지만 외우고 매일 까 먹지 않도록 반복하십시오. 아니 5장 한 장만 외우고 기상하는 순간 5분 잠자는 준비시간에 5분 그렇게 아침 저녁으로 한 달간만 선포만 해도 환난이나 곤고나 박해나 기근이나 적신이나 위험이나 칼이 와도 정복해 갈 것입니다. 어떠한 일로도 뒤로 물러나 멸망에 이르면 안 됩니다.(히10: 39) 어떤 고난과 환난과 박해가 와도 그리스도의 몸에 떨어지면 안 됩니다. 교회생활은 반드시 해야 합니다.

073

그러나 이 모든 일에 우리를 사랑하시는 이로 말미암아 우리가 넉넉히 이기느니라(롬8: 37)

이 성구도 모든 성도들이 외우고 있고 좋아하는 말씀입니다. 읽기만 해도 기분이 좋아집니다. '이 모든 일에' 그리고 '넉넉히 이긴다' 고 하는데 좋아하지 않을 성도가 어디 있겠습니까? 사도 바울은 '이 모든 일에' 는 무엇을 염두해 두고 쓴 글일까요? 크게는 두 가지 입니다. 하나는 영의 구속이고 또 하나는 혼의 구원입니다. 영의 구속은 예수님을 믿는 즉시 완료된 것입니다. 영의 구속의 진리를 모른다 하더라도 예수님만 믿으면 영생을 얻는다는 믿음이 있었다면 영은 구원은 받은 것입니다. 다만 완료된 것을 아직 믿음과 말씀의 신뢰가 부족해서 확신하는 기간이 걸릴 뿐입니다.

그러나 혼의 구원은 우리가 두렵고 떨림으로 이루어 나가야 합니다. 물론 성령님의 능력으로 이겨 나가는 것입니다. 다만 우리가 성령님이 주인이 되시도록 주인의 위치를 내 드리는 겸손한 마음이 있어야 합니다. 혼의 구원은 다시 두 가지로 구별 할 수 있습니다. 하나는 자아(성격, 성질)에서 구원이요 다른 하나는 세상으로부터 구원입니다.

'우리를 사랑하시는 이'는 성부 하나님도 되고 성자 예수님도 되고 성령 하나님도 됩니다. 그분들은 삼위일체 하나님이기 때문입니다. 그런데 우리 존재를 변화시키려면 우리 마음 안에 들어오셔야 함으로 성령님으로 믿습니다. 성령님은 말씀이 없어도 활동하는데 지장이 없는 분이지만 말씀이 함께 있으면 충만히 표현되는 것이 분명합니다. 그렇다면 '우리를 사랑하시는 이'는 <말씀>으로 이해한다면 더 생명화가 될 것입니다.

나는 어느 날 아침에 로마서 1장 로마서 5장 6장 7장 8장을 암송하는데 8장 37절에서 감동이 왔습니다. 내가 그렇게 말씀을 사랑하고 외우고 묵상하는데 '우리가 세상을 넉넉히 이기는 비결은 말씀이네' 그리고 '이 모든 일에' '우리를 사랑하시는 이' 로 말미암아 이기는데 '우리를 사랑하시는 이'는 하나님도 되고 예수님도 되고 성령님도 되는데 요한 복음 1장 1-3절에는 말씀이 곧 하나님이라고 기록되어 있음으로 '우리를 사랑하시는 이' 즉 <말씀>으로 말미암아 넉넉히 이긴다고 이해해도 되는구나 하는 믿음이 왔습니다. '말씀 묵상이 그렇게 중요하고 넉넉히 이기는 비결이 되는 구나' 하는 믿음이 왔습니다.

내 안에 성령님이 계십니다. 무엇으로 압니까? 감정으로 아는 것입니까? 어떤 황홀경을 경험해서 아는 것입니까? 일시적으로 그런 감정의 경험을 할 수도 있습니다. 그러나 말씀이 내 안에 생명으로 있음으로 그 말씀을 신뢰함으로 아는 것입니다. 말씀이 내 안에 있음으로 영의 구원을 받은 것 처럼 말씀이 내 안에 있음으로 성령님이 계시는 것도 아는 것입니다. 그리고 그 말씀으로 인해. '이 모든 일에', '넉넉히 이기는 것'입니다. 오직 하나님이요 오직 예수님이요 오직 성령님이요 오직 말씀입니다.

우리가 우리의 자아나 세상을 무엇으로 이깁니까? 오직 말씀입니다. 말씀이 내 마음 안에 풍성히 거하고 충만히 거하면 '말씀이 살아있고 운동력이 있어'(히4: 12)자아를 이기고 세상을 이깁니다. 아멘

우리 나라 말 번역에는 '넉넉히'라는 부사가 있지만 원어에는 없습니다. 원어 '휘페르니코멘'은 '휘펠' (위에) 과 '니카오'(정복하다, 이기다)의 합성어로 '정복하고도 남을 만큼 능력이 있다'는 의미입니다. 그래서 우리 성경은 '넉넉히 이기다'로 번역을 한 것 같습니다. '넉넉히 정복하다'라는 의미가 더 좋아 보입니다.

Black이라는 신학자는 '우리가 압도적인 승리를 얻고 있느니라'(We are winning an overwhelming victory)라고 풀이했습니다. 렌스키(Lenski)란 분도 비슷한 의미로 '우리는 가장 혁혁(赫赫)한 승리를 지속적으로 성취하고 있다'(We keep achiving the most brilliant victory)로 설명했습니다. 바우어(Bauer)는 '휘페르니코멘'이 '정복하다'란 동사의 강의형으로 '영광스러운 승리'와 연관된 것으로 이해했습니다.

성도여러분! '정복하다' 하면 무엇이 생각납니까? 여호수아가 생각날 것입니다. 하나님은 다음과 같이 약속하셨습니다. "내가 모세에게 말한 바와 같이 너희 발바닥으로 밟는 곳은 모두 내가 너희에게 주었노니 곧 광야와 이 레바논에서부터 큰 강 곧 유브라데 강까지 헷 족속의 온 땅과 또 해 지는 쪽 대해까지 너희의 영토가 되리라"(수 1: 3-4)
그리고 "내가 너를 떠나지 아니하며 버리지 아니하리니 강하고 담대하라" 고 하시면서 "이 율법책을 네 입에서 떠나지 말게 하며 주야로 그것

을 묵상하여 그 안에 기록된 대로 다 지켜 행하라 그리하면 네 길이 평탄하게 될 것이며 네가 형통하리라"(수1: 8) 하시면서 방법까지 가르쳐 줍니다. 방법을 알면 자신감이 생깁니다. 자신감이 있으면 정복할 수 있습니다. 묵상이란 단어가 나오면 히브리어로 '하가' 로 '작은 소리로 읊조리다' 이고 의의 생활이 되는 핵심 키이고 김동환 목사의 목회 철학의 핵심입니다. 그리고 성경 말씀을 여기서 한 절 저기서 한 절 그렇게 외우지 말고(이렇게 외우는 것도 귀하고 값진 것이지만) 한 장을 통째로 외워야 좋다고 했습니다. 그리고 그 한 장 통째는 로마서 5장부터 하든지 8장부터 하든지 하되 5장부터 8장까지를 한다면 제일 좋은 것 같습니다. 나는 5장부터 8장까지 암송할 때마다 성령 충만을 느끼고 말씀이 생명력있게 내 안에 역사하는 것을 느껴 기쁨과 감사가 충만한 것을 체험 할 수 있습니다.

그래도 걱정이 되시는지 "내가 네게 명령한 것이 아니냐 강하고 담대하라 두려워하지 말며 놀라지 말라 네가 어디로 가든지 네 하나님 여호와가 너와 함께 하느니라 하시니라"(수1: 9) 말씀 하시면서 강한 상대를 만나면 두렵고 놀라는 것이 당연하니 너무 겁 먹지 말고 나의 약속만 믿고 말씀만 묵상하면서 당당하게 전진하라고 합니다.

하나님께서 여호수아에게 하시는 말씀이 꼭 신약에서 예수님께서 다락방 강화말씀하고 똑같다고 느껴지지 않습니까?

우리 주님은 사탄의 머리를 박살내고 승리하신 분입니다. 즉 넉넉히 정복을 끝낸 분입니다. 그리고 우리 안에 죄로 숨어 들어온 어둠의 세력을 정복하라고 성령님을 보내주셨습니다. 우리 안에 사탄은 죄의 총체로 숨어서 불신, 의심, 불안, 걱정, 정욕, 명예, 권력, 재물 등으로 변신하여 우리를 속여 사망으로 사로 잡아가려고 합니다. 그런데 이미 승리하신 주님의 영이신 성령님이 우리 안에 있습니다. 그분은 죽음을 이기고 영원한 생명으로 부활하신 분입니다. 그래서 아무리 깊이 은밀하게 숨어 있어도 다 찾아내어 넉넉히 정복하실 수 있는 분입니다. 이제 우리는 하늘 양식 말씀을 먹으며 속 사람이 강건해지도록 해야 합니다. 말씀들이 내 안에 생명으로 자랄수록 성령님이 활동하는 영역이 넓어져서 혼의 구원과 몸의 속량까지 넉넉히 정복해 가실 것입니다. 우리는 말씀 안에 거하는 습관으로 하늘 양식인 말씀을 계속 먹음으로 속 사람을 강건하게 하여 혼의 구원과 몸의 속량을 바라보면서 찬양하고 감사하며 살면 됩니다.

내가 확신하노니 사망이나 생명이나 천사들이나 권세자들이나
현재 일이나 장래 일이나 능력이나 높음이나 깊음이나 다른
어떤 피조물이라도 우리를 우리 주 그리스도 예수 안에 있는
하나님의 사랑에서 끊을 수 없으리라(롬8: 38-39)

우리 주 그리스도 예수 안에 있는 하나님의 사랑에서 끊어질 수 없는 하나님의 사랑은 어떤 사랑일까요? 어떻게 하나님을 알아야 '사망이나 생명이나 천사들이나 권세자들이나 현재 일이나 장래 일이나 능력이나 높음이나 깊음이나 다른 어떤 피조물도' 하나님의 사랑에서 끊을 수 없을까요? 하나님의 사랑은 '우리를 구원하심이다' 라는 관점에서 살펴볼까 합니다. 즉 구원의 확실측면에서 살펴볼까 합니다.

나는 오랫동안 교회를 다녔기 때문에 구원을 분명히 받았다고 하는 사람들의 믿음은 성경적이지 않습니다. 또한 내가 목사이기 때문에 장로이기 때문에 권사이기 때문에 혹은 예배당을 몇 개 지은 사람이기 때문에 구원은 당연히 받을 것이다 라고 주장하는 것도 성경적이지 않습니다.

어떻게 구원을 확신을 갖느냐 죽어봐야 아는 것 아느냐 라고 하는 사

람들도 있습니다. 이런 사람들은 말씀 신앙이 무엇인지 모르는 사람입니다. 예수는 믿지만 아직도 행위가 부족해서 구원까지는 이르지 못했다는 사람들도 상당수 있습니다. 이런 사람들은 하나님의 사랑과 예수님의 대속 사역도 모르는 선데이 크리스천입니다. 이런 그리스도인이 의외로 많다는 것을 나는 압니다.

구원의 확신을 가르치는 목자들도 어떤 성경 구절로 설명하느냐에 따라 그리고 그 목자의 신앙배경에 따라 다양합니다. 요한 복음 1장 14절 "영접하는 자 곧 그 이름을 믿는 자들에게는 하나님의 자녀가 되는 권세를 주셨으니"와 로마서 10장 9절 "네가 만일 네 입으로 예수를 주로 시인하며 또 하나님께서 그를 죽은 자 가운데서 살리신 것을 네 마음에 믿으면 구원을 받으리라"라는 말씀을 근거로 예수님이 죽었다가 다시 사신 것을 믿으며 마음으로 믿습니다 라고 기도나 혹은 영접기도를 함으로 구원을 받은 것으로 확신을 해도 된다고 가르치고 그렇게 믿는 성도들도 있습니다. 틀림없이 맞습니다.

또 로마서 10장 12-13절 "유대인이나 헬라인이나 차별이 없음이라 한 분이신 주께서 모든 사람의 주가 되사 그를 부르는 모든 사람에게 부요하시도다 누구든지 주의 이름을 부르는 자는 구원을 받으리라" 말씀을 근거로 반드시 주의 이름을 공개적으로 불러야만 구원을 받은 것으로 가르치는 공동체도 있습니다. 그들은 이 구절만 강조하여 주의 이름을 부르지 못하는 자들은 구원을 모르는 자들이라고 단정합니다. 어느 한 공동체가 단정한다고 해서 단정이 되는 것은 절대로 아닙니다. 구원의 문제를 어떤 딱 한 구절로 단정적으로 규정하는 것은 좋은 태도가 아닙니다. 내 교회, 내 공동체, 내 교단만 옳다고 주장하고 강요하면 옳지 않을 수도 있습니다.

또 마태복음 28장 19절에 말씀 "너희는 가서 모든 민족을 제자로 삼아 아버지와 아들과 성령의 이름으로 세례를 베풀고"와 마가복음 16장 15-16절 " 너희는 온 천하에 다니며 만민에게 복음을 전파하라 믿고 세례를 받는 사람은 구원을 얻을 것이요 믿지 않는 사람은 정죄를 받으리라" 말씀을 근거로 세례를 받은 것을 구원의 확신으로 생각하고 신앙생활을 하는 사람들도 있습니다.

한 걸음 더 복음적인 공동체는 또 요한 복음 1장 29절 "보라 세상 죄를 지고 가는 하나님의 어린 양이로다" 히브리서 9장 12절 "염소와 송아지의 피로 하지 아니하고 오직 자기의 피로 영원한 속죄를 이루사 단번에 성소에 들어가셨느니라" 히브리서 10장 14절 "그가 거룩하게 된 자들을 한 번의 제사로 영원히 온전하게 하셨느니라" 등의 속죄 구절을 통해 내 죄가 영원히 속죄된 사실을 알고 믿어야 구원을 받은 것이라고 가르치는 공동체도 있습니다. 예수님의 피의 의미를 알면 구원의 확실성은 더 튼튼해 지는 것은 분명합니다.

또 상당히 성경적이라도 주장하는 공동체는 또 요한복음 3장 5절에 "예수께서 대답하시되 진실로 진실로 네게 이르노니 사람이 물과 성령으로 나지 아니하면 하나님의 나라에 들어갈 수 없느니라" 사도행전 2장 38절에 "베드로가 이르되 너희가 회개하여 각각 예수 그리스도의 이름으로 세례를 받고 죄 사함을 받으라 그리하면 성령의 선물을 받으리니" 고린도후서 1장 22절에 "그가 또한 우리에게 인치시고 보증으로 우리 마음에 성령을 주셨느니라" 라는 말씀들을 통해 성령을 받아야 구원이 확실한 것이다 라고 가르치는 공동체도 있습니다. 내 마음 안에 성령님이 계시다는 것을 알면 구원의 확실성은 흔들리지 않을 것입니다.

최종 정리를 합니다. 세례만 받아도 구원이 이루어질 수 있습니다. 의미를 알고 주님의 이름을 부르면 구원은 더 확실해 집니다. 요한복음 1장 12절의 말씀을 믿고 영접기도를 했다면 구원은 더 더 확실한 것입니다. 요한 복음 1장 29절을 믿고 죄 유월을 믿었다면 구원이 더 더 더 확실한 것입니다. 그리고 내 마음 안에 성령님이 계신 것을 믿고 알게 되면 구원은 더 더 더 더 확실한 것입니다. 성령님의 내주하심을 믿는 믿음은 구원의 확실성의 마침표를 찍게 되는 것입니다.

가장 확실하고 분명한 자기 진단 방법은 유월절 어린양이신 주님을 믿고 영원한 속죄사실을 알고 믿고 모든 사람 앞에서 '나는 그리스도인이다' 라고 증언한다면 틀림없이 구원을 받고 구원을 누리며 사는 성도입니다. 나는 전도서 4장 12절 "한 사람이면 패하겠거니와 두 사람이면 맞설 수 있나니 세 겹 줄은 쉽게 끊어지지 아니하느니라"의 말씀의 근거로 구원의 말씀 구절을 세 구절을 깨닫고 믿고 마음에 새겨져 있고 누리고 있으면 구원의 확실성 안에 거한다고 가르칩니다. 추천하는 구절은 요한복음 1장 12절, 1장 29절, 로마서 10장 10절, 히브리서 10장 12절, 14절입니다. 우리 자녀들에게는 척척 의미와 입에서 툭 뛰어나오도록 시켰습니다.

세 구절 이상을 통해 구원이 확실하면 로마서 8장 38-39절 바울 사도의 선언이 나의 선언도 됨을 인정될 것입니다. "내가 확신하노니 사망이나 생명이나 천사들이나 권세자들이나 현재 일이나 장래 일이나 능력이나 높음이나 깊음이나 다른 어떤 피조물이라도 우리를 우리 주 그리스도 예수 안에 있는 하나님의 사랑에서 끊을 수 없으리라" 이것보다 더 큰 기쁨이 어디 있으며 이것보다 더 큰 행복이 어디 있으며 이것보다 더 큰 축복이 어디 있으며 이것보다 더 큰 자긍심이 어디 있겠습니까? 내 안에 들어오셔서 죽은 내 영을 살리시고 함께 연합되어 사시는 그분은 사망도 천사도 끊고 싶어도 끊을 수 없는 사랑을 가지신 분이어서 영원히 감사합니다. 아멘 할렐루야

075

그들은 이스라엘 사람이라 (롬9: 4)

　　예수님의 대제사장적 기도문이 요한 복음 17장 전체입니다. 그 기도문 중에 "아버지가 내 안에 계시고, 내가 아버지 안에 있는 것과 같이 이 사람들도 우리들 안에 있게 하여 주십시오"(요한 17:21)라는 기도 내용이 나옵니다. 예수님이 아버지 안에 있는 것은 알고 믿겠는데 '이 사람들'(일차적으로 제자들이지만 생명적으로는 믿는 우리들도 포함됩니다.)이 아버지 안에 있게 하여 달라는 기도는 실제로 어떻게 내 안에서 이루어지는지 몰랐습니다. 정말 그 말씀대로 된다면 얼마나 좋을까 얼마나 행복할까라고 생각하면서 신앙생활을 해 왔습니다.

　　로마서를 써 오면서 어떤 구절의 그 진의가 생명의 운동력으로 보여지지 않아 포기하고 싶은 마음이 몇 번 있었습니다. 그럴 때마다 '하나님! 이 구절이 쓰여지면 진짜로 성령님이 인도해서 쓰는 것으로 알겠습니다'라고 무릎 꿇고 간절히 기도한 적이 지금까지 세 번 있었습니다. 그 때마다 신기하게 잘 정리되고 글이 되어 '어허! 참 이상하네, 성령님이 가르쳐 주고 깨닫게 해 주고 정리하는 것이 틀림없어!'하면서 감사를 한 적이 있습니다.

글을 쓰기 전에 항상 기도하지만 홍해가 가로막고 있는 것을 느낀 것은 세 구절입니다. 그 세 구절을 생각하면 행복이 밀려옵니다. 8장을 끝내고 9장을 쓰려고 하니까 또 앞이 캄캄합니다. 이제 와서 포기할 수도 없고 포기해서도 안 되고 참으로 난감하기 그지 없습니다. 난감하면 피곤이 밀려옵니다. 그러면 나는 주로 낮잠을 잡니다. 늘 하루 종일 행복하지만 잠잘 때 또 다른 행복감이 밀려옵니다. 죽음도 잠자는 것과 같다고 했는데 마지막 잠을 자고 일어나면 나의 영체는 낙원에 있을테니 기대만 발입니다.

나는 하루 중 몇 번씩 종종 로마서 1장 5장 6장 7장 8장을 외웁니다. 1장 5장 6장 7장 8장을 전부 암송한 날은 생명이 충만해서 기쁨과 감사가 넘쳐 거의 모든 일에 있어서 죄의 종이 되지 않고 의의 종으로 유월하는 것을 볼 수 있습니다. 때로는 한 장을, 어떤 날은 두 장을 암송하며 누리는 날도 있습니다. 일반적으로 낮에도 자투리 시간에 외워보고 잠을 자려고 할 때나 기상할 때 작은 소리로 읊조리며 암송해 봅니다. 암송 때마다 기쁨과 감사와 감동이 있습니다. 저녁 때 피자를 배달하면서 8장을 외우면서 선포하는데 로마서 8장 36절 그리고 38-39절과 요한 복음 17장 21절이 연결되면서 레마로 다가왔습니다. 그러면서 밖의 영적 전쟁은 주님 오실 때 끝나지만 내 안에 영적 전쟁은 로마서 8장 36절과 37-38절을 통해 승리의 깃발이 확실히 꽂여 있다는 믿음이 왔습니다. 아! 이제는 분명히 내가 '아버지 안에' 있구나 '그 누구도 그리스도의 사랑에서 끊을 수 없는 존재가 되었구나 그러면 영적 전쟁은 끝난 것이네' 라는 믿음이 왔습니다.

이제 내 안에서 영적 전쟁은 끝난 것입니다. 간헐적으로 죄가 육신을 이용하여 나를 사로잡고 죄가 법을 기회삼아 또는 계명으로 나를 속이고 죽여서 죽음에 처하더라도 나를 사망으로 끌고 가서 지옥에 넘길 수는 없습니다. 왜냐하면 로마서 8장 37-38절이 내 마음에 새겨져 있기 때문입니다. 이제는 죽으면 죽음에서 일어날 생명이 내게 있고 또 주님께서 꺼내 주실 것을 믿음으로 그 어떤 피조물도 그리스도의 사랑에서 끊을 수 없다는 것을 압니다. 나는 영생이 있고 나는 영으로 돌이켜 부활할 줄을 알고(부활생명이 내게 있음으로) 죄를 쳐 복종시킬 줄 알기 때문에 일단 내 안에 영적 전쟁은 승리한 전쟁이라는 믿음이 생겼습니다. 이제는 나는 죄가 교묘하게 공격해 오면 쓰러질 때도 있겠지만 예수님의 피로 승리했구나라는 사실만은 분명히 알게 되었습니다. 그리고 이제는 성경에 쓰여진 말씀 구절에서 영적 전쟁의 말씀들이 과거형으로 쓰여진 이유도 알게 되었습니다. 영적 전쟁은 과거 완료형으로 끝난 것입니다.

이제 나는 내 안에 생명으로 사시는 그리스도를 통해 연합된 생명으로 내 육신을 이길 힘이 생긴 것입니다. 그동안 내 마음 안에서 싸움 때문에 이웃이 누구인지 그리고 이웃에게 무엇을 도와주어야 하는지 생각할 수도 없었습니다. 내 안의 내 옛 사람과의 싸움만도 벅차서 옆을 이웃을 돌아볼 여력이 없었습니다. 그러나 이제는 내 안의 승리를 바라보면서 고개를 들어 이웃을 살펴볼 마음까지 생겼습니다. 그런데 그 이웃 중에 하나가 바로 이스라엘이구나라고 믿음이 왔습니다. 너무 비약적인가요?. 너무 주관적인가요? 내 안에 있는 그리스도의 영으로 말미암아 그렇게 로마서 8장과 9장이 연결되었습니다. 왜 로마서는 8장으로 끝나면 좋겠는데 사도 바울은 뜬금없이 이스라엘 이야기를 넣었을까요? 하나님의 뜻을 찾기가 어려웠습니다. 물론 환경적인 이웃도 살피고 기도하고 도와 주어야 하는 것을 잊어버리면 안 됩니다.

어느 때부터 시작되었는지 누가 제일 먼저 시작했는지는 몰라도 이스라엘 회복운동을 하는 단체가 상당히 많습니다. 나는 한 때 하나님의 마지막 시대의 사명인지 알고 알리야 운동에 관한 책도 여러 권 읽고 진정한 나의 사명으로 알고 열심히 하고 전국 집회도 갔습니다. 지금은 열심히 하지는 않지만 이스라엘의 온전한 회복운동은 하나님의 뜻이라고 확신합니다. 이스라엘 회복 운동을 알리야 운동 이라고 합니다. Brad TV나 유튜브에 <이스라엘 회복 운동> 이나 <대체신학> 치시면 자세히 알 수 있습니다. 나는 그 단체에 오랫동안 연보를 했습니다. 나의 기도 시간의 상당수는 데릭 프린스 목사님이 가르쳐 준 이스라엘을 위한 기도문 내용으로 하고 있음을 고백합니다. 이스라엘을 위해서 정책을 동의하거나 앞장 선 나라는 지금까지 세상적인 축복도 받아 왔음을 역사가 증명합니다. 이스라엘을 위한 악한 말을 절대로 하지 말기를 바랍니다. 정규적으로 기도를 못할지라도 국제 뉴스에 이스라엘 관한 것이 나오면 그때라도 이스라엘을 위해 기도하며 주위의 사람들에게 이스라엘을 위한 축복의 말들을 하기를 바랍니다.

이스라엘은 우리의 참 이웃입니다. 우리의 사역의 일부는 이스라엘의 온전한 회복을 위해 기도하고 연보함으로 하나님의 원하심에 순종해야 합니다. 그러나 믿음으로 아멘이 안 되면 순종을 안 해도 됩니다. 각자 하나님의 맡겨진 사명에 충성하면 되는 것입니다. 하나님의 사명이 무엇인지 발견한 사람은 정말 행복한 성도입니다. 사명은 한 가지만 있는 것이 아닙니다. 나는 이제는 8장과 9장이 연결되어 마음이 무척 기쁩니다.

076

리브가에게 이르시되 큰 자가 어린 자를 섬기리라
하셨나니 기록된 바 내가 야곱은 사랑하고
에서는 미워하였다 하심과 같으니라(롬9: 12-13)

　　사도 바울은 디모데 전서 2장 4절에서 "하나님은 모든 사람이 구원을 받으며 진리를 아는 데에 이르기를 원하시느니라" 말씀하고 있습니다. 하나님은 모든 인류의 아버지이시며 창조자이십니다. 그분은 정말로 모든 사람이 구원을 받고 진리를 알고 진리 안에 살기를 바라십니다. 당연한 것 아닙니까? 그것이 아버지들의 마음입니다. 육신의 아버지보다 비교할 수 없는 더 큰 사랑의 마음을 갖고 있는 분이 아닙니까?

　　그러나 로마서 9장을 보면 야곱과 에서가 태어나기도 전에 '큰 자가 어린 자를 섬기리라 하셨고', 더 나아가 '야곱은 사랑하고 에서는 미워하였다'하였음으로 하나님은 누구는 선택하고 누구는 유기하는 것이 사도 바울이 주장하려는 것일까요? 성경적인 가르침일까요? 사도 바울이 이렇게 일구이언을 하는 교사일까요? 성경은 모순 덩어리일까요?

　　로마서 9장 12-13절이 택자와 유기를 설명하려고 바울이 썼다고 생각하고 믿으십니까? 그리고 그렇게 배운 것이 옳다고 생각하십니까? 하나님은 그렇게 창세 전에 택자와 유기자를 정해 놓으신 것일까요? 인간의 자유의지와 상관없이 그렇게 못 박아 놓고 살게 하실까요? 그러면 디모데 전서 2장 4절은 일구이언의 대표적인 구절일까요?

영어나 헬라어 용법에 고유명사 앞에 관사가 붙으면 무슨 뜻으로 변하는지 아실 것입니다. 초등영어에서는 고유명사 앞에 관사가 오면 안 된다고 배웁니다. 그래서 I am Kennedy. 라고 하면 맞는 문장이고 I am a Kennedy. 하면 틀린 문장으로 배웁니다. 그러나 고등영어로 가면 쓸 수 있다고 배웁니다. 무슨 의미가 있을까요. 그 사람의 직업이나 특성을 말한다고 배웁니다. 그래서 후자 문장은 I am a statesman like Kennedy가 됩니다.

야곱과 에서 앞에 관사 '톤'이 있어 '야곱 같은 사람', '에서 같은 사람'으로 해석하는 신학자들이 많습니다. 나는 그 해석에 동의합니다. '야곱 같은 사람'은 은혜로 태어난 사람을 상징하고 '에서 같은 사람'은 행위로 율법 아래 있는 사람을 상징합니다. 그리고 육의 가치, 땅의 가치를 추구하는 사람들을 상징합니다.

하나님의 은혜를 받지 못하는 것은 그들이 고집이 세고 에서처럼 하나님 나라에 대하여 가볍게 여기는 것이 문제라고 생각합니다. 그것은 곧 사망의 권세아래 있는 자들의 특성이라고 판단됩니다. 하나님은 그들에게 은혜를 베풀려고 하지만 그들은 '에서의 길'을 간다고 말하고 싶은 것입니다.

베드로 사도는 예수님을 세 번 부인하는 과정을 통해 큰 공부를 하게 됩니다. 누가복은 22장 31-32절에는 "시몬아, 시몬아, 보라 사탄이 너희를 밀 까부르듯 하려고 요구하였으나 그러나 내가 너를 위하여 네 믿음이 떨어지지 않기를 기도하였노니 너는 돌이킨 후에 네 형제를 굳게 하라" 는 예수님의 말씀이 있습니다. 베드로 사도가 세 번 부인하게 된 배경은 사탄이 베드로를 타락시키기 위해 생각으로 들어가 세 번 부인케 했으나 예수님께서 기도를 해 주었기 때문에 믿음이 떨어지지 않았다고 합니다. 그리고 베드로는 주님의 말씀 앞에 순종하여 통곡을 하며 돌이켰습니다. 말씀에 따라 그 말씀 앞에 순종을 한 것입니다.

하나님은 우리가 잘 아는 바와 같이 전지전능한 분이십니다. 하나님이 에서를 미워했기 때문에 에서가 장자권을 팔아 축복을 상실한 것이 아니라 에서가 배고픔을 이기지 못하고 사탄의 속임수에 넘어가 장자권을 가볍게 여기고 팔 것을 알았기 때문에 태어나기도 전에 그렇게 예언적 선언을 할 수 있었던 것입니다. 하나님이 그 정도 예지 능력이 없겠습니까? 나는 그 정도 예지 능력이 있고도 남는다고 봅니다. 그 누가 '에서의 길'을 가는지 우리는 알 수 없습니다. 그러나 그런 자들이 있는데 사도 바울은 그런 길을 가서는 안 된다는 것을 설명하고 있는 것입니다. 언제든지 돌이키면 은혜를 베푸시는 하나님입니다. 그리고 인간의 이성과 지성으로 하나님의 마음의 깊이와 넓이와 높이를 판단해서 제단하기에는 무리가 있습니다. 오직 은혜 입는 길을 선택하고 가는 사람이 지혜로운 것입니다. 사도 바울은 지금 예수님을 그리스도로 영접하는 그의 가르침에 따라 사는 것은 긍휼을 입는 길이라는 것을 가르쳐 주고 싶은 것입니다.

이 사람아 네가 누구이기에 감히 하나님께 반문하느냐

지음을 받은 물건이 지은 자에게 어찌 나를 이같이

만들었느냐 말하겠느냐(롬9: 20)

사도 바울은 베냐민 지파의 사람으로 정통 이스라엘 사람입니다. 그는 율법으로는 흠이 없다고 자부할 정도 율법에 열심이었습니다. 그런데 그 율법의 열심이 하나님의 아들 예수님을 믿는 사람들을 죽이려고 했으니 그는 자신의 율법 신앙의 열심에 충격을 받지 않을 수 없었습니다. 마찬가지로 이스라엘 사람들도 "그들에게는 양자 됨과 영광과 언약들과 율법을 세우신 것과 예배와 약속들이 있고 조상들도 그들의 것이요 육신으로 하면 그리스도가 그들에게서 나셨을"(롬9: 4-5) 만큼 하나님의 섭리와 밀접한 관계에 있었으나 정작 오신 메시야를 믿지 않고 죽였으니 또한 이것도 사도 바울에게는 경천동지할 일 이었습니다.

그래서 그는 곰곰이 생각해 보았습니다. 왜 이런 일이 일어났을까? '인간은 행위를, 결과를 보지만 하나님은 마음을 보시고 동기를 보시는구나' 그리고 '그 진정성을 중요시 여기는구나'라고 생각했고 믿게 되었습니다. 그리고 그 마음을 움직이는 것은 나의 중심의 파동도 있지만 하나님의 은혜가 크다는 것을 알게 되었습니다. 그래서 마음까지 아시는 하나님은 비록 큰 자로 태어난 에서보다는 마음 중심에 하나님께 경외심이 있는 야곱을 통해 섭리를 이끌어 가신다고 생각했습니다.

그리고 어느 선 까지 인지는 몰라도 하나님의 긍휼하심에 의해 하나님의 역사가 움직인다고 보았습니다. 18절에 "그런즉 하나님께서 하고자 하시는 자를 긍휼히 여기시고 하고자 하시는 자를 완악하게 하시느니라" 말씀을 통해 사람의 운명의 결정적인 키는 하나님의 은혜라고 생각했습니다. 사람은 생각하는 것이 한정적이고 제한적이라 하나님의 온전한 뜻을 이해할 수 없습니다. 그래서 하나님의 은혜를 덜 입은 자들은 반박하기를 '그러면 하나님은 사람을 책망해서는 안 됩니다'라고 항변할 수 있지 않겠느냐는 것입니다.

그러나 사도 바울은 사람과 하나님 사이에서 항변이라는 것은 존재할 수 없다는 것입니다. 인간 존재는 하나님께 논쟁하거나 어떤 일에 대하여 '당위성을 말해 주십시오', 혹은 '사랑의 하나님이라는 분이 그렇게 보고만 계십니까?' 라고 요구나 청원이나 이유를 설명을 강요할 수 있는 존재가 될 수 없다는 것입니다. 왜냐하면 하나님은 토기장이에 비유할 수 있고 사람은 토기장이가 빚은 그릇에 비유되는데 은혜(겸손)를 입는 쪽을 택해야지 완악(교만)한 쪽을 택하면 안 된다는 것입니다.

그래서 성경은 "하나님은 교만한 자를 대적하시되 겸손한 자들에게는 은혜를 주신다"(벧전5: 5)했습니다. 하나님의 큰 선물 예수 그리스도를 주로 받아 믿고 영생을 누리고 사는 것이 중요하지 계속 율법, 율법 하면서 계명으로 나의 의를 이루려고 살지 말라는 것입니다.

너희들이 성경을 알고 믿고 있는데 성경 호세아 글에는 "내가 내 백성이 아닌 자를 내 백성이라 사랑하지 아니한 자를 사랑한자라 부르리라"(호1: 10, 롬 9: 25) 한 것을 알지 못하느냐 내 백성이라 하지 아니한 자들도 예수를 그리스도로 믿고 구원을 받는데 너희들은 마음을 겸손히 하여 예수를 믿으라고 권면하는 것입니다. 교만을 떨지 말고 긍휼을 입는 쪽을 택하라는 것입니다.

사도 바울은 로마에 있는 그리스도인들에게 그리고 유대인들에게 더 나아가 이방인들에게 제발 하나님이 누구신지 얼마나 위엄이 있으신지 알고 나의 의로운 행위가 어떤지 알아달라고 교만을 떨지 말고 하나님의 큰 선물인 예수 그리스도를 통한 은혜를 입으라고 권면합니다. 만약에 그나마 "주께서 은혜로 씨를 남겨 두지 않았다면 우리는 소돔과 고모라와 같이 되었을 것이다"(롬9: 29)라면서 복음을 받아들이고 율법의 행위의 길로 가지 말고 은혜의 복음의 길을 달려 가라고 권고하고 있습니다.

의의 법을 따라간 이스라엘은 율법에
이르지 못하였으니 (롬9: 31)

나는 습관 중에 하나는 한 달에 약 5-10권 정도 책을 읽는 것입니다. 주로 기독교 서적입니다. 고(故) 김 성수 목사님 저서는 미국에 계시는 사모님께 연락해서 백 여 만원 이상의 돈을 들여 한꺼번에 사서 읽어보기도 했습니다. 위트리스 전집은 4질을 사서 한 권은 내 방 서재에 한 권은 학원에 한 권은 차량에 한권은 전도용으로 사용했습니다. 열심히 사기도 하고 도서관에 가서 빌려 보기도 합니다. 돈이 없으면 도서관에 인터넷으로 도서 신청을 하면 한 달에 개인별로 5권씩 주문신청해서 읽을 수 있습니다. 참 좋은 문화정책 중에 하나입니다. 충주 시립 도서관에 있는 로이드 존스 목사님의 로마서 강해서는 내가 신청해서 읽고 반납해서 모여진 책입니다. 돈이 없어 책을 못 사서 못 읽는다는 것은 이제는 지혜가 부족한 말입니다.

팀 켈러 목사님의 '당신을 위한 로마서'(두란노)를 읽고 많은 것을 배웠습니다. 참으로 좋은 책이라 판단됩니다. 나는 너무 좋아 세 번 연속해서 읽었습니다. 꼭 읽어보시기를 권합니다. 내가 세 번 연속해서 읽어 본 책은 이 책이 처음입니다. 부끄러운 이야기지만 그 책을 읽기 전까지는 "의의 법을 따라간 이스라엘은 율법에 이르지 못하였으니"라는 말씀이 나

330

에게 생명력있는 말씀으로 다가 오지 않았습니다. 그러나 그 책을 보면서 "의의 법을 따라간 이스라엘은 율법에 이르지 못하였으니"라는 말씀이 내 마음에 레마로 팍 꽂혔습니다. 로마서를 여러 번 읽었고 전에 로마서 강해서까지 썼고 여러 목사님의 로마서 강해서를 읽었는데 그 동안은 소경이 되었는지 "의의 법을 따라간 이스라엘은 율법에 이르지 못하였으니"라는 말씀이 나에게 그동안 생명력 있는 말씀으로 보이지 않았습니다. 분명히 읽었겠지만 그냥 이스라엘 사람들이 그랬구나 하고 생각만 하고 지나 간 것이 틀림없습니다. 그 책을 읽으면서 그 말씀이 마음에 꽂혀 앞 뒤 절을 읽어보니 복음에 대해 확실히 깨달아지고 알게 되었습니다.

율법은 의를 이룰 수 있는 법이 아닙니다. 율법으로 의를 이루려고 따라 가면 안 됩니다. 조금이라도 율법이 의를 이룰 수 있는 법이라고 생각하면 율법에 대한 인식이 유대인처럼 잘못된 것입니다. 그러나 율법은 우리의 생명을 보호하고 지켜준다는 면에 대해서는 반드시 지키고 율법 속으로 들어가야 합니다. 예를 들어 십계명 중에 제 4계명 '네 부모를 공경하라' 와 9계명 '거짓말 하지 말라'라는 두 계명을 잘 지켜도 생명과 생활에 있어서 보호와 유익과 안전이 있습니다. 십계명을 다 지키면 엄청난 보호와 유익과 안전이 있습니다.

율법으로 의를 이루려는 생각은 잘못된 것입니다. 그렇게 생각하면 긴 긴 광야생활을 해야만 합니다. 율법은 보호와 유익으로 있는 것이지 의를 이루려고 있는 것을 절대로 아닙니다. 이방인인 우리도 예수님을 그리스도로 믿은 후에 정말로 많은 기간을 율법을 의를 이룰 수 있는 법으로 알고 지키려고 노력합니다. 이 틀(의식)을 깨고 나오기가 상당히 어렵습니다. 이 틀을 깨고 생명의 성령의 법으로 들어가기가 굉장히 어렵습니다. 이 틀을 깨려고 하다가 죽은 사람들도 너무나 많고(자유주의로 빠져 방종의 무리들을 많이 보았습니다) 믿는 이들 중에 대다수는 이 틀 안에서 갇혀 사는 사람들입니다. 나비가 되면 교만해서가 아니라 누가 나비인지 애벌레인지 애벌레에서 탈피하고 있는 중인지 다 알 수 있습니다.

로마서 9장 32절에 무엇이라 기록되어 있습니까? "그들이 믿음을 의지하지 않고 행위를 의지함이라 부딪칠 돌에 부딪쳤느니라" 율법을 의를 이룰 수 있는 법으로 알면 행위를 의지하게 되고 그 의지한 행위는 돌이 되어 부딪치게 된다는 것입니다. 즉 그리스도의 생명을 모르게 된다는 것입니다. 내가 몇 번씩이나 주장하고 강조하는 것이 무엇입니까? 로마서 8장 14절이 아닙니까? "무릇 하나님의 영으로 인도함을 받는 사람은 곧 하나님의 아들이라" 하나님의 아들은 영으로 인도함을 받는 자들인데 왜 어찌 율법으로 인도함을 받으면서 사는 것이 옳다고 믿으며 가르칩니까? "무릇 하나님의 영으로 인도함을 받는 사람은 곧 하나님의 아들이라" 이 말씀이 레마가 되어 생명의 운동력으로 내 존재에서 살아 움직여야 합니다. 그 때까지 하늘의 만나를 먹으면서 속 생명이 겉 생명을 뚫고 나올 때까지 사도 바울처럼 아라비아 사막 생활을 해야 합니다.

기독교 신앙은 행위로 하나님께 열심(롬10: 2)내기 보다 "내 살은 참된 양식이요 내 피는 참된 음료로다 내 살을 먹고 내 피를 마시는 자는 내 안에 거하고 나도 그의 안에 거하나니"(요6: 55-56) 예수님의 말씀 안으로 들어가야 합니다. 아기가 엄마 젖을 먹고(누리고) 자고 먹고 (즐기고)자는 것을 반복하면 자라듯이 은혜의 말씀을 먹고 누리고 먹고 누리기를 반복하기를 바랍니다.

내가 증언하노니 그들이 하나님께 열심이 있으나

올바른 지식을 따른 것이 아니니라

하나님의 의를 모르고 자기 의를 세우려고 힘써

하나님의 의에 복종하지 아니하였느니라(롬10: 2-3)

　　　　　하나님께 열심이 있다고 해서 그 열심이 다 좋은 것은 아닙니다. 열심에 있어서도 올바른 지식에 따른 열심이 있고 올바르지 못한 지식에 따른 열심이 있습니다. 겉으로 보기에는 하나님을 위하여 열심을 내는 것 같으나 그 속에는 자기의 의를 세우려고 하는 올바르지 못한 지식에 따른 열심이 있다는 것입니다. 힘써 자기의 의를 세우려고 하다 보니 진리를 따라 갈 수 있는 기회가 여러 번 있음에도 불구하고 자기의 의를 세우려고 하는 욕망에 사로잡혀 하나님의 의도 모르고 하나님의 의에 복종하지 않는다는 것입니다. 첫째는 이스라엘 사람들이 그랬고 믿는 우리들도 그럴 수 있다는 것입니다.

　그래서 믿음의 세계(영적인 세상)를 가는 사람은 정직한 사람만이 진리의 지식에 도달합니다. 자기 자신에게 정직해야 합니다. 이웃에 대해서도 정직해야 합니다. 그럴 때 내가 무엇이 부족하고 무엇을 향하여 가는지 길이 분명해집니다. 그리고 내가 진실하게 진리의 지식을 추구하는 자인지 환경에 의한 어정쩡한 믿음인지 스스로 진단이 됩니다. 정직하지 않으면 아무리 열심히 한다 하더라도(열심히 하는 것이 아니라 어느 단체의 종에 되어 종노릇을 열심히 하는 것 뿐입니다.) 진리의 지식에 이룰 수 없습니다. 정직함과 동시에 자기의 의를 세우려는 마음이 없어야만 진리의 지식에 이를 수 있습니다.

사도 바울은 디모데 후서 3장 7절에서 어떤 이들은 "항상 배우나 끝내 진리의 지식에 이룰 수 없는"(딤후 3:7) 사람들이 있다고 합니다. 참으로 충격적인 말씀이 아닙니까? 나는 항상 이 말씀을 읽을 때 불편했습니다. 만약에 내가 그런 부류의 사람이라면 어떻게 하지, 진리의 지식이 무엇이며 어떻게 하면 도달할 수 있을까 항상 기도의 제목 중에 하나였습니다. 여기서 진리의 지식은 성령님에 의한 의의 생활(성화, 거룩)의 지식입니다. 영의 구속의 확신과 혼의 변화의 생명의 지식입니다.

여기서 '지식'은 '에피그노시스'입니다. '에피'라는 접두어가 '위에'를 의미하므로 영적인 지식, 생명의 지식, 체험적이고 실존적인 지식을 말합니다. 지식에는 크게 두 종류가 있습니다. 땅의 지식을 말할 때는 '그노시스' 라고 합니다. 그 '그노시스'에는 정신적인 앎이나 철학적인 앎을 다 포함합니다. 권력의 맛을 안다든지 돈의 맛을 안다든지 명예의 맛을 안다든지 정욕의 재미를 안다든지 지식의 재미를 안다든지 하는 것들입니다. 그 맛에 길들이면 빠져 나오기가 어렵습니다. 맛이 매혹적이고 마력이 있기 때문입니다. 오직 영적으로 가난한 사람만 진리의 길에 들어설 수 있습니다. 진리의 길에 들어와서도 자기의 의를 세우려는 야망이 전혀 없어야만 진리의 지식에 이르러 풍성한 생명을 누리며 행복하게 하루 하루를 살 수 있습니다.

'그노시스'나 '에피그노시스'나 비슷한 모양으로 나타나고 다가옵니다. 그래서 자기 마음 안에 있는 생명의 흐름을 진단하고 성장시키기가 쉽지 않습니다. 다만 한 가지 분명한 것은 자기의 의를 세우려고 하면 '그노시스'요 하나님의 의를 세우고 증언하는 것이면 '에피그노시스'입니다.

성경에는 "너희가 온 마음으로 나를 구하면 나를 찾을 것이요 나를 만나리라"(렘29: 13) 말씀하고 있습니다. 죄 문제로 진실하게 고민하면 유월절 어린양이신 예수님을 만나게 됩니다. 그리고 성령님에 의한 의의 생활에 있어서 진실하게 고민하면 의의 진리를 만나서 혼의 변화의 원리를 배우거나 깨닫게 됩니다. 그리고 그 후 하늘 양식을 먹는 중요성을 알게 생명의 성장을 누리게 됩니다. 또한 하늘의 만나를 매일 먹어 생명이 점점 자라서 성경의 진리 중에 하나인 로마서 10장 4절에 있는 '그리스도는 모든 믿는 자에게 율법의 마침'의 진리까지 깨닫고 만나게 되면 진리의 지식에 이르게 됩니다.

그리고 그 후 속생명이 점점 자라서 로마서 8장 14절 "무릇 하나님의 영으로 인도함을 받는 사람은 곧 하나님의 아들이라"는 말씀이 생명이 되어 법으로 살지 않고 영과 진리로 사는 존재가 됩니다.

080

그리스도는 모든 믿는 자에게 의를 이루기 위하여
율법의 마침이 되시니라(롬10: 4)

로마서는 8장으로 끝냈어야 합니다. 마지막 37-39절의 말씀은 얼마나 많은 위로가 되고 자랑이 되는지 성도라면 누구나 아멘 하고 기뻐할 것입니다. 그렇게 했다면 멋지게 마무리가 되었을 것입니다. 그렇다고 생각하지 않으십니까?

그런데 왜 이스라엘이 '양자 됨과 영광과 언약들과 율법을 세우신 것과 예배와 약속들이 있고 조상들도 그들의 것이요 육신으로 하면 그리스도가 그들에게서 나셨음'에도 불구하고 그들은 왜 믿지 않았을까요? 라고 하면서 9장 10장을 더 쓰는 이유가 무엇입니까? 이스라엘인들을 위해서 그렇게 쓴 것입니까? 아닙니다. 로마에 있는 성도들에게 쓴 글입니다. 더 나아가 신약에 믿는 모든 성도들을 향해서 쓴 글입니다.

신약에 믿는 이들도 이스라엘인처럼 그럴 수 있다는 것입니다. 그들이 '양자 됨과 영광과 언약들과 율법을 세우신 것과 예배와 약속들'을 소중히 여긴 것 처럼 예수님을 그리스도로 믿은 후 '구원을 받았다, 죄사함을 받았다, 세례받은 교인이다, 율법에서 벗어났다, 진리를 자유케 한다는 말씀이 제일 좋다, 봉사를 많이 하는 장로다, 교회를 몇 개 지었다, 나는 전도하는 데 최고다, 내가 헌금을 얼마씩 한다, 성경을 가르치는 목사다' 등등 자랑하면서 하나님의 영으로 인도함을 받지 않고 그들이 예수 믿기 전의 문화나 사상이나 철학이나 땅의 가치나 그리고 유대인이 절대시했던 율법으로 사는 것을 옳은 것으로 알고 살 수 있다고 경계하고 있음을 말하고 싶은 것입니다.

'그리스도는 모든 믿는 자에게 의를 이루기 위하여 율법의 마침이 되셨다'는 말씀은 로마서 7장에서 기록되었어야 한다고 생각합니다. 7장에서 8장으로 넘어가기 전에 아주 그냥 율법에 대하여 선을 분명히 그어 주었으면 좋았을 것입니다. 그런데 왜 바울 사도는 10장에서 그리스도는 율법의 마침이라고 했을까요? 율법은 그리스도를 나타내는 그림자입니다. 율법이라는 글자에서 그리스도라는 생명이 알을 깨고 나와야 하는 것입니다. 즉 영이 나타나야 하는 것입니다. 이것은 각자 믿음의 정도에 따라 기간이 다 다릅니다.

또한 율법은 거룩하고 의롭고 선하기 때문에 율법은 계속 우리 옆에서 그리스도께서 향하게 하고 어린 자들은 생명을 보호하기 위하여 율법 아래에서 보호를 받아야 합니다. 장성한 자들도 마음에 새긴 법으로 살기 위해서 법의 보호가 필요합니다. 항상 영으로 인도함을 받는 것이 아니지 않습니까? 그럴 때는 율법으로 보호를 받아야 하는 것입니다. 하나님의 법 즉 율법은 거룩하고 의롭고 선해서 십계명 중에서 하나만 제대로 지켜도 생명과 생활에 큰 보호를 받는다는 것을 알게 될 것입니다. 그러나 영의 구원은 오직 예수님의 의를 믿는 것 밖에 없습니다. 성령님에 의한 의의 생활도 계명을 지켜서 되는 것이 아니라 말씀을 먹고 누리고 묵상해야만 되는 것입니다. 몇 번 강조하지만 보호와 생명의 자람은 다른 것입니다.

그렇다면 로마서 10장에서 말하는 율법의 의미와 6장 7장에서 말하는 율법의 의미가 좀 다르지 않을까하고 생각을 할 수 있습니다. 6장 7장에의 율법은 예수님을 만나기 위해 필요한 생명적 측면의 율법을 말한다면 로마서 10장의 율법의 마침에서 그 율법은 생명적 측면의 율법을 말하는 것이 아니라 생활적인 율법 즉 존재적 의의 표현 즉 의의 생활을 말하는 것입니다. 몇몇의 학자들도 그렇게 이해를 합니다.

생활에서 율법의 언어나 사고에서 벗어나서 그리스도의 의 안에서 사랑과 생명의 언어가 표현되려면 그 율법도 그리스도로 말미암아 끝났다는 것을 알아야 할 것입니다. 어떤 율법이라도 율법은 죄를 낳고 죄는 사망을 낳기 때문입니다. 생활의 율법으로 의를 이루려고 하는 것도 엄밀하게 보면 자기의 의를 이루려고 하는 것입니다. 자기의 의(주장, 권위, 명예, 존경)를 이루려고 하면 생명은 꽃을 피우지 못하고 씨앗으로만 내 안에 있게 됩니다.

생명적 측면의 율법이든 생활적인 율법이든 죄는 계명을 기회로 삼아 우리를 속이고 죽이고 죄를 짓게 하기 때문입니다. 성도가 예배당 안에서만 거룩해서 되겠습니까? 찬송하고 기도할 때나 거룩하고 가정에서 직장에서 그리고 일상생활에서 거룩하지 않다면 즉 법의 문제를 졸업하고 생명으로 살지 않는다면 도대체 성도와 성도 아닌 사람의 인격의 차이는 무엇입니까? 주일 날 예배 참석하고 참석하지 않은 것만 차이가 나서 무슨 소금이 되고 빛이 되겠습니까? '아! 그 사람은 믿지 않는 우리와는 뭔가 달라 정직하면서도 상대방에게 짜증내는 말이나 상대방이 짜증나도록 하는 말을 하지 않는단 말이야, 말모양이 우리와는 다르단 말이지, 우리는 믿지 않지만 역시 예수를 믿는 사람은 달라 본 받고 싶은 생각이 들어' 라고 해야 되지 않겠습니까? 이제 생활 속에서 크로노스의 패러다임 즉 율법의 사고와 말투를 끝냅시다. 명령어가 가득한 계명의 사고와 말투에서 졸업합시다. 이제 나는 '그리스도는 모든 믿는 자에게 의를 이루기 위하여 율법의 마침'이라는 말씀이 생명이 되고 감격이 되고 감동이 됩니다. 그리스도가 율법의 마침이 되었듯이 믿는 우리도 율법의 마침이 되어 봅시다. 사과나 용서의 말을 받아서 율법이 끝나는 것이 아니라 내가 더 잘못했습니다, 내가 더 미안합니다 라고 해서 율법이 끝나도록 합시다. 상대방에게 사과나 용서를 지나치게 받으려고 하는 것은 생명의 방법이 아닙니다. 내가 율법의 마침이 되도록 은혜를 받읍시다.

081

모세가 기록하되 율법으로 말미암는 의를 행하는 사람은
그 의로 살리라 하였거니와 믿음으로 말미암는 의는 이같이
말하되 네 마음에 누가 하늘에 올라가겠느냐 하지 말라 하니
올라가겠느냐 함은 그리스도를 모셔 내리려는 것이요 혹은 누가
무저갱에 내려가겠느냐 하지 말라 하니 내려가겠느냐 함은
그리스도를 죽은 자 가운데서 모셔 올리려는 것이라(롬10: 5-7)

　　앞에서 10장 4절 "그리스도는 모든 믿는 자에게 율법의 마침"에 대하여 존재적 의의 표현에서 설명을 했습니다. 우리는 모두 이 정상 즉 존재적 자유와 해방과 섬김까지 올라와야 합니다. 생활에서 법이 아닌 정의(공의)와 사랑(긍휼)이 넘쳐 흘러야 합니다. 이 정상은 하나님의 왕국이고 그림자이며 연습장입니다. 예수님의 십자가 사랑으로 죄를 끝냈듯이 우리도 우리가 받은 그리스도의 생명으로 율법의 마침이 되는 고봉까지 올라가 봅시다.

　　생활의 의에서 출발과 졸업은 언어(말투)임으로 언어에서 자신에 대해서는 공의를 타인에 대해서는 사랑(긍휼)이 충만해야 합니다. 언어가 거룩하면 행위도 거룩해 집니다. 말투의 변화가 없으면 성화(거룩)는 없는 것입니다. 말투가 전투적이고 논쟁투라면 성경말씀을 아무리 많이 암송

하고 오래 믿음 생활을 했어도 그 사랑은 땅의 사랑입니다. 생명안으로 들어간 실존은 아닙니다.

　예수님께서 제자들에게 가르쳐 주신 기도문에 왕국이 임하게 해 달라고 기도하셨는데 바로 그 왕국이 생명이 충만한 나라입니다. 그 왕국은 율법으로 살지 않고 그리스도로 사는 곳입니다. 법의 언어를 끝내고 이제는 정죄와 질투가 없고 긍휼과 사랑이 충만한 언어만 합시다. 내게 사는 것이 그리스도라고 고백하면서 감격하면서 찬양하면서 살 때 나도 행복하고 타인들도 행복합니다. 아름다운 꽃도 피고 열매를 예쁘게 맺힙니다.

　사도 바울은 이 하나님의 왕국에 들어가기 위해서는 다시 한 번 더 두 길이 있음을 가르쳐 주면서 어느 길로 등산해서 정상에 올라 갈 것인가를 묻고 있습니다. 두 길 중에 한 길을 선택해야 합니다. 두 길을 혼합해서 가는 방법도 있을 것 같지만 그런 길은 없습니다.

　성경에서 말하는 천국으로 가는 길은 두 길 뿐입니다. '율법으로 말미암아 행위로 살아서 의를 취득해서 가는 길'과 '마음으로 믿고 입으로 시인해서 믿음으로 말미암아 얻은 의' 로 가는 길이 있다는 것입니다. '마음으로 믿고 입으로 시인해서 믿음으로 말미암아 얻은 의의 길'을 줄여서 '믿음으로 말미암는 의'라고 합니다. '믿음으로 말미암는 의'가 인격이 되어 바울의 입을 통해 하는 말을 들어봅시다. 왜 사도 바울은 로마서 서신 중간 중간에 구속 곧 죄사함(엡1; 7)관한 메시지를 자주 넣어서 설명하는지 아시겠습니까? 구속 곧 죄사함(엡1; 7)의 진리만 마음 안에 확실히 거하면 성화의 의, 의의 생활은 자연스럽게 된다는 믿음이 있기 때문입니다.

　내가 노력해서 하늘에 올라가야지 하지 말라는 것입니다. 왜 율법의
행위로 말미암는 길을 가려고 하느냐고 안타까워합니다. 당신의 말투를
보니 그렇게 말하는 것은 그리스도가 모든 구속사역을 끝내고 하늘에 올
라가지 못했다고 하는 소리와 똑 같다는 것입니다. 쉽게 말해서 부활 승
천했다는 것을 죄와 사망을 이기고 승리했다는 것을 믿으라는 것입니다.
왜 그것을 믿지 않고 내가 하늘까지(승천해야지) 올라가야지 라고 생각하
고 그렇게 행동을 하느냐고 안타까워합니다. '하지 말라!' 단언적으로 말
합니다.

　또한 내가 심한 고생을 하더라도 무저갱까지 내려가야겠다고 하지 말
라는 것입니다. 힘든 죽음의 길을 내가 가야지 어떻게 주님 보고 가라고
할 수 있겠느냐는 것입니다. 엄청나게 주님을 사랑해서 하는 말 같으나
어리석고 미련한 말입니다. 그것은 그리스도가 우리를 대신해서 죽은 것
과 다시 죽음을 이긴 것을 믿지 않는다는 고백과 다름이 없다는 것입니
다.

　그 길을 포기하고 그리스도가 쉽게 가는 길을 만들어 놓았는데 그 길
은 케이블 선을 깔고 케이블 카를 타고 룰루 날라 하면서 올라가라는 것
입니다. 그것을 믿고 안전하게 아무 염려 없이 올라가라는 것입니다. 그
길, 그 방법을 믿으라는 것입니다. 그 길로 가는 방법은 네 손과 발에 달
린 것이 아니라 네 입에 달렸고 네 마음에 달렸다는 것입니다. 로마서
10장 9-10절 " 네가 만일 네 입으로 예수를 주로 시인하며 또 하나님께

342

서 그를 죽은 자 가운데서 살리신 것을 네 마음에 믿으면 구원을 받으리라 사람이 마음으로 믿어 의에 이르고 입으로 시인하여 구원에 이르느니라" 아멘 할렐루야. 로마서 10장 9-10절은 영원한 감격입니다. 감동입니다. 주님 고맙습니다. 영원히 찬송하며 살렵니다.

"그 길은 우리를 위하여 휘장 가운데로 열어 놓으신 새롭고 산 길"(히 10: 20)입니다. 바로 믿음으로 말미암는 의의 길입니다. 이 길로 가야만 하나님 나라 즉 왕국에 도달해서 수고하고 무거운 짐을 내려놓고 쉴 수 있습니다. 온유하고 겸손하게 이 길을 배우면 영원히 조에의 생명을 살 수 있습니다.(마11:28-29)

082

그러면 무엇을 말하느냐 말씀이 네게 가까워 네 입에 있으며
네 마음에 있다 하였으니 곧 우리가 전파하는 믿음의 말씀이라
네가 만일 네 입으로 예수를 주로 시인하며 또 하나님께서
그를 죽은 자 가운데서 살리신 것을 네 마음에 믿으면
구원을 받으리라 사람이 마음으로 믿어 의에 이르고
입으로 시인하여 구원에 이르느니라(롬10: 8-10)

어렸을 때 형제가 싸우면 부모 입장에서는 속상합니다. 철이 들지 않아 자기 욕심만 주장하기 때문에 싸움이 자주 일어납니다. 정상적인 부부라면 의견충돌로 부부싸움을 하면서 하나가 되어 가듯이 정상적인 형제(남매, 자매)라면 서로 싸우면서 크고 우애도 생깁니다. 싸움을 하면 일단 훈계를 합니다. 훈계를 해도 또 싸우면 몽둥이를 듭니다. 몽둥이를 들었지만 때리는 것이 목적은 아니라 서로 화해하고 반성하기를 바라는 것이 목적입니다. 그래서 몽둥이를 들고서 '맞고 잘못했다고 할래 아니면 서로 잘못했다고 하고 아빠(엄마)에게도 잘못했습니다 라고 할래' 하면 지혜로운 자식은 '형(동생)! 내가 잘못했어', 그리고 부모님에게 '잘못했습니다' 라고 말을 하면 모든 상황은 종료됩니다.

그러나 다시는 안 싸우겠습니다 하고 반성하는(다음에도 또 싸웁니다) 자식이 있는가 하면 화가 났는지 분이 풀리지 않았는지 미련한지 매가 얼마나 아픈 것인지 모르는지 말을 안 하고 입이 뚱한 자식이 있습니다. 그래도 부모는 또 기회를 줍니다. 열 셀 동안 빨리 결정하라고 기회를 줍니다. 맞을래 잘못했다고 할래 네가 결정하라고 기회를 줍니다. 그러면서 숫자를 천천히 아홉까지 세어 갑니다. 그리고 목소리를 높이면서 '빨리 말로 잘못했다고 하렴' 하고 재촉합니다. 때리는 부모도 마음이 아프지만 맞는 자식을 생각하면 때릴 마음은 전혀 없습니다. 그러나 뭉둥이는 들었고 말로는 형벌을 내렸으니 안 때릴 수가 없습니다. 그러면 부모는 때리고 싶지 않아 아홉에 멈춰 호흡을 가다듬고 또 기회를 줍니다. 아홉에 하나다, 둘이야, 셋이야 하면서 천천히 다시 세서 올립니다. 빨리 말 한마디만 하기를 바랍니다. 이제는 형이나 동생에게 안 해도 됩니다. 다만 부모에게 단 한마디만 하면 됩니다. '잘못했습니다' 라는 한 마디만 들으면 뭉둥이를 거두고 형벌을 없애려고 합니다. 그러나 고집이 세고 뭉둥이의 매운 맛을 모르는 미련한 자식은 그래도 고집을 피웁니다. 그러면 이제는 부모님이 애가 탑니다. 안타까워 한 마디 던집니다. '그것도 못 해! 잘못했습니다! 한 마디만 하면 되는데' 하면서 애원에 가까운 말을 합니다. 미련한 자식은 부모 마음을 알리가 없어 그리고 몇 번의 기회를 모두 날려 버립니다.

이제 부모는 결정을 내립니다. 뭉둥이를 들고 때립니다. 때리는 이유는 형제끼리 싸웠기 때문에 원인은 되었지만 지금 뭉둥이를 세차게 때리는 이유는 단 하나 긴 말도 아닙니다. 단 한 마디 '잘못했습니다' 라는 말을 못하는 자식이 안타까워서 그렇습니다. 그렇게 쉬운 말인데 그것도 못하는 자식이라 속상해서 때립니다. 그렇게 쉬운 말인데 '그게 어렵니! 어렵니! 어렵니! '하면서 빨리 그 말을 배우라고 때립니다. 할 수만 있다면 용서 해 주려는 부모 마음을 몰라 주는 것 때문에 속상해서 더 때립니다. 그러면서 '그 말이 그렇게 어렵니' 하면서 부모는 통곡을 합니다. 비록 싸움은 했지만 그렇게 용서 해 주고 싶은 부모 마음을 몰라주는 자식의 미련함 때문에 '너 빨리 그 말을 배워야 한다'는 마음으로 때립니다. 그리고 큰 소리로 외칩니다. '너 그 말을 배워야 인생 길을 쉽게 갈 수 있단다.'

하나님의 마음은 우리 부모의 마음과 비슷하면서 사랑의 깊이나 넓이나 높이가 다릅니다. 달라도 많이 다릅니다. 요한복음 16장 9절을 알 것입니다. "죄에 대하여라 함은 그들이 나를 믿지 아니함이요" 우리가 죄를 지었기 때문에 지옥을 가는 것이 아니라 쉽고 간단한 길을 가르쳐 주었는데도 예수님을 믿지 않기 때문에 지옥에 가는 것입니다.

하나님은 우리 부모처럼 한 마디만 해 주기를 바랍니다. '예수를 주'라 시인하면 무슨 죄든지 다 용서해 주고 영생을 준다는 것입니다. 그 사랑의 증표를 십자가 상에서 오른쪽 강도를 구원시키면서까지 구원의 길을 가르쳐 주셨습니다. '예수를 주'라 마음으로 믿고 입으로 시인만 하면 됩니다. 그것이 바울의 마음이고 가르침입니다. 그것이 하나님의 의 입니다. 우리가 '예수를 주'라고 시인(말로 인정만) 안 하면 하나님은 웁니다. 그렇게 쉬운 길을 가르쳐 주는데 그것도 안하느냐고 안타까워 우십니다. 영의 구속의 길은 정말 간단하고 은혜가 넘칩니다.

성경에 이르되 누구든지 그를 믿는 자는 부끄러움을 당하지
아니하리라 하니 유대인이나 헬라인이나 차별이 없음이라
한 분이신 주께서 모든 사람의 주가 되사 그를 부르는
모든 사람에게 부요하시도다 누구든지 주의 이름을 부르는 자는
구원을 받으리라(롬10: 11-13)

성경에서 사람을 영 혼 몸으로 구분합니다.(살전 5:23) 헬라어는
'영'은 '프뉴마'인데 '숨', '바람', '영'으로 번역이 됩니다. 히브리어는 '루
아흐'입니다. 우리 성경에는 '숨', '바람', '영'으로 번역됩니다. 디럭스 바
이블을 이용하면 '루아흐'가 어떤 번역에서 '숨', '바람', '영'으로 번역되
었는지 알 수 있으며 몇 번 사용되었는지도 확인 할 수 있습니다. 물론
신약에서 '프뉴마'가 어떤 용례로 번역되고 사용되는지 확인 할 수 있어
서 아주 좋은 성경 연구 자료가 됩니다.

영은 양심, 직관, 교통으로 구성되어 있으며 혼은 지성(생각), 의지, 감
정으로 구성되어 있습니다. 몸은 혼과 영이 명령하는 대로 움직이는 도
구이며 또한 지탱해 줍니다. 그래서 몸이 건강하면 마음도 건강해집니
다. 영의 한 부분인 양심과 혼의 구성요소와 함께 마음이라고 정의하기

도 합니다.

아담 이후 모든 사람은 영이 죽었으므로 이제 등불은 꺼졌고 심지만 남은 상태입니다. 누가 와서 불을 붙여주어야 살 수 있는 존재가 된 것입니다. 우리의 죽은 영은 누가 불을 던져 주기를 간절히 애원하고 있는 존재입니다.

어떤 문제에 있어서 결론을 내리기 힘들 때 우리는 닭이 먼저냐 알이 먼저냐 처럼 결정할 수 없다고 결론을 내리고 서로 화평하게 지냅니다. 그러나 성경(카논)을 알면 명확하게 구별이 됩니다. 창조론에 의해 즉 창세기 1장에 근거해서 동식물을 만들었으니 닭이 먼저입니다.

성경에서 사람의 구성요소는 혼과 몸으로 이루어졌다고 이분설을 주장하는 자들도 있고 영 혼 몸으로 삼분설을 주장하는 사람들도 있습니다. 서로 양측 주장이 팽팽합니다. 성경의 말씀을 근거로 주장하기 때문에 성경적 지식이 약한 사람은 혼돈을 겪습니다. 그러나 좀 더 생각해 보면 정리가 됩니다. 구원받기 전의 사람은 영이 죽어서 영이 없음으로 이분설이 맞고 구원받은 사람들은 영이 살아났으니 삼분설이 많습니다. 하나님의 말씀은 우리의 존재의 문제를 시원하게 해결해 줍니다.

예수님은 "심령이 가난한 자는 복이 있나니 천국이 그들의 것임이요"(마5: 3) 하셨습니다. 내가 나를 양심으로 판단해 보건대 나의 영이 하나님과 교통하는 것은 끊어졌고 이제 나의 영의 운명은 지옥에 가게 되었고 내 스스로 노력으로 하나님과 다시 교통(영생)하는 길은 없으니 내 영은 가난하고 비참하고 곤고한 상태가 되었다는 것을 아는 사람은 복이 있는 사람이라는 것입니다. 이해가 됩니까? 그리고 그런 자신의 상태를 정확히 아는 사람은 자신이 죽을 운명을 해결하기 위해 영생의 말씀을 하는 사람이라면 자석처럼 달라붙어 믿고 배우게 되어 천국 생활을 하게 된다는 것입니다. 여기서 천국 생활을 하면 영과 몸이 분리되는 죽음 후에는 당연히 하늘 아버지가 계시는 천국에 가게 된다는 것입니다.

사도 바울은 요엘서 2장 32절을 인용하면서 "누구든지 주의 이름을 부르는 자는 구원을 받으리라" 하면서 "그를 부르는 모든 사람에게 부요하시도다"라고 합니다. 주의 이름을 부르는 것은 아하! 나의 영을 살려 줄 분은 오직 예수님뿐이구나 하고 깨닫고 믿음으로 감격해서 감동해서 너무 좋아서 당신은 나의 영을 살려줄 분입니다 하고 너무 좋아서 부르는 것을 말합니다. 성도님은 "누구든지 주의 이름을 부르는 자는 구원을 받으리라" 말씀에 감격해 본 적이 있습니까? 감격하고 감동해야 합니다. 얼마나 기다렸던 이름인데요, 얼마나 소망했던 구원의 이름입니까?

그러면 그분은 성령님을 선물로 보내 주셔서 죽었던 나의 영이 되살아나는 것입니다. 성령님은 우리 마음 안에 오셔서 내 영과 더불어 혼을 변화 시키면서 영의 구속을 만끽하도록 인도해 가시는 분입니다. 예수님을 그리스도로 불러 구원을 받아 하나님의 자녀가 됩시다.

자녀가 되면 자동적으로 상속자가 되는 것입니다. 천지의 주인이신 하늘의 아버지가 내 아버지가 되니 부자가 된 것이 사실이 아닙니까? "그를 부르는 모든 사람에게 부요하시도다" 라는 말씀이 허공에 뜬 빈말입니까? 아니면 바울이 그냥 우리를 위로하려고 하는 격려성 말입니까? 아닙니다. 믿으세요. 믿어지지 않으면 기도하세요. 무엇이든지 기도하면 주님은 이루어주신다고 약속했습니다. 기도했으면 믿으세요. 믿고 감격하고 감동해서 이 사실을 알리세요.

부요에 대해 꼭 설명을 해야겠습니다. '플루테오'는 물질적으로도 부유함도 되고 질적으로 가치가 높아 부유하다도 되는 단어입니다. <u>예수를 믿는 자는 죽음 문제가 해결됐으니 부자가 된 것입니다.</u> 죽음에 대한 걱정 근심 두려움 공포가 없어졌잖아요. 할 수만 있다면 아니 하나님이 부르신다면 지금 당장 모든 것을 훌훌 털고 갈 수 있잖아요. 우리나라 제 1부자 제 2부자가 죽기가 싫어 돈을 주고 젊은 피 수혈했다는 것을 다 알고 있고 또 한 분은 하루씩만 더 살게 해 주면 1억씩 주리라는 소문도 있었습니다. 정말로 천국과 지옥이 있고 천국 가는 표를 돈으로 살 수 있다면 고 이병철 고 정주영회장님이 전 재산을 주고도 사지 않겠습니까? 그런데 예수를 그리스도로 믿는 우리는 공짜로 얻었으니 큰 부자, 참 부자가 되었으니 부요한 자가 진실이 아닙니까?

간단히 설명하면 '부요하도다'는 하나님의 자녀가 되었다는 의미입니다. 하나님의 자녀이면 온 세상의 모든 것의 상속자이므로 부요에 부요입니다. 정말로 믿어지십니까?

나의 영이 구속을 받았고 나의 혼이 변화과정에 있고 나의 몸이 장차 영광스러운 몸으로 변형될 것을 믿고 사는 성도가 진정한 부요에 도달한 자가 아니고 무엇입니까? 나는 지금 비록 피자 배달을 하고 있지만 정말

대통령도 안 부럽고 우리나라 제1 부자도 안 부럽습니다. 물론 세계 제 1 부자도 안 부럽습니다. 나는 하루 중일 함박꽃이 활짝 핀 것 처럼 기쁘고 즐겁습니다.

　나의 영이 구속을 받았고 나의 혼이 변화과정에 있고 나의 몸이 장차 영광스러운 몸으로 변형될 것을 믿고 기뻐하며 감사하며 사는 우리는 진정한 부(富) 안에 들어간 것이 아닙니까? 이 일로 인하여 행복한 우리가 진정한 부자가 아니고 무엇입니까? 비록 피자 배달을 하면서 손님으로 부터 가끔 무시를 당하고 멸시를 당하면 난 아주 잠깐 마음이 상하기는 해도 내 마음 속에는 깊이 흐르는 기쁨과 감사가 생수처럼 펑펑 솟아나는 것을 막을 수는 없습니다.

그런즉 그들이 믿지 아니하는 이를 어찌 부르리요
듣지도 못한 이를 어찌 믿으리요 전파하는 자가 없이
어찌 들으리요 보내심을 받지 아니하였으면 어찌 전파하리요
기록된 바 아름답도다 좋은 소식을 전하는 자들의
발이여 함과 같으니라(롬10: 14-15)

누가복음 6장 13절에는 "그 중에서 열둘을 택하여 사도라 칭하셨으니" 에서 사도는 '보낼 사', '무리 도' 해서 '어떤 임무를 부여 받고 파견된 사람'을 말합니다. 다만 예수님이 보낸 사람이기 때문에 복음을 전파하기 위하여 보낸 사람입니다. 복음 전파는 영적인 전쟁이라 악한 영들을 물리치는 능력을 주어야만 했기에 병고치는 능력과 악한 영을 좇아내는 능력을 주신 것입니다. 악한 영을 좇아내고 병을 고치는 권위가 있고 능력자가 된 것 같아서 멋있어 보이지만 핵심은 구원자 메시야 즉 그리스도가 오셨다는 것을 전하는 일이었습니다. 그 때는 아직 성령을 선물로 주시기 전이라 병 고치는 능력과 악한 영을 좇아내는 능력을 특별이 주실 수 밖에 없었습니다. 우리는 지금 성령님이 내주하시기 때문에 따로 그런 능력을 받지 않아도 언제든지 하나님의 원하심에 따라 그런 능력이 표현될 수도 있습니다.

복음서를 보면 그들이 나가서 전도해서 귀신을 쫓아내고 병을 고쳐 주었지만 예수님께 데리고 와서 거듭난 자를 만들었다는 내용은 없습니다. 아직 자신들도 거듭났다는 것을 모르고 있는데 어찌 거듭나게 하려고 사람을 데리고 오거나 거듭나게 만들 수 있었겠습니까? 사람은 사람을 낳고 개는 개를 낳고 영으로 난 자만이 영으로 난 자를 만들 수 있는 법입니다. 그렇지 않습니까?

그리고 그들이 변화산에서 주님이 모세와 엘리야와 함께 몸이 변형된 것을 통하여 영의 세계를 잠깐 보기는 했어도 '이거 꿈이야 환상이야' 할 정도였지 우리가 가야할 길이 바로 영적인 세계, 즉 '하나님 나라' 라는 것은 꿈에도 생각 못할 시기였습니다. 아직 예수님이 죽고 부활해서 성령을 보내 주시기 전이므로 그들도 그들의 영의 세계를 믿고 영이 구속을 받은 것을 알고 너무 좋아 이리 뛰고 저리 뛴 적은 없습니다. 그들이 예수님을 믿는 것은 그리스도로 믿었다기보다는 대단한 랍비나 유대를 구해 줄 능력 있는 분, 왕이 장차 될 분으로 알았습니다. 간혹 베드로가 고백한 것처럼 '주는 그리스도요 하나님의 아들'이라고 멋진 말을 했지만 그 말 속에 진의를 알고 한 것은 아닙니다. 곧 바로 "베드로가 예수를 붙들고 항변하여 이르되 주여 그리 마옵소서 이 일이 결코 주께 미치지 아니하리이다"(마16: 22) 한 것을 보면 확실히 알 수 있습니다.

그러나 그들이 사도행전을 보면 어떠한 사도의 모습을 보였습니까? 목숨을 걸고 복음전파자가 되었습니다. 왜 목숨을 걸고 복음을 전하는 전파자가 된 것일까요? 예수님의 부활을 알고 승천한 것을 직접 보고(직접 본 사람이 많습니다) 자신들에게 임한 성령님을 통해 그들은 영적 세계에 대한 확신을 가졌기 때문입니다. 죽으면 더 좋은 것으로 가는데 무엇이 두렵고 무섭겠습니까? 예수 믿고도 죽음이 무섭다면 제대로 믿은 것이 아닙니다. 빨리 그곳에 가고 싶지만 때가 되지 않아 부르지 않는데 어떻게 가겠습니까?

사도 바울은 우리를 전도자를 만들고 싶어 안달이 나서 이사야 말씀을 인용하면서 기록된 바 "아름답도다 좋은 소식을 전하는 자들의 발이여" 라고 인용한 것이 아닙니다. 정말로 "아름답도다 좋은 소식을 전하는 자들의 발이여"라고 하면서 감동하고 감탄하고 있는지 묻고 있는 것입니다. 이제는 당신의 '발의 방향이 어디냐?' 라고 묻고 있는 것입니다. 아름다운 갈 길, 즉 사명을 찾았고 정말 그 길을 찾았느냐고 확인하고 싶은 것입니다. 인생길에서 사명을 찾은 날보다 더 큰 날은 없습니다. 전도를 사명으로 깨달았다면 인생의 사명을 발견한 것입니다.

정말로 전도자의 생명의 수위에 올라설 만큼 복음에 매혹되어서 살고 있는지 묻고 있습니다. 그리고 이 영광스러운 복음에 매혹되었다면 전파하는 사람이 있어야 들을 수 있고 들으려면 보냄 받은 사람이 있어야 가능한데 그 길을 가야만 하지 않겠느냐고 권면하고 있는 것입니다.

제가 늘 중요하게 여기는 구절이 몇 구절 있습니다. 그 중에 하나가 로마서 8장 14절 "무릇 하나님의 영으로 인도함을 받는 사람은 곧 하나님의 아들이라" 말씀입니다. 하나님의 영으로 인도함을 받는 사람은 성령의 열매인 전도까지 맺으라고 인도하는 영이 아닙니까? 당신이 받은 영은 전도의 능력을 주시지 않는 영입니까? 하나님의 영은 전도할 때 가장 기쁘고 즐거워합니다. "아름답도다 좋은 소식을 전하는 자들의 발이여"라는 말씀에 감동받아야만 성령의 인도하심을 받는 자라고 할 수 있습니다. 전도에 미쳐야만 예수님의 진면목을 알았다고 할 수 있고 성령 충만한 사람이라고 할 수 있습니다. 때를 얻든지 못 얻든지 기회만 생기면 복음을 증거하려고 한다면 당신의 발은 정말로 아름다운 발이 된 것입니다.

그러므로 믿음은 들음에서 나며 들음은 그리스도의 말씀으로
말미암았느니라 그러나 내가 말하노니 그들이 듣지 아니하였느냐
그렇지 아니하니 그 소리가 온 땅에 퍼졌고 그 말씀이
땅 끝까지 이르렀도다 하였느니라(롬 10: 17-18)

성도들의 소원은 크게 두 종류가 있습니다. 첫번째 소원은 구원
의 확신입니다. 즉 구속 곧 죄사함(엡1: 7)의 확신입니다. 죄 문제의 해결
입니다. 영생의 확신입니다. 예수를 믿고 교회생활을 하지만 죄를 회개
해도 또 죄를 짓게 되고 거듭난 사람이라면 죄를 짓지 말아야 하는데 아
무리 결심하고 기도하고 금식해도 죄를 이길 수는 없습니다. 그래서 구
원의 확신이 흔들립니다. 어떤 때는 틀림없는 확신을 갖고 룰루 랄라하
다가 죄를 연속적으로 짓고 화를 내고 세상의 문화가 좋아 빠지다 보면
이것 내가 구원받은 사람이 아니지 않은가 하고 회의가 올 때 '구원의 확
신만이라고 분명하면 좋을텐데' 하고 소원합니다. 그렇지요?

그러다가 구약의 죄 용서받는 법과 신약에서 예수님이 우리를 위하여
영원한 속죄 제사를 드린 것을 깨닫고 '아하! 그래서 나의 죄가 용서되었
구나' 하고 감탄하고 구속 곧 죄사함(엡1:7, 골1:14) 확신을 갖게 됩니다.

엄청난 기쁨과 행복이 밀려옵니다.

두번째 소원은 변화(거룩)입니다. 성령님에 의한 의의 생활입니다. 구원은 분명히 말씀이 그렇다고 하고 예수님이 죽고 부활하고 승천한 것이 분명해서 구원은 받은 것이 확실한데 좀처럼 구원받은 하나님의 사람의 성품이 나타나지 않을 때 변화의 소원이 간절합니다. 또한 예수님을 믿고 교회생활을 한 기간도 상당히 되는데 좀처럼 변화되지 않는 모습을 보면 화가 납니다. 죄를 안 짓고 살 수만 있다면 참 좋을텐데 어떻게 하면 죄를 안 짓고 살 수 있게 됩니까? 탄식하게 됩니다. 그 때는 로마서 7장을 통과하지 못하고 있을 때였습니다. 죄를 이길 힘은 없고 죄의 종노릇을 자주하게 되고 죄는 안 짓고 싶은데 이래도 안 되고 저래도 안 되고 정말로 환장할 노릇입니다. 그러다가 나는 '성격으로 사는 것이 아니라 그리스도로 사는거야'라는 성령님의 음성을 듣고 그 때부터 변화의 영광을 누리면서 믿음 생활을 즐겁게 하게 되었습니다.

지방교회에서 신앙생활을 할 때인데 10살 더 많은 형제가 나를 여러모로 힘들게 했습니다. 지방교회에서는 지체들을 인도하는 자들을 인도자라고 하는데 나는 인도자가 된 것에 만족하지 못하고 인도자 중에서 최고 인도자가 되고 싶은 야망이 있었습니다. 정말로 멋진 교회 공동체를 만들고 싶은 것이 나의 건전한 꿈이었습니다. 나는 내가 하고자 하는 일에 늘 태클을 거는 그 형제로 인해 교회생활이 힘들고 고달팠습니다. 그런 중에 요한복음 2장에 예수님께서 성전을 깨끗하게 하는 내용을 읽는데 '노끈으로 채찍을 만드사 양이나 소를 다 성전에서 내좇으시고' 라는 말씀이 내 마음에 감화가 되면서 하나님께서 내 마음 속에 있는 양이나 소를 '노끈으로 채찍을 만드사 쫓아내는 것이다'라는 믿음이 확 왔습니다. '어어 이상하네, 맞네 맞어' 하면서 '말씀이 그렇게도 계시가 되네' 하면서 그 노끈 형제의 고난에서 해방될 수 있었습니다. 그 후 나는 내 속에 있는 야망이 조금씩 빠져나가는 것을 통해 좀 더 진보된 인격 변화를 맛볼 수 있었습니다. 교회 공동체 안에서도 나처럼 건전한 야망을 가질 수 있습니다. 모든 야망을 내려놓고 오직 주님 형상의 모양을 닮는 소망 뿐이어야 합니다.

그 후 나는 로마서 8장을 외우고 날마다 복습하면서 로마서 8장 전체 말씀이 다 아멘 아멘이 되지만 14절이 마음에 와서 마음판에 쓰여지면서 성령으로 인도함을 받는 생활이 좀 되면서 영광스런 변화의 소용돌이 속에 있음을 알게 되고 내가 나를 감상할 수 있었습니다.

신약에는 「로고스(logos)」와 「레마(rhema)」 말씀이란 단어가 있습니다. 레마는 레고에서 온 명사형입니다. 레고는 '내가 현재 말한다'에서 사용되는 의미로 현재적인 의미이며 살아있는 말씀이며 즉석에서 하나님이 말씀하신 말씀을 의미합니다.

로고스는 하나님의 말씀을 말하지만 객관적이며 영원토록 정해진 것이며 성경 안에 기록된 하나님의 말씀을 의미합니다. 신학자들에 따라 두 단어를 구별하지 않고 사용해도 된다는 학자와 두 단어를 분별해서 사용해야 한다는 학자들의 논쟁이 있습니다. 신학계는 끝없는 논쟁의 논제들이 많습니다. 논쟁에서 해방되어 그들을 긍휼히 보는 생명의 수준까지 올라와야 참 안식이 있습니다.

'들음은 그리스도의 말씀으로 말미암았느니라'에서 '말씀'은 '레마'입니다. 체험적으로 '레마'가 올 때 나의 인격의 변화는 한 단계씩 변화되는 것을 볼 수 있었습니다. 그러나 나는 20년 이상 로고스의 말씀을 오늘의 양식으로 취하여 묵상해 왔음을 중요하게 여기며 그 습관이 내 신앙 인격 변화에 중요한 원천이 되었음을 강조하지 않을 수 없습니다. 날마다 로고스 말씀을 양식으로 먹으면 영적인 성장의 단계인 카이로스의 때가 되면 먹었던 말씀이 레마가 되어 한 단계 변화 성숙 시킵니다.

성경을 읽는 것도 다른 표현으로 하면 듣는 것입니다. 하나님의 음성, 성령님의 감동하심을 맛보려면 성경을 열심히 읽기를 바랍니다. 기독교 서적도 열심히 읽기를 바랍니다. 기독교 용법으로 하면 읽는 것은 듣는 것입니다. 들음으로 믿음이 자라고 생명이 자랍니다.

086

그에게 하신 대답이 무엇이냐 내가 나를 위하여
바알에게 무릎을 꿇지 아니한 사람 칠천 명을
남겨 두었다 하셨으니 그런즉 이와 같이 지금도 은혜로
택하심을 따라 남은 자가 있느니라(롬11:4-5)

"네가 네 마음에 이르기를 내가 하늘에 올라 하나님의 뭇
별 위에 나의 보좌를 높이리라 내가 북극 집회의 산 위에
좌정하리라 가장 높은 구름에 올라 지극히 높은 자와 비기
리라 하도다 그러나 이제 네가 음부 곧 구덩이의 맨 밑에
빠치우리로다"(사 14:12-15)

누구에 관한 글인지 알 것입니다. 루시퍼에 관한 것입니다. 그 천사는
하나님 다음 가는 능력있는 천사장이었습니다. 얼마나 큰 은혜를 입은
존재입니까? 그러나 그는 만족하지 못하고 교만해졌습니다. 교만의 핵
심어인 「내가」, 「내가」, 「내가」를 찾다가 음부 큰 구덩이에 떨어졌습
니다.

사도 바울은 지금 11장에서 무엇을 설명하려고 하는지 아실 것입니다.

간절히 부탁하노니 교만하지 말라는 것입니다. 왜 이스라엘이 하나님의 택한 선민인데 진짜 입어야 할 은혜를 입지 못하고 실족한 이유를 알고 있느냐고 묻고 있습니다.

　엘리야를 예를 들어 설명하고 있습니다. 아합왕의 아내 이세벨에게 쫓기면서 한 말이 무엇입니까? "주여 그들이 주의 선지자들을 죽였으며 주의 제단들을 헐어 버렸고 나만 남았는데 내 목숨도 찾나이다"(롬11: 3) 라고 하면서 나만, 내 목숨, 왜 나 같은 위대한 선지자를 보호해 주지 않느냐고 원망을 하고 있습니다. 하나님이 무엇이라고 하십니까? '그래 내가 니 고생을 안다. 너 혼자 남아서 증언하느냐고 악당들과 싸우느냐고 힘든 것 다 안다. 좀 참아라, 내가 너를 기억해서 큰 상을 줄꺼야' 라고 했습니까? 아닙니다. '엘리야! 교만이 무엇인지 알지?' '선지자 노릇하기 힘든데 다른 사람으로 바꿀까' "내가 나를 위하여 바알에게 무릎을 꿇지 아니한 사람 칠천 명을 남겨 두었다" 네가 너 된 것은 내가 너를 지켜주었기에 가능한 것이야, 라고 했습니다. 엘리야가 어떻게 반응했겠습니까? 뭐요? 칠 천 명, 일곱 명도 아니고 칠십 명도 아니고 칠백 명도 아니고 칠 천이라구요. '그렇게 많은 사람들이 남아 있어요.'라고 혼자 중얼거렸습니다. 그 말씀을 듣고 눈물 콧물이 범벅이 되도록 회개를 했습니다. '아이구 하나님! 죽을 죄를 지었습니다. 참으로 잘못 생각했습니다. 내가! 내가! 내가를 찾는 이 교만한 자를 용서해 주십시오. 하나님 말씀이 100% 아멘입니다. 저를 용서해 주세요. 제가 잘못 생각했습니다. 저를 긍휼히 여겨주세요', '참으로 잘못 생각했습니다.' '반성하고 회개하고 이렇게 무릎 꿇고 비오니 용서해 주세요. 헤세드의 하나님! 이 어리석고 우매한 자 불쌍히 여겨주옵소서' 라고 했습니다. 왜냐하면 엘리야가 승천한 것을 보면 알 수 있습니다.

바울 사도는 지금 복음이 이방인에게 넘어 갔고 나도 이방인의 사도로 사역을 하지만 그래도 이스라엘 사람 중에 겸비하고 정직하고 온유한 사람은 구원을 받을 자가 있다는 것입니다. 하나님의 은혜는 언제든지 겸손한 자에게 임합니다. 그러면서 너희 이방인들도 「내가」, 「내가」, 「내가」를 찾으면서 죽음의 길로 가지 말라는 것입니다. 교만은 패망의 선봉입니다.

권력이 있어야 교만해 집니까? 재물이 많으면 교만해 집니까? 거의 교만해 집니다. 권력이 없고 재물이 없는 것을 감사하십시오. 우리는 자식만 잘 되도 교만해지고 지위만 조금 높아도 교만해 지고 어떤 완장이라도 차면 자연스럽게 교만해 집니다. 그것만 교만의 원인이 됩니까? 자기 존재 가치를 스스로 높이는 언어, 천연적으로 태고난 재능을 가지고도 '나는', '나는', '나는' 하면서 내 주장을 고집스럽게 주장하는 것들, 내 의견을 꼭 관철시키려는 아집들, '과거 나는', '과거 나는' 하면서 자랑하는 말들도 모두 교만의 표시라는 것을 알고 있습니까?

「내가」를 한번 말하면 교만의 시작이고 「내가」, 「내가」를 두 번 말하면 교만 병에 걸린 것이며 「내가」, 「내가」, 「내가」 세 번 이상 말하면 교만의 영에 사로잡혀 있는 것입니다.

「내가」, 「내가」, 「내가」 를 찾는 사람은 "혼미한 심령과 보지 못할 눈과 듣지 못할 귀를 주셨다"(사29: 10, 신29;4, 롬 11: 8) 라는 경계의 말씀을 등한시 여긴 사람인 것입니다.

우리는 복음을 알고 은혜를 입고 좀 알고 좀 자란 것 같으면 성령의 인
도하심을 받지 않는 단독자가 되어 교만의 영에 사로잡혀 「내가」, 「내
가」, 「내가」를 찾는 존재가 됩니다. 내가 이것도 깨닫고 내가 무엇 무엇
을 했고, 내가 무슨 박사이고, 내가 얼마나 큰 봉사를 했고, 나 아니면 이
것을 할 사람은 없어, 내가 감히 누구인지 알고 있어 등등 사탄의 영의
언어를 하게 됩니다.

「내가」라는 말을 쓰면 육신의 길 즉 죽음의 길로 들어서고 있음을 감
지해야 합니다. 몇 번 쓰면서도 내가 지금 어둠의 영의 종이 되고 있다는
것을 모른다면 큰 고생이 있을 뿐 입니다. 사도 바울의 고백을 기억 하십
니까? "내가 나 된 것은 하나님의 은혜라"(고전15: 10) 고 했습니다. 이 말
씀이 갈라디아서 2장 20절 보다 더 큰 생명의 증언인 것을 알고 있습니
까? 로마서 11장을 읽으면서 무릎을 꿇고 기도 해야 합니다. 주여! 은혜
를 계속 입혀 주세요. 그리고 내가 나 된 것은 하나님의 은혜입니다. 사
도 바울의 고백이 저의 고백도 됩니다. '저를 계속 긍휼히 여겨 주옵소
서!' 라고 해야 합니다. 잠시잠깐 교만한 세계에 들어갔다고 해서 구원을
못 받은 표시는 아닙니다.

087

그러므로 하나님의 인자하심과 준엄하심을 보라
넘어지는 자들에게는 준엄하심이 있으니 너희가 만일
하나님의 인자하심에 머물러 있으면 그 인자가 너희에게
있으리라 그렇지 않으면 너도 찍히는 바 되리라(롬11: 22)

　　　「내가」라는 말을 자주 사용하면 사용할수록 교만해진다고 했습니다. 더 나아가 사탄의 영의 지배를 받기 시작하는 표시라고 했습니다. 나의 평생에 육 안에 있는 「내가」라는 말을 사용하지 않도록 유의할 것이며 혹 불의불식간 사용하면 죄의 종 아래 사로잡힌 것을 알고 교만함으로 「내가」라는 말을 한 것을 영 안에 있는 「내가」감지했다면 즉시 회개해야 할 것입니다. 나는 이제 「내가」가 사는 자가 아니라 「그리스도가」가 사는 자입니다. 나는 이제 그리스도에게 주인의 위치를 내어드리고 종으로 삽니다. 성도들이 배워야 할 천국의 언어 중에는 '하나님의 은혜입니다', '성령님의 인도하심이지요', '성령님의 감동하심입니다', '저는 종일 뿐입니다.' 등이 있습니다.

　거룩은 거룩한 말 배우기부터 시작되는 것입니다. 거룩한 말을 배웠으면 혼자 거울을 보고 연습을 해야만 실전에서 연습된 말이 나옵니다. 연습하지 않으면 절대로 실전에서 나올 수 없습니다. 혼자 찬송 부르는 시간 만큼 거룩한 말 연습을 하기를 바랍니다. 혼자 있을 때 거룩한 말 연습이 없이는 거룩은 없습니다. 말은 존재의 집입니다. 거룩의 시작도 말이요 끝도 말입니다. 아무리 봉사를 많이 하고 선한 일을 많이 한다 하더라도 말투에서 거만하고 교만하고 상스러우면 거룩은 없는 것입니다. 정말로 말이 많으면 안 됩니다. 말이 많은 것도 교만입니다. 예를 들어 식당에서 다섯 분이 식사를 하는데 다섯 분의 반찬이 나왔는데 내가 다섯 분의 일만 먹어야 하듯이 말도 정해진 시간에 많은 부분을 독식해서 말을 하는 것도 과언이며 교만입니다.

나는 하루 첫 기도 제목 중에 하나가 '성령님! 성령님은 제 주인이십니다. 저는 종입니다. 제 주인의 위치를 드리오니 저를 주장하여 주옵소서, 입에 재갈을 넣어 생명의 말만 하게 하소서' 라는 기도입니다. 그런데 성령님께 주인의 위치를 드리고 종으로 살면 종노릇만 해서 자유가 없을 줄 알았는데 아니, 주인으로 살 때보다 더 자유가 많고 더 행복하고 더 말씨가 좋고 더 즐겁고 더 부유하게 살게 되니 참으로 신기한 신앙생활입니다.

사도 바울은 지금 하나님의 자녀가 되었다고 교만하지 말라고 하고 있습니다. 이스라엘 사람들이 하나님의 선민이었지만 우리가 누구인지 아냐!, 하나님이 선택한 민족이라고 하면서 「우리가」「우리가」, 또는 「우리 민족은」, 「우리 민족은」 찾다가 올무와 덫에 걸려서 넘어졌다고 하고 있습니다. 바울 사도는 엘리야를 예를 들어 설명했습니다. 엘리야처럼 즉시 회개한 사람은 은혜아래 있는 사람이고 계속해서 「내가」「내가」「우리가」「우리가」를 외친 사람은 혼미한 영에 사로잡혀 죽음으로 가는 행렬에 있는 사람들입니다.

공의의 하나님은 원가지인 이스라엘 백성들이 교만하니까 원가지를 잘라 버리고 이방인 우리를 가지에 접붙였는데 이제는 가지 잘라내는 것은 더 쉬우니 이방인 성도들은 "높은 마음을 품지 말고 도리어 두려워하라"(롬11: 20) 고 권고합니다. 교만은 패망으로 가는 길(잠16: 18)이기 때문입니다. 하나님의 인자하심으로 하나님의 자녀가 되었으면 더욱 더 인자하심 안으로 들어가서 성령님의 인도하심을 받고 살아야지 하나님의 자녀라고 하면서 교만하게 「내가」「내가」를 말하면서 육신의 말을 쏟아낸다면 준엄하신 하나님의 준엄함이 있으니 제발 높은 마음을 품지 말라고 하고 있습니다.

높은 마음에 대해 구체적으로 말해 주고 싶은 것이 있습니다. 높은 마음이 무엇입니까? 교만입니다. 교만은 무엇입니까? 하나님의 영의 인도하심을 받고 있지 않다는 표시입니다. 하나님의 영의 인도하심을 받지 않으면 당연히 어둠의 영을 인도받고 있는 것입니다. 그래서 교만이 죄고 높은 마음이 죄입니다.

여러분의 생활에서 높은 마음이 무엇입니까? 높은 곳에 올라가지 않아 높은 마음을 가진 적이 없다고 하십니까? 여러분의 말투 중에 높은 마음에서 나오는 말투가 무엇인지 아십니까? 반말과 자랑입니다. 자랑에 대해서는 말하지 않겠습니다. 앞에서 '내가'를 설명할 때 충분히 했다고 생각합니다. 말에 대해서만 교통하고 싶습니다. 반말은 교만의 표시이며 높은 마음을 품고 있다는 증표입니다. 별 논리를 다 본다고 하시겠습니까? 반말은 상대방을 존중하는 존중어가 아닙니다. 존중하지 않으면 동등을 취하거나 하대하는 것 중에 하나입니다. 하대는 교만에 포로의 되어 있는 실존의 표시입니다. 하대는 전적으로 나 중심 언어이고 상대방의 마음을 조금도 헤아리지 않는 교만의 실증입니다.

영어에는 존대말이 없다고 영미 사람들이 반말로 말을 막 합니까? 고등학교 영어 시간에 왜 수동태를 배우느냐고 선생님이 묻지 않았습니까? 수동태가 중요한 이유는 수동태 문장이 많아서이다. 그리고 많은 이유는 우리나라 말처럼 영어는 존중어가 없는데 수동태는 내 중심 문장이 아니고 상대방 중심문장이라 존중어 대신 쓰기 때문에 많다고 배우지 않았습니까? 말은 내 중심으로 하는 것이 아니라 상대방 중심으로 해야 합니다. 말을 내 중심으로 하는 것은 교만입니다. 내 중심으로 말을 하기 때문에 반말을 하는 것이며 조심없이 말을 막하는 것입니다. 반발은 하대이며 하대는 무시라는 것을 모르십니까? 무시는 교만 중에 교만 입니다.

하나님이 왜 자기 아들을 보냈습니까? 우리의 생명을 존중했기 때문입니다. 어떻게 존중했습니까? 죽기까지 우리를 대신해서 목숨을 버리셨습니다. 이것보다 더 큰 존중이 있습니까? 그리고 예수님은 육신의 몸을 입고 있을 때 항상 영이요 생명만 말씀하셨습니다. 예수님은 "내가 하는 말은 영이요 생명이라"(요한6:63)고 하셨습니다. 반말에 영과 생명이 실리어 나갑니까? 절대로 그럴 수는 없습니다. 예수님의 생명을 보여주고 싶으면 무엇보다 먼저 존대말을 사용하여 상대방의 인격을 최대로 존중하십시오. 인격의 존중의 출발은 존대말로 시작됩니다.

교만을 버리고 싶다면 먼저 반말을 버리고 존대말을 사용하십시오. 존대말은 겸손의 시작입니다. 반말을 해야 더 친근합니까? 친구끼리야 상관이 없지만 자기보다 나이 많은 사람에게 그리고 처음 보는 사람에게 반말하는 것은 교만입니다. 그리고 반말을 90% 하고 존대말을 10%해도 전부 존대말이 되는 것입니까? 조금만 섞으면 반말이 존대말로 환원되는 것입니까? 아니면 반말 49% 존대말 51% 하면 50%가 넘기 때문에 다 존대말이 되는 것입니까? 반말을 하면 동등해서 좋습니까? 하나님의 자녀라면 그렇게 하지 마십시오.

사회에서 혹은 권력자 집단에서 지탄을 받는 사람들은 존중이 무엇인지 몰라서 100% 반말과 명령어 상말 그리고 막말을 합니다. 내가 월급을 주므로 나의 종들로 생각하고 혹은 내가 어떤 자리에 있는 사람인데 하면서 반말 명령어 막말을 습관적으로 합니다. 교만자체입니다. 그리스도인 이라면 당장 회개하고 존대말로 고치시기를 바랍니다. 존경이 배로 늘 것입니다. 높은 자리에 있다고 조직의 밑에 사람들에게 막말을 하는 것을 졸업하기를 바랍니다.

또한 손위 사람이나 자기 보다 나이 많은 사람에게 반말을 하는 것은 교만이요 무식입니다. 목사나 사모는 반말 특허권을 가지고 있는 존재입니까? 반말을 해야 권위가 있습니까? 목사와 사모는 노인들에게 반말을 해야 권위가 섭니까? 아니면 존대말에서 반말로 바꾸어야 친해진 표시라 반말을 해야 정말로 친해진 것입니까? 반말은 어둠의 영의 인도함을 받는 것입니다. 그리고 복음의 생명의 전달선을 끊어버리는 죄악입니다. 교사나 교수 입장이 되면 공적인 자리에서도 반발을 하는 것을 볼 수 있습니다. 교만입니다. 특히 성경을 가르친다면 권위를 내세우려고 하는지 반말이 더 많아지는 것을 볼 수 있습니다. 교만입니다.

남편에게 반말로 그냥 습관대로 막말 비슷하게 하는 것이 성령의 인도의 표시입니까? 남편도 아내에게 반말로 심하게 하대하는 것도 교만입니다. 남편이면 성령님보다 더 권위가 높습니까? 아내에게 반말, 명령어, 상말을 막 해야 남편다움입니까? 성령님의 인도하심을 받는 사람은 그렇게 안 합니다. 존중은 아내 인격을 보호하고 마음에 상처가 없도록 존중해주는 말에서부터 시작됩니다.

자식들 중에는 부모님이 연세가 들면 부모에게 반말로 대응하고 묻는 것을 나는 주위에서 종종 봅니다. 이제는 자식이 커서 친근하기 때문에 그렇다고 생각하지 않습니다. 존경은 겸손한 말 존경어 즉 존대말을 계속 사용해야 합니다. 부모가 연세가 들면 친근의 표시로 반말로 해야 자식됨이 확정되는 것입니까? 반말은 자식이 컸다는 표시이니까 해야만 하는 것입니까? 아니면 자식이 커서 반말을 하니까 부모님들이 좋아해서 하는 것입니까? 성령님이 오시면 진리 가운데로 인도하신다고 했는데 반말이 진리 가운데로 인도하심을 받는 표시입니까? 더 쓰고 싶지만 이제는 멈추어야겠습니다. 성도라면 어른이 되어도 손주를 봤더라도 늙으신 부모님에게 더 공손하게 더 공경스러운 존대말을 해서 조금이라도 마음을 상하게 하지 맙시다. 부모님은 늙으셔도 하나님을 섬기듯 해야 합니다. 부모님은 보이는 하나님입니다. 부모를 최대로 존중하고 공경하십시오.

베드로 사도는 "만일 누가 말하려면 <하나님의 말씀>을 하는 것 같이 하라"(벧전4: 11)고 권면합니다. 참으로 높은 성화의 수준입니다. 우리의 소망 중에 하나는 베드로 전서 4장 11절입니다. 가정에서 부부관계에서 연습하고 훈련합시다. 실패했다고 절대로 낙심하지 맙시다. 성령님이 우리를 위하여 친히 간구하시며 도와주십니다.

형제들아 너희가 스스로 지혜 있다 하면서 이 신비를

너희가 모르기를 내가 원하지 아니하노니 이 신비는 이방인의

충만한 수가 들어오기까지 이스라엘의 더러는 우둔하게 된 것이라

그리하여 온 이스라엘이 구원을 받으리라 기록된 바 구원자가

시온에서 오사 야곱에게서 경건하지 않은 것을 돌이키시겠고

(롬11: 25-26)

사도 바울은 하나님의 신비 하나를 가르쳐 주고 있습니다. 하나님의 구원 섭리의 큰 그림입니다. "하나님의 은사와 부르심에는 후회하심이 없느니라"(롬11: 29)하시면서 지금은 이방인들이 구원의 날이지만 이방인의 충만한 수가 차면 온 이스라엘이 구원을 받는 날이 다시 온다는 것입니다. 구원이 이방인에게로 넘어간 것은 이스라엘로 시기나게(롬11: 11) 하는 것이랍니다. 이방인인 우리는 조금이라도 교만해서는 안 됩니다. 이 큰 은혜를 받고 이스라엘이 하나님의 뜻을 거역해서 복음이 이방인인 우리에게 왔으니 하나님을 거역한 이스라엘을 이웃처럼 생각하지 않고 무시한다면 정말로 은혜를 안 사람인지 자문해 보아야 할 것입니다. 상대방을 무시하는 것도 교만입니다. 하나님이 이스라엘을 버렸다고 하지 맙시다. 하나님은 그렇게 약속을 어기고 버리는 분이 아닙니다.

이스라엘이 교만해져서 그들의 교만을 깨우치기 위해 잠깐 복음이 이방인에게로 넘어온 것입니다.

"복음으로 하면 그들이 너희로 말미암아 원수 된 자요 택하심으로 하면 조상들로 말미암아 사랑을 입은 자라"(롬11: 28)고 하시면서 이방인들이 하나님의 긍휼을 입는 것을 보고 하나님께는 무엇을 잘 하는 것 보다는 겸손하게 은혜를 입혀 달라고 하면서 자기들의 잘못된 역사적 행위를 회개하고 긍휼을 구할 때 하나님의 사랑을 입게 된다는 것입니다. 그것을 깨달을 때 선민 이스라엘인들이 국가적으로 하나님께 돌아오게 되고 하나님은 그 때 이스라엘의 원수들에게 모두 갚아주신다는 것입니다.

그래서 주 예수님의 재림은 이스라엘의 회복과 관련이 있으며 온 국가적으로 회개할 때 주님은 다시 오십니다. 지금은 이스라엘 국가에서 개인적으로 나사렛 예수를 메시야로 믿는 사람들이 점차적으로 많이 늘고 있습니다. 나사렛 예수님이 예루살렘을 향해 무엇이라고 말씀하셨습니까? "주의 이름으로 오시는 이여 할 때까지 나를 보지 못하리라"(마23: 39)하셨습니다. 온 이스라엘이 초림으로 오신 예수님을 자기의 의를 내세우다가 몰랐던 것을 '국가적으로 우리가 잘못했습니다.' 라고 회개하고 나사렛 예수님을 주님으로 고백할 때 오신다는 것입니다. 그러므로 주님의 재림은 이스라엘 회복과 관련이 있으며 국가적으로 회개를 해야 함으로 아직 이스라엘이 국가적으로 회개를 하지 않았으므로 재림의 시기는 가까이 있는 것은 아닙니다. 그리고 재림하실 곳은 바로 이스라엘 땅입니다. 성경에 나오는 재림 사건과 말씀은 거의 이스라엘 백성과 상관이 있습니다. 우리나라 하고는 전혀 상관이 없습니다. 우리나라에서 7

년 대환난이 시작된다고 가르치는 목사가 있다면 즉시 그 공동체에서 빠져 나오십시오. 가짜입니다. 기적을 일으키고 병자를 낫게 하고 비유 풀이를 아무리 잘한다 하더라도 가짜입니다. 직통계시를 받았다고 하면 더욱 더 가짜입니다. 북한이 쳐 들어와서 곧 남한이 망하고 세계 종말이 온다고 가르친다면 악령이 씌인 사람이라도 보면 확실합니다. 성경을 잘 가르치고 죽은 자를 살렸다고 해도 믿지 마십시오.

144000명도 우리 이방인과는 상관이 없고 오직 이스라엘 백성과만 상관이 있습니다. 우리가 열심히 해서 행위로 144000명 안에 들어야 한다고 가르치는 공동체라면 그 공동체 어떤 놀라운 기적과 이적을 일으키고 심지어 죽은 자를 다시 살린다 해도 또한 성경을 비유적으로 잘 풀어 가르친다고 해도 악한 영 아래 사로잡힌 것임을 알아야 합니다. 아무리 그들이 친절하고 한 마음과 한 뜻으로 잘 뭉쳐 있어 좋다고 항변해도 하나님의 비밀을 모르는 단체입니다. 속으면 안 됩니다. 이단입니다. 거짓 가르침입니다.

지금은 이스라엘 국가가 회복되었고 예루살렘은 아직 온전히 회복되지 못했습니다. 아직도 전통 유대인이 많습니다. 그러나 미국 대사관을 예루살렘으로 옮긴 것은 많은 것을 시사해 줍니다. 그렇다고 해서 재림이 임박했다고 지나치게 강조하는 것은 올바른 가르침이 아닙니다. 재림이 없다거나 재림이 아주 멀리 있다고 가르치는 것도 성경적이지 않습니다. 성도는 항상 재림신앙으로 사는 존재입니다. 환난을 피하기 위해 피지로 가야한다든지 브라질로 가야한다든지 가르치는 공동체는 다 잘못된 가르침입니다. 산으로 도망하라고 했으니 어느 산으로 가야한다고 하면 아주 많이 미친 사람으로 알면 됩니다.

　미가엘 교회 직선거리로 300미터도 안 되는 곳에 자신들이 믿는 교주가 보혜사 성령이고 육체가 죽지 않고 영생한다고 가르치고 자기들 공동체에 들어와야만 144000명 안에 든다고 하고 또한 거짓말하는 것을 모략이라 하며 거짓말을 통해 입문하고 거짓말을 양심에 꺼림없이 잘하는 그들을 보면 안타깝기가 그지 없습니다. 그 모임 장소 100미터 안 되는 곳에 청년 숙소가 있는데 일요일 수요일 집회에 그렇게 많이 오는 청년들을 보면 종교적 세뇌가 얼마나 무서운 가를 압니다.

　"보라 지금은 은혜 받을 만한 때요 보라 지금은 구원의 날이로다"(고후 6:2)라고 선포한 바울 사도의 말씀을 귀담아 듣고 예수님을 믿고 구원을 받고 성령님의 인도하심을 받고 삽시다. 경제를 잘 알려면 거시경제와 미시경제를 알아야 하듯이 신앙생활을 잘 하려면 하나님의 큰 구원 섭리 계획과 내 마음 안에서 이루어지는 생명의 자람에 대한 인식이 있어야 합니다. "우리의 겉사람은 낡아지나 우리의 속사람은 날로 새로워지도다"(고후4: 16)라는 말씀을 믿고 어떠한 일이 있더라도 낙심하지 말고 담대하게 전진합시다.

> 그러므로 형제들아 내가 하나님의 모든 자비하심으로
> 너희를 권하노니 너희 몸을 하나님이 기뻐하시는 거룩한
> 산 제물로 드리라 이는 너희가 드릴 영적 예배니라(롬12:1)

12장부터는 단락이 전환됩니다. 교리적인 내용은 다 끝났습니다. 이제는 하나님의 선물인 의가 우리 안에 성령님으로 오신 분에 의해 어떻게 적용되고 생활로 표현되는지 문제입니다. 생활에 있어서 가장 중요한 것의 첫번째는 예배에 대한 정리입니다.

그동안 우리 몸은 하나님이 기뻐하시는 거룩한 산 제물이 아니라 죄의 종으로 법과 사망을 표현하는 존재였습니다. 정욕의 도구였고 권력과 명예와 쾌락을 쫓는 도구였습니다. 종이라 어쩔 수 없이 순종했던 것입니다. 사실은 종인지도 깨닫지 못하고 종으로 살고 있었던 것입니다. 그러나 이제는 하나님의 영이 들어와 나의 죽었던 영을 살리셨습니다. 그래서 이제는 몸이 무척 기뻐하면서 내 안에 새 주인인 영이 하나님의 말씀을 먹고 자라서 영의 생명인 사랑과 평화를 표현하는 존재가 되었으니 무척 즐거워합니다.

우리 몸은 어떤 몸이었습니까? 6장에서는 죄의 몸(롬6: 6)이요 죽을 몸(롬6: 12) 이었습니다. 그러나 8장에서는 살아야 할 몸(롬8: 12)이요 속량을 바라보는 몸(롬8: 23)이 된 것입니다. 몸이 그동안 율법에 얽매어 사망의 열매를 맺히느냐고(롬7: 5-6) 고생이 많았습니다. 먹고 싶지 않은 술, 마시고 싶지 않은 담배 연기, 가고 싶은 않은 술집, 노래방 등 등 거역하지는 못하고 속으로 탄식하며 죽은 주인인 영이 다시 살아나기만을 학수고대했다는 것을 아십니까? 그동안 몸이 얼마나 속량을 바라보며 탄식하며 참아왔는지 아십니까?

나는 '죽은 것이 아니라 자고 있는 것이다' 라고 말해도 몸은 그런 것 같은데 죄의 종노릇 하느냐고 잠자는 영을 깨우고 싶었지만 깨울 능력이 없었습니다. 누군가가 복음을 전했을 때 무슨 힘이 어디서 왔는지 모르지만 (아마도 밖에서 들리는 복음의 교통의 소리에 의해 의식이 조금 돌아왔는지도 모릅니다) 하나님의 영이 와서 '달리다굼'(마5: 41) 했을 때 영은 즉시 일어나 거듭나게 된 것입니다. 누가 제일 기뻐했을까요? 몸입니다. 몸이 제일 기뻐했습니다. 야! 나 이제 산 존재가 되었다. 아담이 죄 때문에 흙으로 다시 돌아갈 존재로 알았는데 가죽 옷을 입고 산 존재라고 불렀던 '하와'의 의미를 몸이 깨닫고 기뻐했을 것입니다.

그동안 전에는 몸이 하나님의 영에 의해 참 주인이신 영이 거듭나지 않았을 때는 죄의 종으로 사망을 내는 도구였지만 이제는 순종의 종으로(롬6: 16) 의에 이르게 되고 생명의 왕노릇하는 존재가 되었습니다. 아멘

영이 죽은 상태에서 혼이 주관이 되어 아무리 정성과 의식을 갖추고

몸으로 좋은 예물을 드린다 하더라도 하나님이 기뻐하시는 예배가 될 수 없습니다. 그래서 예수님께서는 "너희는 알지 못하는 것을 예배한다."(요4: 22)고 하셨습니다. 그런 예배는 하나님이 원하시는 예배가 아니다 선언을 하시면서 "아버지께 예배할 때가 오는데 하나님은 영 안에서 진리 안에서 예배하는 자들을 찾으신다."고 하십니다.

'영과 진리 안에서 예배하는 자'란 무슨 의미인가요? 먼저 '영'에 대해 살펴봅시다. 하나님은 영이십니다. 그 아들 예수는 십자가의 고난을 거쳐 죽고 부활하여 살려주는 영이셨습니다. 그는 믿는 이 안에 들어오셔서 죽어 있던 영을 살리시고 그 영과 연합되셔서 속 사람이 되셨습니다. 이 속 사람의 존재의 생명이 하나님을 감사하며 영광을 돌리는 삶이 바로 참 예배라는 것입니다. 기존에 알고 있던 예배의 개념과는 너무나 차이가 나서 당시 유대인들은 예수님께서 영과 진리로 예배할 때가 온다고 했을 때 '아 그렇습니까? 좀 더 구체적으로 가르쳐 주셔서 우리가 그런 예배를 드리게 해 주세요?'라고 묻는 자가 없었습니다. 너무나 예배의 개념이 커서 감히 질문할 수가 없었습니다.

예수님은 "내가 너희에게 이른 말이 영이요 생명이라" 하였습니다. 속 사람인 영을 통해 나오는 말이 곧 영이요, 생명이요, 예배입니다. 내 존재 속에는 첫 사람의 생존의 본능과 둘째 사람의 영의 생명이 함께 있습니다. 둘째 사람의 영의 생명의 표현이 바로 하나님이 원하시는 예배라는 것입니다. 예배하기 위해 어디를 가는 것이 아니라 시간이나 장소와 관계없는 영의 표현이 하나님이 기뻐하시는 예배라는 것입니다.

그러나 날짜를 정해 순서에 따라 예배를 드리는 것도 등한시 해서는 안 됩니다. 겉 사람과 속 사람은 비록 두 존재이기는 하지만 몸은 하나입니다. 그러므로 균형잡힌 예배태도를 유지해야 합니다. 성도는 한 면에서 율법에서 해방 받고 벗어났지만 또 다른 면에서 율법으로 우리의 생명을 보호하는 것처럼 한 면에서 날짜에서 벗어났지만 다른 면에서는 주일 예배를 소중히 여기고 꼭 참석하기를 바랍니다. 타락, 생명 노선의 이탈의 시작은 주일 예배의 소홀에서 시작됩니다. 율법은 우리의 몸을 보호해 줍니다, 몸을 지켜줍니다. 몸이 보호되어야 혼이 보호되고 영이 온전하게 보전되는 것입니다. 주일 예배는 몸을 보호하고 지키는 중요한 법입니다. 그러나 구원을 시키고 구원을 더 강화하는 것은 아닙니다. 변화가 더 되는 것도 아닙니다. 다만 보호해 주고 지켜줄 뿐입니다. 보호하고 지키다 보면 카이로스의 때가 되면 더 많은 진리들을 알아 거룩한 길로 나아가게 됩니다.

이제 '예배'의 개념에 대해 생각 해 봅시다. 예배의 헬라어는 '프로스퀴네오' 이다. '프로스'는 '향하여'란 의미이고, '퀴네오'는 '입맞추다'의 의미의 합성어입니다. '입맞춤은 존경이나 경의를 표하다' 의미입니다.

신약에 총 54번 사용하였는데 우리나라 말로는 '경배하다', '절하다', '예배하다' 세 단어로 번역되어 있습니다. 왜 경배를 하며 절을 할까요? 존중하고 경의를 표시하기 위해서입니다. 예배는 하나님 앞에 엎드려 그를 높이고 나를 낮추면서 아버지의 기쁘신 뜻을 나의 뜻으로 삼는 일입니다. 예배 의식을 말하는 것이 아닙니다. 그러므로 예수께서는 유대인들은 알지 못하는 것을 말하고 예수는 아는 것을 말한다고 하셨습니다.

예배(禮拜)라고 하면 첫 사람의 관념에 따라 '예식을 갖추어 절을 함'이라고 쉽게 풀이 됩니다. 네이버 국어사전에도 "신이나 부처와 같은 초월적 존재 앞에 경배하는 의식. 또는 그런 의식을 행함"이라고 설명하고 있습니다. 세상적인 개념 사전에는 예배에 '의식(儀式)'이 중심잡고 있습니다. 그래서 순서가 있고 절차가 있는 것입니다. 순서와 절차가 필요하기는 하지만 그것이 너무 중요시되면 의식(儀式)이 되고 의식은 다시 율법이 되어 율법은 형식으로 고정되어 옳고 그름의 잣대가 되고 정말 중요한 영과 진리가 사라질 수도 있음을 경계해야 합니다.

어떤 성도들은 일요일 예배를 지키다가 토요일 예배(안식일 예배)로 이동하는 것을 종종 볼 수 있습니다. 심지어 2012년 6월 5일자 중앙일보 23면에 교회를 바로 세우는 길이라는 전면광고에 불법 일요일 예배, 그 뿌리는? 광고를 통해 주일 예배는 잘못 되었고 토요일 안식일 예배만 성경적이라고 광고하고 있는 것을 읽었습니다.

이것은 너무나 하나님을 모르는 이야기입니다. 하나님이 일요일에는 소통이 안 되고 토요일에만 소통이 된다는 말입니까? 이것은 영이신 하나님에 대한 오해요 무지입니다. 요일간의 옳고 그름은 곧 문자간의 싸움입니다. 영을 전혀 영접하지 못한 인간들간의 교리 싸움일 뿐입니다. 교리는 문자이므로 사람을 죽일 뿐입니다.

예수 그리스도를 믿는 이들간에 서로 영과 진리가 전달되고 소통되는 것이 하나님이 원하시는 진정한 예배의 개념입니다. 영과 진리가 전달되고 소통되려면 생명이 공급되어야 합니다. 생명이 공급되지 않고 지식이

나 깨달음을 전달하면 죽은 예배요, 종교입니다. 영은 영을 낳고 진리는 진리를 낳고 존재는 존재를 낳습니다. 존재(생명)가 전달되면 산 예배요 생존(세상 가치)이 전달되면 죽은 예배입니다.

하나님은 언제나 영과 진리 안에서 소통(예배)하는 자를 찾으십니다. 영과 진리 안에서 소통하는 자만이 하나님을 표현하고 영과 진리를 표현하고 하나님을 기쁘게 합니다. 이것이 곧 영적 예배입니다.

너희는 이 세대를 본받지 말고 오직 마음을 새롭게 함으로
변화를 받아 하나님의 선하시고 기뻐하시고 온전하신 뜻이
무엇인지 분별하도록 하라(롬12: 2)

성도라면 누구든지 이 세대(세상)를 본 받지 않고 존재의 변화를 받아 하나님의 선하시고 온전하신 뜻을 따라 살고 싶은 마음은 누구나 다 있습니다. 그 길은 요원한 것일까요? 사도 바울의 권면을 보면 아주 안 될 것 같지는 않은데 멀고 힘들고 길이 보이지 않고 답답한 마음을 누가 시원하게 해 줄 수 있을까요? 제 글을 읽어 오면서 방법을 찾았다면 무척 고맙고 그것은 전적으로 하나님의 은혜라고 밖에 할 수 없습니다.

누가 '이념은 2개월 만에, 신천지는 9개월 만에 사람을 완전히 변화시키는데, 기독교 목회자는 무엇을 하고 있는가?' 라고 한탄한 적도 있다고 합니다. 그렇습니다. 악한 영에게 속한 것은 그렇게 빨리 확 동화됩니다. 나는 과거에 욕은 배운 적도 없는데 아주 잘했고 화를 내거나 불평하는 것은 단 한 시간도 누구에게 배운 적도 가르침을 받은 적도 없는데 언제든지 그리고 자주 낼 수 있는 능력의 소유자였습니다. 천재라고 들어도 부족함이 없을 만큼 자유자재로웠습니다. 최근 들어 욕을 하거나 화

를 낸 적이 거의 없지만 누가 나에게 지금 당장 욕과 화를 보여달라고 하면 즉시 보여 줄 자신이 있습니다.

하나님은 우리가 구원을 받는 것도 어렵다는 것을 알았고 변화도 무척 어렵다는 것도 알았습니다. 그래서 구원의 길을 열어놓으시려고 성자 하나님이신 예수님이 오셨고 그분의 가르침이 아무리 탁월해도 그 가르침에 순종할 능력이 없는 것을 아시고 하나님의 영이신 성령님을 선물로 주셨습니다. 그래서 구원의 길을 가려면 예수님에 대해 잘 알아야 하고 변화의 길을 잘 알고 기쁨으로 가려면 성령님에 대해 잘 알아야 합니다. 다시 한 번 총정리해 드립니다.

첫째 예수님을 통해 구원의 확신이 있지요? 제 책 내용을 읽어 오셨으면 충분히 알 것이라 확신합니다. 세상 만사 성급하면 욕심을 부리면 안 됩니다. 타인에게 구원의 확신 즉 구속 곧 죄사함(엡1: 7)에 대해 설명 설득 이해시킬 수 있을 정도로 거울을 보고 연습 하세요. 반드시 핵심을 암기해서 성경 구절을 근거로 해서 설명하고 이해시킬 수 있어야 합니다. 물론 연습하기 전에 하나님께 기도를 해야 합니다. 기도하고 안하고 차이는 엄청나게 큽니다. 또한 성령님께 내 주인의 위치를 드리오니 주인이 되셔서 인도해 달라고 기도해야 합니다. 로마서 5장을 읽고 이해하고 내 마음에 이루어 달라고 간절히 기도하면 구원의 확신은 오게 되어 있습니다.

둘째는 날마다 하나님의 말씀을 묵상해야 합니다. 성경을 읽거나 배우거나 예배에 참석해서 설교를 들을 때 감동 감격이 되는 말씀 구절을 적어서 시시때때로 그리고 육신의 생각이 나래를 펼치려 할 때 즉시 말씀을 읊조리어 그 육신의 생각을 떨쳐 버리고 다시 평강의 마음을 갖도록 해야 합니다. 생각관리를 성공해야 성화의 길을 갈 수 있습니다. 실존 생명 변화는 생각관리에서 시작되고 완성되는 것입니다. 생각관리는 말로 하는 것입니다. 말 중에서 가장 권위가 있고 권세가 있는 말은 하나님 말씀 성경입니다. 성경을 읽으면서 감동되는 말씀이나 로마서 5장을 외우고 묵상하고 감사하고 기도하면서 말씀을 가지고 생각관리 훈련을 하기를 바랍니다.

  셋째 로마서 5장 6장 7장 8장을 외우기를 권면합니다. 구원과 믿음과 성화와 영의 인도하심을 알 수 있는 로마서의 중심장입니다. 누구든지 5장 1절부터 11절까지 외우고 묵상하면 의롭다 하심에 감격할 것입니다. 절대 서둘러 네 장을 다 외우려고 하지 마십시오. 외우기도 힘들지만 외우는 것이 율법이 되거나 노동이 되면 안 됩니다. 2절, 3절, 11절에 나오는 말씀처럼 '즐거움'이 되어야 합니다. 하루에 한 절 혹은 이틀에 한 절을 외우고 선포하고 누리기를 바랍니다. 다시 한번 강조합니다. 외우는 것이 율법이 되면 안 됩니다. 서두르면 죽습니다. 나는 계란을 일찍 부화시키는 연습을 하다가 다 죽인 적이 있습니다. 자연에는 자연의 법칙이 있고 영적인 세계도 영적인 법칙이 있습니다. 진도를 너무 나가려고 하지 마십시오. 욕심입니다. 충분히 누리고 복습하고 감사하고 감격한 후에 다음 절로 진도를 나가기를 바랍니다. 5장 6장 7장 8장을 다 외운다고 존재적 변화가 있는 것이 아니라 5장 6장 7장 8장을 통해 즐기고 감사하고 하나님께 찬양을 돌리다 보면 자연스럽게 존재적 변화를 체험할 것입니다.

나는 큰 딸, 아들 그리고 막내딸에게는 일주일 두 절, 작은 딸에게는 한 절을 외우라고 합니다. 성급하면 안 됩니다. 달걀은 성급하게 부화시키려고 하면 곤 달걀이 됩니다. 하루 종일 말씀을 가지고 즐기는 것이 중요합니다. 나는 암기를 못한다. 나이가 많아 못한다 하지 마십시오. 일주일에 한 절도 못 외운다면 도대체 어떤 신앙생활을 하시는 것입니까? 신앙은 말씀 사랑입니다. 말씀 사랑은 말씀 암기입니다. 암기하려고 암기하지 말고 누리고 기도하려고 하십시오. 외우는 능력이 전혀 없다면(그런 성도는 한 사람도 없지만) 하루에 한 구(句)라도 붙잡고 묵상을 하기를 바랍니다. 한 절을 가지고 일주일을 누려도 좋은 것입니다.

8장부터 외워도 상관이 없습니다. 눈 떠서 외우고 잠자기 전에 또 외우고 중간에 육신의 생각이 밀려 올 때 또 읊조립시오. 그리고 심심할 때 혹은 쉴 때 1절 2절 3절을 연결해서 혼자 짧은 설교문도 만들어 즐기십시오. 그 설교문을 자기가 자신에게 해 보십시오. 그것이 성도의 오락이고 놀이이고 취미가 되어야 합니다. 또한 성도들의 취미와 특기는 성경 암송, 찬송가사 암송, 예배 참석 등이어야 합니다. 반드시 외운 말씀을 가지고 해야 합니다. 재미있고 즐겁습니다. 5장에 '즐거워한다' 가 세 번 나온다고 했습니다. 즐거워하는 것이 무엇입니까? 첫째는 말씀의 감동입니다. 즉 말씀이 내 존재에 이루어진 것에 대한 감사요 그리고 이루어질 것에 대한 소망의 감사입니다. 둘째는 스스로 말씀을 가지고 감동의 문장(즉 설교문)을 만들면서 즐기는 것입니다. 누군가에게 진리를 교통할 때 이렇게 하면 좋겠다고 해서 만들어 보는 것입니다. 연습하고 훈련하다 보면 전도인이 되고 성경 교사가 되는 것입니다. 8장 한 장만 외워 그렇게 하면 자신의 존재가 변화되는 것을 바라볼 수 있을 것입니다.

하루에 한 절씩만 묵상하십시오. 내일은 어제 묵상한 말씀과 연결해서 두 절을 외우고 묵상하면 됩니다. 3절처럼 길고 이해가 잘 안 되는 절은 쉬운 성경, 현대인의 성경, 공동 번역 성경 등 여러 성경을 펼쳐 놓고 비교해서 읽으면 다 이해될 수 있다고 했습니다. 이해 안 된 절을 외우면 안 됩니다. 3절 처럼 긴 절은 이삼일 걸려도 됩니다. 꾸준히 하는 것이 제일 중요합니다. 사람은 열 달, 닭은 28일 꾸준히 품어야 부화되고 탄생이 있습니다. 3절을 가지고 일주일 걸려도 상관이 없습니다. 반복하고 연습하면 됩니다. 신앙생활은 말씀의 감동 감격의 생활입니다. 감동 감격은 성경을 읽을 때 설교를 들을 때 그리고 성경 말씀을 이해하고 누리고 묵상할 때 옵니다. 성경 말씀에 감동 감격하고 싶으면 암송하고 묵상하기를 바랍니다.

오직 말씀입니다. 말씀만이 혼을 변화시킬 수 있습니다. 몸을 생명에 복종시킬 수 있습니다. 디모데전서 4장 5절 "하나님의 말씀과 기도로 거룩하여짐이라"고 한 말씀 기억하지요. 하나님의 말씀을 가지고 기도할 때 거룩해 지는 것입니다. 또한 로마서 8장 13절 "영으로써 몸의 행실을 죽이면 살리니" 말씀에서 몸의 행실을 죽이는 것은 영입니다. 영은 요한일서 5장 7절에 근거하여 '아버지와 말씀과 성령님은 하나'입니다 그러므로 말씀을 묵상하는 것은 몸의 행실을 죽이는 방법 중에 하나입니다. 이제는 어떻게 거룩해지고 몸의 행실을 죽이는지 방법을 알 것입니다. 오직 말씀 묵상뿐입니다. 말씀을 작은 소리로 읊조릴 때 속 생명은 자라고 겉 사람은 후패합니다.

예레미야 23장 29절 말씀을 알 것입니다. "여호와의 말씀이니라 내 말이 불 같지 아니하냐 바위를 쳐서 부스러뜨리는 방망이 같지 아니하냐" 아무리 성격이 변덕스럽고 고집불통이라도 말씀은 불이기 때문에 다 태울 수 있고 아무리 성격이 불같고 고집스러워도 말씀은 방망이 같아서 깨 부숴버리기 때문에 말씀 안에 생명력이 있음을 믿고 내 안에 역사하도록 내가 말로 읊조리면서 마음판에 새기기를 바랍니다. 마음판에 말씀이 새겨지면 마음이 바뀌고 마음이 바뀌면 생각이 바뀌고 생각이 바뀌면 행동이 바뀌고 행동이 바뀌면 인격이 바뀌고 인격이 바뀌면 존재가 바뀌는 법입니다.

바울 사도는 골로새서 3장 16절에서 "그리스도의 말씀이 너희 속에 풍성히 거하여" 라고 권면하고 있습니다. 말씀이 풍성히 거하면 변화됩니다. 말씀이 풍성히 거하려면 때에 맞는 양식을 먹어야 합니다. 즉 생명 성장 발전 단계에 맞는 말씀을 먹어야 합니다. 그래서 로마서 5장을 하고 난 다음 6장 7장 8장을 하면 좋습니다.

내게 주신 은혜로 말미암아 너희 각 사람에게 말하노니 마땅히
생각할 그 이상의 생각을 품지 말고 오직 하나님께서 각 사람에게
나누어 주신 믿음의 분량대로 지혜롭게 생각하라(롬12: 3)

성경은 원래 장 절이 없었다는 것을 알고 있을 것입니다. 2절과 3절은 사이에는 '왜냐하면'이란 접속사가 있습니다. "마음을 새롭게 하고 변화를 받아 하나님의 선하시고 기뻐하시고 온전하신 뜻이 무엇인지 분별해서"(롬12: 3) 살기 위해서는 무엇보다도 먼저 '마땅히 생각할 그 이상의 생각을 품지 말라'라는 것입니다. 즉 자기 존재 위치에 맞게 생각 관리를 잘 훈련해야만 마음도 새롭게 되고 변화를 받게 되고 하나님의 선하시고 기뻐하시고 온전하신 뜻 안에 있게 됩니다. 즉 변화가 안 되는 이유는 생각관리 방법을 모르고 알아도 꾸준히 하지 않기 때문입니다. 생각관리하는 방법을 이제는 알고 있을 것입니다. 다시 한 번 설명하면 감동된 말씀을 기억해 두었다가 혹은 한 절 한 절 외워가다가 육신적인 생각이 떠오르거나 나를 지배하고자 할 때 그 하나님의 말씀을 선포해서 육신의 생각을 쫓아내는 것입니다. 물론 아침에 일어나자 마자 먼저 말씀을 한 두 장 암송하고 선포하면 영과 생각에 많은 유익이 있습니다.

'그 이상의 생각을 품지 말고'는 '그 이상의 분수에 넘치는 생각을 품지 말고 생각의 한계를 가지라'는 것입니다. 분에 넘치는 생각이란 다음에 나오는 구절이 설명하고 있습니다. '하나님께서 각 사람에게 나눠 주신 믿음의 분량'을 뛰어넘는 생각입니다. 사람은 자신이 감당할 수 있는 능력의 범위와 하나님께 받은 소명의 은사의 한계가 있습니다. 그 선에서 만족하고 한계를 가져야지 그 이상의 것을 생각하고 말하고 행동하는 것을 금해야 한다는 것입니다. 영적인 카이로스를 살아가는 성도는 크로노스의 때의 일에 너무 관심을 갖거나 집착하거나 몰입하거나 투쟁하는 것은 '그 이상의 생각을 품지 말고'를 권면하는 사도 바울의 교훈을 순종하지 않는 것입니다.

앞에서 한 번 말 한 적이 있습니다. 죄 짓는 3단계 말입니다. 첫째는 생각으로 짓고 그 다음은 말로 죄를 짓고 마지막은 행위로 죄를 짓는다고 했습니다. 이 코스모스 세계는 행위로만 죄를 짓지 않으면 죄인으로 정죄하지 않지만 하나님의 왕국에서는 말로 짓는 것은 당연히 죄이고 생각으로도 죄를 지으면 죄가 되기 때문에 생각관리를 잘해서 죄를 지으면 안 된다고 했습니다.

생각 관리하는 법을 아십니까? 안다면 실천해서 습관이 되었습니까? 진정으로 변화된 그리스도인이 되고 싶습니까? 정말로 영 안에서 의와 평강과 희락이 충만한 자가 되고 싶습니까? 술집이나 노래방 가서 노는 즐거움 보다 또는 여행가서 신비스러운 경치를 보고 감탄하는 기쁨보다 또는 맛있는 맛 집을 찾아 다니며 맛 있는 음식을 먹는 기쁨보다(절대로 그런 것 하지 말라는 의미가 아닙니다. 그런 재미도 엄청납니다) 한 영혼을 전도하기 위해 시장을 누비며 '하나님의 선물 나사렛 예수님을 믿으세요'를 하거나 십자가를 들고 '복음에는 하나님의 의가 나타났어요' 하거나 전도지를 나눠주는 기쁨이 더 커서 전자의 재미보다 후자의 재미에 매혹되고 싶다면 생각관리 방법을 훈련해서 실천하십시오. 속 생명이 자라면 자연스럽게 전도인과 성경 교사가 됩니다.

악한 자는 먼저 생각을 통해서 우리를 죄악으로 이끌어 갑니다. 이것 엄청나게 중요한 교리입니다. 정말로 꼭 알고 있어야 합니다. 이 교리 쉽게 생각하면 큰 코 다칩니다. 명심하십시오. 요한복음 13장 2절에 "마귀가 벌써 시몬의 아들 가룟 유다의 마음에 예수를 팔려는 생각을 넣었더라"라고 기록되어 있습니다. 이 때 가룟 유다는 이 생각을 떨쳐 버리고 '사탄아 물러가라'고 했어야 합니다. 그런데 가룟 유다는 이제 예수 믿어봐야 별 이득은 없고 은 30(그 당시 하루 노동자 품값이 4일 일하면 한 세겔 그러면 120일 품값, 오늘날 노동자 보통 15만원이므로 1800만원 정도로 보면 됩니다.) 돈이나 챙겨야겠다는 생각에 또 다른 생각을 보태 행동으로 옮겼습니다. 돈 보다는 유다가 세상에서 추구했던 큰 한 자리가 되지 못한 절망에 대한 분노의 표현으로 보면 됩니다. 하여간 그렇게 예수님과 함께 놀라운 기적과 이적과 하늘의 말씀을 듣고도 생각이 변하지 않은 것을 보면 얼마나 생각의 틀이 단단했는지 알 수 있습니다. 다른 표현으로 하면 고집불통인 것입니다.

성도여러분! 존재변화는 그렇게 쉬운 것이 아닙니다. 굉장히 노력해야 합니다. 기도하면서 노력하고 노력하면서 기도해야 합니다. 말씀을 사랑하면 말씀이 나를 변화시킵니다. 내가 나를 변화시키려고 하지 말고 말씀이 나를 변화시키도록 하십시오. 변화는 육신적인 생각을 쫓아내는 것부터 시작되는 것입니다. 말씀이 나를 변화시키게 하려면 암송하고 묵상하면서 누리고 기도하는 수 밖에 없습니다. 말씀을 통해 생명이 들어오면 그 생명은 점점 자랍니다. 그 자람의 과정 중에 하나는 '죄송합니다', '미안합니다.' 를 자주 할 뿐만 아니라 훈련 중에 실패한 것은 상황을 재현하여 연습해서 실패를 반복하지 않게 됩니다.

  예를 들면 막둥이 딸에게 태어날 때부터 목 뒷부분에 혹이 있었습니다. 수술하면 되는데 어릴 적에는 안 되고 성인이 된 후에 하라고 해서 미루어 왔습니다. 대학교 수시합격을 해 놓고 엄마랑 병원을 다니고 하더니 수술을 미루고 안 하고 있었습니다. 그 이유는 오빠랑 대학생이 둘이고 아빠가 돈이 없는 것 같아서 빚을 지고 할 수 없다고 미루었던 것입니다. 그래서 내가 큰 소리로 '돈 걱정은 아빠가 하는 것이고 네가 그것을 왜 신경 쓰느냐'고 화가 실린 말을 했습니다. 조금 지나 내가 말을 잘못했다고 느꼈습니다. 그래서 막둥이를 불러 다시 '아빠가 돈이 없는 것 같아서 미루었어요' 를 다시 해 보라고 하니까 딸이 놀라서 왜 그러느냐고 했습니다. 아니다 다시 해 보렴 하고서 그 말을 한 후 내가 '그랬구나, 집안 경제까지 다 신경 싸 주고 고맙다 그러나 수술비용은 충분하니 걱정하지 말고 바로 해 아빠가 더 자세하게 신경써 주지 못해 미안해 더 미안한 것을 그렇게 태어나게 한 것이야 정말 미안하다' 라고 했습니다. 딸은 '아빠 나 아무렇지도 않았는데' 라고 하면서 웃었습니다. 그러나 나는 '아니다, 아빠 표현이 잘못되었고 표현이 잘못되었다고 사과해도 되지만 말로만 사과해서는 또 다시 아빠가 그런 상황이 되면 그렇게 말할 수 있음으로 상황 연습훈련까지 해야 아빠가 한 단계 자랄 수 있어' 라고 했습니다. 상황을 다시 설정해서 연습해서 교정해 간다면 생명이 팍팍 자랄 것입니다.

변화의 영광에 이르려면 육의 생각이 들어 올 때 기억된 로고스의 말씀을 선포함으로 쫓아내십시오. 그리고 가정에서 혹은 교회 공동체에서 실수했을 때 사과는 기본이고 그런 상황이 다시 돌려서 실제로 영과 생명이 흐르는 실제 훈련이 한다면 생명은 더 빨리 더 튼튼하게 자랄 것입니다. 이런 과정을 몇 번 동과하면 자연스럽게 하나님의 선하시고 기뻐하시고 온전하신 뜻에 따라 살아지게 됩니다.

이와 같이 우리 많은 사람이 그리스도 안에서 한 몸이 되어
서로 지체가 되었느니라 우리에게 주신 은혜대로 받은 은사가 각각
다르니 혹 예언이면 믿음의 분수대로, 혹 섬기는 일이면 섬기는 일로,
혹 가르치는 자면 가르치는 일로, 혹 위로하는 자면 위로하는 일로,
구제하는 자는 성실함으로, 다스리는 자는 부지런함으로,
긍휼을 베푸는 자는 즐거움으로 할 것이니라(롬12: 5-8)

　　예수님을 그리스도로 믿는 성도는 하나님의 말씀에 순종하며 하나님의 영의 인도하심을 받으며 하나님의 자녀로서 거룩한 인격자로 자라가야 합니다. 우리의 시민권은 하늘에 있음으로(빌3: 20) 하늘의 가치를 따라 살아야 합니다. 그렇다고 해서 땅의 각 나라의 육신의 시민권은 소홀히 해도 되느냐 하면 절대로 아닙니다. 육신의 시민권도 동시에 있음으로 육신의 세계에서도 열심히 살아야 합니다. 작은 일에 충성 된 자는 큰 일에도 충성되는 법입니다. 작은 일은 우리 육신의 일입니다. 다만 육신의 일에 빠져 큰 일을 등한시해서는 안 됩니다. 절대로 영 안에 있는 사람은 두 세계의 가치 충돌은 일어나지 않습니다. "자기 가족을 돌보지 아니하면 믿음을 배반한 자요 불신자보다 더 악한 자니라"(딤전 5: 8) 사도 바울의 교훈을 깊이 명심해야 합니다.

주님의 몸된 교회 공동체에서 은사론에서 특히 주의해야 할 은사는 예언의 은사와 방언의 은사입니다. 앞에서 기독교 안에 많은 논쟁이 있다고 했습니다. 그 중에 대표적인 논쟁중에 하나가 예언과 방언의 은사입니다. 논쟁의 원인은 개념의 차이에 있습니다. 개념의 차이는 사상의 차이가 되어 논쟁을 넘어 전쟁을 불사합니다. 참으로 조심하지 않으면 신앙을 송두리째 흔들어 믿음을 저버리는 것은 기본이요 패가 망신에 목숨까지 잃을 수도 있습니다. 두 은사로 인한 오해 때문에 나는 건전한 믿음 생활에 유익이 되지 않는다고 한다면 차라리 이 두 은사에 대해서는 '나는 모른다', '관심이 없다' 라고 하면 더 좋습니다. 예수님을 그리스도로 믿고 말씀을 날마다 먹음으로 속 생명이 자라고 그 사람에 따라 겉 사람의 가치와 사상을 자연스럽게 양보하고 속 생명의 사상인 거룩과 사랑에 따라 살면 제일 좋습니다.

육신적으로 타고난 재능은 그리스도 몸 안에서는 하나님의 선물 카리스마 즉 은사가 됩니다. 이 은사를 교회의 공동체 안에서 겸손하게 잘 사용해야지 교만하게 사용하면 패망할 수 있습니다. 언제 어디서든지 깨어 있지 않으면 교만은 악한 자가 이용해서 성도를 타락시키는 도구가 됩니다. 누구든지 자기가 잘하는 것이 원인이 되어 교만 속에 빠지게 되는 법입니다. 그래서 자기가 타고난 은사라고 생각하는 부분에서 조심하고 경계해야 합니다.

그러나 예언과 방언은 육신적으로 타고난 재능에 넘어 있는 은사입니다. 그래서 이 두 은사에 대해서는 이론과 주장이 다양하고 위험합니다. 예언의 개념에는 크게 두 가지입니다. 하나는 성경 말씀을 풀어 설명해 주는 능력이라고 하는 것과 미래의 일어날 일을 미리 말해 주는 은사로 보는 것입니다. 나는 후자를 부정하지는 않으나 전자에 더 중심을 둡니다. 방언의 개념도 크게 두 가지입니다. 하나는 전도를 하기 위하여 외국어로서의 방언을 의미하는 것과 다른 하나는 외국어는 아니지만 하나님만 알아들을 수 있는 언어로서의 말입니다. 나는 후자의 방언을 하다가 유익이 별로 없어서 그만 두었습니다.

예언의 개념을 후자로 또한 방언도 개념을 후자로 이해하고 만약 이 두 은사가 합해지면 무시무시한 폭탄이 되어 파탄과 파멸을 낳습니다. 이 두 은사가 합해져서 생명을 낳고 거룩을 낳는 경우는 거의 없습니다. 일시적으로 있지만 그것은 위장이며 술수입니다. 대다수 믿음이 약한 성도는 그들의 궤계에 속아 넘어갑니다. 나도 그랬고 열심이 있다고 하는 대다수 성도는 그 선을 통과해서 하나님의 영의 인도하심을 받고 사느냐 아니면 통과하지 못하고 죽느냐의 중요한 것이므로 조심하셔야 합니다.

앞에서 한국에서 주님이 재림을 한다든지 7년 대환난이 시작한다든지 한국에서 재림 주가 나타났다든지 하는 것은 다 사기요 기만이요 가짜라고 했습니다. 하늘에서 불이 내려오게 할지라도 믿어서는 안 됩니다. 아무리 병을 잘 고치고 죽은 자를 살린다 하더라도 믿지 말라고 권면했습니다. 정말 병 고치는 능력이 있다면 아파서 오는 사람 모두를 고쳐야 하고 안수해서 고쳤다면 단번에 고쳐야 합니다. 차차 나아질 것이라고 하는 것도 믿음대로 될 것이라고 하는 것도 다 기만입니다. 진짜 병고치는 은사가 임했다면 단번에 모든 사람을 고쳐야 하늘에서 온 은사입니다.

예언과 방언에 대해 더 자세히 알고 싶으면 인터넷에서 반대측과 찬성측 주장을 들어보기를 권합니다. 다만 예언과 방언이 합해지면 폭탄이 되어 죽음이 온다고 했습니다. 그 증거로 몇 가지 설명하겠습니다.

1992년 10월 28일에 세계에 종말이 온다면서 떠들썩했던 다미선교회의 출발은 방언을 하는 한 여학생이 1992년 10월 28일 종말이 온다고 예언하고 구름에 1992년 10월 28일이라는 글자가 써 있는 것을 보고 확신을 갖게 되면서 폭발적으로 부흥이 일어났습니다. 순수한 여학생이 거짓말을 할리가 만무하고 구름에 글씨가 나타났으니 믿음을 가질 만 했습니다. 그러나 성경 어디에 한국에서 한 여학생이 예언한다는 말씀이 있으며 구름 속에 글씨로 써 준다는 약속이 어디 있습니까?

또 재미교포 어떤 여전도사 라는 사람이 2014년 12월 말 안으로 전쟁이 일어나며 종로와 청와대에 가장 큰 폭격이 일어날 것이라고 자신이 직접 계시(예언) 받았다고 주장하여 해외로 피신하라고 해서 태국으로 피신한 사람들이 의외로 많았다고 합니다. 그 후 그들은 외국에서 무척 고생하고 있습니다. 아직 돌아오지 못한 사람들도 상당수라 합니다.

최근에는 북한 지도자 김정은이가 한국 방문할 때 한국에 핵 폭탄이 떨어지고 7년 대 환난이 한국에서 부터 시작되니 빨리 '산으로 도망가라'(마24: 16)고 전파하는 단체가 있습니다. 이 또한 잘못된 가르침입니다. 이 외에도 많은 사람, 단체의 잘못된 가르침 안에서 믿음이라는 미명아래 노예생활을 하고 있습니다.

예언과 방언의 은사에 대해 계속 갈망하며 사모하며 어떤 큰 능력을 받아 큰 사명을 하려는 욕망이 아직도 불타고 있습니까? 그렇게 위험한 길을 가고 싶은 마음은 도대체 어디에서 온 마음입니까? 도대체 하나님을 위하여 어떤 일을 하고 싶어서 그런 것입니까? 하나님이 그렇게 큰 일을 하라고 하시며 나를위하여 예언과 방언의 은사를 충만히 받아 봉사하지 않으면 구원을 취소한다고 겁주십니까? 하나님은 있는 환경에서 불평하지 말고 감사하며 그 환경을 통하여 속 생명이 자라기를 바라십니다. 주어진 환경은 하나님의 섭리의 길입니다. 힘들고 어려워도 감사히 받고 이겨내시기를 바랍니다.

나는 로마서를 너무 좋아합니다. 이 책을 읽는 분들도 그렇게 되었으면 좋겠습니다. 나는 한 때 계시록을 무척 좋아했습니다. 너무 궁금했습니다. 출판은 하지 않았지만 계시록 강해서를 썼습니다. 그러나 이제는 로마서를 외우며 묵상하며 가르치며 삽니다. 나는 행복합니다. 여러분들도 그렇게 되기를 바랍니다.

사랑에는 거짓이 없나니 악을 미워하고 선에 속하라 형제를 사랑하여
서로 우애하고 존경하기를 서로 먼저 하며 부지런하여 게으르지 말고
열심을 품고 주를 섬기라 (롬12: 9-11)

　　　　나는 하나님의 말씀을 더 깊이 더 정확히 알려는 갈망에 조 도재
선생님, 김 창호 전도사에게 원어를 통한 말씀 연구 모임에 몰두 하던 때
였습니다. 서초구 방배동에서 일요일 오후에 성경 공부를 했는데 오전에
충주 지방교회 집회에 참석하고 오후에 원어 성경공부에 참석했습니다.
그것도 부족하여 조 도재 선생님을 모시고 1박 2일로 수요일 목요일에
우리 집 3층에서 원어 성경 충주 모임을 시작했습니다. 그래서 사람을
모으고 열심히 하던 중에 한 가정이 그만 두게 되었습니다. 들리는 소문
에 의하면 신천지에 다닌다는 것이었습니다. 나는 신천지는 관심도 없다
가 우연히 유튜브에서 2인자였던 신 현욱목사(당시는 지파장) 간증을 듣고
그 후에 다른 분들 간증을 들으면서 입문하는 출발선에서 거짓말로 입문
시키는 작업을 보고 아주 교활하고 악한 집단이구나라고 생각했습니다.
신앙인은 거짓말을 해서는 안 된다고 생각하고 믿고 있는데 거짓말로 유
혹하는 것을 보고 참으로 나쁜 집단이라고 생각했습니다. 그들의 교리
중에 하나가 이만희 씨가 육체로 영생을 한다는 주장을 알고는 일고의

쳐다볼 가치도 없다고 생각하고 있었습니다. 어릴 적에 박태선 장로라는 분이 육체가 죽지 않고 영생한다는 주장을 똑 같은 것을 하고 또 오늘날에도 그렇게 사기치는 집단이 있구나 하고 생각하고 있었을 때였습니다. 나중에 알고 보니 이만희씨가 고(故) 박태선 씨 밑에서 신앙생활을 했었다는 것을 알고 실소를 금할 수가 없었습니다.

그런데 충주 원어 성경 모임에서 빠져 나가 그 모임에 간다니 기가 막힐 노릇이었습니다. 그래서 직접 물어 보았더니 '안 다닙니다' 단호하게 말하였습니다. '그럼 그렇지 그 정도 분별력은 있지' 하고 헤어졌습니다. 얼마를 지난 후 그 모임 장소가 우리 집에서 가까워서 우연히 그 집회에서 나오는 모습을 보았습니다. '아니 안 다닌다면서 어떻게 된 것이냐'고 했더니 그전부터 다녔는데 거짓말을 한 것이 아니고 모략이라고 하면서 거짓에 거짓말을 연속으로 하는 것을 보고 선을 긋고 말았습니다.

성도는 하나님의 영이 들어와 거룩한 성품에 동참하는 자입니다. 그래서 베드로 사도는 "보배롭고 지극히 큰 약속을 우리에게 주신 것은 신성한 성품에 참여하는 자가 되게 하려 하셨다"(벧후1: 4) 기록했습니다. 신의 성품은 무엇이며 어떻게 이루어집니까? 신의 성품은 공의와 사랑이며 그 출발점은 정직입니다. 거짓말을 안 하는 것입니다. 거짓말을 습관적으로 하는 사람은 구원을 못 받은 사람이고 그리스도를 모르는 사람입니다. 계명은 우리를 보호해 줍니다. '거짓말 하지 말라' 라는 한 계명만 지켜도 생명의 상당한 보호와 지킴이 있음을 알아야 합니다.

신의 성품은 정직으로부터 시작됩니다. 거짓이 없어야 합니다. 거짓말을 안 하는 것은 기본이고 누가 보든 안 보든 하나님 앞에서 산다고 생각하고 정직하게 일하고 생활해야 합니다. 그래서 본이 되고 인격의 향기가 나야 합니다. 하나님의 영은 하나님을 기쁘시게 하는 영으로 우리를 그런 존재로 변화시켜 가는 것이 당연하지 않습니까? 거짓말을 습관적으로 하는 사람은 하나님의 영이 없는 사람입니다. 요한 일서 3장 9절에 "하나님께로부터 난 자마다 죄를 짓지 아니하나니 이는 하나님의 씨가 그의 속에 거함이요 그도 범죄하지 못하는 것은 하나님께로부터 났음이라"라고 기록되어 있습니다. 여기서 죄는 습관적인 죄를 말하는 것입니다.

하나님의 성품 중에 하나는 거짓말을 하실 수 없는 분이라는 것입니다. 히브리서 "하느님은 거짓말을 하실 수 없는 분이시므로 그분의 약속과 맹세는 변하지 않습니다"(롬6: 18, 공동 번역)라고 기록되어 있습니다. 아버지가 거짓말을 하실 수 없는 분이라 그의 자녀들도 거짓말을 할 수 없습니다. 이 만희가 거짓말로 시작했으니 그를 따르는 무리는 다 거짓말로 생활합니다. 탈퇴자들의 간증을 들어 보십시오. 10명이면 10명 다 외국에서 온 상담사다, 꿈에서 날 보았다 알바로 대신 강의를 들어보면 돈을 주겠다 등 등 다 거짓말로 포섭을 했다고 합니다. 거짓말은 악한 영의 지배하에 있다는 증표입니다. 부득불, 혹은 책망을 받는 것이 두려워서 일시적으로 거짓말을 했다면 하루가 지나가기 전에 용서를 빌고 회개해야 합니다.

변화가 무엇입니까? 하나님의 성품을 닮는 것입니다. 닮아지는 것입니다. 닮으려고 노력하지 말고 닮게 하는 원동력은 말씀을 먹어야 한다고 줄기차게 주장해 오고 있는 것 알고 있지요. <u>말씀만 먹으면 변화되고 닮아집니다.</u> 왜냐하면 종자가 하나님의 종자를 받았기 때문입니다. 콩을 심으면 콩 나고 팥을 심으면 팥 나는 것이 이치가 아닙니까? 정직이 없이는 변화는 없습니다.

코람데오(Coram Deo)라는 말 아실 것입니다. 라틴어입니다. '코람'(coram, 앞에서)과 '데우스'(Deus, 하나님)가 합쳐진 합성어로 "하나님 앞에서"라는 말입니다. 사도행전에서 이방인으로 처음으로 구원받은 고넬료가 어떤 존재의 사람이었습니까? 그는 코람데오(Coram Deo)존재였습니다. 사도행전 10장 2절에 "그가 경건하여 온 집안과 더불어 하나님을 경외하며 백성을 많이 구제하고 하나님께 항상 기도하더니" 라는 말씀을 볼 때 정직을 넘어 구제의 사람이요 기도의 사람이었습니다. 더욱 놀라운 태도는 33절에 "내가 곧 당신에게 사람을 보내었는데 오셨으니 잘하였나이다 이제 우리는 주께서 당신에게 명하신 모든 것을 듣고자 하여 다 하나님 앞에 있나이다" 라고 하지 않습니까? 베드로 앞에 있는 것을 '하나님 앞에' 있다고 하지 않습니까? 놀랍습니다. 하나님이 예뻐하실 만 하지요. 우리 중에 고넬료 같은 사람도 있겠지만 그렇지 못한 사람도 있을 것입니다. 그러나 하나님의 영이 임하시면 우리도 그렇게 만들어 갑니다. 그것이 곧 성화입니다. 그러므로 거짓말에서 졸업하고 정직한 존재가 되어 성령님의 인도하심에 따라 변화되는 감격에 스스로 감동하면서 기뻐하며 감사하며 삽시다.

각 사람은 위에 있는 권세들에게 복종하라 권세는 하나님으로부터
나지 않음이 없나니 모든 권세는 다 하나님께서 정하신 바라
그러므로 권세를 거스르는 자는 하나님의 명을 거스름이니
거스르는 자들은 심판을 자취하리라(롬13: 1-2)

사도 바울이 순교의 고난이 무서워서 '위에 있는 권세들에게 복종
하라'고 했을까요? 인생을 살아보니 국가 권력에 아부해서 평화롭게 사
는 것이 최고의 지혜로 알아서 '위에 있는 권세들에게 복종하라'고 했을
까요? 아니면 국가 권력이 두려워서 지혜롭게 오래 살아서 복음을 전하
기 위해서 '위에 있는 권세들에게 복종하라'고 했을까요?

후대에 믿는 이들이 정교분리가 성경적인가 비 성경적인가 난제를 풀
어보라고 던진 말씀입니까? 아니면 예언적 목사들이나 성도들이 현실정
치를 비판하는 자들에게 '그것이 옳지 않다' 라는 논증의 근거로 주신 말
씀일까요?

이것도 저것도 아니면 이제 구원을 받았으니 국가 권력과 야합해서 호
위호식하라고 하는 말씀입니까? 아니면 이제 구원을 받았으니 안전하고

로마서에서 우리가 반드시 감격, 감동해야 할 100가지 **401**

편하게 사는 것이 상책이라는 것을 가르쳐 주고 싶어서 순종(obedience)도 아니고 순종 보다 더 강한 복종(subjection)의 표현을 써 가며 '위에 있는 권세들에게 복종하라' 라고 했을까요? 아닙니다.

구약 성경 모두가 예수님에 관한 말씀인 것처럼 신약 또한 전부 예수님에 관한 말씀입니다. 예수님에 관한 말씀이라는 것은 예수님을 직접 표현한 것을 포함하여 생명 즉 영생에 관한 말씀이라는 것입니다.

예수님은 천하보다 귀한 우리의 생명을 구하기 위해 오셨습니다. 하나님의 공의로우신 분이라 우리 인간들의 죄문제를 해결 못하면 다 지옥에 갈 수 밖에 없으니 사랑의 하나님 되시는 분이 너무 안타까워 하시니까 성자 하나님이 사람의 모양으로 오셔서 죄 문제를 해결하시려고 고난을 받고 죽으시고 부활하신 것 아닙니까? 이 좋은 복음의 소식을 듣고 영생의 문제가 해결되기를 바라는 사도 바울은 세상 권력에 불복종하다가 목숨을 잃으면 안 되니까 너무 안타까워서 하시는 말씀입니다.

루시퍼 사탄이 왜 타락을 했습니까? 권력을 취하려고 하다가 쫓겨난 것입니다. 그래서 사탄의 영이 깃든 모든 사람은 권력적 존재입니다. 권력적 존재의 특성은 죽기 직전까지 권력을 더, 더, 더 잡으려고 합니다. 만족을 모릅니다. 아는 형님이 시의원하다가 도의원 하다가 무소속으로 국회의원 출마했다가 패가망신한 것을 보았습니다. 도의원에서 그만 멈추었으면 좋은데 권력의 브레이크가 없어 계속 전진하는 것을 보았습니다.

권력욕은 영생에 눈을 못 뜨게 만듭니다. 영원을 사모하는 마음을 막습니다. 최고 권력에 올랐던 사람이 헛되고 헛되다 헛되다 해도 귀담아 듣지 않고 실패한 권력이기 때문에 그런 소리한다고 일축해 버립니다. 권력욕은 영생의 길을 막을 수도 있습니다. 요셉이 권력적 존재였습니까? 성도는 권력을 쟁취하려는 자가 아니라 주어지면 받는 자입니다. 요셉이 무슨 경력을 쌓고 어떤 경험을 했습니까? 아닙니다. 하나님이 주시는 지혜는 세상의 지식과는 전혀 다른 차원입니다. 성경에서는 겉 사람의 역사는 크로노스라고 하고 속 사람의 역사를 카이로스 라고 합니다. 세상역사의 흐름을 알면 이 세상에서 부자로 살 수 있고 영적인 세계의 흐름을 알면 쉼(마11: 29)을 얻고 안식하며 살 수 있습니다. 이런 진리의 내용은 요한복음을 쓸 때 자세하고 구체적으로 쓸 것입니다.

　세상에서는 권력이 제일 좋아 보이고 권력을 잡으면 부귀영화가 오기 때문에 많은 사람들이 권력을 쟁취하기 위하여 권력에 비판자가 되어 권력을 향하여 싸우다가 목숨을 잃습니다. '권력도 좋지만 영생을 생각해야 돼'라고 충고하면 그런가 하고 겸손하게 들을 귀를 내 주는 것이 아니라 '야! 임마, 너 권력의 맛을 몰라서 그런거야, 너 한번 권력의 맛을 알면 그런 소리 못할꺼야' 하면서 무시합니다.

　사도 바울은 지금 권력욕에 사로잡히지 말고 지옥에 가서는 안 된다고 하는 권면이라는 생각은 들지 않으십니까? 정의를 위하여 싸우는 것은 아름답고 귀하나 영생을 놓쳐서는 안 된다는 간절함에서 하는 권면의 말씀이라는 생각이 듭니다.

국가 권력을 잡고 봉사하는 자들을 향해 정당성이 부족하다느니 부정 선거로 권력을 잡아서 재선거가 절대 필요하다고 해서 분신한다든지 좌파(우파) 정권은 기독교를 말살시켜서 하루 빨리 종식시켜야 한다고 자해를 한다든지 회사 공금을 빼돌렸으니 반드시 회수해야 한다고 금식 투쟁을 한다든지 악법 개정을 위해 단식 투쟁을 한다든지 권력이 부패했다든지 해서 목숨을 걸고 투쟁하는 사람들이 있습니다. 그러다가 만일 영생의 문제를 해결하지 못하고 죽어 지옥을 간다면 그보다 안타까운 사람이 어디 있습니까?

내가 아는 분 중에 한 분은 학교 비리를 고발하고 빨리 조사하지 않는다고 검찰청 정문 앞에서 분신을 시도한 적이 있습니다. 하루가 지나서 전화해서 형님! 다친데는 없어요? 하니까 그냥 겁 주려고 했다는 것입니다. 겁 주려고 몸에 휘발유를 뿌리고 불을 지핀다는 생각은 지혜로운 생각입니까? 만약에 정경들이 말리지 않았으면 혹은 늦게 그들이 소화기로 늦게 소화하지 않았으면 목숨을 잃을 뻔 했습니다. 천하보다 귀한 목숨을 그렇게 잃는다면 너무나 안타까운 것이 아니겠습니까?

그 후 만날 계기가 있어 상황을 보아서 '예수를 믿고 천국 가세요' 라고 전도를 해도 도리어 또 다른 권력을 향하여 전진하기 때문에 영생의 문제에 대해 닫혀 전혀 고민하지 않는 것을 보았습니다. 예수님이 말씀하셨습니다. "사람이 만일 온 천하를 얻고도 자기 목숨을 잃으면 무엇이 유익하리요"(막8: 36)

세상 일은 모든 것을 적당하게 하고 질서있게 해야 합니다. 세상에는 목숨을 걸고 투쟁할 것은 없습니다. 정말로 목숨을 귀하게 여기시기를 바랍니다. 타인을 위하여 목숨 걸고 투쟁하고 단식하는 것 참으로 칭찬할만하며 존경할만 합니다. 그러나 그 문제에 치중하다가 목숨을 잃고 영생의 문제를 해결하지 못했다면 너무나 슬픈 일이 아니겠습니까?

정말로 많은 사람들이 인생에서 가장 중요한 문제 해결은 영생의 문제인 것은 모르고 눈에 보이는 세상 권력이 부러워서 혹은 정의감이 투철해서 혹은 시대적 사명감을 타고난 사람처럼 국가권력 혹은 조직내의 권력에 투쟁하다가 목숨을 잃는 경우가 있습니다. 영생을 믿지 않는 사람이나 영생을 모르는 사람에게는 시대적 영웅이요 민주 투사요 민권 운동의 투사요 여성 운동의 대부요 등등 아름답고 멋진 칭호가 붙겠지만 영생을 알고 영혼 문제 해결이 가장 중요하다고 믿는 바울류의 사람들에게는 지혜롭고 현명한 길을 간 사람들이라는 칭송보다는 안타깝고 보다 중요한 문제를 해결 하고 난 후에 그 일을 했다면 더 좋을텐데 라고 생각할 수 있다는 것입니다.

만약에 국가 권력이 '예수를 믿으면 죽인다.'라고 한다면 아무리 국가 권력이라고 하더라도 하나님의 말씀에 반하기 때문에 복종할 수가 없습니다. 국가 권력이 죽인다고 하면 영광으로 알고 투쟁하다가 죽어야 합니다. 기다리고 사모했던 것입니다. 이것은 순교요 큰 상급이 됨으로 혼의 목숨을 잃는 한이 있어도 거역해야 합니다. 그러나 예수 믿는 것을 자유롭게 한다면 국가 권력에 복종하면서 살아서 복음을 더 전하는 것이 옳다고 말하고 싶은 것이 아닐까요?

095

간음하지 말라, 살인하지 말라, 도둑질하지 말라, 탐내지 말라 한 것과
그 외에 다른 계명이 있을지라도 네 이웃을 네 자신과 같이 사랑하라
하신 그 말씀 가운데 다 들었느니라 사랑은 이웃에게 악을 행하지
아니하나니 그러므로 사랑은 율법의 완성이니라(롬13: 9-10)

　　　　　로마서의 주제는 무엇일까요? 신학자마다 다 다릅니다. 복음주의
시각에서는 '하나님의 의'입니다. '하나님의 의'를 주어로 해서 로마서의
각 장 각 절의 내용을 설명할 수 있다면 사도 바울의 로마서의 기록 목적
을 바르게 알았다고 할 수 있습니다. 로마서 1장 하면 '하나님의 의'의 서
론 2장 3장 하면 '하나님의 의'의 필요성 4장 하면 '하나님의 의'의 예증 5
장 하면 '하나님의 의'의 결과 6장 하면 '하나님의 의'와 죄 7장 하면 '하나
님의 의'와 율법 8장 하면 '하나님의 의'와 성령 등으로 설명할 수 있습니
다. 이것을 외우지 말고 그냥 그렇게 이해되고 암기되어져야 합니다.

　'하나님의 의'를 주어로 하지 않고 다른 것이 주어 혹은 주제어가 된다
면 율법주의를 비롯하여 사상과 이념이 목적이 되어 바울 신학의 한계를
넘게 되고 복음의 순수성을 벗어나 종교와 이데올기로 변질 될 수 있습
니다.

그럼에도 불구하고 목사님은 혹시 또 다른 목적이 주제어로 할 만한 것이 없나요? 라고 다시 묻는다면 나는 조심스럽게 '성령(님)'이라고 답할 수 있습니다. 왜 그렇게 변덕스럽게 바꿀 수 있느냐고 하면 '성령(님)'이냐고 하면 성령님을 빼고 죄가 무엇인지 율법이 무슨 기능을 하는지 구원이 무엇인지 절대로 설명이 불가능하기 때문입니다. 구원은 말할 것도 없고 변화문제, 즉 거룩성의 문제를 온전히 설명할 수 없기 때문입니다. 나는 그래서 로마서야 말로 성령론에 대하여 제대로 알 수 있는 서신서 라고 믿고 있습니다.

로마서 12장부터는 생활의 변화에 관한 사도 바울의 교훈인데 변화는 성령님을 빼고는 성경에서 가리키는 성화의 진리를 설명할 수 없기 때문입니다. 변화가 무엇입니까? 생활방식이 바뀌고 삶의 문화가 바꾸는 것입니까? 네 아멘입니다. 그런데 그 변화는 어디에서 온 것입니까? 나의 노력, 각오, 결단, 의지, 행위 등으로 온 것입니까? 그것은 세상적인 필요에 의한 도덕적인 변화입니다. 성령에게서 온 것은 아닙니다.

우리는 그동안 죄의 종(롬6: 17)으로 사망을 생산하며 생활을 했습니다. 그러나 성령님이 내 안에 오셔서 죽었던 내 영을 향하여 달리다굼해서 내 영이 성령님 안에 성령님이 내 영안에 들어오셔서 연합된 영으로 속사람이 되었습니다. 그 속 사람에 의해 나는 이제 순종의 종(롬6: 16)이 되어 의에 이르게 되었고 존재적 변화를 경험하며 삽니다.

연합된 영인 속 사람은 너무나 인격적이고 너무나 존엄해서 겉 사람의 생존을 존중하고 가치를 인정해 줍니다. 그러나 겉 사람이 속 사람인 영에게 가치 비교에서 양보하면 속 사람인 영은 양보를 받아들이고 생명을 표현합니다. 바로 그 생명의 표현이 변화입니다. 속 사람의 생명의 표현 방식은 전적으로 사랑을 기반으로 합니다. 그래서 모든 율법을 사랑의 눈으로 보고 이해하고 받아들입니다. 속 사람은 율법을 씌여진 문자로 보지 않고 문자 속에 담긴 원리인 생명을 보기 때문에 그 생명이 바로 사랑으로 표현되는 것입니다. 로마서 7장 6절이 마음에 새겨진 것입니다. "이제는 우리가 얽매였던 것에 대하여 죽었으므로 율법에서 벗어났으니 이러므로 우리가 영의 새로운 것으로 섬길 것이요 율법 조문의 묵은 것으로 아니할지니라" 이 말씀에서 충격과 감동을 동시에 받아야 예수님과 성령님을 동시에 알았다고 할 수 있습니다.

그래서 '간음하지 말라, 살인하지 말라, 도둑질하지 말라, 탐내지 말라 한 것과 그 외에 다른 계명이 있을지라도' 성령님은 그 계명의 중심 의미가 사랑임을 깨달아 이웃에게 악을 행하지 않습니다. 그리고 율법을 준 목적이 자신이 죄인임을 깨달아 예수님을 만나게 하고 예수님이 오신 목적이 사랑이요 죽으신 목적도 사랑이요 우리에게 영생을 준 목적도 사랑임을 알아 사랑이야 말로 진정한 율법의 완성임을 깨닫게 해 줍니다.

낮에와 같이 단정히 행하고 방탕하거나 술 취하지 말며 음란하거나
호색하지 말며 다투거나 시기하지 말고 오직 주 예수 그리스도로
옷 입고 정욕을 위하여 육신의 일을 도모하지 말라(롬13: 13-14)

　　　로마서 13장 13-14절은 어거스틴의 변화절로 유명한 말씀입니다. 신앙생활을 좀 한 사람은 이 구절로 설교하는 중에 어거스틴의 변화 이야기를 서너 번 이상 들었거나 책에서 읽었던 말씀 일 것입니다. 좀 열심있는 성도는 열 번 정도 설교 중에 들었거나 책에서 읽었을 것입니다. 처음 믿는 성도는 앞으로 열 번 이상을 들어야 할 것입니다.

　요약하면 그리스도인 어머니 모나카는 아들 어거스틴을 위해 열심히 기도하고 훈계해서 믿음생활을 잘 하도록 인도했습니다. 그러나 어거스틴은 사춘기를 맞아 16세에 모든 경건생활은 다 소멸시키고 30세가 되기까지 그는 육체의 만족을 위해 육체를 탐닉하고 한편으로는 마음의 평화를 찾으려고 마니교에 빠져 들고 혹시 철학적으로 만족을 얻을까하여 플라톤 사상까지 심취했습니다. 그는 이것 저것 다해 보았지만 마음의 평화는 커녕 점점 죄의 노예의 상태에서 벗어나지 못하는 자신의 모습을 보고 고통스러워하며 한탄했습니다. 그런 상황이 지속되어 더 깊은

수렁에서 신음하고 있을 바로 그 때 갑자기 정원 밖에서 나는 어린아이의 노랫소리를 듣게 됩니다. '들고 읽어라, 들고 읽어라.' 어느 노랫말 동요 가사 후렴에 감동되어 성경을 펼쳐 눈길이 닿는 첫 구절을 읽으라는 하나님의 명령이라고 생각되어 성경을 펼치게 됩니다. 그리고 시선이 닿는 첫 구절을 읽게 됩니다. 바로 구절이 "낮에와 같이 단정히 행하고 방탕하거나 술 취하지 말며 음란하거나 호색하지 말며 다투거나 시기하지 말고 오직 주 예수 그리스도로 옷 입고 정욕을 위하여 육신의 일을 도모하지 말라" 말씀이었습니다. 그냥 일반인이 볼 때는 도덕 윤리적인 말씀 같은데 성령님이 레마로 운동력 있게 역사하니까 한 사람의 존재의 혁명이 일어나는 살아있는 생명의 말씀이 된 것입니다.

이것은 바로 하나님의 말씀과 성령님의 감동하심이 함께 하면 '어떠한 견고한 진이라도 파괴하고 모든 이론을 무너뜨리고 세상적이고 탐욕적인 모든 마음과 생각을 사로잡아 가루로 만드는 능력'(고후10: 4-5)이 있음을 어거스틴 사건을 통하여 기록된 말씀의 위대성과 성령님의 운행하심이 얼마나 큰 파워를 일으키는지 알려주는 예화입니다. 그리고 어거스틴은 이 한 말씀을 통하여 과거의 육신적인 생활을 완전히 끝내고 성 어거스틴이 되어 기독교사에 큰 획을 긋는 성경 주석과 기독교 교리를 정립하게 됩니다. 하버드대 철학교수인 화이트헤드(Whitedhead)는 "현대의 모든 철학은 플라톤의 주석이고, 현대의 모든 신학은 어거스틴의 주석"이라고 언급 할 정도입니다.

어거스틴은 기록된 말씀(로고스)에 하나님의 영(레마)이 함께하여 존재의 혁명을 일으켰습니다. 새로운 피조물이 되었습니다. 사도 바울도 다메섹 에서 하나님의 음성을 듣고 새 사람이 됩니다. 하나님의 영은 강력한 빛이 되어 존재를 확 변화시킵니다.

성도의 갈망 중에 여러 가지가 있는데 그 중에 하나는 하나님을 한번만 보면 정말로 열심히 믿겠다는 사람도 있습니다. 또 다른 하나는 단 한번이라도 음성이라도 들을 수만 있다면 원이 없겠다는 사람들도 있습니다. 그 하나님을 향한 마음이 순수하고 거룩한 것은 모르는 바는 아니지만 굉장히 어렵고 위험스러운 길임을 분명히 알려 주고 싶습니다.

우리가 믿는 믿음은 세상에서 보이는 육적인 비젼이 아니라 영적인 세계를 향하여 기록된 성경 말씀으로 기준으로 믿고 생활을 합니다. 그러므로 우리는 말씀을 열심히 읽고 말씀이 가르치는 교훈에 따라 진실하게 살면 됩니다. 지나치게 도를 넘게 되면 믿음의 파선이 일어나 영혼의 파멸에 이를 수 있습니다.

성령님은 누구십니까? 하나님의 영이요 예수님의 영입니다. 그러면 그 영은 오직 하나님을 위하여 예수님을 위한 말씀만 하는 영입니다. 그래서 성령님의 말씀은 절대로 절대로 성경말씀을 벗어나서 말씀하지 않으십니다. 성경 말씀을 벗어나서 '내가 너를 통해 큰 일을 하게 하겠다', '너는 주님의 다시 오실 때까지 죽지 않게 하리라', 내가 너를 세계 복음화의 지도자가 되게 하리라', '북한이 곧 쳐들어 올테니 산으로 도망가라', '내가 너를 남북 통일의 지도자가 되게 하리라', '네가 너를 들어 크게 쓰리라', '네가 열심히 기도라면 암을 고치는 능력을 주리라', '내가 너를 능력의 종으로 세우겠다' 등의 음성은 거의 다 악한 영에서 오는 것임을 알아야 합니다.

하나님의 음성이라고 들었는데 성경 내용과 다르다면 무조건 악한 영에게서 온 것으로 보면 확실합니다. 그리고 나를 큰 존재, 혹은 대단한 사람으로 만들어 주리라 는 음성은 거의 다 악한 영에게서 온 것이라고 알면 믿음의 파선이 일어나지 않습니다. 음성이 들렸다고 다 하나님에게서 왔다고 생각하면 안 됩니다. 큰 일 납니다. 큰 고생을 합니다. 하나님의 음성을 들으려고 간절히 기도하지 마십시오. 성경 말씀이 다 하나님의 음성입니다. 음성을 듣고 싶으면 말씀을 읽고 읽는 중에 감동되는 말씀이 있으면 그 말씀이 음성인 줄 알고 감사하며 순종하며 묵상하며 누리기를 바랍니다.

매일 말씀을 따라 정직하고 성실하게 살다보면 지치고 힘들 때 보혜사가 되시는 성령님이 한 말씀을 기억나게 한다든지 읽었던 말씀이 빛이 되어 달려 갈 길을 달릴 수 있도록 격려해 주십니다.

성경을 억지로 풀다가 망하는 것처럼(벧후 3:16) 억지로 하나님을 보려고 하다가 혹은 억지로 음성을 들으려고 하다가 환상이나 투시 그리고 이상한 음성을 듣고 정상적인 사람의 모양을 벗어나 본인은 심취해서 모르지만 주위의 사람들은 불쌍하고 안타까운 상황에 처했다고 보고 있습니다. 변화는 누에가 뽕잎을 자주 먹고 잠자고 그렇게 몇 번 반복하면 번데기가 되고 나방이 되는 것처럼 성도도 날마다 성경을 먹고(암송하고) 먹으면(묵상하면) 새 사람의 신의 성품이 나옵니다. 너무 의롭게 살려고 몸부림치지 마십시오. 그 마음은 거룩하나 인품도 성장하고 자라야 나오는 것처럼 신품도 성숙하고 어느 정도 기간이 지나야 표현됩니다. 때가 되면 바리새인과 서기관들의 의 보다 나은 의가 나오게 됩니다. 나올 때까지 먹고 누리십시오. 조금하면 안 됩니다. 아무리 열을 가해도 병아리는 19일 째 부화되는 법은 없습니다. 만약에 누구든지 죄사함 거듭남의 원리를 알고 믿은 후 1년에 걸려 로마서 5, 6, 7, 8장을 먹고 누리면 바리새인과 서기관들의 의 보다 나은 의가 나올 것입니다. 안전하고 바른 길로 나아갑시다.

하나님의 나라는 먹는 것과 마시는 것이 아니요 오직 성령 안에 있는
의와 평강과 희락이라 이로써 그리스도를 섬기는 자는 하나님을
기쁘시게 하며 사람에게도 칭찬을 받느니라(롬14: 17-18)

예수님을 따르는 신실한 자들은 로마서 14장 18절의 말씀이 마음 판에 크게 새겨져 있어야 합니다. '그리스도를 섬기는 자는 하나님을 기쁘시게 하며 사람에게도 칭찬을 받느니라.' 정말로 많은 믿는 이들이 하나님을 기쁘시게 한다고 하면서 사람들에게 조롱거리가 되는 행동을 하는지 일일이 열거 할 수 없을 정도로 많습니다. 또한 반대로 사람에게 칭찬을 받기 위해 하나님이 기뻐하지 않는 일을 많이 하는 사람들도 있습니다.

또한 균형잡힌 성도가 되기 위해서는 17절 "하나님의 나라는 먹는 것과 마시는 것이 아니요 오직 성령 안에 있는 의와 평강과 희락이라" 말씀이 레마로 마음판에 새겨 심겨져 있어야 합니다. 먼저 큰 틀에서 정리하면 의는 하나님과의 관계요 평강은 세상과의 관계요 희락은 겉 사람과 속 사람 즉 나와 나의 관계의 문제 해결입니다.

예수님께서 산상 수훈에서 "너희는 먼저 그 나라와 의를 구하라(마 6:33)고 하십니다. 이 말씀은 한 마디 한 마디가 다 중요합니다. '먼저'라는 말이 무척 중요합니다. 인생에서 가장 중요하고 첫번째 해결할 문제가 무엇입니까? '먼저'가 무슨 뜻인가요? 인생에서도 '우선순위' 많이 사용하잖아요. 어떤 일이나 사건도 우선순위가 있습니다. 인생에 있어서 우선 순위부터 해결해야 한다고 예수님은 말씀하십니다.

그 나라는 하나님 나라입니다. 예수님이 진짜로 하나님의 아들로 오셨고 오셨다면 그의 나라가 있는데 그의 나라가 영적인 세계로 천국과 지옥으로 나누어지고 천국에 못 가고 지옥에 간다면 즉 하나님 나라에 못 들어가면 백만장자가 되든 억만장자가 되든 최고의 직위에 오르든 세상 나라를 다 가진들 무슨 소용이 있느냐는 것입니다. 그렇지 않습니까? 하나님 나라에 들어갈 준비가 되었습니까? 그리고 그 나라에 들어갈 의를 구하라고 하십니다. 여기서 의는 도덕 윤리적으로 말하는 의가 아닙니다. 하나님 나라에 들어갈 의 즉 천국에 들어갈 열쇠를 구하라는 것입니다. 행위로 하나님이 원하시는 의에 도달하든 그리고 그 외의 길이 있든 어떻게 하든 하나님 나라에 들어가는 의를 찾는 것이 제일 중요하다는 것입니다.

성도 여러분! 그 나라에 들어갈 의를 구했습니까? 나는 구했습니다. 어디에서요, 예수님에게서 구했습니다. 예수님이 바로 하나님 나라에 들어가는 의 라고 잘 가르쳐 주는 성경이 로마서입니다. 로마서뿐이겠습니까? 신약 성경에 구구절절이 쉽게 가는 길을 가르쳐 주고 있습니다. 구할 곳이 아주 많습니다. 3장 21-21절에도 있습니다. "이제는 율법 외에 하나님의 한 의가 나타났으니 율법과 선지자들에게 증거를 받은 것이라 곧 예수 그리스도를 믿음으로 말미암아 모든 믿는 자에게 미치는 하나님의 의니 차별이 없느니라" 로마서 5장 1절부터 11절까지 기도하면서 묵상하고 암송하며 또 기도하면서 묵상하고 암송하고 선포하는 과정을 반복하다 보면 '하나님의 의'에 대하여 확실해 질 것입니다.

'하나님의 의'는 크게 분리하면 '구원의 의'와 '존재의 의'가 있습니다. '구원의 의'는 예수 그리스도로 말미암는 의로써 믿음으로 취하는 의입니다. 영의 구속입니다. '존재의 의'는 '구원의 의'를 취하면 하나님은 그 보증으로 성령님을 선물로 주십니다. 그 성령님은 내 죽은 영을 살리고 함께 연합하여 말씀을 먹음에 따라 생명이 자라서 나를 점점 법에서 해방시키고 사랑의 존재로 변화시켜 가는 것입니다. 혼의 구원을 말하는 것입니다.

'존재의 의'가 안 나온다고 괴로워하지 마십시오. 왜 안 나오는지를 연구하고 찾아보기를 바랍니다. 그 원인은 속 사람이 자라지 않아서 입니다. 속 사람이 겉 사람에게 지는데 어찌 고개를 들고 나올 수 있겠습니까? 왜 안 자랍니까? 먹지를 않았기 때문입니다. 왜 먹지 않았습니까? 먹는 법을 몰랐기 때문입니다. 그리고 혹시 먹었다 하더라도 잘못 먹어서 그렇습니다. 또한 꾸준히 먹지 않아서입니다. 먹어야 삽니다. 먹어야 자랍니다. 먹어야 먹은 것이 나옵니다.

나는 한 때 마태복음 6장 33절이 무척 어려웠습니다. 기독교 윤리적으로 해석하려는 경향이 있어서 때로는 마태복음 6장 33절이 싫었습니다.

나 먹고 살기도 힘들고 5명의 자녀 키우기도 벅찬데 예수님은 '의'를 구하라고 하셔서 부담만 주는 말씀이었습니다. 이제는 달콤하고 안식을 누립니다.

예수님은 성령님이 오시면 의의 뜻을 가르쳐 준다고 하셨습니다. "의에 대하여라 함은 내가 아버지께로 가니 너희가 다시 나를 보지 못함이요"(요16: 10) 전에는 성령님이 오시면 가르쳐 준다는 풀이가 더 어려웠습니다. '의는 정의사회구현이다', '의는 바름이다', '의는 십계명 준수다' 등 하면 나도 알아듣고 어린이들도 알아듣겠는데 의가 '내가 아버지께로 가고 너희가 다시 나를 보지 못할 것이다' 라는 정의는 세상 어떤 신학자나 철학자도 내릴 수 없는 정의요 풀이입니다.

그러나 이제는 알게 되었습니다. '내가 아버지께로 가니'의 의미는 승천한다는 것입니다. 하나님 앞에 가시려면 율법의 의로 완전해야 합니다. 예수님께서는 이 세상에서 점도 흠도 없이 모든 율법을 완성하시고 모든 의를 이루시고 하나님 앞에 올라가셨습니다. 만약 예수님이 율법의 요구를 완성하지 못했다면 하나님 앞에 갈 수 없습니다. 왜냐하면 하나님 앞에는 그 어떤 죄도 그리고 아무리 작은 죄라도 보이면 죽기 때문입니다. 그런데 예수님은 죽고 부활 승천해서 하나님 앞에 가실 뿐 만 아니라 우편에 앉아 계십니다. 하나님이 요구하시는 의는 예수 그리스도를 믿음으로 말미암는 의라는 것입니다. 이제 하나님과 화목하게 되었고 자녀가 되었습니다. 아버지와 아들관계가 된 것이 의입니다.

평강은 이제 나를 방해하는 어두움의 세력인 마귀를 이겼으니 아무 염려 걱정 없이 세상을 사는 누림의 안식을 말합니다. 이제는 돈을 양보하고 권력을 행사하지 않아도 천국 갈 믿음이 그리고 천국이 내 안에 있음으로 인해 나는 즐겁고 행복한 상태입니다. 전에는 아버지의 권위, 남편의 권위를 내세워 권력을 행사했지만 이제는 아버지의 사랑을 앞세워 참고 기다리며 눈물을 흘리며 생명의 말만 합니다. 전에는 남편은 하늘보다 높으며 당신은 성경도 모르느냐 에베소서 2장 22절을 읽어보라. "아내들이여 자기 남편에게 복종하기를 주께 하듯 하라"고 된 것도 모르냐고 협박을 합니다. 그러나 이제는 에베소서 2장 25절만 생각하며 "남편들아 아내 사랑하기를 그리스도께서 교회를 사랑하시고 그 교회를 위하여 자신을 주심 같이 하라"는 말씀 앞에 기도하며 그렇게 되지 못함을 회개하고 '그렇게 될 수 있도록 성령님 도와 주세요' 라고 기도합니다.

그리고 2장 22절은 남편된 나와는 상관이 없고 그 말씀은 아내의 문제라고 생각하고 아내가 그렇게 살지 못하면 내가 주의 모양이 나타나지 않음에 대해 반성을 합니다. 아내가 먹어야 할 말씀을 내가 먹으면 탈이 납니다. 먹지 말아야 할 음식을 먹으면 배탈이 나듯이 성경 말씀도 내가 먹어야 할 양식이 있고 아직 먹지 말아야 할 양식이 있고 영원히 먹지 말아야할 양식이 있습니다. 예수님께서 "어머니의 태로부터 된 고자도 있고 사람이 만든 고자도 있고 천국을 위하여 스스로 된 고자도 있도다 이 말을 받을 만한 자는 받을지어다"(마19: 12)라고 말씀하셨습니다. 성경 말씀이라고 해서 다 받고 지키는 것이 아닙니다. 지킬 수도 없습니다. 장로들에게 한 말씀이 있고 집사들에게 한 말씀이 있고 남편들만 받아야 할 말씀이 있고 어릴 때에 받을 말씀이 있는 것입니다.

418

기쁨은 내 존재 안에서의 안식과 평강을 말합니다. 내 마음 안에서 나와 나의 싸움은 다른 사람은 모릅니다. 밖의 타인의 질책과 조롱도 고통이지만 내가 나를 질책을 넘어 정죄하고 증오하는 것은 그 어느 것보다 더 고통스럽고 괴롭습니다. 이제는 성령님이 모든 것이 합력하여 선을 이룬다고 격려함으로 내가 나를 정죄하거나 괴롭히는 것에서 해방을 받습니다.

이제는 성령님이 내 안에 들어오셔서 내 영을 살리시고 내 영과 함께 죄의 종노릇하는 겉 사람을 가르치고 깨우치게 해서 하나님이 기뻐하시는 의의 길로 가도록 함으로써 이제는 내 안에서의 싸움도 끝났으니 무척 기쁩니다. 나의 과거의 아픔과 실수와 실패와 못난 행위가 떠오를 때 전에는 고통스럽고 내가 그렇게 못난 존재였지 형편없는 놈이지 하면서 자신을 괴롭히고 책망을 했지만 그러나 이제는 그런 생각이 불현듯 떠오를 때 더 겸손하게 살라는 주님의 섭리였음을 인정하고 빙그레 웃고 맙니다. 그리고 그 생각의 틀에서 빠져 나오기 위해 로마서 5장 6장 7장 8장 중에 한 두 절을 선포를 하고 해방을 받습니다. 물론 그날 먹는 새로운 하늘 양식을 꺼내어 되새김질을 함으로 해방을 받기도 합니다.

소망의 하나님이 모든 기쁨과 평강을 믿음 안에서
너희에게 충만하게 하사 성령의 능력으로
소망이 넘치게 하시기를 원하노라(롬15 :13)

여러분은 로마서 1장부터 15장까지 말씀을 공부하고 묵상하고 누리면서 하나님을 이제 더 어떤 하나님으로 알게 되었습니까? 누군가에게 하나님을 소개할 때 이제는 어떤 형용사를 붙여 소개하고 싶은가요? 자랑하고 싶은 신가요? 로마서를 공부해 오면서 하나님의 사랑을 발견하고 감동하면서 아버지 하나님을 어떤 분으로 고백하게 되었나요? 그리고 아버지 하나님의 어떤 섭리에 감동되셨나요?

사도 바울은 소망의 하나님을 소개하면서 너희들도 소망의 하나님을 정말 알았느냐 묻고 있습니다. 사도 바울은 영의 거듭남을 알고 혼의 변화를 체험하고 장차 몸의 변형의 소망을 가지면서 육체를 벗은 후 천국을 소망하면서 소망의 하나님에 대한 기쁨과 감사로 충만했었던 것 같습니다.

바울의 소망은 곧 하나님의 소망인 것을 알고 마지막으로 소망의 하나님을 소개하는 것 같습니다. '현재 복음 때문에 당하는 고난은 장치 우리에게 나타날 영광과 족히 비교할 수 없도다' 라는 말씀에 소망이 가득하다면 그 소망의 하나님으로 인해 기쁨과 평강이 충만하다면 정말로 소망의 하나님을 만난 것입니다. 성도 여러분! 정말 소망의 하나님을 만났습니까? 이 세상에 살면서 고난과 환난을 당해도 이겨낼 힘은 어디에 있습니까? 영이 구속 받은 것처럼 혼이 구원을 받고 몸이 변형되는 것을 사모하며 천국에 들어갈 소망에 있지 않습니까? 그리고 실수나 실패를 해도 좌절하지 않는 것은 모든 것이 합력하여 선을 이루게 해 주는 내주하시는 성령님으로 인해 소망이 가득한 것이 아닙니까? 그리고 어떻게 해서라도 나를 하나님의 형상과 모양을 닮게 하시려고 인도하시는 하나님의 경륜에 소망이 있는 것이 아닙니까?

기쁨과 평강과 소망이 충만하다면 왜 충만한 것입니까? 자식이 잘 되어서요? 사업이 잘 되어서요? 가족 식구가 모두 건강해서요? 거기서 오는 기쁨과 평강과 소망은 예수님을 믿지 않고 인격적으로 만나지 않은 사람들도 가능합니다.

여러분의 죽었던 영이 심하게 표현해서 지옥 갈 운명이었던 당신의 존재가 예수님이 보내 주신 성령님으로 말미암아 살아난 것 때문에 참 기쁨과 평강을 안에 들어갔다면 소망의 하나님을 만난 것입니다. 그리고 그 후 혼의 존재에 생명이 표현됨에 감격하고 감동하고 생명의 전달을 사명으로 알게 되었다면 틀림없이 소망의 하나님을 만난 것입니다. 그리고 장차 몸의 변형을 사모하면서 하루 하루 기쁨으로 산다면 소망의 하나님을 분명히 안 것입니다. 천국에 들어갈 소망이 틀림없다면 소망의 하나님을 분명히 알고 있는 것입니다.

예수님을 믿지만 또는 교회생활을 하지만 죽었던 영이 살아 난 것도 모르고 인식도 못한다면 아주 어린 성도이거나 소망의 하나님을 만나지 못한 것입니다. 정직하지 못한 일을 했을 때 혹은 양심에 어긋난 일을 했을 때 거짓말을 했을 때 율법에 하지 말라는 죄를 습관적으로 했을 때 고통스럽지 않다면 그리고 그것을 다시는 하지 않으리라고 결단하지 않는다면 영의 존재도 모르는 사람이며 영의 부활도 모르는 것입니다. 예수 믿는 신앙인이 아니라 지극히 어린 자들이든지 예수 믿는 사람들과 그냥 교제하는 종교인에 불과한 것입니다.

빌립보서 2장 13절에 "너희 안에서 행하시는 이는 하나님이시니 자기의 기쁘신 뜻을 위하여 너희로 소원을 두고 행하게 하신다고" 기록되어 있습니다. 진실하게 예수님을 그리스도로 영접했다면 성령님은 곧 하나님이시므로 우리 마음 안에서 성부 하나님의 기쁘신 뜻을 위하여 소원을 두고 행하십시다. 그래서 영의 부활을 인식하고 혼의 변화에 감탄하고 장차 몸의 변형을 바라보는 참 소망을 찾고 알게 된다는 것입니다. 믿는 성도들은 큰 소망을 품고 큰 기쁨과 감사와 행복으로 사는 존재들입니다.

이제 어떻게 하면 영의 생명이 혼을 통해 표현될 수 있을까요? 성령의 능력이 넘치게 하면 됩니다. 성령의 능력의 넘침은 기도를 통해서도 가능하지만 성령님은 하나님의 말씀 안에서 능력을 발휘하므로 말씀이 충만하면 성령이 충만하고 성령이 충만하면 성령이 능력이 되어 존재로 표현됩니다. 골로새서 3장 16절 "그리스도의 말씀이 너희 속에 풍성히 거하여" 라는 말씀처럼 말씀이 내 마음 안에 풍성히 거하게 하려면 암송하며 묵상하며, 묵상하며 암송하는 길 밖에 없습니다.

말씀이 충만하려면 우선 성경 말씀을 꾸준히 읽어야 합니다. 성경 말씀 읽는 것을 사모하고 그 말씀의 뜻을 바르게 알고 싶은 마음이 가득해야 합니다. 그리고 말씀을 암송 기억해서 묵상해야 합니다. 처음 단계는 마음에 감동되고 은혜스런 말씀 위주로 암송하게 됩니다. 내가 주로 암송한 은혜의 말씀은 시편 1편 시편 32편 여호수아 1장 8절, 시편 119편 97-100절, 호세아 4장 6절, 골로새서 3장 16-17절, 이사야40장 30-31절, 이사야 41장 10절, 하박국3장 17-19절, 이사야 53장 4-6절, 빌립보소 2장 5-11절, 요한 복음 1장 12-13절, 3장 16절, 5장 24절, 6장 63절, 14장 27절, 마태 데살로니가 5장 16-22절, 고린도전서 10장 13절, 빌립보서 4장 19절, 에베소서 4장 22-24절, 6장 14-18절, 요한일서 1장 9절, 로마서 6장 23절, 8장 38-39절, 고린도전서 13장 4-7절, , 아모스8장 11-13절, 요한 복음 6장 35절, 10장 10절, 갈라디아서 2장 20절, 히브리서 12장 2절, 디모데 후서 4장 7-8절 누가복음 4장 18-19절, 사도행전 4장 12절, 20장 24절, 베드로 후서 1장 3-4절, 2장 9-10절, 에베소서 2장 8-9절, 예레미야 2장 13절 등입니다.

이 은혜의 말씀을 암송하고 누리면 기쁘고 즐거웠습니다. 그런데 내 바램 만큼 존재적 변화는 일어나지 않았습니다. 즉 죄를 이길 힘이 없어서 자주 죄의 종이 되는 것을 보고 괴로웠습니다. 나중에 로마서 5장 6장 7장 8장을 외우고 먹고 누리는 중에 히브리서 5장 13절이 생각났습니다. "젖을 먹는 자마다 어린 아이니 의의 말씀을 경험하지 못한 자요" '아하!

성경 말씀은 크게 은혜의 말씀과 의의 말씀으로 나누는구나' 은혜의 말씀은 주로 영의 구속에 관한 말씀이고 혼과 몸의 구원의 관한 말씀은 의의 말씀이구나 그리고 혼과 몸의 구원의 말씀은 곧 죄와 법의 구원의 말씀으로 로마서 6장 7장 그래서 어려웠고 먹고 누리기가 힘들었구나 라는 생각이 들었습니다.

로마서 5장 6장 7장 8장이 죄의 종의 생활에서 의의 종의 생활로 유월하는데 가장 좋은 양식이 있는 곳이며 5장 6장 7장 8장은 의의 말씀의 대표적인 장이 아닐까라는 라는 생각을 합니다. 누구든지 5장 6장 7장 8장을 먹고 누리면 그렇게 되지 않던 죄된 육신의 생활을 벗어지는 감격을 누리지 않을까 생각합니다.

제 글을 읽어 오면서 저 하늘 천국을 소망하면서 이 땅에서 영의 구속을 만끽하고 혼과 몸의 구원의 감격을 누리면서 사는 이상이 분명하다면 소망의 하나님을 확실히 알고 믿고 있다고 볼 수 있습니다.

로마서를 8장부터 한 장씩 암송하고 묵상하기를 권합니다. 8장 한 장만 외워도 그리고 그것을 잊어버리지 않기 위해 또한 마음이 상했을 때 고난이 있을 때 고민 걱정이 올 때 등 등 큰 소리로 외치면서 말씀 안에 들어가는 훈련이 습관화 된다면 소망이 가득찬 존재가 되고 소망의 하나님을 발견하게 되어 기쁨과 평강이 충만할 것입니다. 5장부터 암송해도 좋습니다. 5장부터 시작해서 8장에 이르든지 8장부터 시작해서 5장에 이르든지 상관은 없습니다. 어렵다면 단 한 장이라도 누리면서 묵상하면서 암송해 보십시오. 소망의 하나님을 알게 될 것입니다.

이 은혜는 곧 나로 이방인을 위하여 그리스도 예수의 일꾼이 되어
하나님의 복음의 제사장 직분을 하게 하사 이방인을 제물로 드리는 것이
성령 안에서 거룩하게 되어 받으실 만하게 하려 하심이라(롬15: 16)

　　　　예수님을 그리스도로 믿고 교회 공동체 생활을 하면서 말씀을 배
우고 암송하고 묵상하다 보면 어느 날 하나님의 영으로 인도하심을 받게
될 때(롬8: 14) 깜짝 놀라게 됩니다. '아하! 율법으로 사는 것이 아니요 영
과 사랑으로 사는 것이구나, 율법대로 살고 율법으로 가르치고 교훈하는
것(눅11: 52)이 아니라 영과 생명으로 가르치고 교훈하는 것이구나'하고
깨닫게 됩니다. 영은 나와 나의 관계요 진리는 나와 타인의 관계입니다.
율법의 보호와 해방의 깨달음은 구속 곧 죄사함(엡1: 7)의 깨달음처럼 큰
감격과 감동이 됩니다.

　몇 번의 깨달음과 회개(전진과 발전)를 통해 "성령이 친히 우리의 영과
더불어 우리가 하나님의 자녀인 것을 증언하시나니"(롬8: 16)말씀처럼
'내가 하나님의 자녀가 된 것이 분명하구나.' 라는 감사가 넘칩니다. 하
나님에게서 유죄판결을 면제받은 사람은 그 은혜가 너무 커서 유죄판결
을 내는 언어를 점점 안하게 됩니다. 그래서 말투에서 율법의 언어(죄와

사망의 언어 롬8: 2)가 점점 사라지면서 정죄하거나 정죄 받는데서 해방을 받습니다. 그리고 동시에 영과 생명의 언어((롬8; 1)가 점점 많아지고 상대방에게 사랑의 언어를 하는 것(아부하고는 다릅니다)이 영의 인도라는 것을 알게 되면서 기쁨과 평강이 넘치고 감사가 많아지게 됩니다. 그리고 '아하! 이 모든 것이 나의 잘남이나 분투가 아니라 하나님의 은혜로다 은혜야'라고 인정하고 감격하게 됩니다.

생활 속에서 성령님의 인도하심을 받고 이렇게 사는 것이 하나님의 은혜라고 인정될 때 이 삶을 모르는 이방인들에게 이 복음을 전할 수 밖에 없어서 전도인과 일꾼이 될 수 밖에 없습니다. 왜냐하면 나의 존재의 거룩함을 받는 것도 영광스러운 제물이라고 믿지만 이 복음을 모르는 이방인들을 전하여 영의 거듭남과 혼의 변화와 몸의 변형의 진리를 알려 주는 것이 하나님 아버지가 가장 좋아하는 제물이라는 것을 알아 버렸기 때문입니다. 그리고 이 길을 가야만 자기 자신에게 삶의 만족과 기쁨이 넘치기 때문에 갈 수 밖에 없습니다.

사도 바울은 고린도후서에서 이 진리의 길을 가는 사람을 새 언약의 일꾼이라고 합니다. "그가 또한 우리를 새 언약의 일꾼 되기에 만족하게 하셨으니 율법 조문으로 하지 아니하고 오직 영으로 함이니 율법 조문은 죽이는 것이요 영은 살리는 것이니라"(고후3: 6) 새 언약을 줄이면 '신약'이 됩니다. 즉 새 언약의 일꾼은 신약의 일꾼입니다.

새 언약의 일꾼이 되는 길은 그렇게 쉬운 길이 아닙니다. 첫째는 주님의 은혜로 속 사람이 자라야 합니다. 둘째는 주님의 은혜로 영적으로 가난한 마음을 지속적으로 유지해서 죄와 법으로부터 해방을 받아야 합니다. 그리고 무엇보다도 성령님의 인도하심으로 성경을 율법으로 풀지 않고 영과 생명으로 공급(눅24: 27)할 수 있어야 합니다. 그래서 은혜의 말씀을 통하여 영의 구속과 의의 말씀을 통하여 혼과 몸의 구원에 대하여 분명하게 가르칠 수 있어야 합니다.

한 성도로 살면 혼자 심판을 받지만 선생이 되면 인도의 심판이 더해져서 더 큰 심판을 받는다고 야고보 사도는 경계합니다. 반대로 새 언약의 일꾼이 되어 많은 사람을 옳은 대로 인도하면 별과 같이 빛난다고 약속도 해 주셨습니다.

주님은 '추수할 것은 많되 일꾼이 적다' 하시면서 그러나 "추수하는 주인에게 청하여 추수할 일꾼들을 보내 주소서"(눅10: 2)라고 하면 보내주기 때문에 새 언약의 일꾼은 주님이 가라고 하면 가야할 곳이 많기 때문에 사역 때문에 어디로 가야할지 무엇을 해야 할지 걱정을 안 합니다. 자기가 일할 만한 일꾼이 되었는지 혹은 아직 준비되고 있는 일꾼인지 판단하고 겸손하게 주님의 손길을 기다리며 기쁨과 감사를 잃지 않고 삽니다.

새 언약의 일꾼은 보다 더 나은 일꾼이 되기 위해 '진리의 말씀을 옳게 분별하도록' 노력하며 '부끄러울 것이 없는 일꾼으로 인정되기 위하여 무릎과 암송과 찬송과 묵상으로 날마다 삽니다.

평강의 하나님께서 속히 사탄을
너희 발 아래에서 상하게 하시리라(롬16: 20)

　　육신의 세계를 사는 우리 인간들은 성경과 예수님을 통해 계시가 열려 영적인 세계를 안다고 하더라도 사도 바울의 고백처럼 부분적으로 알고 부분적으로 예언(성경의 진리의 가르침을 설명)(고전14: 9)을 합니다. 왜 하나님이 선악을 알게 하는 나무의 열매를 먹지 말라는 계명을 주셔서 (아무리 자유의지를 주셨고 절제력이 있다 하더라도 전능자 하나님께서 다 먹을 것이라는 걸 모르지는 않았을텐데) 사탄의 유혹에 넘어가 영을 죽게 만들고 혼을 타락하게 하고 결국 몸을 흙으로 돌아가게 해야만 했는지 설명할 수 있지만 온전히 설명에 만족이 되는 사람은 없을 것입니다. 그래서 육신으로 사는 사람은 영적인 세계에 대한 믿음이 필요한 것입니다. 피조물인 우리 인간은 전능자 하나님에 대한 무한한 신뢰가 필요합니다.

　　창세기를 공부하면서 정말로 7일 만에 천지 창조를 했느냐 안 했느냐, 에덴 동산이 지금은 어디에 있느냐 없느냐, 노아 방주가 과연 사실인가 아닌가 출애굽기를 공부하면서 어떻게 200만 명 정도가 탈출이 가능했겠느냐, 홍해가 정말 갈라졌느냐 그리고 복음서를 공부하면서 어떻게 동정녀에게서 탄생이 가능하냐 마냐, 가난한 심령이 되느냐 마느냐 고민하지 말고 천국 비유를 풀면서 말싸움 속에 들어가지 말고 또한 요한 계시록을 먼저 공부하면서 일곱 교회가 시대를 상징하느냐 그 당시로 끝나느냐 144000명 안에 들어야 구원을 받느냐 마느냐 등등 때문에 갈등하지 맙시다. 그런 고민과 갈등과 의심은 당연히 가능하나 신앙의 사춘기 시절의 홍역으로 생각합시다. 어른이 되면 사춘기 시절 때왜 내가 그것 가지고 가슴앓이를 했나 하고 후회하는 것처럼 신앙의 세계에서도 죄의 해방과 법의 해방과 성령의 인도하심을 받으며 살게 되면 앞에 열거한 것에 대하여 훌쩍 유월하게 됩니다.

로마서를 통해 복음을 알고 복음에 감격하고 감동하면서 하나님의 의 즉 복음을 누리며 복음으로 살면서 점차적으로 복음서도 공부하고(먹고 누리고)(다음 책은 요한복음이 될 것입니다) 히브리서도 공부하고 창세기 출애굽기도 공부하고 당연히 계시록도 공부한다면 즐겁고 기쁘게 신앙생활을 할 수 있을 것입니다.

하나님은 유혹자 사탄에게 창세기 3장 15절을 보면 "내가 너로 여자와 원수가 되게 하고 너의 후손도 여자의 후손과 원수가 되게 하리니 여자의 후손은 네 머리를 상하게 할 것이요 너는 그의 발꿈치를 상하게 할 것이다"라고 하십니다.

'여자의 후손'(동정녀 마리아)은 예수 그리스도를 의미합니다. '너의 후손' 즉 뱀의 후손은 예수 그리스도를 십자가에 못 박은 세력 즉 아담의 후손들을 의미합니다. '발꿈치를 상하게 될 것'은 예수님의 십자가에 죽으심을 의미합니다. '네 머리를 상하게 한다'는 것은 유혹해서 죄를 짓게한 사단을 진멸 할 것이라는 의미입니다. 그래서 계시록 20장 10절에서 "그들을 미혹하는 마귀가 불과 유황 못에 던져지니 거기는 그 짐승과 거짓 선지자도 있어 세세토록 밤낮 괴로움을 받으리라" 하십니다.

평강의 하나님께서는 평강을 깬 사탄에게 징벌을 내리시고 다시 평화로운 세상을 만들어야 합니다. 그래서 성자 아들 하나님이 오셔서 성부 하나님의 의로운 요구를 33년 반 동안 사시면서 이루시고 십자가 상에서 '다 이루었다' 하시고 사탄의 수하에 들어간 인류를 구원하시기 위해 죄의 댓가인 사망을 당하신 것입니다. 그리고 사망을 이기시고 부활하신 것입니다.

'다 이루었다'는 원어로 '테텔레스타이'입니다. 그 뜻은 '다 갚았다', '말소했다' 입니다. 그 의미는 성경적으로 세 가지로 구별합니다. 첫째, 채무자가 모든 채무를 지불한 뒤 하는 말이 바로 '테텔레스타이'입니다.(속량) 둘째, 건축가가 집을 완성한 후에 하는 말입니다.(성전 되신 예수) 셋째, 제사장이 제사의식을 마친 후에 하는 말이 바로 '테텔레스타이'(제사의식이 완료되었습니다)입니다.

'속히 사탄을 너희 발 아래에서 상하게 하시리라' 이 구절을 설명하기위해 둘째, 건축가가 집을 완성한 후에 하는 말을 통해 성전 되신 예수님과 성전이 된 우리를 살펴 보겠습니다. 예수님 당시에 존재했던 성전은 헤롯성전입니다. 요한복음 2:19-21절에서 예수님은 이 성전을 보시고 '너희가 이 성전을 헐라 내가 사흘 동안에 일으키리라' 말씀하시니 유대인들이 볼 때 기가 막힌 말이라 황당하게 여깁니다. 그러나 예수께서는 21절에서 '성전 된 자기 육체를 가리켜 말씀하신 것'이라고 기록합니다. 즉 내가 성전인데 나는 고난당하고 죽고 부활해서 새로운 성전을 짓는다고 하십니다. 사도 바울은 고린도전서 3:16절에 "너희가 하나님의 성전인 것과 하나님의 성령이 너희 안에 계시는 것을 알지 못하느냐?"고 말씀하면서 성령님이 계시면 성전이 된 것이다 라고 하십니다.

아담의 범죄로 죽었던 영을 예수님께서 인생과 고난과 죽음과 부활을 통해 하나님의 율법의 요구를 온전히 이루시어 우리에게 선물로 하나님의 영을 보내셔서 살리셨습니다. 그래서 누구든지 예수를 주라 시인하고 영접하면 하나님의 영이 거하는 성전이 됩니다. 광야 장막을 비롯하여 솔로몬 성전 헤롯 성전 등은 모두 사람 성전을 예표하는데 유대인들은 그것을 전혀 몰랐던 것입니다.

전에는 육체의 소욕에 따라 죄와 사망을 쏟아내 어두움의 종으로 살았지만 이제 성도들은 성령님의 인도하심을 받아 하나님의 종이 되어 영과 진리로 삽니다. 우리가 하나님의 종이 되어 성령 안에서 영과 진리로 살 때 사탄은 우리의 발 아래에서 발등상이 되어 있는 것입니다. 우리가 법 아래 있지 않고 은혜아래 있으면서 하나님의 종으로 생명의 성령의 법안에서 의의 생활을 하면서 사는 것은 평강의 하나님의 경륜의 요구를 만족하게 하는 것입니다. 하나님이 만족하시는 삶을 살 때 우리도 만족하며 기쁘며 행복합니다.